Tendo o sol por testemunha

População portuguesa na Baía de Paranaguá
(c. 1750-1830)

CONSELHO EDITORIAL
Ana Paula Torres Megiani
Eunice Ostrensky
Haroldo Ceravolo Sereza
Joana Monteleone
Maria Luiza Ferreira de Oliveira
Ruy Braga

Tendo o sol por testemunha

População portuguesa na Baía de Paranaguá
(c. 1750-1830)

André Luiz Cavazzani

Copyright © 2015 André Luiz Cavazzani

Grafia atualizada segundo o Acordo Ortográfico da Língua Portuguesa de 1990, que entrou em vigor no Brasil em 2009.

EDIÇÃO: Haroldo Ceravolo Sereza
EDITOR ASSISTENTE: Camila Hama
PROJETO GRÁFICO E DIAGRAMAÇÃO: Maiara Heleodoro dos Passos
ASSISTENTE DE PRODUÇÃO: Cristina Terada Tamada e Dafne Ramos
ASSISTENTE ACADÊMICA: Bruna Marques
REVISÃO: Ana Lígia Martins
CAPA: Cristina Terada Tamada
Imagem da capa: *Paranaguá*, de François Debret

Este livro foi publicado com o apoio da Fapesp.

CIP-BRASIL. CATALOGAÇÃO NA PUBLICAÇÃO
SINDICATO NACIONAL DOS EDITORES DE LIVROS, RJ

C363t

Cavazzani, André Luiz
TENDO O SOL POR TESTEMUNHA: POPULAÇÃO PORTUGUESA NA BAÍA DE PARANAGUÁ (C. 1750-1830) /
André Luiz Cavazzani. - 1. ed.
São Paulo: Alameda, 2015.
394 P.: IL. ; 23 CM.

Inclui bibliografia
ISBN 978-85-7939-322-8

1. BAÍA DE PARANAGUÁ - PARANÁ - HISTÓRIA.
2. BRASIL - HISTÓRIA. 3. PORTUGAL - HISTÓRIA.
4. CIÊNCIAS SOCIAIS. I. TÍTULO.

15-23185   CDD: 981.04
                CDU: 94(81)

ALAMEDA CASA EDITORIAL
Rua Treze de Maio, 353 – Bela Vista
CEP 01327-000 – São Paulo – SP
Tel. (11) 3012-2403
www.alamedaeditorial.com.br

Sumário

PRÓLOGO 09

PREFÁCIO 15

INTRODUÇÃO 19

CAPÍTULO I – A VILA DE NOSSA SENHORA DO ROSÁRIO DE PARANAGUÁ: FUNDEANDO NO MAR GRANDE E REDONDO 35

Da Cotinga ao Taguaré: antecedentes históricos 40

Um insinuante comércio: Paranaguá na linha da cabotagem 55

Uma das faces da medalha: os portugueses se revelam 84

CAPÍTULO II – INDAGANDO ESCRUPULOSAMENTE: OS PORTUGUESES DIANTE DA POPULAÇÃO TOTAL DE PARANAGUÁ A PARTIR DAS LISTAS NOMINATIVAS DE HABITANTES 101

Quantos eram? 113

De onde vinham? Por que vinham? 125

Onde se estabeleciam? 137

Lugar dos portugueses na hierarquia local 141

CAPÍTULO III – FOGO A FOGO, ANO A ANO: OS PROCESSOS DE FIXAÇÃO DOS PORTUGUESES EM PARANAGUÁ DESDE UMA PERSPECTIVA DIACRÔNICA 159

Entre fazendeiros e roceiros:
atuação lusitana no cenário agrícola de uma vila litorânea   161

Senhores de grandes e pequenos comércios:
atuação lusitana no cenário mercantil   173

Nem comerciantes nem agricultores:
profissionais liberais   209

Artífices da Ribeira:
atuação lusitana nos serviços náuticos em Paranaguá   227

Os trabalhadores do mar:
portugueses embarcados, portugueses pescadores   232

CAPÍTULO IV – SOLTEIROS EM PORTUGAL... CASADOS EM PARANAGUÁ   237

Casado no Reino? Casado em Paranaguá?   241

Cada um conhece todo mundo:
testemunhos e testemunhas   247

Não tinha ponta de barba e parecia muito menino:
pequenos homens a caminho   252

Mulheres que partiram:
trajetórias e/imigratórias conjugadas no feminino   261

Vidas pregressas e condições de arraigamento: alguns contrastes   266

**CAPÍTULO V – ANTONIO VIEIRA DOS SANTOS:
AS REMINISCÊNCIAS DE UM REINOL**   269

Às vésperas da saída: aspectos de um prelúdio emigratório   276

Do Reino até os reinóis: inícios do processo de enraizamento
de Antonio Vieira dos Santos na Baía de Paranaguá   289

Senhor absoluto de mim?
caminhos oscilantes entre a ascensão social e o endividamento   303

Em considerações sobre minha vida:
o falhanço econômico e as tentativas de reabilitação 322

21/11/1798: o dia em que a Sumaca Francesinha
fundeou em Paranaguá 341

CONCLUSÃO 347

FONTES 351

BIBLIOGRAFIA 357

ANEXOS 381

ANEXO I: Mapa da Baía de Paranaguá com a posição
das principais áreas mencionadas nesta pesquisa 381

ANEXO II: Reinóis I – Fogos portugueses de 5 em 5 anos 383

ANEXO III: SPSS Transcrição literal acrescida de faixas de agregação de dados das listas nominativas de habitantes de Paranaguá:1801-1830 384

ANEXO IV: Sumarização das reminiscências de Antonio Vieira dos Santos 386

ADVERTÊNCIA 393

Prólogo

Conheço, pois minha insuficiência e de não ter capacidade científica e gramatical na boa ordem e organização duma completa história, talvez cheia de erros, de frases incoerentes, erros de palavras, ou letras escritas debaixo de regra gramatical, e os leitores que me conhecem, de boa mente relevarão tais erros, e só os mordazes abocanharão meu nome... Mas só me vem à lembrança que, se um Antonio Vieira, científico padre da Companhia de Jesus, chegando à Bahia de Todos os Santos, seus manuscritos ainda hoje são procurados por serem apreciáveis, o mesmo digo que, outro Antonio Vieira, não científico, mas sim um curioso chegando às baías de Paranaguá, formou tenção de escavar as minas ocultas de suas antiguidades, para que ressurgissem à luz do dia e, se agora não terão o devido merecimento, algum dia talvez ainda sejam bem procurados.

Antonio Vieira dos Santos.

As primeiras palavras desta epígrafe, sinceramente, poderiam ser minhas. É verdade. O historiador chega sempre atrasado ao seu laboratório. Terminada a experiência só lhe restam os vestígios. E fica o gosto da tirania do passado que só autoriza a conhecer o que ele mesmo fornece. E fica também, evidentemente, o desafio de reconstituir o olvido a partir do pouco que restou, das sobras, dos vestígios. E diante deste desafio, daí minha identificação com as palavras de Vieira dos Santos, sobreveio uma luta incessante contra minhas próprias limitações: cognitivas, intelectuais e, também, emocionais.

Durante a redação deste trabalho, não raro me vi, a exemplo de Antonio Vieira dos Santos, absorto e "perdido em considerações sobre minha própria vida".[1] Mas há sempre a consolação! Vieira dos Santos, conforme desejou, segue tendo seus manuscritos procurados e repercutidos com o devido merecimento. E eu, ainda que relutante, ainda que insatisfeito, coloco, finalmente, um ponto final neste trabalho. Ponto final com jeito de reticências, mas, ainda assim, ponto final.

Impossível para mim não render agradecimentos a Antonio Vieira dos Santos. Pela sua preocupação (ou, talvez fique melhor, vocação) em deixar um singular legado histórico para o futuro. Pelo desprendimento com que escreveu suas reminiscências pessoais não se atendo, nesse caso, a fórmulas autoelogiosas eivadas de orgulho próprio mas, pelo contrário, anotando, também, seus deslizes, fraquezas, cansaços, fracassos, infortúnios, doenças. Elementos presentes, aliás, em toda e qualquer trajetória que se queira humana. Mas, mesmo diante das dificuldades que vão aparecendo pelo caminho de quem está vivo, quero crer que há sempre consolação. E nesse período tortuoso (de redação do trabalho) em que luminosidades e obscuridades alternaram-se num ritmo intenso e, por vezes, caótico, encontrei várias vias de consolação. Uma delas: os amigos.

Rios, Ana Paula, Tomás agradeço imensamente. Vocês me adotaram. Vocês fizeram parte de todo esse processo e sempre guardarei comigo, os

---

1 Esta expressão pôde ser recuperada do livro das reminiscências de Antonio Vieira dos Santos que consistem numa fonte primordial para este trabalho. O autor recorria à esta fórmula para designar seus momentos de aflição. A citação completa às reminiscências pode ser recuperada adiante em notas de rodapé e, também, no quadro de referências deste livro.

momentos de risos, inquietudes, confissões, empatia. Tudo sempre permeado pelas comidinhas da Paula, servidas na charmosa cozinha de um dos apartamentos do edifício da Companhia Pan-Americana de Hotéis, ali nos arredores da... Consolação.

Rafael. Aliás, professor dr. Rafael Faraco Benthiem. Agradeço pela tua amizade irmão. Sempre aprendo contigo. Tens uma vocação intelectual que não intimida, mas, pelo contrário, contagia até os menos brilhantes como eu. Não se trata só disso, és uma grande pessoa. Agradeço muito, também, a você querida Waleska, e a pequena Malu, pela acolhida e atenção nesses últimos tempos.

Quando me vi "perdido em considerações", tendo que digerir uma dura e inesperada viragem de vida, encontrei, a alguns metros da minha casa, um espaço, um marco, um ponto de referência onde tive a paz e os estímulos necessários para, afinal, concluir a última etapa de meu trabalho. Amizades adormecidas renasceram e, outras novas, surgiram. Luciane, Simone (agradeço imensamente por muita coisa, mas aqui, em especial, pela leitura dos esboços que lhe apresentei), Wagner, Calvin, Luiz, Ieda, Ronaldo, Renata, Melina, João, Thiago, e, afinal, Dipp. Obrigado. Agradeço também e não por acaso, neste mesmo parágrafo, a você Chico, outra referência em assuntos da alma e da existência e amigo sempre presente.

Em termos técnico-científicos gostaria de reconhecer que tudo que esse trabalho tem de melhor é resultado do que aprendi com Sérgio Odilon Nadalin e Maria Luiza Andreazza. O que tem de pior assumo sozinho com minhas limitações de aluno ainda por amadurecer. Já ciente das minhas limitações e também, do que eu poderia oferecer, Carlos Bacellar me recebeu como orientando nesta que é, até o presente, uma das mais importantes instituições de ensino superior da América Latina. Professor Bacellar, foi uma imensa honra ter sido orientado por você. Uma orientação absolutamente segura, que não sufoca e, tampouco, desampara. Vou guardar com imenso carinho nossas reuniões no Arquivo Público de São Paulo, primeiro, em meio aos transtornos das reformas no prédio e, depois, nas elegantes salas do moderno edifício renovado sob sua batuta. Também guardo com carinho os momentos de aprendizagem e descontração, nos eventos em que estivemos juntos, na esperança de que eles se repitam. Fica aqui, aliás, o meu crédito e reconhecimento aos colegas de orientação: Bruno Pessi, Ricardo di Carlo, Alina Souza, Patrícia Santos Roberta Meira e, afinal, ao Milton e a Paula velhos amigos e conhecidos.

Agradeço, também, imensamente aos professores do GT População e História, lembrando com muito carinho de Ana Sílvia V. Scott, Paulo Eduardo Teixeira, Maria Sílvia Bassanezi, Cacilda Cuca Machado, Antônio Otaviano V. Júnior, na esperança de continuarmos com nossos intercâmbios acadêmicos fortalecendo vínculos, projetos e amizade. Ainda nessa esfera devo lembrar com muito carinho de Maisa Cunha e Daniel Barroso. Lembro, também, com muita gratidão do professor Renato Pinto Venâncio que desde os tempos em que eu engatinhava como pesquisador se fez presente com seus incentivos. Agradeço imensamente também aos professores Ricardo Cicerchia, Antonio Irigoyen Lópes, Francisco Chacón Jimenez, por toda atenção dispensada tanto acadêmica quanto logística nos diversos eventos internacionais da nascente REFMUR (Red de Estudios de Familia de Murcia).

Devo mencionar que essa pesquisa foi desenvolvida com o total e irrestrito apoio financeiro da Fundação de Amparo a Pesquisa do Estado de São Paulo (FAPESP). As condições de fomento oferecidas por esta agência foram, absolutamente, fundamentais para consecução desta pesquisa. Também devo agradecer ao programa de Mobilidade do Banco Santander pelo financiamento do intercâmbio acadêmico que cumpri, na Faculdade de Letras da Universidade do Porto, sob a supervisão do professor doutor catedrático Jorge José Alves. Professor Jorge, agradeço imensamente pela sua acolhida, pela sua leitura atenta de todo material que lhe entreguei, suas indicações de fontes e, no âmbito extra acadêmico, por toda sua gentileza como cicerone. Espero, futuramente, poder retribuir em dobro.

Cabem aqui notas de agradecimento a todo o pessoal do SPRU. Arcádio, Nilson, Crispiniano, Eusébio, Elena, Valeska, Jennara, Monalisa, Yolanda. Fica aqui registrada a esperança de revê-los quando for possível. Juliana e Daniel obrigadíssimo pela acolhida, fico aqui à espera de vocês. Tia Isaura, você foi uma mãe portuguesa em diversas ocasiões. Obrigado sempre pela acolhida, pelas pataniscas com arroz de feijões, bacalhau, baba de camelo e tantas outras delícias lusitanas.

Vô Domingos, vó Glória (*in memoriam*), tio Armando, vô Joaquim Barradas *(in memoriam)* e vó Isabel *Belita* Barradas. Vidas em movimento, deslocamentos e testemunhos de memória, saudades, tristeza e felicidade. Todos levam marcado na vida e na pele o tal "dilaceramento do desaninho". Gostaria que tomassem este trabalho como uma homenagem. Obrigado!

De Portugal venho até Curitiba, para agradecer carinhosamente ao pessoal do CEDOPE: André Ribas, Rachel, Rosangela... Também, aos amigos Hilton Costa, Luiz Borges, Rogério e Victor. Kowalski, grande amigo, sempre participando de perto. O primo, Allan Kato agora também uspiano. Sandro Gomes colega, amigo e, também, parceiro de publicações. Nossa colaboração intelectual tem sido muito profícua. Foi muito bom ter você como interlocutor. Que nós continuemos nessa faina de tentar entender a fundo Antonio Vieira dos Santos. Juliana, minha amiga de garimpagem, fica aqui o meu reconhecimento pela sua amizade e carinho de mãe. Que suas pesquisas sigam em frente. A José Augusto Leandro pela sua grande disponibilidade e indicações preciosas, muitas incorporadas nesse livro, sobre a Paranaguá oitocentista. Martha Hameister e Tiago Gil – uma dupla que sempre admirei academicamente, e, depois da convivência, pessoalmente também. Agradeço, também, com imenso carinho a Thiago Menegassi de Almeida, Ivan Junior Danielewicz e, não poderia deixar de ser, a querida Dinamara Pereira Machado. Cada um, a seu modo, me ensinou que sim...há vida após o doutorado. Obrigado.

Não quero esquecer dos professores do DEHIS/UFPR (minha primeira escola). Professor Magnus Pereira, professor Carlos Lima, professor Luiz Geraldo, professor Antônio Cesar, professor Carlos Roberto Braga Portela, agradeço-lhes muito. Pelas importantes dicas de fontes, bibliografias, aulas, conversas de gabinete e, em geral, pelo papel que vocês ocupam em minha formação. Agradeço também a professora Roseli Boschilia pelas importantes dicas de sobrevivência em Portugal e pela interlocução que agora se inicia. Professor Jayme Antônio Cardoso... Ganhei de você o meu primeiro livro de História do Paraná. Desde então já se passaram quinze anos. E como você verá, o mesmo livro continua ainda aberto em minhas mãos. Obrigado.

Finalmente, devo agradecer à Maria Aparecida Menezes Borrego (Cidinha) não só pela pertinente arguição que fez em relação ao meu trabalho de qualificação como, também, antes dessa ocasião, por toda a simpatia e incentivo que me deu quando eu ainda engatinhava com esta pesquisa. Ao professor Horácio Gutierrez também agradeço imensamente, pelos conhecimentos técnicos e teóricos acerca da história quantitativa partilhados de maneira precisa e didática.

Quem contar um sonho que sonhou, não conta tudo que encontrou... ficam minhas desculpas pelos inevitáveis esquecimentos nesta seção.

***

Pai e mãe agradeço imensamente pelo apoio e paciência com este filho muitas vezes fora do prumo. Obrigado, que eu possa sempre retribuir em dobro a ajuda que recebi e recebo de vocês. Felipe e família, cabe aqui meus agradecimentos pela paciência com este vizinho barulhento. Tio Moska e família, agradeço também por todo o carinho e torcida de vocês.

Enquanto escrevo estas linhas, Paula e Clara, meus pequenos tesouros estão dando pela minha falta, sentindo minha ausência. Elas já praticamente decoraram a resposta pronta: – Papai está escrevendo o livro de história! Mal posso esperar para ter as cópias impressas em mãos e mostrar a elas o tal livro. Evidente que vão se decepcionar. Não vão achar desenhos, histórias de príncipes encantados, princesas de cabelos escorridos pelas janelas... E logo, é inevitável, uma cópia preliminar do meu texto irá virar suporte para garatujas. Contudo, mais tarde, talvez minhas pequenas se interessem pelo tal livro. E ao se interessarem vão se deparar com estas palavras que deixo aqui para a posteridade:

Paula Vieira Moscaleski Cavazzani, Clara Vieira Moscaleski Cavazzani, saibam que eu escolhi fazer este trabalho. Foi por mim mesmo que fiz esse trabalho e a cada escolha sobrevêm algumas renúncias que são de minha única responsabilidade. Mas filhas, se eu não fiz por vocês, saibam que este trabalho é integralmente, inteiramente, dedicado a vocês.

Assim como Moscaleski Cavazzani, vocês carregam Vieira no nome. Hoje as coisas estão diferentes de como eram quando vocês nasceram... E eu ainda vou digerindo a diferença. Mas saibam, minhas pequenas, que vocês são fruto de uma história de amor. Flávia muito obrigado pelo apoio e incentivo quando este trabalho se iniciava e pelo tesouro que são nossas pequenas.

Prefácio

Ao longo de toda a história da América portuguesa, e mesmo mais tarde, já no Brasil independente, a presença de indivíduos deslocados desde a metrópole lusitana para tentar a sorte nas terras do imenso território brasileiro sempre foi questão bastante óbvia. Muito embora as dimensões da população portuguesa sempre tenham sido reconhecidamente diminutas, os territórios da vasta colônia foram, dentro do possível, povoados e mantidos sob controle da Metrópole. Se nos anos iniciais de exploração e ocupação das novas terras, ainda sob o regime de capitanias hereditárias, a presença do português foi crucial para o estabelecimento dos primeiros povoados e, também, para a gestão econômica do território. Progressivamente implementou-se e ampliou-se um processo de reprodução vegetativa de nativos da colônia.

O fenômeno de crescimento dessa população local mestiça tornou progressivamente menos significativa a importância do colono português na demografia das povoações da colônia sul-americana. Os contingentes vindos desde a metrópole, embora contínuos, não mais podiam fazer frente à crescente população colonial, que se ampliava pela incorporação de indígenas e africanos e também pela miscigenação. Portugueses nativos tornaram-se poucos dentro do todo da população colonial, embora certamente ainda importantes: eram eles os representantes régios que aqui se faziam presentes, bem como eram eles, em grande maioria, os componentes do setor mercantil de grosso trato. Portanto, governar em nome do soberano, e fazer negócios mercantis de porte mantiveram-se, ao longo de todo o período colonial, como sinônimo quase automático de homens de nascença lusa. Uma minoria, portanto, que era identificada com o poder político e econômico, emanado desde a metrópole.

Este panorama talvez tenha sido momentaneamente alterado por conta da descoberta do ouro no interior da colônia. Muito provavelmente o fascínio de uma suposta riqueza fácil tenha atraído, a partir de finais do século XVII, contingentes superiores ao usual de portugueses, além de incontáveis colonos vindos de outras regiões da América portuguesa. Infelizmente, restou infrutífero, até o momento, qualquer esforço para quantificar essa conjuntura de incremento no tráfego de portugueses em busca do ouro, uma vez que o controle de saída dos portos metropolitanos estava longe de ser implementado.

Mas sem dúvida foi um processo muito impactante. O expressivo ambiente urbano surgido em torno das minas de ouro permitiu que diversos estudos buscassem esmiuçar as condições de vida nesses espaços, condições essas muitas vezes precárias e conflituosas. Nas análises promovidas, portugueses foram percebidos em condições muito distantes dos poderosos administradores e negociantes de grosso trato. Pelo contrário, uma miríade de indivíduos vindos do mundo camponês português foi encontrada pelas ruas, minas e roças das Gerais, vivendo em situações bastante distantes da bonança e do sucesso pessoal. Indivíduos efetivamente pobres, ou tão somente remediados, que lutavam por sua sobrevivência no cotidiano de uma sociedade marcada pelo fausto aurífero.

Acredito, pois, que foi a partir dos estudos sobre a sociedade mineradora que se pôde perceber com mais nitidez a presença de portugueses nas atividades mais cotidianas e simples de uma sociedade complexa e hierarquizada. Portugueses esses que não haviam logrado "fazer a América" como originalmente talvez tenham sonhado, embora evidentemente tenham conseguido escapar das amarras incontornáveis da sociedade camponesa portuguesa, onde não tinham qualquer oportunidade de herdar as restritas terras paternas. Migrar tornara-se, portanto, desde os princípios da expansão ultramarina, opção inevitável para sobreviver.

Todavia, permanecem poucos os estudos sobre a presença desses portugueses na sociedade colonial e mesmo já no Império. E é justamente por conta dessa preocupação que este livro ganha uma importância significativa. Desde a primeira reunião que tive com André Cavazzani, ainda antes de seu ingresso no Programa de Pós-graduação em História Social, percebi que sua hipótese de trabalho poderia resultar em uma tese de grande significação.

Ao longo das páginas que se seguem, vemos emergir enredos de histórias de portugueses que, por opções que ainda não nos são inteiramente conhecidas, decidiram se instalar no porto de Paranaguá, então parte da capitania e depois província de São Paulo, e hoje pertencente ao estado do Paraná. A diversidade de ocupações em que se instalavam, esmiuçada ao longo das páginas deste livro, permite concluir que nem todos aqui chegavam com as mesmas condições sociais e econômicas, e que nem todos eram bem-sucedidos na aventura. Se por um lado descobrimos grandes negociantes, fazendeiros e profissionais liberais, sempre uma minoria, por outro vemos muitos a atuar como pescadores, marinheiros, pequenos comerciantes e simples roceiros, todos sem posses, sem escravos, por vezes "sem eira nem beira".

Essa multiplicidade de situações comprova que a experiência de migrar para a América era complexa, e que poucos logravam enriquecer nessa aventura. Para uma grande maioria, instalar-se nas terras brasileiras significava, antes de tudo, garantir a sobrevivência. Deixavam para trás uma sociedade em que o sistema de herança vigente lhes fechara a porta, e buscavam assim se instalar em novas paragens na América. Quase nada sabemos, no entanto, do processo de escolha de uma vila colonial como ponto de destino. Talvez animados com notícias vindas de parentes ou conhecidos previamente chegados, como já temos mais facilmente notícias para aqueles que se envolviam com a atividade mercantil.

Uma parte especialmente interessante deste livro é o capítulo dedicado ao comerciante Antonio Vieira dos Santos. Embora fosse apenas mais um negociante português típico do período, legou-nos uma obra imponente e incomum, sob a forma de reminiscências manuscritas sobre sua atividade e sobre sua própria família. Ao longo de décadas, dedicou-se com afinco a registrar as principais passagens de sua atribulada vida, desde a saída de Portugal até idade bem avançada. Curiosamente, foge parcialmente do estereótipo profissional: chega como caixeiro, estabelece-se como negociante em Paranaguá, mas visivelmente não teve grande sucesso em seu empreendimento, que vai à bancarrota. Ao mesmo tempo, descreve os eventos familiares, tal como o processo de escolha de padrinhos para as filhas e as mudanças de residência, oferecendo informações preciosas sobre o cotidiano familiar do período.

Ao enveredar pelo caso específico de Antonio Vieira dos Santos, o autor logrou fechar sua análise de maneira bastante competente. Como resultado, temos uma obra de agradável leitura, que nos oferece uma importante contribuição sobre o processo de instalação de portugueses para as partes do Brasil colonial e imperial.

Prof. Dr. Carlos de Almeida Prado Bacellar
São Paulo, primavera de 2014.

Introdução

Até o final dos anos 1960, a possibilidade de estudar questões mais específicas ligadas à região, período ou grupo social, não cabia dentro nos modelos explicativos que pensavam o Brasil colonial como um bloco, tendo "no escravismo, na grande produção e na exportação as razões de sua uniformidade".[1]

Entretanto, como se sabe, nas décadas de 1980 e 1990, esse quadro passou a ser sucessivamente problematizado. Um traço comum em diversos trabalhos tem sido o abandono de uma acepção binária das relações metrópole-colônia, em favor de um enfoque mais ampliado do passado colonial, inserindo-o no âmbito de dinâmicas político-econômico-sociais que se davam, no espaço atlântico, ao longo do império ultramarino português.[2]

---

1 FARIA, Sheila de Castro. *A colônia em movimento*: fortuna e família no cotidiano colonial. Rio de Janeiro: Nova Fronteira, 1998, p. 22. Quanto aos modelos explicativos em pauta, cf. FURTADO, Celso. *Formação econômica do Brasil*. São Paulo: Companhia Editora Nacional,1971; PRADO JR. Caio. *Formação do Brasil Contemporâneo*. São Paulo: Brasiliense, 1995.

2 A esse respeito cf. DIAS, Maria Odila L. da Silva. *A interiorização da Metrópole e outros estudos*. São Paulo: Alameda, 2005; FURTADO, Júnia Ferreira (Org.). *Diálogos oceânicos: Minas Gerais e as novas abordagens para uma história do Império Ultramarino Português*. Belo Horizonte: UFMG, 2001; FRAGOSO, João; BICALHO, Maria Fernanda; GOUVÊA, Maria de Fátima (org.). *O Antigo Regime nos trópicos: a dinâmica imperial portuguesa (séculos XVI-XVIII)*. Rio de Janeiro: Civilização Brasileira, 2001.

Assim, recentemente o "[(des)]apego da imagem da colônia em luta com a metrópole, para usar a expressão de Maria Odila Dias,[3] deu mote a estudos que trouxeram a lume outra dimensão acerca das relações entre esses dois espaços. Estas supõe: a existência de inter-relacionamentos atlânticos; a importância de linhas comerciais entre diversas colônias cujas funções extrapolavam a mera troca de mercadorias, muitas vezes feitas sem a mediação da Coroa; o papel do comércio intracolonial, como mecanismo de acumulação endógena; o peso da transposição dos valores do Antigo Regime português para boa parte de seus domínios, apesar da inexistência de um plano geral a orientar a expansão portuguesa, entre outros.[4]

Algumas das pesquisas pensadas a partir do enfoque descrito anteriormente, privilegiando o período de transição da colônia para o império, operaram suas análises verticalizando suas atenções nos grupos de elite. Enfatizaram-se o estudo da composição de riquezas, a identificação e a reconstituição de trajetórias de agentes mercantis, a análise de estratégias matrimoniais empreendidas por esses grupos, o levantamento do perfil e atuação dos "Homens Bons" nas esferas administrativas.

A menção a indivíduos portugueses, provenientes do Reino de Portugal, daí reinóis, é uma componente quase inevitável desses trabalhos. A menção a reinóis bem sucedidos também. Júnia Ferreira Furtado anotou, por exemplo, que "os brancos, particularmente os portugueses, ao encontrarem seu lugar nos ramos de abastecimento, praticamente monopolizavam o comércio por grosso".[5] Carla Maria de Almeida, para o contexto da Mariana setecentista, anotou uma nítida predominância de portugueses entre os homens mais ricos daquela localidade.[6] Ao analisar o contexto de Campos dos Goitacazes no sé-

---

3   DIAS, Maria Odila L. da S. *Op. cit.*, 2005, p.7.
4   ANDREAZZA, Maria Luiza. "*Dominium*: terras e vassalagem na América Portuguesa". In: DORÉ, Andrea; LIMA, Luiz Felipe S.; SILVA, Luiz Geraldo. *Facetas do Império na história: conceitos e métodos*. São Paulo, Hucitec, 2008, p. 271-285.
5   FURTADO, Júnia Ferreira. "As elites no Império português". In: ALMEIDA, Carla Maria de; OLIVEIRA, Mônica R. de. (orgs.). *Nomes e números: alternativas metodológicas para a história econômica e social*. Juiz de Fora: Editora UFJF, 2006, p. 121-131.
6   ALMEIDA, Carla Maria de. Trajetórias Imperiais: imigração e sistema de casamento entre a elite mineira setecentista.In: ALMEIDA, Carla Maria de; OLIVEIRA, Mônica R. de (orgs.). *Nomes e números: alternativas metadológicas para a história econômica e social*. Juiz de Fora: Editora UFJF, 2006, p. 223-281.

culo XVIII, Sheila de Castro Faria percebeu que "fora uma ou outra exceção, os homens que ostentavam títulos de nobreza, corolários das grandes fortunas, eram eles próprios, ou pelo menos seus pais, portugueses de origem".[7] Em relação aos bem-sucedidos homens de comércio da praça paulistana no acender das luzes do século XVIII, Maria Aparecida Borrego asseverou: "a maioria dos agentes comerciais era reinól... a porcentagem daqueles provenientes da metrópole e das ilhas ultrapassa 90%".[8]

A distinção social alcançada e, depois, ostentada pelos adventícios lusitanos na América Portuguesa não chega a ser surpreendente. Fato já bastante documentado pela historiografia, num ambiente de *Antigo Regime*, em que a cor, o sangue, a linhagem, eram peças-chave no jogo social, os imigrantes portugueses detinham um grande trunfo: "eram brancos, patrimônio facilmente negociável na sociedade de cores".[9]

Porém, ainda que muito pontualmente, surgiram alguns artigos a revelar que as trajetórias sociais ascendentes dos migrantes lusitanos não eram as únicas possíveis. Assim, Manolo Florentino e Cacilda Machado, ao analisarem séries de batismos para a paróquia carioca de Inhaúma, julgaram que não eram incomuns alianças envolvendo reinóis e pardas forras.[10] Carlos Lima, analisando os matrimônios de São José, indicou também a existência de uniões envolvendo reinóis e pardas forras, ou então filhas de crioulos emancipados.[11] Carlos Bacellar, observou que, no outro extremo dos portugueses detentores de grossos cabedais, havia compatriotas vivendo à míngua como

---

7   FARIA, Sheila de Castro. *Op. cit.*, p. 203.
8   BORREGO, Maria Aparecida de Menezes. *A teia mercantil: negócios e poderes em São Paulo colonial.* São Paulo: Alameda, 2009, p. 56.
9   NADALIN, Sérgio Odilon. *A população no passado colonial brasileiro: mobilidade versus estabilidade.* Disponível em: http://www.revistatopoi.org/numeros_anteriores/Topoi%2007/topoi7a2.pdf. Acesso em: set. 2010.
10 FLORENTINO, Manolo; MACHADO, Cacilda. "Imigração portuguesa e miscigenação no Brasil século XIX-XX". In: LESSA, C. (org.). *Os Lusíadas na aventura do Rio moderno.* Rio de Janeiro: Record, 2002, p. 99.
11 LIMA, Carlos Alberto Medeiros. "Sobre migrações para a América Portuguesa: o caso do Rio de Janeiro, com especial referência aos açorianos (1786-1844)". In *Estudos Ibero-Americanos.* PUC-RS, v. XXVI, n. 2, dez. 2000, p. 113.

jornaleiros, o que por sinal era "o pior destino que um homem livre poderia ter em nossa sociedade escravista".[12]

Um dado de coesão dessas pesquisas relaciona-se a uma mudança de enfoque na apreensão da inserção lusa em terras brasileiras. Os estudiosos mencionados acima, ao contrário dos outros referidos há pouco, não partiram das elites ou dos agentes mercantis para chegar aos portugueses. De outra feita, sua ênfase recaiu sobre o próprio grupo dos e/imigrantes lusitanos. Consequentemente, tal inflexão acabou possibilitando a pintura de um quadro menos esquemático acerca da inserção de lusos na América Portuguesa.

Dito de outra forma, ao verticalizarem suas atenções no grupo lusitano, esses trabalhos permitiram entrever que: mesmo que fossem assaz frequentes, as trajetórias exitosas dos migrantes reinóis não devem ser tomadas como um esquema fechado; mesmo num ambiente que pressupunha a valorização dos reinóis, também havia espaço para o insucesso, para o acaso, enfim, para a heterogeneidade de destinos no interior deste grupo. Heterogeneidade que parece estar escapando aos historiadores, a ponto de Carlos Bacellar ter afirmado que: para fins do século XVIII e entrada do século XIX, "o processo de inserção dessa população [a portuguesa] na sociedade brasileira é, ainda, virtualmente desconhecido".[13]

É nesse quadro historiográfico, portanto, que as linhas que se seguem buscam encontrar o seu lugar. Elegendo a população portuguesa como seu objeto de análise, este estudo pretendeu, justamente, promover uma investigação específica acerca dos respectivos processos de e/imigração, inserção e, finalmente, arraigamento de lusitanos na vila portuária de Nossa Senhora do Rosário de Paranaguá, situada ao longo da costa meridional brasileira, na virada do século XVIII para o século XIX.[14]

---

12 BACELLAR, Carlos de Almeida Prado. "Os Reinóis na população paulista às vésperas da Independência. In: *Anais do XII Encontro Nacional de Estudos Populacionais*, Caxambu, 2000, p. 20.

13 *Ibidem*.

14 Com a facilidade oferecida pela proximidade ao mar, bem como pela existência de um bom porto, ainda em 1648, quando tomou foros de vila, Paranaguá tornou-se um polo natural de centralização do povoamento que se operou na região. Dessa feita, áreas contíguas foram sendo povoadas permanecendo adstritas à Vila de Nossa Senhora do Rosário até fins do século XVIII e algumas mesmo até a metade do século XX. Diversas

Antes de mais, cabe advertir que no que se refere aos oriundos do Reino as atenções da pesquisa não estiveram, prioritariamente, focalizadas nos chamados colonizadores: oficiais régios, que aportavam nos domínios portugueses da América com o intuito de assegurar as prerrogativas *del Rei*. Indivíduos que, conforme a historiografia vem mostrando, muitas vezes operavam num emaranhado de tensões, confrontos e apaziguamentos com os "principais da terra", e não raro se quedavam em definitivo nas áreas coloniais.[15] A menção a ouvidores, juízes, e demais funcionários régios, ocorreu inevitavelmente. Mas, esta categoria de oriundos do reino não esteve ao centro de nossas atenções. Nossos interesses recaíram majoritariamente sobre aqueles que, em contraposição aos colonizadores, a historiografia portuguesa convencionou chamar de emigrantes.[16]

Gente que teria cruzado o Atlântico, independentemente de solicitações oficiais, num empreendimento de foro pessoal. Não poucos, deslocando-se ilegalmente, escapando à vigilância de leis que já desde o século XVII, tentavam gerir a verdadeira sangria populacional que teve sua primeira grande vaga em inícios do século XVIII, à época da febre do ouro no Brasil. Êxodo que, como se sabe, adentrou o século XVIII, recrudesceu sobejamente a partir do meado do oitocentos, chegando até o século XX marcando, indelevelmente, numa via de mão dupla, os polos de saída e chegada.

---

concentrações populacionais diminutas, esparramadas por ilhas ao longo da Baía de Paranaguá – a mais extensa do país – mantinham um intenso intercâmbio social, econômico, administrativo, facilitado pelas "águas internas". Isso posto, se o foco desta pesquisa está centrado na Vila de Nossa Senhora do Rosário, isso não impedirá que seguindo o próprio fluxo de mobilidade dos habitantes locais, as análises aqui empreendidas sejam extrapoladas para áreas contíguas, tais como: a freguesia dos Morretes, ou a Vila de Nossa Senhora do Pilar de Antonina que até 1798 esteve sob a jurisdição de Paranaguá. O próprio planalto curitibano será foco de atenção em alguns casos. MEQUELUSSE, Jair. *A população de Paranaguá no final do século XVIII*. Dissertação (mestrado) DEHIS-UFPR, Curitiba, 1975.

15 BICALHO, Maria Fernanda Batista. As câmaras ultramarinas e o governo do Império. In: FRAGOSO, João; BICALHO, Maria Fernanda Batista; GOUVÊA, Maria de Fátima (orgs). *O Antigo regime nos trópicos e a dinâmica imperial portuguesa (séculos XVI e XVIII)*. Rio de Janeiro: Civilização Brasileira, 2001. p. 220-221.

16 SERRÃO, Joel. *Emigração Portuguesa: sondagem histórica.* Lisboa: Livros Horizonte, 1977.

As balizas temporais que delimitam o campo das análises aqui propostas não foram uma escolha aleatória. Levou-se em conta o fato de que diante da produção historiográfica acerca dos processos de transferência populacional portuguesa para o Brasil, o período que compreende a transição do século XVIII para o XIX permanece como sendo um dos menos explorados.[17] O contexto geográfico – a Vila de Nossa Senhora do Rosário de Paranaguá – também não foi eleito casualmente. Em primeiro lugar havia um dado bastante prático: Paranaguá notabilizou-se por ser uma das vilas "paulistas" que mais receberam portugueses entre a população autóctone.[18] Contudo, não menos importante, a análise de uma localidade litorânea, tal como Paranaguá, pareceu propícia para que se trabalhassem algumas facetas menos conhecidas acerca da história do Paraná, oferecendo, mesmo, um contraponto historiográfico às representações históricas mais difundidas quando se tem o sul como referência.

Como se sabe, no tocante às porções meridionais da América Portuguesa, a historiografia tradicionalmente aponta que, "funcionando como uma verdadeira correia transmissora de negócios valores e informações"[19], o tropeirismo atuou como principal força de articulação dos planaltos sulinos com o restante do Brasil.[20] Fato repetido quase em uníssono, inclusive em trabalhos mais recentes, a região sulina teria se articulado às demais partes da colônia e, depois, do império, na medida em que cumpria, prioritariamente, o papel de abastecedora

---

17 BARBOSA, Rosana. *Immigration and xenophobia: portuguese immigration nearly 19th century Rio de Janeiro.* Toronto: Universiy Press of America, 2008.
18 Ver BACELLAR, Carlos de Almeida Prado. *Op. cit.,* 2000
19 VENANCIO, Renato Pinto; PRIORE, Mary del. *O livro de ouro da história do Brasil.* Rio de Janeiro: Ediouro, 2003, p. 136.
20 Os exemplos são múltiplos: Caio Prado Júnior argumenta que o sentido da colonização sul corresponde à pecuária; para Roberto Simonsem, foi o ciclo econômico do gado o fator "econômico gerador da expansão sulina e da formação dos lindes meridionais". Em paralelo, Celso Furtado, em *Formação Econômica do Brasil*, foi taxativo ao afirmar que não a criação de gado, como queria Hélio Vianna, mas, sim, a procura de muares por parte dos centros dinâmicos constituídos pela economia mineira teria atuado como condição integradora dos sertões meridionais ao restante do Brasil. PRADO, JR. *Op. cit,* p. 95; SIMONSEN, Roberto. *Historia Econômica do Brasil (1500-1820).* São Paulo: Companhia Editora Nacional, 1937. p.186; FURTADO, Celso. *Op. cit.* 77.

de gado, couro, charque e outros produtos agrícolas da sociedade campeira, levados aos mercados do sudeste por rotas de tropeiros.

Outra apresentação histórica bastante difundida, quando se tem o Brasil meridional como plano de referência, se dá pela via da chamada *Grande Migração*.²¹ Essa visão aponta que a integração econômica dessas áreas, ao longo do século XIX, ocorre pela presença de uma agricultura destinada ao abastecimento interno, em pequenas propriedades, geradora de excedentes, baseada na mão de obra de imigrantes alemães, italianos e eslavos.²² Visão que deu azo, inclusive, à elaboração da concepção de que nessa área ter-se-ia desenvolvido um "Brasil Diferente", um lugar onde a entrada massiva de europeus ao longo do século XIX havia criado uma população peculiar, caucasiana onde sem escravidão, sem negro, sem *português*, sem índio dir-se-ia que sua definição humana não é brasileira".²³

Fora a última proposição, levantada por Wilson Martins, as imagens de inserção e articulação dos planaltos sulinos ao restante do país têm boa dose de

---

21 O movimento da Grande Migração teria transferido para a América, Austrália e Nova Zelândia cerca de 57 milhões de pessoas. A maioria provinha de áreas rurais da Europa centro-oriental e mediterrânea. O Brasil recebeu parte significativa desses fluxos, efeito das amplas possibilidades de acesso às terras oferecidas pelas autoridades brasileiras.De fato, a maior parte da imigração eslava que optou por este país foi direcionada para a zona rural de sua parte meridional; ali, receberam lotes de tamanho suficiente para produzirem pequena agricultura familiar. No interior dessa política, apenas no estado do Paraná, um dos três estados do sul do Brasil, foram criados mais de 100 núcleos de imigrantes até 1910. ANDREAZZA, Maria Luiza. Uma herança camponesa: moradia e transmissão patrimonial entre imigrantes ucranianos (Brasil, 1895-1995). Disponível em: http://nuevomundo.revues.org/20822#text_Acesso em: mar. 2011

22 Cf. PRADO JR, Caio. *Op. cit.*, p. 204; NADALIN, Sérgio O. *Paraná ocupação do território: população e migrações*. Curitiba: Seed, 2002.

23 MARTINS, Wilson. *Um Brasil diferente: ensaio sobre fenômenos de aculturação no Paraná*. São Paulo: T. A. Queiroz, 1989, p. 446, grifo meu. Avaliando criticamente a imagem de um "Brasil diferente" no planalto paranaense, o sociólogo Márcio de Oliveira observa que: "a idéia de tornar secundário o papel do imigrante português na formação social pode ser considerada uma novidade intelectual no pensamento social brasileiro". Ver: OLIVEIRA, Márcio. *Imigração e diferença em um estado do sul do Brasil:* o caso do Paraná. Disponível em: http://nuevomundo.revues.org/index5287.html#ftn5 Acesso em mar. 2011.

plausibilidade. No entanto, generalizá-las pode ser perigoso, sobretudo para o litoral. Tome-se o exemplo da Vila de Nossa Senhora do Rosário de Paranaguá. Apesar de meridional, essa povoação litorânea não teve, como ocorreu no planalto, a pecuária como carro-chefe de sua formação histórico-econômica. Além disso, ainda que houvesse tentativas nesse sentido, Paranaguá não se desenvolveu a partir dos núcleos de colonos alemães, italianos e outros, caracterizados pela pequena propriedade e mão de obra livre geradora de excedentes voltados ao abastecimento interno.

Isso posto, a ênfase do primeiro capítulo deste livro recaiu, justamente, na tentativa de apresentar aos leitores menos familiarizados a Vila de Nossa Senhora do Rosário de Paranaguá, cenário deste estudo, tanto em suas especificidades regionais quanto em suas similituides referentes aos processos históricos mais amplos ocorridos no Brasil Colônia e, depois, Império.

Quanto às especificidades de Paranaguá, será importante mencionar, como já indicado, que se esta localidade não se encaixa no quadro histórico-econômico de gado-peonagem, ou tampouco, no das pequenas propriedades formadas pelos núcleos coloniais dólicos-louros, isso não significou seu isolamento com relação a outras áreas do Brasil sete e oitocentista.

Se cada vez mais a historiografia tem reservado um espaço de valorização às dinâmicas de mercado interno, tentar-se-á demonstrar, justamente, como o pequeno povoado da Vila de Nossa Senhora do Rosário de Paranaguá se desenvolveu ao longo do século XVIII, complexificando-se já na entrada do século XIX, ganhando então contornos de vila portuária e entreposto comercial a estabelecer ligações com outras praças – mais distantes – do Atlântico.[24]

Quanto às semelhanças, será importante demonstrar que, ao contrário do que sugeriu Wilson Martins, a definição da sociedade que se conformou na vila Paranaguá e em áreas contíguas foi, sim, brasileira. Índios, africanos e toda a variada gama de mestiços, que caracterizaram os quadros demográficos da maioria das regiões brasileiras, conviviam em Paranaguá ao lado de brancos, muitos deles, evidentemente, nascidos em Portugal. Ou seja, mesmo que de forma um tanto diversa do que é visto para as regiões de *plantation*, Paranaguá

---

24 MORGENSTERN, Algacyr. *Porto de Paranaguá: contribuição à história (1648-1935)*. Paranaguá: Administração dos portos de Paranaguá e Antonina, 1985, p. 15.

também conheceu a escravidão, bem como os variados processos de estratificação social inerentes a esse sistema. E tendo esta hierarquia como horizonte foi inevitável lançar a pergunta: qual era o lugar dos portugueses que por lá resolveram se instalar?

Esta indagação serviu, justamente, para direcionar as considerações traçadas ao longo do segundo capítulo. A partir do suporte empírico das Listas Nominativas de Habitantes, tratadas com o *software* SPSS,[25] foi possível recuperar a situação dos portugueses no interior de um quadro sociodemográfico relativo a basicamente dois momentos. O primeiro, abordando a Vila de Nossa Senhora do Rosário de Paranaguá, em inícios do século XIX, ainda no período colonial. O segundo, em 1830, enfatizou este mesmo sítio já inserido numa dinâmica portuária de comércio externo, no contexto pós-independência. Sempre em confronto com a situação global da população parnanguara,[26] a análise foi direcionada no sentido de se recuperar qual era o estado específico do grupo lusitano na hierarquia social de Paranaguá, também nesses dois momentos. Os portugueses foram primeiro quantificados, depois identificados. Seus domicílios, finalmente, foram avaliados do ponto de vista de sua composição doméstica, tendo sempre por contraste a globalidade da população parnanguara. Este exercício permitiu recuperar e analisar carcterísticas gerais do grupo lusíada tais

---

25 O *software* SPSS *(Statistical Package for the Social Sciences)*, como está dito no nome, tal como o *Excel*, é fundamentalmente um ordenador de dados a permitir análises estatísticas. Sua desvantagem com relação ao *Excel* refere-se à necessidade de se codificar os dados para alimentar as planilhas, tornando o trabalho de preenchimento do banco mais moroso. Porém, isso é largamente compensado ao se trabalhar com as informações ordenadas. A grande vantagem do SPSS reside, justamente, no fato de que – não importa a dimensão da base – as contagens de eventos em números absolutos e percentuais, médias etc. podem ser extraídas de forma quase instantânea. O cruzamento de variáveis e suas respectivas correlações pode ser obtido, também, de forma praticamente automática. A confecção de gráficos, por sua vez, ganha igualmente muita agilidade. Assim, esta ferramenta acabou viabilizando o adensamento das análises, pois, como se tem insistido, a situação dos portugueses pôde ser sempre cotejada em relação à globalidade da população. Agradeço ao professor Horácio Gutierrez por ter me apresentado esta ferramenta.

26 Se ao longo século XIX utilizava-se paranaguense para definir os nascidos em Paranaguá, atualmente, para definir os naturais de Paranaguá está em voga o termo parnanguara.

como: ocupações socioeconômicas; presença de cativos nos fogos; a incidência de distintivos tais como patentes milicianas, acompanhando o nome dos chefes de domicílio, entre outros.

Se nesse primeiro momento, portanto, se procederam o delineamentos de aspecto geral, pouco a pouco, as objetivas foram sendo ajustadas para uma perspectiva mais microscópica e, cada vez mais, verticalizada nos adventícios portugueses. Foi assim que, ao longo do terceiro capítulo, se pôde ingressar nos domicílios chefiados pelos portugueses buscando entender como se deu, ano a ano, ou melhor, de cinco a cinco anos, o desenvolvimento destas estruturas domiciliares. A análise foi racionalizada com vistas a entender especificidades relativas às faixas de ocupação desempenhadas pelos reinóis. Assim, adentrou-se, num primeiro momento, no universo dos agricultores portugueses, dos comerciantes portugueses e daí por diante.

Não foi nenhuma surpresa a descoberta da diversidade entre as possibilidades de arraigamento (para o bem ou para mal) protagonizadas pelos portugueses. O que se pôde vislumbrar foi um grupo bastante heterogêneo marcado por contrastes e diferenças internas. Ou seja, ao lado de reinóis em visível situação de proeminência social, ostentando títulos milicianos e plantéis cativos, havia também conterrâneos menos afortunados, em piores condições, sobrevivendo como roceiros "plantando para o gasto". Se a simples constatação dessa diferença já nos pareceu algo interessante, ela por si só não bastou. E logo sobreveio a necessidade de buscar explicações para estes contrastes. Afinal, o que separava o contingente de portugueses bem-sucedidos dos seus patrícios desafortunados? Para além da sorte e do acaso, que são fatores de difícil apreensão, o que definiu o "sucesso" de uns a contrastar com o "fracasso" de outros? A tentativa de resposta a estas indagações serviu como eixo norteador do quarto capítulo. E para se chegar às respostas ou, no limite, hipóteses foi inevitável tentar recuperar aspectos do que teria sido a vida pregressa de muitos adventícios que vieram a se estabelecer em Paranaguá.

Com efeito, o quarto capítulo teve a sua tônica, justamente, nos processos de mobilidade protagonizados pelos portugueses migrantes. Para tanto, foram acrescentados às análises os *Autos de Casamento e Dispensas Matrimoniais*. Aos portugueses que buscavam o casamento nas terras d'além-mar cabia o ônus de provarem-se solteiros para, apenas depois, contraírem núpcias. Era justamente nesse intento que estes sujeitos acabavam por revelar – indiretamente – dados preciosos acerca de seus itinerários migratórios e de suas vidas pregressas à fixação em Paranaguá.

Depois de avaliadas suas trajetórias, mediante o cruzamento nominativo, pôde-se retornar às listas de habitantes para averiguar a situação socio-econômica destes mesmos indivíduos. Assim, amparando-se numa revisão historiográfica acerca das práticas matrimoniais no Antigo Regime e na América Portuguesa – discutindo-se, entre outros fatores, a própria burocracia eclesial que informou a confecção das fontes analisadas – se pôde fazer, finalmente, uma incursão analítica nos variados processos de mobilidade que precederam o arraigamento dos imigrantes portugueses.

Diante dos resultados obtidos buscou-se lançar uma das hipóteses centrais do quarto capítulo: no que compete aos lusitanos, parecia haver uma íntima relação entre as vicissitudes de suas trajetórias migratórias e as diferentes formas de inserção social – ascendentes ou descendentes – que lhes foram possíveis na comunidade de destino.

Bastante detalhados, os testemunhos contidos nos processos matrimoniais consistiram num riquíssimo manancial de informações que puderam ser aproveitadas na busca da compreensão dos bastidores da imigração portuguesa para Paranaguá. Mas, sem dúvida, nenhum deles superou em riqueza de detalhes o legado de Antonio Vieira dos Santos. Falemos um pouco deste indivíduo e, também, de seu legado.

Portuense, emigrado em 1797, Antonio Vieira dos Santos integrava o grupo de convívio dos comerciantes radicados na Baía de Paranaguá e, a exemplo de seus pares, exerceu vários cargos administrativos na burocracia local. Contudo, em paralelo à atividade mercantil e administrativa, ele se destacou pelo letramento. Habilidade que, num ambiente de pouquíssimos alfabetizados, lhe trouxe distinção junto ao meio social no qual buscou se inserir. Sua variada produção intelectual abrangia textos de cunhos histórico, geográfico, poético, folclórico, etnográfico etc. Alguns desses trabalhos foram, inclusive, sustentados economicamente, como foi o caso da *Memória Histórica, Cronológica, Topográfica e Descritiva da Cidade de Paranaguá e seu município*.

Conforme informa o próprio autor, tal obra foi construída obedecendo-se "o método cronológico", em que estão encadeados os principais "sucessos"[27] de Paranaguá até o ano de 1850. O texto do cronista abrange diversos assuntos, predominando, no entanto, os relatos de cunho memorialístico. Assim, o autor retoma aspectos históricos da região litorânea desde a época dos descobrimentos; os acontecimentos notáveis (sob seu ponto de vista) ocorridos a partir da efetiva fundação da Vila de Paranaguá (1648); informações citadinas as mais diversas, como descrições das principais ruas da cidade, das irmandades locais; infindáveis listas de nomes de ocupantes de cargos burocráticos, dos homens e mulheres principais da cidade, ao longo do tempo. Ainda que em menor escala a topografia, hidrografia, fauna e flora da região também são retomados.

Dedicada à Ilustre Câmara Municipal Paranaguense, que patrocinou o manuscrito, esta obra, segundo o autor, foi concebida para que servisse de "farol, guia, bússola", para que os futuros governantes navegassem com mais clareza nos mares da governança daquela localidade. Alertava, ainda, para o cuidado que as Câmaras deviam ter para com o códice produzido: "o mais essencial que as Câmaras devem ter em seus arquivos e por isso nele zelar com todo desvelo para que não leve extravio ou se deteriore com os insetos".[28]

Se o texto de Antonio Vieira dos Santos sobreviveu mesmo ao tempo e aos insetos, isso não ocorreu com grande parte dos livros camarários de Paranaguá. Os três únicos volumes que teriam sobrevivido à "mão estragadora dos séculos"[29] cobrem apenas a segunda metade do século XIX. Não muito diferente, diga-se de passagem, é a situação de boa parte da documentação de matriz eclesiástica, sobretudo, atas paroquiais.[30] Dessa maneira, ao longo de

---

27 Não é demais lembrar que o autor utiliza "sucessos" não na acepção de êxito, mas, significando a sucessão dos eventos no tempo.
28 SANTOS, Antonio Vieira dos. *Memória Histórica, Cronológica, Topográfica e Descritiva da Cidade de Paranaguá e seu município*. Vol. I. Curitiba: Vicentina, 2001, p. 4.
29 *Ibidem*, p. 5.
30 Também inscritas num registro eclesiástico, as atas paroquiais foram investigadas, no decurso desta pesquisa. Foram avaliados os livros paroquiais referentes à Paranaguá e Antonina constantes do acervo da Cúria Diocesana de Paranaguá – Livros de Batismo VI, VII, VIII, IX – (1783-1843). Livros de Casamento III, IV, – (1831-1849). Entretanto, a cronologia artificialmente acoplada aos livros não deve dar uma

todo este trabalho, porém, mais intensamente em sua primeira etapa, foi a compilação memorialística de Antonio Vieira dos Santos que fez, de fato, a função de farol, bússola e guia quando se se teve de percorrer alguns caminhos obscurecidos pela carência documental.

Antonio Vieira dos Santos também teve a preocupação de legar memória mediante a anotação de suas próprias reminiscências em dois códices. *Tendo o sol por testemunha* (eis o título que constava da capa dura do primeiro códice[31]) escreveu o: *Breve resumo das memórias mais notáveis acontecidas desde o Ano 1797 ate 1823* (Tomo I) e *Memorias dos sucessos mais notáveis acontecidos desde o Ano de 1838 a Antonio Vieira dos Santos portuense depois que saiu da cidade do Porto sua pátria* (Tomo II).[32]

Tendo por principal base empírica esses testemunhos históricos o capítulo cinco tomou as feições de um estudo de caso, e a trajetória de vida deste

---

impressão de séries completas. Por vezes, existe uma única folha solta para um único ano. Isso porque estes livros nada mais são do que encadernações artificiais a reunir assentos que originalmente estavam reunidos em livros separados. Registros de batismos de livres e escravos se alternam de forma um tanto caótica. Fato que tornou a busca – por assentos envolvendo portugueses – morosa e, infelizmente, improdutiva. Quanto às atas de casamento o problema se repetiu. Essa situação desencorajou, na altura, o processo de digitalização destas atas. Assim, quando se fez necessário se procurou superar as lacunas decorrentes do mal estado de conservação das atas paroquiais mediante o recurso às fontes secundárias, entre elas as genealogias escritas por historiógrafos regionais como, por exemplo: LEÃO, Ermelino Agostinho de. *Dicionário Histórico e Geográfico do Paraná*. vol. 6. Curitiba: Empresa Graphica Paranaense, 1994. LEÃO, Ermelino Agostinho de. *Antonina factos e homens: da edade archeolithica à elevação da cidade*. Antonina: Officinas de Francisco Gonçalves, 1918. NEGRÃO, Francisco. *Genealogia Paranaense*. Curitiba: Imprensa Oficial do Estado do Paraná, 1926 (em seis volumes de 1926-1950).

31   Conferir anexo IV.
32   SANTOS, Antonio Vieira dos. *Breve resumo das memórias mais notáveis acontecidas desde o Ano 1797 ate 1823* (Originais pertencentes ao arquivo do Círculo de Estudos Bandeirantes/Pontifícia Universidade Católica do Paraná); SANTOS, Antonio Vieira dos. *Memorias dos sucessos mais notáveis acontecidos desde o Ano de 1838 a Antonio Vieira dos Santos portuense depois que sahio da cidade do Porto sua pátria*. Tomo II, Ano 1838 (Originais pertencentes ao arquivo do Círculo de Estudos Bandeirantes/Pontifícia Universidade Católica do Paraná).

reinol, retomada a partir de suas memórias, foi pormenorizada e constituída em objeto de análise histórica. Não se tratou de redesenhar a biografia de Vieira dos Santos a partir de uma perspectiva teleológica linearizante.[33] A intenção foi a de tentar captar os aspectos multifacetados da integração deste reinol em Paranaguá. Problematizar a análise a partir do aspecto da socialização, entendido aqui, como um processo de aprendizagem que a sociedade impõe ao indivíduo a fim de torná-lo um ser social.[34]

Tal recorte justifica-se pela situação de ambiguidade inerente aos portugueses inseridos em terras brasileiras no recorte temporal que engloba este trabalho. Eram adventícios, por certo. Mas essa condição não criava necessariamente um campo de alteridade – como tende a ocorrer com outros grupos estrangeiros chegados ao Brasil na fase das grandes migrações. Provenientes espontaneamente do reino, esses indivíduos circulavam num espaço lusófono, com a mesma matriz político-cultural de seu lugar de origem. Assim, acredita-se que o apelo à experiência do individual pode aprofundar e (ou) matizar aspectos referentes aos processos de inserção lusa, no cenário eleito para esta análise.

Finalmente, o recurso à experimentação histórica numa perspectiva mais microscópica, empreendida ao longo capítulo cinco, assenta-se também no princípio de que

> a escolha do individual não é considerada contraditória com a do social: torna possível uma abordagem diferente deste último. Sobretudo pretende destacar ao longo de um destino específico – o destino de um homem, de uma comunidade, de uma obra – a complexa rede de relações, a multiplicidade dos espaços e dos tempos nos quais se inscreve.[35]

---

33 Nesse caso se está atento às considerações de: BOURDIEU, Pierre. "A ilusão biográfica". In: FERREIRA, Marieta de Moraes; AMADO, Janaina (org.). *Usos e abusos da história oral*. Rio de Janeiro: Editora da FGV, 1996, p. 183-191; LORIGA, Sabina. *A biografia como problema*. In: REVEL, Jacques (org.). *Jogos de escalas: a experiência da microanálise*. Rio de Janeiro: Editora da FGV, 1998.

34 Esta abordagem é inspirada no estudo de MACHADO, Cacilda. *De uma família imigrante: sociabilidades e laços de parentesco*. Curitiba: Aos Quatro Ventos, 1998.

35 REVEL, Jaques. "A História aos Rés do Chão". In: LEVI, G. *A herança Imaterial: trajetória de um exorcista no Piemonte do século XVII*. Rio de Janeiro: Civilização Brasileira, 2000.

Buscando olhar pelas frestas entreabertas na escrita que Vieira dos Santos produz acerca de si, se teve a pretensão de levantar o universo relacional, as escolhas, as estratégias, o sucedido. As experiências, enfim, dispersas nos retalhos da vida representada por este imigrante português, tomado como um indivíduo em suas singularidades, porém, inexoravelmente, inserido numa dimensão coletiva.

Durante toda sua consecução, este estudo esteve alicerçado em fontes de potencial analítico-quantitativo e, também, em fontes de potencial analítico-qualitativo. O tratamento metodológico concedido a essas fontes sofreu, naturalmente, variações em função de seus diferentes suportes. Entretanto, de maneira geral, superada uma fase de cariz mais quantitativo, estruturada a partir da exploração das listas nominativas de habitantes, desde uma perspectiva mais demográfica, as análises foram coadunando-se numa direção mais qualitativa de análise. A partir da conjunção destas duas perspectivas se tentou atingir os objetivos gerais desta pesquisa que corresponderam basicamente a entender como os reinóis radicados em Paranaguá, na virada do século XVIII para o XIX, viveram ou sobreviveram; como atuaram, como se relacionaram, num espaço que, mesmo periférico, abrigou uma população que foi em tudo similar à do restante do Brasil – variada em origem, dividida pela escravidão e matizada em cores e hierarquias.

Capítulo I
A Vila de Nossa Senhora do Rosário de Paranaguá: fundeando no mar grande e redondo

Em 26 de Maio de 1797 Sesta fr^a de manhã sahi de caza de meus Pais na Cidade do Porto e me fui embarcar no Caes de Massarelos em hum Berg^{an} do Motta... Em 27 de Maio de 1797 Sabado sahi p^{la} barra fora da Cidade do Porto p^a Lisboa adonde Cheguei com 3 dias de viagem e estive 70 dias desde o da entrada ao da Sahida. Em 30 de Maio de 1797 se entrou na cidade de Lisboa. Em 3 de agosto de 1797 quita fr^a de tarde salthei em terra na Cide. De Lisboa e fui p^a. Terra desde a Junqueira ate ao Corr^o na rua Maria da boa morte. Em 7 de agosto de 1797 Segunda fr^a sahi da cidade de Lisboa em hum grande Comboio e troucemos 78 dias de viagem te a cidade do Rio de Janeiro...

Em 10 de 9^{mbro} de 1798 Sabado sahi pella barra fora da Cidade do Rio de Janeiro p^a a Villa de Paranaguá em cuja viagem se gastou 11 dias. Tendo estado na Ilha de S.Sebastião desde o dia 12 ate 15. E de arribada na Ilha de Cananeia no Cardoso 3 ou 4 dias entrado na Villa de Paranaguá em a Quarta fr^a. 21 de 9^{bro} de mesmo Ano frentiando ponteiro a Villa no dia Quinta 22= Em 23 de 9^{mbro} de 1798 e tarde saltei em terra na Villa de Paranag^a e fui p^a

> caix^ro do Ajudante Fran^co Ferr^a. de Olivr^a na rua do Collegio Cazas N^as 4 e 5...¹

Com essa narrativa Antonio Vieira dos Santos dá início às suas reminiscências particulares. Como se vê, após deixar seu torrão natal, em fins do século XVIII, ele empreendeu uma jornada de quase dois anos até se estabelecer em definitivo no Brasil. Atentando para seu depoimento, não é de se estranhar que o Rio de Janeiro figurasse no itinerário deste reinól.² Dotada de porto esta cidade, sede do vice-reino do Brasil (1763-1815), foi uma das principais rotas de acesso aos que se destinavam à colônia. Mais do que porta de entrada, São Sebastião do Rio de Janeiro convertera-se, a esse tempo, em polo de fixação, conforme sumarizou Carlos Lessa:

> Durante a União Ibérica, cresceu o fluxo migratório para o Brasil. Entre 1736 e 1766, a corrida para as minas de ouro e diamantes foi explosiva, com cerca de oito a dez mil portugueses por ano. Criaram no planalto uma série de arraiais, que evoluíram para um rede de cidades, e integraram as diversas regiões do proto-Brasil. O Rio consolidou-se neste processo e, tendo sido no século XVIII o portal para os lusos fascinados pelo ouro, nos séculos subsequentes, converteu-se na Meca brasileira para a imigração portuguesa.³

Ao que tudo indica, o processo de consolidação mencionado por Carlos Lessa se iniciaria a partir da abertura do Caminho Novo – que conectava o Rio às regiões mineratórias. Conforme indica Mafalda Zemella,

---

1   SANTOS, Antonio Vieira dos. *Breve resumo das memórias mais notáveis...* (Tomo I). fl.4 f; fl.4v.
2   Esta expressão será bastante utilizada doravante. Aos menos familiarizados com este vocábulo cabe lembrar que, durante o período colonial, ele se referia aos indivíduos provenientes do Reino, daí reinóis. Segundo o dicionarista coevo Antônio de Morais Silva: "Reinól – Nas conquistas chamão reinól ao que lhes vais do Reino". SILVA, Antônio Moraes. *Dicionário da língua portuguesa* (recompilado dos vocabulários impressos até agora, e nesta segunda edição novamente emendado e muito acrescentado). vol. 2. Lisboa: Empreza Litteraria Fluminense, 1798.
3   LESSA, Carlos. "Rio uma cidade portuguesa?" In: LESSA, Carlos (org.) *Os Lusíadas na aventura do Rio Moderno*. Rio de Janeiro: Record, 2002, p.27.

na esteira do Caminho Novo, o Rio de Janeiro transforma-se em principal área fornecedora de gêneros básicos para as Gerias, bem como no principal ponto de escoamento das produções coloniais em direção ao Reino.[4] Dessa maneira, a cidade portuária transforma-se, gradualmente, na principal praça de comércio da América Portuguesa mediante a aglutinação das atividades de negociantes que

> logo começaram a mandar às minas o melhor que chega nos navios do Reino e de outras partes, assim de mantimentos, como de regalo e de pomposo para se vestirem, além de mil bugiarias de França que lá foram dar. E, a este respeito, de todas as partes do Brasil se começou a enviar tudo que dá a terra, com lucro não somente grande mas excessivo. E, não havendo nas minas outra moeda mais que ouro em pó, o menos que se pedia e dava por qualquer coisa eram oitavas[5]

Já na segunda metade do século XVIII, o Rio de Janeiro ultrapassa a cidade de Salvador em volume de importações e exportações, tornando-se também o principal porto negreiro da América Portuguesa. O eixo econômico colonial iria se deslocar do Nordeste para o Centro-Sul ao longo do XVIII. Durante o século XIX, o Rio de Janeiro torna-se escala quase obrigatória para todos os navios que – da Europa, ou da América do Norte – dirigiam-se para o Pacífico. Perto da metade de todo o comércio exterior dos oitocentos passará por este porto. Além de ser um grande centro consumidor, como se verá, essa praça tornar-se-á, também, o principal centro redistribuidor de mercadorias de produtos das mais variadas origens para o comércio de cabotagem ou para o comércio terrestre.[6]

---

4   ZEMELLA, Mafalda. *O Abastecimento da Capitania de Minas Gerais no século XVIII*. 2ª ed. São Paulo: Hucitec, 1990, p. 24. Ver também: ARAÚJO, Maria Lúcia Viveiros. *Os caminhos da riqueza dos paulistanos na primeira metade do oitocentos*. São Paulo: Fapesp/Hucitec, 2006.
5   ANTONIL, André João. *Cultura e Opulência do Brasil*. 3ª ed. Belo Horizonte: Itatiaia/Edusp, 1982, p. 70.
6   ZEMELLA, Mafalda. *Op. cit.*

Neste contexto, como observou Fréderic Mauro, se é verdade que muitos portugueses chegavam ao Rio de Janeiro buscando, inicialmente, as frentes da mineração, também é verdade que muitos por ali foram ficando, trabalhando com seus conterrâneos instalados já há mais tempo no estimulado ramo mercantil.[7] Processo este que dará origem àquilo que Robert Rowland classificou como um "terceiro modelo de migração". Nesse modelo, o sonho de ascensão social passava pelas possibilidades de angariar proventos no trato mercantil, empurrando para o Brasil – especialmente para o Rio de Janeiro – um sem número de jovens portugueses.[8] Estes se iniciavam na vida profissional como caixeiros dos conterrâneos mais velhos, a quem chamavam de amos, esperando enriquecer a fim deles próprios se "fazerem Senhores de Comércio".[9]

---

7   MAURO, Fréderic (coord.). *Nova História da Expansão Portuguesa: o Império Luso-Brasileiro 1620-1750*. vol. VII. Lisboa: Editorial Estampa, 1991, p. 192-215.

8   Os outros modelos descritos pelo autor, inclusive as estimativas do número de portugueses em diáspora, não fogem muito da descrição de Carlos Lessa: "numa primeira fase, que corresponde aos séculos XVI e XVII, a presença portuguesa fazia-se se sentir, sobretudo, no litoral do nordeste e traduziu-se na formação da sociedade 'patriarcal' e escravocrata descrita por Gilberto Freyre. Complementarmente a esta *plantation society houve*, como é sabido, a penetração do interior e a formação de uma população de matriz mameluca. Com a descoberta do ouro e das pedras preciosas teve início a segunda fase, em que o fluxo migratório se tornou quase incontrolável. Entre 1700-1760 calcula-se em 480.000 o número de portugueses que de uma maneira ou outra conseguiram passar para o Brasil. Basta relacionar este número com a população da metrópole nessa altura (dois milhões de habitantes) para compreenderem as implicações do fluxo migratório. Boa parte desta gente meteu-se pelo sertão adentro indo engrossar o número dos 'desclassificados do ouro' e ajudando a constituir um mercado interno que permitiu, a partir das últimas décadas do século XVIII, a estruturação do terceiro modelo". ROWLAND, Robert. "A cultura brasileira e os portugueses". In: ALMEIDA, Miguel Vale & BASTOS, Cristiana & FELDMAN-BIANCO, Bela (org.). *Trânsitos Coloniais: diálogos críticos luso-brasileiros*. Campinas: UNICAMP, 2007, p. 407.

9   Trata-se de uma expressão de época emprestada do famoso relatório de Luís de Almeida Soares Portugal (Marquês do Lavradio): "[…]por serem a maior parte destas gentes naturais da Província do Minho, gentes de muita viveza, de um espírito inquieto, e de pouca ou nenhuma sinceridade, sendo para notar que podendo adiantar-se

Fato atestado pela historiografia, o Rio de Janeiro mobilizava os sonhos e as esperanças de um sem número de lusitanos, que viam ali projetada a miragem lenitiva de todos os males na raiz de suas iniciativas de êxodo. Se tal magnetismo se desenhou ainda no período colonial, ele persistiu, é sabido, até boa parte do século XX. Conforme lembra Antônio Gomes da Costa, o Rio de Janeiro foi, por muito tempo, a segunda maior cidade de população portuguesa no mundo! Somente em Lisboa viviam mais portugueses do que no Rio.[10]

Entretanto, como sugere o relato de Antonio Vieira dos Santos, o Rio de Janeiro não foi, tão somente, a única opção presente no horizonte dos oriundos do Reino em direção ao Brasil. Outras localidades também exerciam

---

muito estes povos na sua lavoura, e indústria com o trato daquelas gentes, que na sua província são os mais industriosos, e que procuram da terra tirar todas as utilidades que lhes são possíveis, neste ponto em nada tem adiantado os povos, porque logo que aqui chegam, não cuidam em nenhuma outra coisa, que em se fazerem senhores do comércio, que aí há; não admitirem filho nenhum da terra a caixeiros, por donde possam algum dia serem negociantes; e pelo que toca à lavoura, se mostram tão ignorantes como os mesmos filhos do país". RELATÓRIO DO MARQUES DE LAVRADIO EM 1 de junho de 1779 *apud* COSTA, Samuel Guimarães. O último Capitão-mor (1782-1857). Curitiba: UFPR, 1988. Disponível em: <http://www.historiacolonial.arquivonacional.gov.br/cgi/cgilua.exe/sys/start.htm?infoid=235&sid=35&tpl=printerview>. Acesso em: jun. 2010.

10 COSTA, Antônio Gomes da. "Prefácio". In: LESSA, Carlos. *Op. cit*, p. 17. É grande a bibliografia que atesta a presença lusa no Rio de Janeiro. Longe de ser exaustiva, segue uma relação de obras que iluminam um pouco esta temática ao longo de diversos períodos: ARROTEIA, Jorge Carvalho. *A emigração portuguesa: suas origens e distribuição*. Lisboa: Bertrand, 1983; EVANGELISTA, Helio de Araújo. *Rio de Janeiro uma cidade portuguesa com certeza*. Rio de Janeiro: E-papers, 2008; NOGUEIRA, Ana Maria de Moura. *Como nossos pais: uma história da memória da Imigração Portuguesa em Niterói*. Dissertação (mestrado Universidade Federal Fluminense) – Rio de Janeiro, 1998. LESSA, Carlos (org.).*Op. cit;* MARTINHO, Lenira Menezes; GORENSTEIN, Riva. *Negociantes e Caixeiros na Sociedade da Independência*. Rio de Janeiro: Secretaria da Cultura, 1993; LOBO, Eulália Maria Lahmeyer. *Imigração portuguesa no Brasil*. São Paulo: Hucitec, 2001. RODRIGUES, Henrique. *Emigração e Alfabetização: o Alto-Minho e a miragem do Brasil*. Governo Civil de Viana do Castelo: Viana do Castelo, 1995.

consideráveis forças de atração.[11] E se o ato de migrar se completa com a fixação,[12] Antonio Vieira dos Santos escolheu viver boa parte de sua vida na Vila de Nossa Senhora do Rosário de Paranaguá.

Ele não será o único. Localizada na marinha sul da Capitania de São Paulo, Paranaguá contabilizou em seus quadros populacionais uma das mais importantes incidências de imigrantes portugueses. Que influxos essa localidade exercia no contingente de lusitanos que optaram em por ali se estabelecer? Sem dúvida trata-se de uma questão de fundo no contexto desta pesquisa e que aceita uma multiplicidade de hipóteses.

Antes, porém, que tais hipóteses sejam levantadas, se quer introduzir aos leitores menos familiarizados a Vila de Nossa Senhora do Rosário de Paranaguá, que consiste, afinal, no cenário histórico-geográfico das vivências dos agentes sociais privilegiados neste estudo. Dentro desse panorama, procurar-se-á abordar os antecedentes históricos de Paranaguá para daí navegar em direção à fins do século XVIII e inícios do século XIX que corresponde ao recorte cronológico enfatizado neste trabalho.

Da Colinga ao Taguaré: antecedentes históricos

> O nome de Paranaguá ou vulgarmente de "Paraná-aguá", significa mar grande e redondo, nome que deram a esse lago espaçoso e de que a Vila recebeu o mesmo título. A grande baía terá de comprimento de leste a oeste, seis ou sete léguas, para mais de três na maior largura, sua forma mui irregular

---

11 Diversas áreas do Norte e Nordeste também foram áreas de convergência lusitana. Veja-se, por exemplo, o artigo: BARROSO, Daniel Souza; JUNIOR, Antônio Otaviano Vieira. "Histórias de 'movimentos': embarcações e populações portuguesas na Amazônia joanina". In: *Revista Brasileira de Estudos Populacionais*. Rio de Janeiro, v. 27, n. 1, jan-jun. 2010, p. 193-210. Tomando mais especificamente a Capitania de São Paulo, Carlos Bacellar listou Paranaguá como uma das vilas que, proporcionalmente, mais atraíram portugueses nesta circunscrição. BACELLAR, Carlos de Almeida Prado. *Op. cit.*, 2000.

12 ANDREAZZA, Maria Luiza; NADALIN, Sérgio Odilon. *Imigrantes no Brasil: colonos e povoadores*. Curitiba: Nova Didática, 2000, p. 8.

com vários recantos; a porção mais setentrional é a baía dos Pinheiros; a mais central, a das Laranjeiras; e a mais ocidental a de Antonina, formando todas conjuntamente, uma só no interior das três barras.[13]

Jorge Fernandes Alves, estudioso do fenômeno da emigração lusitana, certa vez observou: "os homens se movem, e esta mobilidade transforma-se por vezes em emigração".[14] Ora, tal axioma bem poderia aplicar-se à formação histórica da vila de "Pernagoa" inserida, evidentemente, no processo mais amplo de ocupação da América Portuguesa. Afinal, sob certa perspectiva, a história do Brasil é basicamente uma história de deslocamentos populacionais uma história de migrações, mas também de emigrações e imigrações.[15] A expansão e consolidação dos domínios da coroa portuguesa nos rincões coloniais – incluindo-se aí Paranaguá – não foram outra coisa senão o efeito do comportamento preferencial do homem colonial: o movimento.[16]

Lusitanos, seus descendentes mamelucos, o gentio *administrado,* compunham uma população itinerante de "desbravamento e povoamento", que se disseminava avançando para o sul da Capitania de São Vicente e Santo Amaro.[17] Aventureiros, homens "de grandes vôos",[18] fitando a miragem do ouro, por certo, mas também em busca de mais índios para prear e assim "remediar sua pobreza".[19]

---

13 SANTOS, Antonio Vieira dos. *Memória Histórica, cronológica...*, p. 75. A Baía de Paranaguá e as três barras mencionadas por Antonio Vieira dos Santos pode ser visualizada no mapa disponível no anexo ao final deste livro.
14 ALVES, Jorge Fernandes. "Terra de Esperanças – o Brasil na emigração portuguesa". In: *Portugal e Brasil – Encontros, desencontros, reencontros.* Cascais: Câmara Municipal, VII Cursos Internacionais, 2001, p. 1.
15 NADALIN, Sérgio O. *Op. cit.*, 2001, p. 9.
16 FARIA, Sheila de Castro. *Op. cit.*, 1998, p. 21.
17 NADALIN, Sérgio O. *Op. cit.*, set. 2010.
18 Aqui se faz evidentemente alusão à tipificação do homem aventureiro de Sérgio Buarque de Holanda: "o objeto final, a mira de todo esforço, o ponto de chegada, assume relevância tão capital, que chega a dispensar, por secundários, quase supérfluos, todos os processos intermediários. Seu ideal será colher o fruto sem plantar árvore". HOLANDA, Sérgio B. *Raízes do Brasil.* São Paulo: Companhia das letras, 1995, p. 44.
19 HOLANDA, Sérgio B. *História Geral da Civilização Brasileira: a época colonial*, v. 1. Rio de Janeiro: Bertrand Brasil, p. 277.

Dessa feita, os primeiros desbravadores ibero-americanos[20] do "mar grande e redondo", teriam sido vicentinos que por ali rondavam traficando com tupiniquins na Ilha de Superagui, mais ao norte de Paranaguá. Antonio Vieira dos Santos indica que mesmo antes de São Vicente ganhar os foros de vila,

> os povos da Cananéia, originários daqueles europeus que, no ano de 1501, ali foram degradados, se animaram a embarcar em pirogas ou canoas, e saindo pela barra afora, costeando as praias de Ararapira e Superagui, entraram pela barra adentro das formosas baías de Paranaguá, e admirados de ver em derredor delas, muitas habitações de índios Carijó e receosos talvez de que lhes fizessem alguma traição, foram em direção à ilha da Cotinga, onde principiaram a fazer suas habitações.[21]

Se há forte indício de que as áreas do grande mar redondo já eram precocemente conhecidas pelos europeus,[22] a primeira bandeira orientada

---

20 Tratava-se de uma área com fronteiras mal definidas, de encontros e desencontros de europeus que não eram só portugueses mas espanhóis também. Íbero-americanos parece uma expressão suficientemente ampla para tratar dessas gentes neste período.
21 SANTOS, Antonio Vieira dos. *Memória Histórica, cronológica...*, p. 58.
22 Sérgio Nadalin resume a questão: "Não é possível descartar a possibilidade de que, pelo menos, a entrada de Paranaguá fosse conhecida a partir das explorações realizadas entre 1501 e 1503. Desde a fundação de Cananéia, portugueses ali radicados também deviam conhecer essa parte do litoral, navegando pela costa em canoas para comerciar com os nativos – consta, mesmo, que dessas atividades teria resultado a primeira ocupação branca da região, na ilha de Cotinga e, portanto, já dentro da baía de Paranaguá. Essa parte da costa teria sido igualmente tocada por deportados e náufragos de expedições realizadas no período, até 1514. Os mapas da época só fazem constar Paranaguá a partir de 1520, quando o litoral é representado até a foz do Prata e, a partir de 1527, até o estreito de Magalhães. Com mais detalhes, a baía só foi desenhada em 1556, na xilogravura incluída no relato de Hans Staden. Este marinheiro alemão veio duas vezes ao Brasil (1548-1549 e 1550-1555) e, nesta segunda viagem, naufragou duas vezes (1550 e 1552).Como se sabe, no ano de 1554 foi preso pelos Tupinambás, convivendo com os nativos mais ou menos nove meses. NADALIN, Sérgio Odilon. *Op. cit.*, p. 35. Ver também: MAACK, Reinhard. *Geografia física do Estado do Paraná*. Curitiba: Secretaria de Cultura e do Esporte do governo do Estado do Paraná, 1981; MEQUELUSSE, Jair. *Op.cit.*; WESTPHALEN, Cecília Maria. *Porto de Paranaguá: um sedutor*. Curitiba:

especificamente para aquela região teria ocorrido somente em 1585. Tendo em vista as necessidades de "alargar a terra", os paulistas vieram ali fazer frente aos carijós. A liderança desta empreitada tem sido atribuída ao expedicionário Jerônimo de Leitão, capitão-mor de São Vicente. Tal iniciativa chegou a ser considerada como a "primeira afirmação positiva da escravização dos índios" na área que abrigava a futura Paranaguá.[23]

No mesmo volume em que Antonio Vieira dos Santos resgata os primórdios de Paranaguá "descrevendo-se suas antigüidades, entrelaçadas com os fatos mais memoráveis, acontecidos na Capitania de S. Vicente" ele chega a indicar que a aglutinação dos anônimos povoadores da localidade já se havia dado entre 1550 e 1560. Porém, trabalhos mais recentes têm indicado que não existe consistência documental a corroborar tal hipótese. Ao que tudo indica, a ocupação se tornou mais efetiva apenas a partir da virada do século XVI quando, finalmente, foram encontradas as primeiras reservas de aluvião aurífero.[24]

Se há discordâncias em relação à cronologia que marca o início do povoamento, parece consenso que – conforme indicou Vieira dos Santos – a ilha da Cotinga serviu de trampolim para *faisqueiros* que mais tarde passaram ao continente estabelecendo-se à margem esquerda do rio Taguaré (atual Itibere).[25]

Secretaria de Estado da Cultura, 1998. STADEN, Hans. *Meu cativeiro entre os selvagens do Brasil*. Coleção Farol do Saber. Curitiba: Fundação Cultural, 1995.

23 Acompanhava a expedição Diogo de Unhate, escrivão da câmara de São Paulo, o qual alegando sua participação na expedição requereu a primeira data de sesmarias de terras na "parte que se chama Paranaguá". MARTINS, Romário. *História do Paraná*. Curitiba: Travessa dos Editores, 1995, p. 249. Ver também: WACHOWICZ, Ruy. *História do Paraná*. Curitiba: Imprensa Oficial do Paraná, 2002, p. 42.

24 WESTPHALEN, Cecília Maria; CARDOSO, Jayme Antonio. *Atlas histórico do Paraná*. Curitiba: editora do CHAIN, 1986, p. 26. Ver também: MARTINS, Romário. *Op. cit.*, p. 246.

25 Taguaré correspondia à denominação primeira do atual Rio Itiberê. Ao longo deste trabalho se recorrerá sempre à denominação original já que o mesmo rio passou a ser denominado oficialmente Itiberê no período posterior ao recorte temporal enfatizado nesta pesquisa. A etimologia do termo pode corresponder a Taquara ou então "muitas penas de Guará", ave aquática muito abundante na baía de Paranaguá. MARTINS, Romário. *Op. cit.* Ver anexo, especialmente legenda 11 do Mapa da Baía de Paranaguá.

Esses deram origem a arraiais índio-europeus que, por sua vez, redundariam numa pequena povoação devotada a Nossa Senhora do Rosário de Paranaguá.[26]

Por volta de 1640 o bandeirante e minerador paulista Gabriel de Lara chegou à região.[27] Ele, que inicialmente se estabeleceu em um dos arraiais da cotinga, solicitou autorização a Duarte Correia Vaqueanes, governador interino do Rio de Janeiro, para erguer o pelourinho.[28] Ao que parece, o símbolo da autoridade régia foi levantado em 1646.[29] É também atribuída a Gabriel de Lara, nesse mesmo ano, a manifestação junto à provedoria das Minas de São Paulo, das descobertas auríferas que por ali se iam sucedendo.[30] A formalização do *achamento* de ouro chamou a atenção de autoridades coloniais que, a partir do Rio de Janeiro, passaram a investir...

> na possibilidade de se achar a fonte daquele metal precioso na região – pois, atrás do ouro depositado nos leitos dos rios, no sopé e nas encostas dos morros deveriam estar as minas ou, como se dizia, betas, os veios nas rochas. Apoiados em algumas evidências que lhes pareciam promissoras, apresentadas pelo garimpo dos aluviões (ouro de lavagem), e nas narrativas mais ou menos fantasiosas que

---

26 Ver Anexo, especialmente legendas: 3, 4 e 11.
27 Antes de se fixar em definitivo, Gabriel de Lara teria tomado parte em movimentos de sertanistas que objetivaram escravizar índios carijó nesta mesma região. Cf. LEÃO, Ermelino de. *Dicionário histórico e geográfico do Paraná*. Curitiba: Instituto Histórico, Geográfico e Etnográfico Paranaense, v. 6, 1994.
28 *Ibidem*, p. 729.
29 NEGRÃO, Francisco de P. *Memoria Histórica Paranaense: as minas da capitania de Paranaguá* (separata). Curitiba: Impressora Paranaense, 1934, p. 51.
30 Certa tradição encampada por historiógrafos paranaenses como Ermelino de Leão, David Carneiro, advoga na direção de que as descobertas auríferas no território que atualmente corresponde ao Paraná teriam sido as primeiras do gênero. Informação esta que, entretanto, não escapou a revisões críticas de trabalhos mais contemporâneos. Em geral, critica-se a falta de embasamento documental, para sustentar os argumentos de que o primeiro ouro do Brasil foi encontrado nos arredores do território que viria a compreender a vila de Paranaguá. Cf. PICANÇO, Jefferson de Lima. Comentários sobre o artigo "O Paraná na história da mineração no Brasil: séc. XVII". In: *Boletim Paranaense de Geociências*, n. 56. Curitiba: Ed. UFPR, 2004.

chegavam aos ouvidos das autoridades, diversos recursos eram investidos no litoral paranaense.[31]

A difusão das notícias do ouro, associada à presença de enviados oficiais pesquisando as lavras em defesa dos interesses metropolitanos, deu definitivo impulso aos antigos arraiais. Estes agora recebiam o afluxo de ainda mais aventureiros oriundos de Cananeia, Iguape e São Vicente, que vinham tentar a fortuna nos recôncavos da baía de Paranaguá. Nesse contexto, pelo foral régio de 29 de julho de 1648, o povoado, já acomodado às margens esquerdas do rio Taguaré, foi, finalmente, institucionalizado como Vila de Nossa Senhora do Rosário de Paranaguá.

Gabriel de Lara, ora atuando como agente da coroa portuguesa, ora como loco tenente dos donatários, esteve à testa de todo o processo de institucionalização. A ele, novamente, tem sido reputada a condução do pleito pioneiro que resultou na criação das *justiças*. As eleições que então se sucederam foram as primeiras em todo o território que atualmente compreende o estado do Paraná.[32]

A seguir a vila de Paranaguá tornar-se-ia, ela própria, um polo irradiador de levas migratórias. A miragem do ouro atiçava mineradores que saíam dali atravessando a serra do mar em busca de novas lavras. Rumavam em direção ao planalto dando origem a novos núcleos populacionais como o de Nossa Senhora da Luz dos Pinhais, que gerou a atual capital paranaense. Os limites mais meridionais dos domínios portugueses na América iam ganhando um contorno mais nítido.

De fato, à época de sua fundação, Paranaguá era, pelo menos para a Espanha, o limite mais ao sul da América Portuguesa. Do ponto de vista espanhol, a linha de Tordesilhas caía no mar na altura da barra de Paranaguá, o que tornava ilegítimas as pretensões dos portugueses em relação ao sul. Entretanto, estes últimos sempre consideraram que o limite meridional de Tordesilhas passava na altura do estuário do Prata.[33] Por conseguinte, ao término do período

---

31 NADALIN, Sérgio. *Op. cit.*, p. 39.
32 FILHO, Anibal Ribeiro. *Paranaguá na história de Portugal: suas relações com a monarquia portuguesa (1648-1822)*. Paranaguá: IHGP, 1967.
33 Cf. MOTA, Carlos Guilherme; LOPEZ, Adriana. *História do Brasil: uma interpretação*. São Paulo: Editora Senac, 2008, p. 159. CARDOSO, Jayme Antonio;

filipino (1640), a porção sul do continente virava área de litígio iminente entre as cortes de Madri e Lisboa. Nessa conjuntura, a recém-fundada vila de Paranaguá adquiria uma função estratégica para a definição e defesa das fronteiras portuguesas diante da expansão ibérica. Afinal, como indica a historiografia, tais fronteiras se moveriam feito fole durante os próximos 150 anos.[34]

Todavia, ao mesmo tempo em que o antigo povoado de Paranaguá se desenvolvia – como área de incidência aurífera e ponto de atalaia na fronteira sul – disputas entre os herdeiros presumíveis dos donatários das Capitanias de São Vicente e Santo Amaro interferiam na conjuntura político-administrativa da região.[35] Um dos reflexos dessas dissensões teria sido a elevação de Paranaguá a sede da Capitania de Nossa Senhora do Rosário de Paranaguá, em 1656, por obra do donatário Álvaro Pires de Castro e Souza (Marques de Cascais). Sua jurisdição chegava mesmo até os Campos de São Pedro do Rio Grande do Sul.[36] Contudo, essa situação foi efêmera.

Já na década inicial do século XVIII, num momento em que a coroa buscava reorientar a administração das chamadas *capitanias de baixo*, Paranaguá passaria à condição de comarca da recém-criada Capitania de São Paulo, conforme recordado por Maria Luiza Marcílio:

> Enquanto a população era pequena e a terra pobre em recursos explorados, o contorno da capitania paulista permaneceu impreciso, vago e o território imenso. A partir do momento em que a região se tornou economicamente vantajosa para a metrópole (descoberta do ouro),

---

WESTPHALEN, Cecília Maria. *Op. cit.*, p. 22. MELLO, Alexandre; MELLO, Nilva R. *O Brasil e a Bacia do Prata*. São Paulo: IHGSP, 1980, p. 81-83.

34 Cf. BOXER, Charles R. *A Idade do Ouro no Brasil: dores de crescimento de uma sociedade colonial*. Rio de Janeiro: Nova Fronteira, 2000. Ver em especial o item: "Fronteiras Movediças e Monções".

35 Esse litígio ficaria conhecido para a posteridade como o *Processo Vimieiro-Monsanto*. Cf. WESTPHALEN, Cecília Maria. *Op. cit.*, p. 60. Ver também: SILVA, Maria Beatriz Nizza da (org.). *História de São Paulo colonial*. São Paulo: Unesp, 2009. Ver especialmente o primeiro capítulo (p. 13-20).

36 Apesar do alcance de sua jurisdição tratava-se de uma Capitania de importância secundária estando sempre subordinada – em seu curto período de existência – ao governo do Rio de Janeiro. Cf. WACHOWICZ, Ruy. *Op. cit.*, p.48-49.

transformando-se em centro de forte atração demográfica, surgiu, pela primeira vez, a necessidade de precisar e conhecer os limites interiores das capitanias do sul, mesmo porque estas faziam confronto com as terras da Espanha. Assim é que em 1710, resolveu-se juntar as antigas capitanias de Santo Amaro e São Vicente em uma só: nascia então a capitania de São Paulo comportando imenso território dentro da colônia, limitando ao sul pelas terras da coroa da Espanha, a leste pelos oceanos [...] Em 1714, a coroa comprou a capitania de seu donatário Marques de Cascais. A partir de então ficou mais fácil e direta a administração da metrópole na região e sua presença começava a se fazer sentir pelas populações paulistas.[37]

Quase 100 anos separam, afinal, a fundação da Vila de Paranaguá de sua respectiva incorporação à Capitania de São Paulo. A esta capitania, depois província, o antigo povoado de Nossa Senhora do Rosário ficará adstrito na condição de comarca durante o recorte cronológico contemplado nesta pesquisa.[38]

Em síntese, o povoamento que ocasionou Paranaguá teria sido marcado por iniciativas quase espontâneas visto que populações – trazendo costumes e instituições arraigadas – partiam dos núcleos iniciais da costa esparramando-se por "vazios" institucionais. Algo diferente, portanto, de uma segunda etapa de ocupação, ocorrida nos setecentos, quando se passaria a povoar de forma compulsória, sob a batuta político-militar do Estado Colonial português que buscava se (re)fundar na América.[39]

Mesmo assim, de um processo de ocupação um tanto caótico, dado a partir de bolsões de povoamento espontâneo, rarefeito em pequenas comunidades, uma lógica pode ser depreendida. Uma lógica que pressupunha a contínua mobilidade dos homens pelo espaço, regidos pela chamada "ética da aventura»,

---

37 MARCÍLIO, Maria Luiza. *Crescimento demográfico e evolução agrária paulista*: 1700-1836. São Paulo: Hucitec, 2000, p. 20. Ver também: SILVA, Maria Beatriz Nizza (org.). *Op. cit.*, p. 18-19.
38 Desconte-se aqui, evidentemente, o intervalo 1748-1765 quando a capitania esteve sob a jurisdição do Rio de Janeiro.
39 Cf. MACHADO, Brasil Pinheiro. "Problemática da cidade colonial brasileira". In: *História questões e debates*, ano 6, n. 10, jun. 1985, p. 18-19.

à procura da recompensa imediata, "em busca do fruto sem plantar a árvore".[40] A preação de indígenas associada ao sonho do eldorado agiriam, afinal, como catalisadores da ocupação luso-brasileira nos recôncavos de Paranaguá.[41]

Porém, em inícios do século XVIII já escasseava a faisqueira dos ribeiros. A esperança de se encontrar as minas esvaía. À exceção dos resíduos aluvionais, já não havia nem ouro, nem prata. Seriam finalmente extintos, por essa época, o Serviço de Extração de Ouro e as oficinas de fundição das "minas" de Paranaguá.[42] O pouco metal, quando encontrado, resultava em parcos recursos a subsidiar a aquisição de algumas poucas varas de pano, sal, ferragens, quando muito. Ao par e ao passo, a localidade sofreria o impacto da descoberta do ouro nas *Minas dos Cataguases*, fazendo com que as pequenas lavras locais fossem abandonadas em favor das últimas muito mais promissoras. Paranaguá sofria a fuga de seus antigos desbravadores em direção às Gerais.

---

40 HOLANDA, Sérgio B. *Op. cit.*, 1995, p. 44.
41 HOLANDA, Sérgio B. *História Geral da Civilização Brasileira: a época colonial*, v. 2, 10ª ed. São Paulo: Record, 2003, p. 255.
42 Em 1697, foi criada a "Real Casa de Fundição de Quintos d'Ouro", entretanto, nessa mesma época, o ouro já era escasso e a esperança de encontrar prata se esvaia. Em 1722, foi extinto o Serviço de Extração de Ouro e em 1734 foram fechadas as oficinas de fundição das "minas" de Paranaguá. Contudo, ainda na segunda metade do século XVIII e inícios do XIX, é possível recuperar na documentação coeva indicações de que este metal continuará a ser encontrado nas circunvizinhanças de Paranaguá durante todo século XVIII e início do XIX. Nas listas nominativas de Paranaguá puderam ser recuperadas evidências de que em inícios do século XIX, ainda se minerava por ali. Em 1801 dois indivíduos declararam ter apurado ouro de suas lavras. Natural de Barcelos, Francisco Álvares da Cunha teria obtido 80 oitavas. Contudo ele não se dedicava exclusivamente à mineração. Produzia também farinha de mandioca com o auxílio de seis escravos. Outro minerador, também eventual, era Agostinho dos Santos Camargo natural de São Paulo. No levantamento nominativo parnanguara de 1801 disse ter apurado 40 oitavas. Contudo, vivia da agricultura contando com cerca de dez escravos. Nas compilações dos *Documentos Interessantes para a História e Costumes de São Paulo* também se encontram notícias de que se continuava a revirar os ribeiros em busca do ouro por ali em finais do século XVIII. O tom desses textos é de reprovação: as autoridades, num momento em que se buscava estimular a produção agrícola visando os mercados europeus, desencorajavam as iniciativas de mineração. WESTPHALEN, Cecília Maria. *Comércio exterior no Brasil Meridional*. Curitiba: CD Encadernações, 1999, p. 31.

Mas também, de outro lado, alguns antigos aventureiros abandonaram a vida errante em favor da sedentarização, geraram descendência, fizeram a vila prosseguir. Dentre os que resolveram ficar, muitos se dedicavam agora à pesca e/ou à pequena lavoura de subsistência, buscando nestas atividades o remédio para sua existência. Paranaguá amargava um período de depressão tentando, ainda, se recuperar do rescaldo da calamitosa "peste grande" ou da "bicha", que deu "morte a famílias inteiras", esparramadas ao longo da costa.[43]

Se a natureza estuarina da vila de Paranaguá abria precedente para vagas epidêmicas (penetrando baía adentro), tal detalhe geográfico foi, evidentemente, o que conferiu toda a especificidade socioeconômica de Paranaguá em relação às populações planaltinas da Capitania de São Paulo.

A baía de Paranaguá era, pois, uma exceção nas marinhas Atlânticas – em geral menos rendilhadas que as europeias. Com 158 km de perímetro, três embocaduras, formava de fato um "lago espaçoso" que servia como bom abrigo natural para as embarcações que frequentavam aqueles mares. Junto à foz do rio Taguaré, o mesmo que viu nascer Paranaguá, localizava-se um simples ancoradouro natural sem cais nem molhe. Desde logo esse arremedo de porto viria a conhecer a visita de embarcações que vinham em busca do ouro fugaz e, depois, dos principais efeitos daquela terra: farinhas.[44]

---

43 Essa epidemia assolou, de fato, vários pontos da costa do Brasil, causando enorme mortandade. Em Pernambuco, o governador João da Cunha Souto Maior e o bispo D. Matias de Figueiredo e Melo determinaram preces rogatórias e procissões de penitência. Na Bahia, o governador D. António Luis de Sousa e o arcebispo D. João da Madre de Deus determinaram idênticas medidas. Cananeia e outras vilas do Sul sofreram os horrores do flagelo conforme notícias da época. Cf: FILHO, Anibal Ribiero. *Op. cit.*, p.111; SANTOS, Antonio Vieira dos. *Memória Histórica, Cronológica...* p. 57. As pestes assolavam constantemente as populações da costa. Já entrado o século XIX Antonio Vieira dos Santos, que historiou pestes do passado, via surgir em seu próprio tempo uma nova peste ameaçando, agora, seu círculo doméstico: "Em 13 de Janeiro de 1818 Terça fa esteve meu fº Jose muito atacado de huá tosse comprida q' houve pr toda a costa do Brasil e pensei q' não escapasse". SANTOS, Antonio Vieira dos. *Breve rezumo das memórias...*, *Op. cit.*, fl.17.

44 Como lembra Antonio Vieira dos Santos, havia também as embarcações que utilizavam o rio Taguaré de forma episódica para aguada e, também, como um "seguro fundeadouro abrigado dos ventos e demais seguro asilo dos piratas que nesses tempos cruzavam as costas". SANTOS, Antonio Vieira dos. *Memória Histórica, Cronológica... Op. cit.,* p. 10.

Em 1679, por exemplo, o governador da capitania do Rio de Janeiro solicitava considerável remessa de farinhas em socorro à fundação da Colônia do Santíssimo Sacramento. Já na entrada do século XVIII, conforme registro de Antonio Vieira dos Santos, os moradores de Paranaguá eram solicitados a enviar peixes e, lógico, farinhas em *sumacas* que socorriam o Rio de Janeiro, em situação crítica, resistindo à invasão francesa.[45]

Ao mesmo tempo em que respondia às solicitações externas, Paranaguá mostrava suas fragilidades. Base da alimentação local, o pão da terra quando exportado parecia fazer falta aos locais. Em 1710, ante a necessidade deste item para os próprios moradores, a Câmara Municipal chegou a proibir sua exportação. Entretanto, tendo em vista os apuros do Rio de Janeiro, que então resistia à invasão de Duclerc, tal decisão seria logo revogada. Posteriormente, levantava-se a seguinte condicionante: só sairiam farinhas se a terra não ficasse em falta. Todavia, ainda na primeira metade do século XVIII, a câmara voltava a representar alegando a dificuldade com que os moradores haviam feito remessas anteriores, uma vez que a farinha já era pouca e se esperava falta ainda maior.[46]

Sendo verdade que Paranaguá por diversas vezes alegou dificuldades, sua situação era talvez a menos pior das longínquas três "penúltimas povoações do Estado": Curitiba (1668), São Francisco (1660), Laguna (c.1714). Isso foi notado pelo Ouvidor Geral Doutor Rafael Pires Pardinho quando percorreu a área em correição.

Se Maria Luiza Marcílio indicou que, a partir do setecentos, a presença metropolitana se faria mais efetiva perante as populações paulistas, a visita deste

---

45 Antonio Vieira dos Santos cita nesse sentido a carta datada de 1711, que escreveu João de Castro Oliveira da Vila de Santos em 30 de setembro: "Participando à Câmara que o General da Capitania Antônio de Albuquerque Coelho lhe tinha mandado uma ordem, em data de 20 de setembro e que no mesmo dia chegara o aviso de terem os franceses entrado no Rio de Janeiro,e assim que mandassem socorros de farinhas e peixe para aquela praça e que uma sumaca carregada, ia logo atrás em seguida outra." *Ibidem*, p. 45.

46 *Carta de Rodrigues Cesar de Menezes a Ayres de Saldanha*, 15/03/1724. Doc. 517 – Cópia Fotoestática do Arquivo Histórico Ultramarino. Instituto Histórico Geográfico Paranaense.

funcionário régio era sintomática.[47] O ouvidor tinha, justamente, como principal motivação demarcar – num lugar estratégico e, ao mesmo tempo, cindido pelas contendas donatariais – a autoridade suprema *d'El Rei* como a única digna de obediência.

No material produzido por esse ouvidor, não deixou de ser registrado que dentre os quatro povoados correicionados, ele se demorou mais em Paranaguá: "de todas estas villas a mais povoada, e de maior comercio". Além disso, em carta enviada ao Rei D. João V, observou que: "tratam aqui mais que nas circunvizinhas da lavoura de mandioca, de que fazem farinhas, que bastantes embarcações vem aqui carregar, e com que se prove a Villa de Santos, e muita vai para o Rio de Janeiro e alguns anos também para a Bahia."[48]

Mesmo que sinalizasse a importância de Paranaguá no quinhão sul da conquista portuguesa, não escapou a Rafael Pardinho a precariedade que marcava o viver local. E, buscando remediar a situação, chegou mesmo a sugerir em seus provimentos algumas possibilidades para desenvolver a área. Em sua grande maioria tratava-se de propostas tendentes à expansão, e regularização de atividades comerciais e artesanais.

Uma das soluções apontadas pelo ouvidor correspondia ao incremento do comércio entre Paranaguá e Curitiba. Para isso provia que

> Os oficiais da Câmara tivessem o cuidado de mandar e abrir e consertar o caminho que há desta vila para a de Paranaguá, com que se facilite a comunicação de ambas, e daquela venha com necessária abundancia e facilidade o necessário de mercadorias para esta, e desta vão com a mesma os frutos da terra para aquela, pois da dificuldade do caminho resulta a carestia.[49]

Outra possível solução estava ligada a um produto nativo: herva-mate. Como se sabe, nos planaltos meridionais crescia braviamente a chamada

---

47 MARCÍLIO, Maria Luiza. *Op. cit.*, 2000, p. 20.
48 PARDINHO, Rafael Pires. "Provimentos do ouvidor Pardinho para Curitiba e Paranaguá (1721)". In: SANTOS, Antonio Cesar de Almeida (org.). *Monumenta*, vol. 3, n. 10. Curitiba: Aos Quatro Ventos, 2000, p.24.
49 *Ibidem*.

congoin (ou congonha).⁵⁰ Conhecida dos indígenas, explorada pelos jesuítas espanhóis, os paulistas tomaram contato com ela em suas incursões pelo Guairá. Observando seu uso (rudimentar e visando apenas ao consumo local e imediato) e, conhecedor do comércio das ervas paraguaias com o rio da Prata, Rafael Pardinho compreendeu o potencial deste item para o desenvolvimento das duas povoações. Assim, solicitava à sua majestade D. João V a permissão para que os parnanguaras levassem a congonha até a Colônia do Sacramento para dali comercializar com os castelhanos de Buenos Aires. Ao que tudo indica, as recomendações do ouvidor geral foram ouvidas:

> Dom João por Graça de Deus, Rei de Portugal, e dos Algarves d'aquém e d'alem mar em África, Senhor de Guiné etc. Faço saber a vós Ouvidor Geral da Capitania de S.ᵐ Paulo que o vosso antecessor Rafael Pires Pardinho, me deu conta, em carta de 17 de Junho de 1720, que vendo a suma pobreza em que vivem os moradores das ultimas Vilas desse Estado do Brasil, da parte do Sul, não só da sua muita preguiça mas também de não terem mais comércio que ás pescarias, farinha de pão e em alguas a cordoária do Embé, que tudo apenas fazem para permutarem com o vestuário que lhes vem em Embarcações de Santos e Rio de Janeiro, e que assim se oferecia representar-me que é útil permitir poderem ir comerciar em as suas Embarcações a Nova Colônia do Sacramento; e dos mais frutos da dita terra com que a praça da Colônia será abastada; e se levará a Congonha de que ha muita pelas terras para se

---

50 Os portugueses conheceram o mate quando de suas incursões aos sertões do Guairá (1628-1632), visando a expulsão dos espanhóis. Levado a São Paulo, o costume de bebê-lo logo se firmou entre o povo mais simples e com o aumento da procura pelo produto, verificou-se que os índios caingangs conheciam a erva-mate a qual denominavam *congoin*. Assim, a planta que os espanhóis preferiam chamar de mate passa a ser denominada pela corruptela congonha, pelos paulistas. A partir do século XIX, quando se inicia de fato o ciclo ervateiro no Paraná, mediante o envio da congonha brasileira aos mercados platinos, passa-se a utilizar o termo erva-mate também no Brasil, prevalecendo, atualmente, esta última forma. Coube a Auguste de Saint-Hilaire a classificação e descrição botânica desta folha que ganhará o nome científico de *Ilex Parguariensis*. BOGUSZEWSKI, José Humberto. *Uma história cultural da erva-mate: o alimento e suas representações*. Dissertação (mestrado de História) – UFPR, Curitiba, 2007, p. 21.

> introduzir em Buenos Ayres e que a continuação deste comercio facilitaria aos homens a pratica d'aquela costa; e fazerem se por ela novas povoações em aumento do Estado. [...] El Rei Nosso Senhor o mandou por João Telles da Silva; e Antonio Rodrigues da Costa Conselheiros do seu Conselho Ultramarino; e se passou por duas vias. Dionizio Cardozo Pereira a fez em Lisboa Ocidental a 29 de Abril de 1722.[51]

Contudo, a erva da região "paranaense" era de qualidade inferior à paraguaia preferida pelos castelhanos. Assim, ao que tudo indica, não teve a aceitação pretendida. Conforme alega Cecília Maria Westphalen, "é certo que os moradores da comarca não chegaram a se aproveitar da concessão da provisão régia de 1722".[52] Assim, conforme se indicará adiante, Paranaguá teria que aguardar quase um século para que, com o isolamento do Paraguai ante as medidas restritivas de José Rodrigues Francia, finalmente pudesse introduzir, a partir de seu porto, as congonhas nos mercados platinos.

A possibilidade aberta em relação aos extremos platinos era, todavia, uma exceção. Rafael Pardinho ratificava de forma veemente o veto, tão caro à coroa portuguesa, à frequência de embarcações estrangeiras nas barras dos portos secundários da colônia:

> 117. Que não se consinta entrarem os estrangeiros neste porto, nem examinarem suas barras e bahias... E de nenhum modo consintam que com eles se faça algum negocio por traça, ou de qualquer sorte, porque além de ser proibido por repetidas leis em todo este Estado ultimamente o foi por lei de Sua Majestade, que Deus guarde, que fica registada nesta Câmara de 8 de fevereiro de mil setecentos e onze, sob pena de perder toda a sua fazenda.[53]

O pequeno porto de Paranaguá seguia, portanto, subsidiando farinhas num contexto de restrição comercial que não possibilitava o crescimento, mas, no limite, a manutenção da subsistência. Ao mesmo tempo, outro dado deve

---

51 *Apud* SANTOS, Antonio Vieira dos. *Memória Histórica, Cronológica... Op. cit.*, p. 123-124.
52 WESTPHALEN, Cecília Maria. *Op. cit.*, p. 230.
53 PARDINHO, Rafael Pires. *Op. cit.*, p. 130.

ser lembrado. Como já mencionado, de passagem, a primeira metade do século XVIII também será o momento da explosão do ouro nas Gerais. Como indica Carlos Bacellar, os reflexos das descobertas auríferas naquela região geraram um impacto quase que imediato em muitas vilas do interior paulista. Já desde 1723 havia um movimento de tropas – de Curitiba até Sorocaba – buscando suprir as demandas vertiginosas por animais de transporte e consumo (gado *vacum*).[54]

E foi justamente no criatório e no comércio de gado que a área de planalto, equivalente ao atual Paraná, encontraria sua função na economia colonial brasileira:

> A abertura da estrada do Viamão, ordenada pelo governador Caldeira Pimentel, para a introdução dos gados no continente de São Pedro do Rio Grande do Sul e, sobretudo, a passagem da grande tropa de mulas, conduzida por Cristóvão Pereira de Abreu, iriam enfatizar nova conjuntura econômico-social no Paraná marcando profundamente seu gênero de vida… Ao longo dos caminhos desta estrada, ao longo dos caminhos do gado, sobretudo muar, destinado às Minas Gerais e, depois às fazendas de café de São Paulo, surgiram novas povoações ligadas às atividades de tropas. Estruturava-se a sociedade tradicional paranaense, patriarcal, latifundiária escravocrata. Primeiro, foi a criação de gado nos campos de Curitiba e nos Campos Gerais, depois, o comércio das tropas do Rio Grande do Sul até a feira de Sorocaba, e mesmo mais longe.[55]

Diante destas observações cabe, evidentemente, perguntar: como este movimento teria impactado as atividades que se desenvolviam no porto Paranaguá? Ao que parece, pouco afetou. Mesmo após a abertura do caminho do Viamão, Paranaguá seguia servindo as populações ribeirinhas, para o sul e para o norte, em um marasmo forçado. Em 1751 a Câmara representava ao Rei dizendo que Paranaguá era a vila mais pobre em seus domínios.

O fato é que a situação do pequeno porto de Paranaguá não mudara muito após a visita de Rafael Pardinho. Se em seus provimentos uma das primeiras medidas sugeridas referia-se à conexão comercial entre Curitiba e Paranaguá,

---

54 BACELLAR, Carlos de Almeida Prado. *Viver e sobreviver em uma vila colonial: Sorocaba séculos XVIII e XIX*. São Paulo: Fapesp/Annablume, 2001, p. 25-26.
55 WESTPHALEN, Cecília Maria. *Op. cit.,* p.205.

estas duas vilas permaneciam divididas pela serra do mar com suas escarpas e contrafortes de dificílima transposição, numa comunicação que, se não chegava a ser impossível, era certamente deficitária. O famoso viajante Auguste de Saint-Hilaire, já entrado o século XIX, definira emblematicamente a situação quando visitou Paranaguá: "garantiram-me os que viviam à beira mar jamais tinham visto uma vaca e, no entanto, a poucas léguas dali havia imensos rebanhos".[56]

Um insinuante comércio: Paranaguá na linha da cabolagem.

> O essencial é a característica da via principal que escolhem: por água... Ela faz de eixo e serve de escoadouro geral do sistema. Daí a importância das comunicações por cabotagem que formam a verdadeira espinha dorsal do sistema de viação do país.[57]

De costas para o planalto e de frente para o oceano, navegar se fazia necessário, e a Vila de Nossa Senhora do Rosário, ao entrar a segunda metade do século XVIII, seguia articulando-se ao resto da colônia, sobretudo, pela via litorânea distribuindo os gêneros da terra no movimento da cabotagem. Tal movimento sofreria sucessivas interferências, justamente, no contexto da reorientação administrativa da colônia, que resultou na Restauração da Capitania de São Paulo em 1765.

Nesse ano, Dom Luiz Antônio de Souza Botelho Mourão, o *Morgado de Mateus*, foi instituído como governador. Nobre de uma casa que remontava ao século XIII, descendente de importantes oficiais do exército português, veterano da guerra Peninsular, reunia os principais atributos no que toca a um governador dos domínios ultramarinos: fidalguia e capacidade militar reconhecida. Ao assumir seu posto tinha ordens expressas para consolidar as fronteiras da capitania paulista, protegendo-a militarmente dos castelhanos "confinantes e orgulhosos

---

56 SAINT-HILAIRE, August de. *Viagem a Curitiba e Província de Santa Catarina, 1824*. São Paulo: Editora da Universidade de São Paulo, 1978, p. 72.
57 PRADO JR., Caio. *Op. cit.*, p. 240.

inimigos". Não menos importante, lhe cabia, também, estimular a agricultura de gêneros destinados ao comércio externo, bem como os negócios mercantis da região, buscando engajá-la, inclusive, no trato direto com a metrópole.[58]

Denise Soares de Moura atribui a esse governador o pioneirismo das tentativas de exteriorizar ou *atlantizar* a economia da capitania propondo, inclusive, a formação de uma companhia de comércio que ligaria o porto de Santos diretamente a Lisboa.[59] De fato, como indica Maria Thereza Petrone, a abolição do antigo esquema de frotas, fazendo cair a obrigatoriedade das tradicionais rotas: Bahia/Lisboa, Rio de Janeiro/Lisboa, Pernambuco/Lisboa, viabilizava tal projeto. As embarcações provenientes do reino poderiam atracar em Santos e, depois de abastecidas com os efeitos locais, poderiam retornar dali mesmo em direção a Portugal.[60]

Com efeito, ao longo da segunda metade do século XVIII, ver-se-ia aumentar a ingerência da Praça de Santos nas relações de cabotagem que os outros portos da capitania vinham mantendo com a costa.[61] Um ano após ter assumido o governo, o Morgado de Mateus ordenava que nenhuma embarcação proveniente da costa norte fosse descarregada sem guia passada na alfândega de Santos.[62] Isso prendia a Santos essas embarcações e, logicamente, lhes afastava dos outros embarcadouros (entre eles Paranaguá) que se viam prejudicados tanto na venda de seus artigos quanto na compra de outros.

Tal medida não deve mesmo ter agradado os parnanguaras que já exerciam certo contraste ao capitão general. Em correspondência trocada com o Conde da Cunha, Vice Rei do Mar e Terra do Brasil, dom Luiz se queixava em tom irritado da câmara de Paranaguá que "pouco acostumada a experimentar outro governo

---

58 Cf. BELLOTTO, Heloísa L. *Autoridade e conflito no Brasil colonial*. 2ª ed. São Paulo: Alameda, 2007.
59 MOURA, Denise Soares. "Comércio na Costa do Brasil no temerário ano de 1817". *Histórica – Revista Eletrônica do Arquivo Público do Estado de São Paulo*, n. 41, abr. 2010, p. 1.
60 PETRONE, Maria Thereza Shoerer. *A lavoura canavieira em São Paulo – expansão e declínio (1765-1851)*. São Paulo: Difusão Europeia do Livro, 1968, p.148.
61 MOURA, Denise Soares. *Op. cit.*, abr. 2010.
62 Resgate AHU 1768 -2427, p. 382.

que não seja o próprio [...] desde o principio do meu Governo sempre executou remissa as Ordens que se lhes distribui, tendo me replicado por muitas vezes".⁶³

Em 1780, já no governo de Martim Lopes Lobo Saldanha, o comércio de cabotagem operado a partir do porto de Paranaguá sofreria restrições mais efetivas. Controlava-se a venda do principal gênero de sua pauta de exportação mediante a advertência de que,

> respeite as farinhas, nenhuma embarcação sairá com ela desse porto sem a positiva Ordem de fazer escala em Vila de Santos, para ali se tirar toda a farinha; que for precisa p.ª as tropas desta Capitania q. se devem prover primeiro q' a das estranhas: pelo q'Vm.ᶜᵉ ficará responsável de sindicar todas as embarcações, q' voltarem a esse porto, castigando os M.ᵉˢ q' não mostrarem terem vindo a Santos. [...] S. Paulo a 20 de Fevr.º de 1780. // Martim Lopes Lobo de Saldanha.⁶⁴

Como se vê, Paranaguá já sofria interferências em seu comércio costeiro mesmo antes do advento das famosas e controversas ações restritivas, tomadas originariamente pelo Capitão general Bernardo José de Lorena (1788-1797) e retomadas depois, pelo também Capitão general Antônio José da França e Horta (1802-1808), generalizadas, posteriormente, como "lei do porto único".⁶⁵

---

63 "...com alegações da Ordenação muito mal aplicadas e com huns capítulos do desembargador pardinho que lhes servem para tudo." *Documentos Interessantes para a História e Costumes de São Paulo*. Carta para o senhor Conde de Cunha vice-rei queixando se da câmara de Paranaguá, vol. 36, p. 213-214.

64 *Documentos interessantes para a história e costumes de São Paulo*. Ofícios do General Martim Lopes Lobo de Saldanha (Governador da Capitania) 1779-1780, vol. 82. São Paulo: Departamento do Arquivo do Estado, 1956, p. 96.

65 Dedicando-se à questão da centralização portuária, Renato de Mattos, em trabalho recente, argumenta que a "lei do porto único" teria sido um conceito artificial inventado posteriormente por certa historiografia que acabou por uniformizar e, por consequência, simplificar numa única expressão a série de medidas tomadas no último quartel do século XVIII e inícios do século XIX, que objetiva centralizar em Santos o giro de exportações e importações da Capitania de São Paulo. Quando compulsou a documentação primária, o autor não teria, sequer, se deparado com o termo "Lei do Porto Único" ou mesmo algo próximo. Suas considerações foram referendadas, posteriormente, na

Tais medidas que buscavam alcançar todos os outros portos paulistas consistiam em, basicamente, centralizar em Santos a exportação – diretamente para Lisboa – do montante total das produções da capitania de São Paulo. Para tanto, limitava-se o comércio marítimo realizado nos demais portos paulistas. Todas as embarcações provenientes das barras subsidiárias deveriam atracar em Santos para, assim, preencherem com seus gêneros as naves provenientes do Reino. Em consequência, ficava excluído da rota o Rio de Janeiro, principal entreposto comercial do centro-sul, que desempenhava o papel agora ambicionado por Santos.

Vista tradicionalmente quer como uma tentativa de soerguer economicamente a capitania de São Paulo dando sequência às medidas do Morgado de Mateus, quer como uma variante secundária da própria política metropolitana de monopólio ao comércio marítimo colonial; ou, quer finalmente, como mero despotismo dos dirigentes nomeados pela coroa, este processo de centralização portuária tem recebido novas problematizações pela historiografia recente.[66]

---

tese de doutorado de Ana Paula Medicci. Vale dizer que o presente trabalho também caminha nesta mesma direção. Segundo Renato Mattos, o primeiro passo no processo de centralização portuária em Santos foi dado num ofício de 18 de julho de 1788 enviado ao capitão mor da vila de São Sebastião. Neste documento se mandava verificar o preço do açúcar na dita vila e, também, impedir seu envio ao Rio de Janeiro, enquanto existissem interessados em comprá-lo na capitania ou, então, enviá-lo à Europa via Santos. Contudo, haja vista o excerto assinado por Martim Lopes Lobo de Saldanha, acima transcrito, mesmo dez anos antes do ofício direcionado a São Sebastião, restrições portuárias já se haviam feito sentir em Paranaguá. Cecília Westphalen recua ainda mais o processo de restrições às atividades portuárias de Paranaguá. Para tanto, ela menciona uma ordem partindo do Conde de Sarzedas no ano de 1745 na qual todas as embarcações parnanguaras deviam obrigatoriamente rumar com seus gêneros para Santos. Nesse caso, consultar respectivamente: MATTOS, Renato de. *Política, Administração e Negócios: a capitania de São Paulo e sua inserção nas relações mercantis do Império Português (1788-1808)*. Dissertação (mestrado em História Social) – USP, São Paulo, 2009, p. 60; p. 80-81. MEDICCI, Ana Paula. *Administrando conflitos: o exercício de poder e os interesses mercantis na capitania/província de São Paulo (1765-1822)*. Tese (Doutorado em História Social) – USP, São Paulo, 2010, p. 115. WESTPHALEN, Cecília Maria. *Op. cit.*, p. 95. p. 9

66 Cf. MATTOS, Renato de. *Op. cit.*; MEDICCI, Ana Paula. *Op. cit.*

Sem que se aprofunde muito, num balanço geral, é possível dizer que tais releituras partem da revisão dos trabalhos de matriz *cepalina* que, menosprezando os processos de mercado interno, encaravam a capitania de São Paulo como pobre, restrita a uma economia de autoconsumo, alheia que estava à dinâmica de exportação de gêneros para a metrópole.[67] O questionamento de alguns pressupostos da produção historiográfica paulista de inícios do século XX, que teria incorporado de forma um tanto acrítica discursos de época eivados de expressões como "decadência", "pobreza", para definir o estado da capitania de São Paulo, em boa parte do século XVIII, também compõe este exercício de revisão.

Assim, trabalhos recentes têm indicado que, mesmo antes da restauração da capitania de São Paulo e do advento da produção canavieira, e depois cafeeira, encarados tradicionalmente como marcos de virada, já se podia notar um dinamismo econômico na região. Chamado por Ilana Blaj (que muito influenciou esse comportamento revisionista que se está comentando) de "Processo de Mercantilização de São Paulo", tal dinamismo tomou força, indubitavelmente, a partir da demanda das áreas mineiras, o que resultou, enfim, no estabelecimento de redes de comércio e de abastecimento intercolonial. Tais redes teriam se perpetuado até fins do século XVIII, possibilitando um processo de acumulação de riqueza a negociantes (boa parte deles reinóis). Instalados em Santos vinculavam-se, em muitos casos, aos produtores do planalto de Piratininga, das vilas de serra acima e, finalmente, aos seus pares radicados na metrópole.[68]

Ainda nessa direção, ao retomar a "lei do porto único", a historiografia recente tem apontado que mesmo que o redirecionamento do comércio tenha sido imposto inicialmente por Lorena, inclusive com recurso às tropas milicianas, esta diretiva não deve ser entendia como uma lei em estrito senso. Afinal,

---

67 Ver por exemplo: FURTADO, Celso. *Op. cit.*; MORSE, Richard M. *Formação histórica de São Paulo: de comunidade a metrópole*. São Paulo: Difusão Europeia do Livro, 1970. Ainda é possível encontrar autores que advogam na direção da decadência paulista. Carlos Guilherme Mota, por exemplo, argumenta na direção da "extrema de pressão e pobreza do fim do período colonial". Cf. MOTA, Carlos Guilherme. *São Paulo no século XIX(1822-1889): esboço de interpretação*. Disponível em: <http://www.mackenzie.br/dhtm/seer/index.php/cpgau/article/viewFile/136/41>. Acesso em: mar. 2011.

68 BLAJ, Ilana. *A Trama das tensões: o processo de mercantilização de São Paulo colonial (1681-1721)*. São Paulo: Humanitas/ Fapesp, 2002.

ela nunca contou com um regimento formalizado – de fato – pelos órgãos metropolitanos responsáveis. Por último, e mais importante, as decisões reunidas sob a expressão "lei do porto único" foram problematizadas na chave de uma complexa rede de relacionamentos pela qual, numa sociedade corporativa de Antigo Regime, se coadunavam política administrativa e interesses pessoais.

Ana Paula Medicci, autora que compartilha dessa nova abordagem acerca da centralização portuária, cita como exemplo o caso do negociante lisboeta Jacinto Fernandes Bandeira. Arrematador dos dízimos da Capitania de São Paulo por cerca de doze anos e iniciador do tráfico e transporte de escravos diretamente para a capitania de São Paulo, esse reinol foi introduzido nos negócios paulistas por seu sócio: ninguém menos do que o próprio capitão general Bernardo José de Lorena. Dado que demonstra "a interferência direta do governador em questões que afetavam a liberdade comercial através de privilégios concedidos a um determinado grupo de negociantes reinóis (radicados em Santos) e seus correspondentes no ultramar."[69]

Se nesse jogo de interesses havia privilegiados (notadamente os comerciantes de São Paulo, Santos, Itu),[70] também havia, naturalmente, aqueles grupos que se viam alijados da esfera mais próxima de influência nas diretrizes da capitania geral. Ao que tudo indica, amargavam essa última situação, as vilas de São Sebastião, Ubatuba e, ocupando o centro das atenções deste trabalho, a vila de Paranaguá.[71]

Tão logo termina a gestão do capitão general Bernardo José de Lorena, começam a aparecer queixas oficiais encampadas pelas vilas que haviam sido

---

69 MEDICCI, Ana Paula. *Op. cit.*, p. 25
70 *Ibidem*, p. 138.
71 Os outros ancoradouros da capitania de São Paulo eram: Santos, São Sebastião, Cananeia, Iguape, Bertioga e Ubatuba. O viajante Louis Freycinet que passou por todos eles fez uma rápida consideração geral, observando em 1825, que todos esses portos eram "ótimos, mas com suas comunicações com o interior estorvadas pela serra de Cubatão, que num ponto chega rente à praia. Iguape é lindo rio, marginado por excelente solo. Em Paranaguá e Cananeia constroem-se muitos navios". FREYCINET, Louis C. *Voyage autour du monde*, 1825, *apud* LUIZETTO, Maria Cristina; PRADO, Maria Lígia. *Contribuições para o estudo do comércio de cabotagem no Brasil, 1808-1822. Anais do Museu Paulista.* Tomo 30, São Paulo, 1980-1, p. 177.

afetadas negativamente pelo redirecionamento do comércio paulista na praça santista. Tais resistências não se resumiam ao jogo político expresso nas representações camarárias, mas, também, consistiam em atitudes concretas de desvios às determinações de Lorena, como pode se entrever neste ofício datado de 1794, endereçado ao Sargento-Mor da Vila de Paranaguá:

> O Ilm e Ex.mo Snr. General ordena a V. Mce que depois do recebimento desta não consinta mais sahir Desse porto embarcação alguma sem vir em direitura para o de Santos, ainda mesmo aquella, ou aquellas que forem a essa Vila somente a carregar madeiras pois q' embaixo desse indulto levão disfarçadamente para fora da capitania arrozes e outros gêneros tendentes ao comercio, por cujo o mesmo Snr' recomenda muito a V. Mce, a execução desta ordem por que só da sua atividade confia o bom êxito dela.[72]

Uma representação levantada pela Câmara de São Sebastião na década de 1790 permite, até certo ponto, captar os motivos da aflição das vilas que se viam amarradas a frequência obrigatória a Santos. Uma vez surtas na praça santista as pequenas sumacas carregadas de gêneros e, como não podia deixar de ser, de interesses regionais, ficavam restritas aos

> monopolistas da dita praça que desejosos de haverem a si o perfeito açúcar que nessa vila se fabrica, e sendo poucos e faltos de dinheiro para pagarem pelo preço que pagam os comerciantes do rio de janeiro, fomentam sagazmente a referida proibição, que tanto tem favorecido ao referido monopólio, que tem praticado e praticam de se mancomunarem todos em um só preço e esse sempre ínfimo.[73]

Não tendo outros mercados para oferecer os efeitos da sua terra, as vilas afetadas negativamente pela centralização portuária ficavam restritas aos preços de monopólio fixados em Santos. Se em São Sebastião era o problema do

---

72 *Arquivo público do Estado de São Paulo. Manuscritos t.c.* Ordenanças de Paranaguá: capitão-mor e outros oficiais subalternos. 1721-1822. Cx-64. Ordem 304, 1794.

73 *Documentos interessantes para a história e costumes de São Paulo.* Correspondência do governador e capitão-general, Antônio Manoel de Melo Castro e Mendonça. 1797-1802. v. 89. São Paulo: Departamento do Arquivo do Estado, 1967, p. 105-108.

preço do açúcar que vexava os comerciantes, no caso de Paranaguá as aflições advinham das medidas de peso utilizadas em Santos. Sendo diferentes, levavam a uma quebra na pesagem dos víveres em prejuízo dos primeiros. Além disso, tendo que, obrigatoriamente, vender seus efeitos em Santos, Paranaguá ficava esvaziada de gêneros. Isso afastava as embarcações provenientes do Rio de Janeiro, Salvador, Recife que, rumando para o sul, aportavam ali para aguada tratando sal e outros itens em troca dos víveres oferecidos pelos parnanguaras.[74] Finalmente, a obrigação de passar por Santos retardava a rota das embarcações que se dirigiam para os portos do sul.[75]

À semelhança dos protestos oriundos de São Sebastião e Ubatuba, a câmara de Paranaguá não ficaria inerte às medidas restritivas, tendo representado várias vezes, chegando mesmo a conseguir algumas brechas de navegação diante das determinações de Lorena. Em 1795, por exemplo, liberava-se da frequência a Santos, desde que não levassem gêneros integrantes da pauta do comércio com a metrópole, as embarcações que, partindo de Paranaguá, se dirigissem para o sul (Rio de São Francisco, Ilha de Santa Catarina, Laguna…). Fato que não aliviava muito a situação local já que nesse período inclusive as farinhas de pau entravam na pauta de exportação para o Reino.[76]

Ao assumir a capitania, em substituição a Lorena, Manoel de Castro e Mendonça (1797-1802), manteve inicialmente o direcionamento das exportações para Santos. Contudo, num breve espaço de tempo, foi distendendo as determinações de seu antecessor até que, em novembro de 1798,[77] finalmente franqueou a exportação de gêneros para os demais portos da América portuguesa.

Conforme argumenta Ana Paula Medicci, ao assumir a direção da capitania, Castro e Mendonça já deveria ter alguma ciência dos reclamos provenientes das vilas afetadas pela centralização portuária. Contudo, ao que tudo indica, não foi isso que motivou as medidas liberalizantes adotadas por esse governador. Segundo a mesma autora *"tal como Lorena, o general Antônio Manoel de*

---

74 WESTPHALEN, Cecília Maria. *Op. cit.*, p. 230.
75 *Ibidem.*
76 *Documentos interessantes para a história e costumes de São Paulo*. Ofícios do general Bernardo José de Lorena a diversos funcionários da capitania, 1788-195. vol. 46. São Paulo: Duprat e Cia, 1924, p. 290.
77 MEDICCI, Ana Paula. *Op. cit.*, p. 135.

Melo Castro e Mendonça se envolveu diretamente nos negócios da capitania que viera governar, embora tenha precedido em outra escala e a despeito do relacionamento entre negociantes santistas e lisboetas". Dessa feita, seriam os interesses dos cariocas que voltariam a ser privilegiados, bem como, dos produtores e comerciantes ligados a eles.[78]

Não obstante, com a liberação da navegação a partir da marinha de Paranaguá, uma nova medida restringia o comércio que ali se fazia. Tratava-se agora do defeso de um importante item da pauta de exportação local: as madeiras. Integrantes das relações comerciais de Paranaguá, já desde os primórdios, estas não se constituíam apenas em item de venda, mas, aliada às *Betas* produzidas a partir das abundantes fibras de Imbé, servia de matéria-prima para as práticas de construção e (ou) manutenção naval estabelecidas em Paranaguá.[79] O fato é que, ao que tudo indica, a madeira se constituía na principal e mais cara das matérias-primas utilizadas na construção naval.[80] Buscando regulamentar a extração deste valioso item, Antônio de Mello Castro Mendonça já proibira em bando de 1798 o corte de madeiras de lei. Dois anos depois chegava a ordem de:

> 4.ªQue os Proprietários ou fatores das embarcações não cortem mais madeiras que as que lhe forem justamente necessárias para elas, e havendo pessoa, ou pessoas q. se atrevam a cortar algumas para Negocio, V. M. as fará prender a esta Capital, o que da parte do mesmo Senhor lhe hei por muito recomendado para que assim o execute. Dirige-se a

---

78 Cf. *Ibidem*, p. 138-140. Ver também: MATTOS, Renato de. *Op. cit.*, p. 135.

79 A *beta* consistia numa *córda* obtida pelo trançado das fibras secas do cipó-Imbé. Antônio Morais Silva indica, "beta por onde o batel foi alado a bordo". Beta apud SILVA, Antônio Moraes. *Op. cit.* Contudo, ao que tudo indica, seu uso não se restringia ao içar de escaleres. No contexto náutico esta corda tinha um amplo uso no manejo dos velames, para sustentar a *fateixa*, e outros usos. Também era corrente a produção de cestos a partir deste material. Nessa direção, *beta* muitas vezes era um designativo dos recipientes feitos a partir do cipó-imbé. Típico da Mata-Atlântica o uso desta matéria-prima é ainda corrente, pelo menos no litoral sul, onde populações tradicionais produzem, principalmente, cestos e outros tipos de objetos artesanais.

80 RODRIGUES, Jaime. "Arquitetura Naval: imagens, textos e possibilidades de descrições dos navios negreiros". In: FLORENTINO, Manolo (org.). *Tráfico, cativeiro e liberdade: Rio de Janeiro, século XVII-XIX*. Rio de Janeiro \: Civilização Brasileira, 2005, p. 88.

V. M. S. P.ᵗᵒ 6 de Junho de 1800 // Luiz Antonio Neves de Carvalho // Senhor. Sargento Mór Francisco Jose Monteiro.[81]

Diante dessas e de outras proibições, a câmara de Paranaguá sustentou anos de lutas contra as ordens emanadas da capitania, muitas vezes representando diretamente à coroa. Fato que, diga-se de passagem, deu motivos a discursos laudatórios de memorialistas regionais, comentando "o contato direto [que Paranaguá mantinha] com a monarquia portuguesa através do Conselho Ultramarino, não necessitando dos capitães generais como medianeiros de seus assuntos e problemas".[82]

Todavia, não se quer retomar aqui os meandros da arquitetura do poder implantado na colônia, mediante a avaliação das tensões entre os órgãos governativos constituídos localmente e os poderes emanados do centro da monarquia, seja pela via de uma autonomia local, seja pela via da centralização. De forma mais modesta, o que se quer demonstrar é que as dissensões narradas acima são grande indício de que – de fato – na segunda metade do século XVIII haviam se estruturado em Paranaguá atividades mercantis e, em decorrência destas, o enraizamento de interesses locais. Dito de outra forma, Paranaguá parecia à entrada da segunda metade do século XVIII ter recebido novo fôlego.

Nesse último caso, a iminência de uma guerra que nunca chegou a alcançar de fato Paranaguá teria movimentado a população local, a produção e a circulação de mercadorias. As expedições militares de exploração e conquista, conduzidas por Afonso Botelho de Sampaio e Souza a mando de Dom Luiz; a fundação, por iniciativa do mesmo preposto, da vila litorânea de São Luiz de Guaratuba; a construção da Fortaleza de Nossa Senhora dos Prazeres na Ilha do Mel, demais trincheiras e fortificações; a mobilização para o plantio de farinhas visando ao abastecimento dos corpos milicianos; marcam esse período. De fato, a proximidade das tropas espanholas, a presença de numerosas

---

81 *Documentos interessantes para a história e costumes de São Paulo*. Ofícios do Capitão General Antônio Manoel de Melo Castro e Mendonça (Governador da Capitania), v. 87. 1797-1801. São Paulo: Departamento de Arquivo do Estado, 1963, p. 202.

82 FILHO, Anibal Ribeiro. *Op. cit.*, p. 165.

turmas de ordenanças e auxiliares necessitando de abastecimento, foi sal que deu tempero à vida dos habitantes de Paranaguá trazendo dinamismo à sua pacata existência.[83]

Ao final do século XVIII a posição de Paranaguá como fornecedora de farinhas na rota do comércio costeiro regional não parecia ser desprezível. Em 1793 o capitão Francisco José Monteiro era autorizado – por Bernardo José de Lorena – a providenciar a quantia necessária para guarnecer, com as farinhas de Paranaguá, quatro embarcações aportadas em Santos.[84]

Mas não se tratava apenas de fornecimento compulsório da chamada *boia de guerra*. Na mesma década de 1790, ocorria um interessante litígio que aponta, mesmo indiretamente, a expressividade da produção de farinhas em Paranaguá.

Tal demanda opunha Antônio Nunes, mestre e dono do bergantim Josefina, aos sócios Joaquim José dos Santos (capitão-mor de Santos) e José Mendes da Costa (capitão de ordenanças de Santos). Estes últimos adquiriam na vila de Paranaguá "avultada" quantidade de farinhas com o objetivo de embarcarem-na para Pernambuco. Contudo, o mestre de embarcação, ainda em

---

83 A relação entre a ameaça espanhola e o incremento da vila de Paranaguá seria levantada pioneiramente por Antonio Vieira dos Santos: "As dissenções que houve entre as Cortes de Madri e de Lisboa, motivadas pelas demarcações divisórias das Américas, espanhola e portuguesa, deu motivo a um rompimento de guerra. A Espanha fez logo aprontar em Cadiz uma grande esquadra de guerra, guarnecida de tropa sob o comando de Dom Pedro Cevallos, e enviada à costa do Brasil, onde chegando, logo tomaram a Ilha de Santa Catarina, em dois de fevereiro de 1772, sem que houvesse alguma resistência. Esse sucesso inopinado causou um grande alarme em toda a Capitania de S. Paulo, e o Governador mandou a toda pressa e com a maior brevidade se fortificassem todas as Vilas e portos da marinha para impedir o ingresso daqueles invasores, se porventura intentassem continuar suas conquistas nas Vilas da marinha situadas ao norte da mesma ilha: e como a de Paranaguá era um dos portos imediatos, tratou-se com energia de suas fortificações; esta Vila em breve ressurgiu da inação e mostrou em breve tempo um aspecto marcial imitando a uma praça de guerra". SANTOS, Antonio Vieira dos. *Memória Histórica, Cronológica...Op. cit.*, p. 80. Sua análise será repetidamente referendada por historiadores posteriores. Ver por exemplo: MARTINS, Romário. *Op. cit.*, p. 281-282; MEQUELUSSE, Jair. *Op. cit.*; WESTPHALEN, Cecília Maria. *Op. cit.*
84 *Documentos interessantes para a história e costumes de São Paulo*. Ofícios do general Bernardo José de Lorena a diversos funcionários da capitania, 1788-1797. Vol. 46. São Paulo: Duprat e Cia, 1924, p. 203-204.

Paranaguá, colocou José Mendes da Costa sob a mira de duas pistolas, e "depois de proferir mil absurdos", obteve dele um recibo de compra do carregamento da farinha. Partiu dali mesmo em direção a Angola, "fazendo vela contra o despacho", e lá adquiriu "escravatura produto das ditas farinhas".[85]

Ou seja, era possível encontrar em Paranaguá farinha suficiente a ponto de atrair a atenção de negociantes paulistas; guarnecer uma embarcação transatlântica, ainda que de porte médio, e, finalmente, encorajar a compra de mão de obra cativa na costa atlântica da África.[86]

Não só de farinhas sobrevivia Paranaguá no apagar das luzes do século XVIII. Seguindo as diretrizes metropolitanas e não raro, como se observou, interesses próprios, se fez notar – a partir da restauração da capitania de São Paulo – uma insistente apologia, por parte dos capitães generais, à necessidade de se sanar

---

85 *Documentos interessantes para a história e costumes de São Paulo*. Correspondência recebida e expedida pelo General Bernardo José de Lorena, Governador da Capitania de São Paulo, durante seu governo. 1788-1797. Vol. 45. São Paulo: Duprat e Cia, 1924, p. 286-287.

86 Tentando entender as dimensões aproximadas de tal delito perante a produção de Paranaguá, procedeu-se um pequeno exercício metodológico. Levando em conta o Mapa Econômico anexado à lista do ano de 1826, houve o registro de 19 saídas de bergantins. Apurando suas tonelagens médias, chegou-se ao valor de 150 toneladas por embarcação. Caso se designe que cada alqueire de farinha (aproximadamente 36,27 litros corresponda ao peso de 32,643 Kg pode-se destacar que um bergantim carregaria cerca de 4595 alqueires do produto. Passando à lista de 1799 (cerca de cinco anos após o incidente), verifica-se que a produção total de farinha de mandioca foi de 38.000 alqueires, ou seja, cerca de 1.164 toneladas métricas. Percebe-se, também, que o consumo interno atingiu, nesse ano, 31.800 alqueires, o que faz com que sobre apenas 6.200 para exportação. Ou seja, pouco mais que uma carga de bergantim seria a totalidade da produção exportada de farinha de mandioca em toda a vila de Paranaguá. Numa outra perspectiva analítica, esses dados reiteram, o contexto de restrição portuária à que Paranaguá estava submetida nesse período. Afinal, antes de ser desviada pelo mestre da embarcação, essa quantidade de farinhas havia sido vendida para o Capitão Mor da Vila de Santos e seu sócio. Cf. LUNA, Francisco Vidal; KLEIN, Herbert S. "Nota a respeito de medidas de grãos utilizadas no período colonial e as dificuldades para a conversão ao sistema métrico". Boletim de História Demográfica, ano VIII, n. 21, mar. 2001. Disponível em: <http://historia_demografica.tripod.com/bhds/bhd21/bhd21.htm>. Acesso em: 8 out. 2011. Cf. *Equivalência de pesos e medidas*. Disponível em: <http://www.unirio.br/gastronomiavancada/peso.htm>. Acesso em: 8 out. 2011.

"a falta de agricultura que há por toda essa marinha, e sendo conveniente que se concorra para evitar um grande mal";[87] ao cultivo dos "frutos em abundancia que sobejam do sustento dos habitantes para se poderem navegar para fora".[88]

Com efeito, numa ata de vereança de 14 de maio de 1799, a câmara de Paranaguá indicava que, havia tantos anos, alguns europeus haviam levantado engenhos de aguardente e, há quinze, já se plantava arroz.[89] Em sua já bastante conhecida prestação de contas de governo Bernardo José de Lorena, jactava-se, não de forma insuspeita, da abundante produção parnanguara "infinita do melhor arroz, muita farinha de mandioca, muita goma".[90]

Contudo, uma documentação proveniente de suporte diferente permite pesar melhor essa última declaração, trazendo luzes à situação geral de Paranaguá na dinâmica do comércio inter-regional ao término do século XVIII. Trata-se do *Mapa Comparativo das Produções da Paróquia de Paranaguá com a especificação do q'se consumiu na mesma e dela se exportou em o Ano de 1798*; e de seu equivalente para o ano de 1799.

Reflexo das orientações econômicas tomadas ao longo do reinado de Maria I, que visavam à ampliação da produção de gêneros com vistas à sofisticação do comércio colonial,[91] em resposta compensatória, à crise e declí-

---

87 *Documentos interessantes para a história e costumes de São Paulo*. Ofícios do general Bernardo José de Lorena a diversos funcionários da capitania, 1788-1797. Vol. 46. São Paulo: Duprat e Cia, 1924, p. 20.
88 *Documentos interessantes para a história e costumes de São Paulo*. Diversos 1766-1816. Vol. 25. São Paulo: Escola Typographica Salesiana, 1904, p.148.
89 SANTOS, Antonio Vieira dos. *Memória, Histórica, Cronológica...Op. cit.*, p. 180.
90 *Documentos interessantes para a história e costumes de São Paulo*. Diversos 1766-1816. Vol.25. São Paulo: Escola Typographica Salesiana, 1904, p. 147-153.
91 Na realidade já desde Pombal, buscava-se uma via para o enfrentamento da crise do esgotamento do ouros nas Minas do Brasil. Assim, investimentos técnicos e científicos, bem como, reformas legislativas, caminhavam na direção da valorização dos empreendimentos comerciais, um tanto desprezados pela nobreza senhorial, expansão da produção agrária tradicional bem como, a tentativa de introduzir novos produtos de interessa da nascente indústria europeia.: ARAÚJO, Maria Lúcia Viveiros. *Op.cit.*, p. 25. Cf. ARRUDA, José Jobson de. *O Brasil no comércio colonial*. São Paulo: Editora Ática, 1980. VENANCIO, Renato; PRIORE, Mary Del. *Uma História da vida rural no Brasil*. Rio de Janeiro: Ediouro, 2006, p. 100.

nio da mineração, estas fontes, em fins do século XVIII, passaram a vir anexas às listas nominativas de habitantes – das quais, por sua vez, se falará adiante. Em Paranaguá, a produção desses mapas ficou ao encargo do capitão mor José Carneiro dos Santos, português, natural de Braga. Eles permitem que se vislumbre pela primeira vez, ainda no setecentos, os gêneros que se produziam localmente, bem como seu giro mercantil.

Tabela I: Mapa comparativo das produções da paróquia de Paranaguá com a especificação do que se consumiu na mesma e dela se exportou no ano de 1798.

PRODUÇÃO INTERNA – 1798			
GÊNERO	QUANTIDADE	UNIDADE	AVALIAÇÃO
Farinha	35300	Alqueires	11:296$000
Peixe	12832	Arrobas	16:425$000
Arroz em casca	2000	Alqueires	640$000
Arroz pilado	1000	Alqueires	1:200$000
Betas	400	Peças	128$000
Madeira	213	Dúzias	532$000
Feijão	200	Alqueires	160$000
Café	40	Arrobas	80$000
Cachaça	28	Pipas	616$000
TOTAL			31:077$000

CONSUMO INTERNO – 1798			
GÊNERO	QUANTIDADE	UNIDADE	AVALIAÇÃO
Farinha	31524	Alqueires	10:087$000
Peixe	12732	Arrobas	16:296$960
Arroz em casca	700	Alqueires	224$000
Feijão	200	Alqueires	160$000
Cachaça	28	Pipas	616$000
Arroz pilado	0	Alqueires	$0
Betas	0	Peças	$0
Café	0	Arrobas	$0
Madeira	0	Dúzias	$0
TOTAL			27:383$960

Tabela II: Mapa da exportação dos produtos da paróquia de Paranaguá no ano de 1798.

EXPORTAÇÕES DO EXCEDENTE – 1798			
GÊNERO	QUANTIDADE	UNIDADE	AVALIAÇÃO
Farinha	3776	Alqueires	1:208$320
Arroz em casca	1300	Alqueires	416$000
Arroz pilado	1000	Alqueires	1:200$000
Betas	400	Peças	128$000
Madeira	213	Dúzias	532$000
Peixe	100	Arrobas	128$000
Café	40	Arrobas	80$000
TOTAL			3:692$320

Tabela III: Mapa comparativo das produções da paróquia de Paranaguá com a especificação do que se consumiu na mesma e dela se exportou no ano de 1799.

PRODUÇÃO INTERNA – 1799			
GÊNERO	QUANTIDADE	UNIDADE	AVALIAÇÃO
Farinha	38000	Alqueires	12:160$000
Peixe	13000	Arrobas	16:640$000
Arroz em casca	3000	Alqueires	600$000
Milho	400	Alqueires	192$000
Madeira (tabuado)	259	Dúzias	605$000
Imbé	243	Peças	125$600
Feijão	200	Alqueires	160$000
Cal	40	Moios	80$000
Telha	30	Milheiros	150$000
Café	25	Arrobas	50$000
Açúcar	20	Arrobas	71$200
Tijolo	20	Milheiros	100$000
Cachaça	12	Pipas	300$000
TOTAL			31:233$800

CONSUMO INTERNO – 1799			
GÊNERO	QUANTIDADE	UNIDADE	AVALIAÇÃO
Farinha	31800	Alqueires	10:176$000
Peixe	12750	Arrobas	16:320$000
Arroz em casca	1000	Alqueires	200$000
Milho	400	Alqueires	192$000

Feijão	200	Alqueires	160$000
Açúcar	20	Arrobas	51$000
Cal	20	Moios	40$000
Telha	20	Milheiros	100$000
Cachaça	12	Pipas	300$000
Café	5	Arrobas	10$000
Tijolo	5	Milheiros	25$000
TOTAL			27:574$000

Tabela IV: Mapa da exportação dos produtos da paróquia de Paranaguá no ano de 1799.

EXPORTAÇÕES DO EXCEDENTE – 1799			
GÊNERO	QUANTIDADE	UNIDADE	AVALIAÇÃO
Farinha	6200	Alqueires	1:984$000
Arroz em casca	2000	Alqueires	400$000
Madeira (tabuado)	259	Dúzias	605$000
Peixe	250	Arrobas	320$000
Imbé	243	Peças	125$600
Cal	20	Moios	40$000
Café	20	Arrobas	40$000
Tijolo	15	Milheiros	15$000
Telha	10	Milheiros	50$000
TOTAL			3:579$600

Fonte das tabelas I-IV: Arquivo Público do Estado de São Paulo.

Por se tratar de uma povoação litorânea, os itens mais importantes, constantes do arrolamento, em termos de quantidade e de valor aferido, são bastante previsíveis: farinhas e peixe. Estes itens ocupam lugar preponderante, nos dois anos analisados, aumentando em 1799 para 13.000 arrobas o peixe e 38.000 alqueires a farinha. Todavia, considerando, o consumo desses gêneros em Paranaguá, se vê que eles também foram os que mais se consumiram internamente. Considerando os dois períodos, resta, em média, um parco excedente exportável que, no caso do peixe, não chega a 2%.

Foi possível ainda comparar a produção de farinhas em Paranaguá com a de outras vilas da marinha paulista, em anos próximos. Ramon Fernandez Vicente Garcia obteve, por exemplo, que Ubatuba chegou a produzir cerca de 1.1506,5 alqueires de farinha em 1801;[92] Ricardo di Carlo contabilizou que o

---
92 FERNANDEZ, Ramon Vicente Garcia. *Transformações econômicas no litoralnorte paulista (1778-1836)*. Tese (doutorado de Economia) – Fea-USP, São Paulo, 1992, p. 348.

ápice da produção de farinha em Santos deu-se em 1817 com 6.311 alqueires. Ora, mesmo que tenha exportado pouco, ao responder, em 1799, com 38.000 alqueires de farinha produzida, Paranaguá reafirma sua importância como fornecedora interna deste gênero.

Ao par e ao passo, a política de diversificação com vistas à ampliação do mercado colonial, diante da crise do ouro, parece ecoar nas pautas arroladas, mediante a indicação de gêneros que receberam notório fomento das autoridades: açúcar, aguardente, arroz, café.[93] "O açúcar, principal item da hierarquização dos produtos destinados ao mercado internacional, não chegou a ser produzido em quantidade suficiente para a sua colocação no comércio externo".[94] O mesmo ocorreu, tanto em 1798 quanto em 1799 com a aguardente. No caso da cachaça, a quantidade de 28 pipas em 1798 e de apenas 12 em 1799, é bem menor se comparada à produção santista de 60 pipas em 1798. Tendo em vista o grau de especialização exigido na produção de aguardente e a costumeira necessidade de escravos para as diversas fases de sua produção, esses dados podem, a grosso modo, indicar certa preponderância econômica de Santos, sobre as demais vilas litorâneas.

Como se sabe, à época da confecção desses mapas a produção cafeeira paulista ainda era um esboço diante de seu arranque a partir do primeiro quartel do século XIX. Sendo ainda ensaiada, em sítios volantes, misturada a outras culturas, a produção paulista, diante das principais capitanias exportadoras de café entre 1796-1800, era mesmo pequena.[95] Refletindo esse contexto, a produção da rubiácea em Paranaguá surge, em 1798, na quantidade de 40 arrobas todas destinadas à exportação, e em 1799 com cerca de 25 arrobas, sendo 88% delas colocadas no mercado externo. No ano de 1802, a localidade de Bananal, que viria a se tornar um tradicional reduto cafeeiro, respondia com uma produção de 40 arrobas de café.[96] No entanto, se a produção parnanguara

---

93 ARRUDA, José Jobson de. *Op. cit.*, p. 184; VENANCIO, Renato; PRIORE, Mary. *Op. cit.*, p. 98.
94 ARRUDA, José Jobson de. *Op. cit.*, p. 184.
95 *Ibidem*, p. 418.
96 MOTTA, José Flávio. *Corpos escravos, vontades livres: posse de escravos e família escrava em Bananal (1801-1829)*. São Paulo: Fapesp/Annablume, 1999, p. 141.

equilibrava-se com a de Bananal, ela era menor do que aquela contabilizada por Ricardo di Carlo em Santos, a saber, 240 arrobas em 1798.[97]

Assim como ocorre com o café, no que se refere ao arroz, parece ficar bem demarcado um direcionamento para a exportação. Contudo, vale lembrar que nesse período ainda não se consolidara a função de atendimento de demanda interna, que afetará a rizicultura – sobretudo, do Vale do Ribeira – a partir do século XIX. Ao que tudo indica, maior parte do arroz produzido tinha Portugal como principal destino.[98]

O arroz beneficiado em Paranaguá (totalizando 1.000 alqueires) foi totalmente exportado em 1798; aquele em casca teve a menor parte destinada ao consumo interno, contabilizando 1.300 alqueires exportados. Em 1799, produziu-se 3000 alqueires de arroz em casca direcionado na sua totalidade para o mercado externo.

A exportação deste cereal pode ser contrabalanceada, por sua vez, com os dados coligidos por Larissa Brown. Segundo a autora, em 1799, Iguape e Cananeia, exportaram juntas 7.318 alqueires.[99] Esse montante, segundo a mesma autora, equivale a perto de 40% da totalidade (18.045 alqueires) do arroz remetido ao Rio de Janeiro pelo Vale do Ribeira. Porém, antes que se avance, há que se considerar uma limitação deste pequeno exercício. Em geral, o arroz que se exportava internacionalmente era aquele já pilado.[100] Partindo-se desse pressuposto, é bem provável que se esteja comparando a exportação de arroz em casca (no caso de Paranaguá) com a do pilado (no caso dos dados de Larissa

---

97 DI CARLO, Ricardo Felipe. *Exportar e abastecer: população e comércio em Santos, 1775-1836*. Dissertação (mestrado de História Social) – USP, São Paulo, 2011. O autor não oferece este dado diretamente. Na realidade para atingir essa medida, dividiu-se o valor total obtido pelo café pela sua cotação por arroba (medida padrão adotada na época), chegando-se, assim, ao montante de 240 arrobas.

98 VALENTIM, Agnaldo. *Uma civilização do arroz: agricultura, comércio e subsistência no Vale do ribeira (1800-1880)*. Tese (doutorado de História Econômica) – USP, São Paulo, 2006, p.8-13.

99 BROWN, Larissa Virgínia. *Internal commerce in a colonial economy Rio de Janeiro and it's hinterland, 1790-1822*. Apud VALENTIM, Agnaldo. *Op. cit.*, p. 17.

100 WESTPHALEN. Cecília Maria. *Op. cit.*, p. 102.

Brown).[101] Mesmo assim, não é totalmente descabido inferir que se a produção parnanguara não era "infinita", como exagerava Lorena, desde uma perspectiva comparativa, ela não chegava a ser irrisória para os padrões do período. Ao contrário, atingia sozinha quase a metade da soma da produção de Iguape e Cananeia.

As madeiras e as fibras de Imbé, tradicionalmente utilizadas no trato náutico, curiosamente, não aparecem como item de consumo interno. Assim, a julgar pela planilha de exportações, esse material parece ter destinação exclusiva para a venda. É difícil acreditar, entretanto, que não fosse frequentemente extraído para uso interno. O fato é que por algum motivo não se contabilizou a intensidade de seu consumo. Teria isso ligação com o processo de regulamentação que a extração de madeira passa a sofrer nesse exato período? Seria apenas um erro na produção das tabelas? São questões que ficam em aberto. Mais instigante, talvez, é perceber que, de maneira geral, menos de 12% da produção, ou seja, 11,88% em 1798, e 11,46%, em 1799, acabou sendo destinada à exportação. Exportações estas que, convém lembrar, não devem ser associadas diretamente ao mercado internacional.

Quadro semelhante pode ser notado em 1798 na vila de Santos. Excetuando-se o azeite de baleia, e a goma, a produção santista resumia-se, nesse ano, aos mesmos gêneros (arroz, aguardente, café, açúcar, madeiras) registrados em Paranaguá, somando a importância de 12:836$600 contos de réis, dos quais 7:836$400 foram consumidos na própria vila, restando apenas 5:059$200, ou seja, 39% para a exportação. Se, de um lado, esses dados confirmam a hegemonia de Santos entre as vilas da marinha paulista, de outro, mostram que Paranaguá não estava muito longe do ritmo econômico de Santos que então "hé [ra] na Marinha desta Capitania a Povoação mais importante".[102]

Isso posto, avaliando a situação de Paranaguá em fins dos setecentos, Cecília Westphalen observaria:

---

101 Cabe lembrar que o primeiro tendia a ser mais volumoso do que o último.
102 *Instituto Histórico Geográfico Paranaense*. Representação do Ouvidor – Geral Joaquim Procópio P. Salgado (1804). Documentos Históricos: transliterações do Arquivo Histórico Ultramarino. Doc. 732.

> A situação do comércio paranaense (leia-se de Paranaguá), não confirmava, porém, o otimismo do capitão general Lorena. A exportação resumia-se em farinhas e arroz, sem aludida fartura, alguma madeira, aguardente e peças de betas. O novo Capitão general (leia-se Castro e Mendonça) logo denunciaria a falta de capitais que encontrara nesta muito pobre capitania, principalmente com os moradores da costa vivendo na miséria[...] Continuava o porto de Paranaguá, no final do século XVIII, com fraco movimento comercial, sem função maior na vida econômica da Colônia.[103]

Se a historiografia recente tem recomendado cautela na avaliação dos discursos dos capitães generais seja na apologia da prosperidade em que entregaram sua gestão, seja na indicação da decadência a que se via abandonada a área que assumiam, a própria observação de Cecília Westphalen também deve ser revisitada a partir dos dados apresentados até o momento.

Nem tanto ao céu, nem tanto a terra. Ainda longe de se configurar num polo de comércio exterior, Paranaguá, em fins do setecentos, também não estava totalmente entregue à carestia. Apresentava uma produção que parecia já bastante organizada, com certa expressão diante de outras localidades da capitania paulista, e com uma função que – se não era maior – não pode ser ignorada dentro das dinâmicas de abastecimento interno.

Em sequência, os dados de exportação puderam ser confrontados com as listas de importações que acompanhavam o rol dos mapas econômicos.

---

103 WESTPHALEN, Cecília Maria. *Op. cit.*, p. 102.

Tabela V: Mapa Da Importação dos Produtos, e Manufaturas do Reino dos outros Portos do Brasil, e dos Países Estrangeiros na paroquia de Paranaguá no Ano de 1798.

GÊNERO	TOTAL DE IMPORTAÇÕES 1798			
	QUANTIDADE	UNIDADE	AVALIAÇÃO	%
Sal	1829	Alqueires	2:936$400	13,51
Miudeza [sic]	1200	Peças	1:440$000	6,62
Ferragem	700	Peças	350$000	1,61
Feijão	600	Alqueires	480$000	2,21
Couro	400	Centos	192$000	0,88
Milho	400	Alqueires	160$000	0,74
Congonha	300	Alqueires	960$000	4,42
Algodão de São Paulo	289	Peças	4:300$000	19,78
Algodão em Xitas	233	Peças	838$800	3,86
Toucinho	200	Arrobas	256$000	1,18
Bois	150	Centos	450$000	2,07
Farinha de trigo	150	Arrobas	180$000	0,83
Obras de ouro e prata	150	Peças	987$200	4,54
Bretanhas	129	Peças	364$000	1,67
Panos de lã	125	Peças	3:486$875	16,04
Panos de linho	119	Peças	967$848	4,45
Chapéus de Braga	34	Dúzias	349$180	1,61
Vinho	18	Pipas	1:261$998	5,81
Algodão Capitania	15	Peças	213$000	0,98
Pólvora e chumbo	13	Quintais	259$600	1,19
Cera	10	Arrobas	123$960	0,57
Seda	5	Peças	218$800	1,01
Azeite de Peixe	3	Pipas	960$000	4,42
TOTAL			21:735$661	100

Fonte: Arquivo Público do Estado de São Paulo. Mapa Da Importação dos Produtos, e Manufaturas do Reino dos Outros Portos do Brasil, e dos Países Estrangeiros, 1798.

Tabela VI: Mapa da Importação dos produtos, e manufaturas do Reino dos outros portos do Brasil, e dos países estrangeiros na paroquia de Paranaguá no Ano de 1799

TOTAL DE IMPORTAÇÕES 1799				
GÊNERO	QUANTIDADE	UNIDADE	AVALIAÇÃO	%
Sal	3850	Alqueires	4:312$000	13,41
Miudeza	2000	Peças	2:140$000	6,65
Ferragem	1000	Peças	502$200	1,56
Algodão em Riscados	886	Peças	3:325$200	10,34
Pano de lã	351	Peças	9:253$340	28,78
Pano de linho	308	Peças	5:400$480	16,79
Obras de ouro	300	Peças	450$000	1,4
Bretanhas	244	Peças	1:199$340	3,73
Fitas	125	Peças	450$000	1,4
Algodão em Chitas	107	Peças	613$000	1,91
Lenços	97	Peças	624$280	1,94
Algodão	57	Peças	874$400	2,72
Chapéus de Braga	45	Dúzias	430$320	1,34
Calças	43	Peças	302$700	0,95
Algodão em Riscados	34	Peças	428$000	1,33
Meias	30	Dúzias	278$400	0,87
Seda	29	Peças	1:338$900	4,16
Holandas	23	Peças	231$900	0,72
TOTAL			32:154$460	100

Fonte: Arquivo Público do Estado de São Paulo. Mapa da importação dos produtos, e manufaturas do reino dos outros portos do Brasil, e dos países Estrangeiros, 1799.

A análise mais aprofundada dos dados constantes das tabelas elencadas fica bastante prejudicada pela ausência de documentação que ilustre sua procedência exata, e, também, o consumo interno das importações. Além disso, a heterogeneidade das medidas atrapalha a hierarquização da importância dos produtos arrolados. Mesmo assim, algumas ilações podem ser possíveis.

Iniciando-se a análise pela variedade dos produtos, tem-se que esta era mais diversificada do que a lista de exportações. Nesta, misturam-se itens de origem local a outros, flagrantemente reinóis, ficando sugerido o entrosamento de Paranaguá com outros mercados. Buscando driblar o problema acerca da diversidade de medidas, procurou-se atribuir percentuais de acordo com a importância despendida nos produtos, para hierarquizá-los de alguma forma. Os têxteis, somados às peças de vestuário, correspondem, sem dúvida, ao grosso das importações, contando 47,79% em 1798 e 75,5% em 1799 do total.

Gênero de primeira necessidade, imprescindível na conservação de peixes e carnes, pasto humano e animal, o sal era produto dos mais visados na colônia, com um histórico de conflitos que opunha os detentores de seu estanco e aqueles que dele necessitavam.[104]

Na área meridional, envolvida com o movimento das tropas, sua importância era mesmo fundamental. Importado de Portugal, o sal deveria dar entrada no Brasil exclusivamente por Recife, Salvador, Rio de Janeiro ou Santos (onde, diga-se de passagem, residia o administrador de seu contrato para a capitania de São Paulo).[105] Não por acaso, surge como o segundo item em importância num montante de 5.679 alqueires (somados os dois anos); contabilizando 7:248$400 contos de reis, tendo-se em percentuais:13,51% (1798); 13,41% (1799).

Em 1798 foi possível, ainda, ver constar da lista de importes os triviais feijão e milho, itens básicos da alimentação local. Em 1799, tais itens desaparecem da relação, o que, a julgar pela tabela III, se justifica pela sua produção na própria vila. Ainda em 1798 estão arrolados itens como: congonha, farinha de trigo, bois, couros e toucinho. Entretanto, neste último caso, fica difícil, evidentemente, explicar esta lacuna à luz de uma produção interna. Na realidade, os bois, couros, toucinho, congonhas, farinha de trigo eram itens típicos do planalto, o que, por sua vez, indica que, ainda que fosse difícil, havia de fato um intercâmbio entre litoral e planalto. Ao mesmo tempo, não é infundado inferir que esses itens chegassem pela via marítima dos portos do sul.

Isso porque, ao que parece, não interessava à Câmara de Paranaguá investir no conserto e na manutenção daquele que era o principal caminho de

---

104 A esse respeito John Manuel Monteiro recorda que o sal – e seu fornecimento – permaneceriam como foco de conflito mesmo depois da extinção de seu monopólio em 1801. Cf. MONTEIRO, John Manuel. *Sal, justiça social e autoridade régia: São Paulo no início do século XVIII*. Disponível em: <http://www.historia.uff.br/tempo/artigos_dossie/artg8-2.pdf>. Acesso em: mar. 2010.

105 DI CARLO, Ricardo. *Op. cit.*

ligação entre o litoral e serra acima. Tal situação fica demonstrada, para citar só um exemplo, pelos insistentes reclames movidos pelo guarda-mor Manuel Gonçalves Guimarães, contratador das passagens das "Canoas do Cubatão", acerca da renitência da Câmara de Paranaguá em arrumar o "arruinado" caminho da serra que desembocava no Cubatão.[106] No século XIX a situação dos caminhos continuava precária de maneira que a importação de gêneros do planalto curitibano tinha sempre de ser completada com gêneros (feijão, milho, toucinho) chegados pela via marítima por causa do mau estado em que se acham as estradas.[107]

A renitência parecia se justificar. O Cubatão, atual rio Nhundiaquara, era um ponto de navegação fluvial que ficava no sopé da serra que separava o planalto curitibano do litoral.[108] Contudo, sua desembocadura dava-se na pequena baía da, também estuarina, povoação de Nossa Senhora do Pilar de Antonina. Esta última igualmente tinha atracadouro. Abria-se, assim, a possibilidade para que as embarcações que adentrassem pelas barras de Paranaguá rumassem direto para Antonina, para dali fazer comércio com o planalto. Buscando evitar a todo custo esta situação, a Câmara de Paranaguá procurava motivos proteladores, distorcendo as ordens recebidas com relação à manutenção desse caminho.[109]

Divididos em menores quantidades também constavam da lista itens que, longe de serem básicos – como a tríade milho, feijão e farinha – tinham seu consumo associado à distinção e ao prestígio social. No caso do vinho, por exemplo, o capitão general Mello Castro e Mendonça recomendava seu uso "distinguindo e favorecendo com mais particularidade as pessoas que introduzirem

---

106 MOREIRA, Julio Estrela. *Caminhos das comarcas de Curitiba e Paranaguá (até a emancipação da Província do Paraná)*. Vol. 1. Curitiba: Imprensa Oficial, 1975, p. 45 e seguintes.
107 SANTOS, Antonio Vieira. *Memória Histórica, Cronológica...* vol. 2., p. 312. Em suas reminiscências Não raro Vieira dos Santos deixou anotadas fatalidades que ocorriam quando se tinha de enfrentar a serra do mar. Um delas teria ocorrido em "12 de Abril de 1813 Segd^a f^a subimos a Serra da Coritiba e cahio p^a hum rochedo 1 mula com 2 caixoens de ferragem". SANTOS, Antonio Vieira dos. *Breve resumo das memórias... Op. cit.*, fl.12. Na acepção da época, Antonio Morais Silva informa que Rochedo era sinônimo de penhasco. SILVA, Antonio Morais. *Op. cit.*
108 Ver o mapa em anexo.
109 MOREIRA, Júlio Estrela. *Op. cit.*, p. 49

e consumirem a maior quantidade destes produtos".[110] Mas também havia as sedas e as obras de ouro e prata. Com efeito, ao que tudo indica, no ocaso do setecentos, Paranaguá hierarquizara-se a ponto de abrigar uma minoria em condições de diferenciar-se a partir do consumo de itens provenientes da metrópole.

Por fim, foi possível pesar o montante total de exportações diante daquele de importações. Nessa direção somados os ingressos de 1798 e 1799, foi possível aferir que Paranaguá exportou 7:271$920 contos de réis de sua produção interna. Contudo, ao se avaliar o total despendido em importações, chega-se à avultada soma de 53:890$121. Ou seja, o balanço entre essas duas variáveis fechava negativamente para Paranaguá, de maneira que a receita advinda de suas exportações alcançou apenas 13,4% do total despendido com importações. Diante desses dados, pode ser feito um novo paralelo com o que ocorria em Santos.

Tomando por base mapas econômicos transcritos por Affonso Escrangnolle Taunay em conjunto com mapas de importação e exportação de Santos, constantes do Arquivo Público de São Paulo, Ricardo di Carlo indicou que, ao longo do primeiro quartel do século XIX, a balança comercial santista foi predominantemente deficitária. Com a devida cautela, antes de entender esses indicadores como sinal de pobreza ou de fraco comércio, o mesmo pesquisador relativizou o saldo negativo lembrando que "no porto de Santos muitos produtos eram revendidos tanto para a exportação como para importação". Ou seja, de alguma forma o déficit deveria ser compensado, levando essa localidade, "onde a lide com a terra nunca foi muito significativa", a um quadro socioeconômico cada vez mais relacionado ao comércio e às atividades subsidiárias a ele.[111]

Guardadas certas proporções, é nessa direção que se busca interpretar o saldo deficitário da balança comercial parnanguara. Ora, se a balança comercial foi negativa em 1798, de onde vinham os ativos a viabilizar novas importações em 1799? Assim, é muito provável que boa parte dos gêneros importados fosse redistribuída a partir de Paranaguá para as vilas mais próximas da marinha e outras do planalto.

---

110 *Documentos interessantes para a história e costumes de São Paulo*. Correspondência do Capitão-General Antônio Manoel de Mello Castro e Mendonça 1797-1800. Vol. 29. Typographia do Diário Oficial, 1899, p. 44.

111 DI CARLO, Ricardo. *Op. cit.*, p. 84.

Cecília Maria Westphalen observa, para o caso de Antonina, que os panos de linho, de algodão, chapéus de Braga e, ainda, o sal, certamente vinham redistribuídos de Paranaguá. De fato, a julgar pela quantidade de sal é difícil imaginar que todo ele fosse consumido por ali.[112] Mesmo os panos de lã deveriam ter uma saída maior nas áreas mais frias do planalto do que no abafado litoral.

Em paralelo, o clima, a geografia, e a topografia, não pareciam ser os ideais para o cultivo dos gêneros mais visados pela metrópole. Se o cronista Antonio Vieira dos Santos forçava a tinta acerca da fertilidade do solo parnanguara, "igual a esse paraíso do Éden, que os poetas não pintam",[113] a fornecer pencas descomunais de bananas, laranjas, e abacaxis da melhor qualidade, as descrições de Saint Hilaire indicavam que por ali o cafeeiro apresentava frutos medíocres e o algodoeiro era de uma qualidade ainda pior que a do café.[114] Ao que parece, pesava mais a posição estuarina de Paranaguá fazendo sua vocação

---

112 O monopólio sobre o sal consumido no Brasil acaba em 1801, facilitando, em muito, o comércio do gênero e sua subsequente desvalorização. Os mapas econômicos de 1798 e 1799 registram, respectivamente, totais de 1.829 e 3.850 alqueires importados por Paranaguá, com preços de médios de 1$800 e 1$200 pagos por alqueire importado. Depois do final do dito monopólio, acrescido de uma maior intercomunicação portuária após a instalação da Corte na América, a quantidade de sal desembarcada passa para 8.054, 15.856 e 11.560 alqueires nos anos de 1815, 1817 e 1818. Em tais anos, verifica-se que o preço do artigo retrocede em muito, sendo averiguadas médias de 909$, 784$ e 359$ pagos por alqueire importado. A população da vila variou entre 5.467 e 5.561 habitantes entre 1801 e 1815, o que leva a um consumo per capita de cerca de aproximadamente 0,7 Kg e 1,45 Kg do produto. Médias que se aproximam dos atuais padrões alimentares brasileiros (cerca de nove gramas diários per capita, segundo a Organização Mundial de Saúde). Sabe-se, entretanto, que o consumo de sal entre os habitantes coloniais era irrisório, pois boa parte do gênero era reservada a preservação de alimento (processono qual boa parte do produto é descartada durante o processo de produção até o consumo final) e o consumo animal. Dessa forma, pode-se averiguar que, mesmo com péssimas condições de comunicação entre litoral e planalto durante todo o período colonial, avançando até meados do século XIX, não havia maneira mais fácil de se expedir sal para as invernadas dos Campos Gerais que o transporte por tropas provenientes de Paranaguá.
113 SANTOS, Antonio Vieira dos. *Memória Histórica Cronológica... Op. cit.,* p. 92.
114 SAINT-HILAIRE, Auguste.*Op. cit.,* p. 100.

pender mesmo para a de entreposto comercial, a revender e redistribuir gêneros a partir das margens do Taguaré.

Tudo leva a crer que as mercadorias, há pouco descritas, chegavam ao porto de Paranaguá em típicas naves de cabotagem. Como um pouco mais tarde observaria Saint Hilaire:

> Navios de grande tonelagem não franqueiam a barra; mas as pequenas embarcações a que os portugueses dão os nomes de lanchas e sumacas, assim como os bergantins e os pequenos brigues, podem entrar na baía e fundear diante da cidade, que fica situada defronte da extremidade ocidental da ilha da Cotinga.[115]

Infelizmente, não se teve acesso ao arrolamento completo de entradas e saídas de embarcações a partir de Paranaguá nos últimos anos do século XVIII. Sabe-se, entretanto, por vias indiretas, que em 1799 entraram em Santos cerca de 10 embarcações saídas de Paranaguá.[116] O perfil destes barcos correspondia exatamente àquele notado por Saint Hilaire: sumacas (5); lanchas (3) e bergantins (2).[117] Ao iniciar o século XIX, Cecília Maria Westphalen chegou a estimar 11 embarcações entradas contra 16 embarcações saídas: "todas, ainda,

---

115 *Ibidem*, p. 99. MENZ, Maximiliano Mac. "*Comércio e navegação no Rio Grande: sazonalidades coloniais*". In: MOURA, Esmeralda Blanco de; FERLINI, Vera Lúcia Amaral. *História econômica: agricultura, indústria e populações*. São Paulo: Alameda, 2006, p. 346-347.

116 Tais dados foram retirados a partir da movimentação portuária de Santos compulsada por DI CARLO, Ricardo. *Op. cit.*

117 Não é tarefa das mais fáceis obter uma tipologia precisa dessas embarcações. Para alguns estudiosos, os critérios classificatórios referem-se ao velame, para outros, à arqueação (volume interno das embarcações). RODRIGUES, Jaime. "Arquitetura Naval: imagens, textos e possibilidades de descrições dos navios negreiros". In: FLORENTINO, Manolo (org.). *Tráfico, cativeiro e liberdade: Rio de Janeiro, séculos XVII-XIX*. Rio de Janeiro: Civilização Brasileira, 2005, p. 97. Contudo, mesmo com ressalvas, algumas generalizações são possíveis. A sumaca seria uma pequena embarcação de dois mastros. Um pouco maior era o bergantim, mantendo, contudo, o velame distribuído em dois mastros como a sumaca. A tonelagem destas duas embarcações poderia variar de 200 a 85 toneladas. Cf. MENZ, Maximiliano Mac. *Op. cit.*, p. 346-347.

pequenas sumacas, lanchas e canoas rumando para o Rio de Janeiro, Santos, Santa Catarina e Bahia".[118]

A situação de Santos era diferente. Ricardo di Carlo, somando entradas e saídas (referentes a 1799), contabilizou a frequência de 111 embarcações; mostrando, portanto, um movimento maior do que aquele visto para Paranaguá. Desse total, cinco provinham de ou encaminhavam-se a Portugal, anunciando-se assim, inclusive, um processo de internacionalização.[119] Paranaguá, por sua vez, teria ainda que esperar alguns anos para entabular relações de comércio internacional: ao menos oficialmente. Lembre-se, nesse sentido, o caso do *Bergantim Josefina* comentado anteriormente.

Na realidade, como bem lembra Denise Soares de Moura, a ação administrativa fiscalizadora do Império português tinha texturas desiguais no conjunto do território do Brasil e ao longo de sua costa. Os portos menores dispunham de administração alfandegária mais frouxa. Paranaguá, por exemplo, sequer teve alfândega ao longo do período colonial. O primeiro posto seria instalado apenas em 1827.

Denise Soares de Moura segue descrevendo a precária situação dos pequenos embarcadouros: os funcionários incumbidos de carregar e descarregar as embarcações tendiam a acumular funções. Além de aparelhar os barcos, efetuavam o registro dos gêneros, designando seus valores, volumes, pesos, proveniência – tanto no caso de exportações quanto no de importações. Muitos desses homens não eram nem ao menos alfabetizados. Situação que, segundo a mesma autora, explica o déficit documental generalizado acerca dos portos de cabotagem – da costa brasileira – especialmente na segunda metade do século XVIII.[120]

Por isso mesmo, os dados discutidos até o momento devem ser vistos com a devida ressalva. Eles se limitam a revelar o giro mercantil formalizado nos

---

118 WESTPHALEN, Cecília Maria; CARDOSO, Jayme Antônio. *Op. cit*, p. 52.
119 DI CARLO, Ricardo. *Op. cit.*, p.75.
120 MOURA, Denise Aparecida Soares de. "Subsistemas de Comércio Costeiros e internalização de interesses na dissolução do Império colonial português (Santos, 1788-1822)". *Revista Brasileira de História*. São Paulo, v. 30, n. 59, p. 215-235, 2010. p.224. Caio Prado Júnior, também, já havia comentado acerca da rarefação documental da marinha brasileira no mesmo período. Cf. JÚNIOR, Caio Prado. *Op. cit.*

documentos consultados. Toda uma movimentação informal, imiscuindo-se por uma rede de caminhos fluviais secundários, pouco vigiados, pode ter escapado da análise que se está propondo. Como se indicou alhures, Paranaguá "confinava" com áreas litigadas pela Espanha e Portugal. Ambiente efervescente de possibilidades, arranjos, onde "comércio e lutas de fronteira se confundiam"[121] promovendo – lícita ou ilicitamente – oportunidades de enriquecimento. Havia também as antigas relações com a Colônia de Sacramento. Esta, por sua vez, centralizava o contrabando, principalmente de couros, envolvendo a região platina, sobretudo, Montevidéu e Buenos Aires.[122]

Recursos de controle e fiscalização menos rígidos, além da abstenção de taxas de saída de mercadorias, devem mesmo ter atraído para a Baía de Paranaguá muitos indivíduos em busca da riqueza advinda do comércio. E, entre estes, aqueles portugueses esperançosos de "se fazerem senhores do comércio".[123] Legal ou ilegal o que se quer indicar, fundamentalmente, é que desde o século XVIII se estrutura de fato um segmento comercial no litoral paranaense. Um comércio rústico, ainda operado em pequenos barcos de cabotagem, porém, como descreveu Cecília M. Westphalen certa vez: "persistente e insinuante".[124]

Tão insinuante a ponto de gerar riqueza que, segundo as indicações de Saint Hilaire, parecia orbitar à volta dos negociantes, que constituem a primeira classe da sociedade, alimentam-se melhor que os menos remediados e sofrem menos as consequências da insalubridade do clima".[125] Tão persistente, a ponto de aglutinar um grupo de comerciantes, reduzido em número, porém, coeso, com certa unidade de ação, ciente de seus direitos e interesses que se revela, nominalmente, em inícios do século XIX.

---

121 BACELLAR, Carlos de Almeida Prado. *Op. cit.*, p. 7.
122 MENZ, Maximiliano. *Entre dois Impérios: formação do Rio Grande na crise do Antigo Sistema Colonial (1777-1822)*. Tese (doutorado de História Econômica) – USP, São Paulo, 2006b, p. 52.
123 Vide transcrição do RELATÓRIO DO MARQUES DE LAVRADIO em 1 de junho de 1779.
124 WESTPHALEN, Cecília Maria. "Comarca de Paranaguá no Comércio Marítimo do século XVIII". *Revista de História do Instituto Histórico e Geográfico Brasileiro*, Rio de Janeiro, n. 336, jul.-set., 1982, p. 1.
125 SAINT-HILAIRE, Auguste. *Op. cit.*, p. 102.

Uma das faces da medalha: os portugueses se revelam

Nessa época, iniciava-se a gestão de Antônio José da França e Horta (1802-1808), quando se retomaria o embargo ao comércio costeiro, "proibindo que os efeitos comerciais de embarque para este Reino [de Portugal] se transportassem para fora desta capitania, enquanto não houvessem no porto de Santos suficientes para a navegação".[126] Novamente, havia interesses escusos em jogo, nesse caso, o favorecimento da Companhia do Alto Douro no comércio marítimo paulista.[127] Novamente, tais medidas gerariam um conjunto de representações contrárias à ingerência de Santos vindas do litoral norte e sul da marinha paulista. E, novamente, Paranaguá tomaria parte nos protestos.

É assim que se identificam, portanto, em 26 de agosto de 1803, perto de 20 comerciantes atuantes em Paranaguá, que subscrevem uma representação, ao príncipe regente D. João, contra "as dificuldades que tinham para desenvolver seu comércio". Queixavam-se de França e Horta, "que tem prejudicado o comércio de vários gêneros", alegando o direito de livre navegação, mediante provisão régia que teria sido passada em 1747 por d. João V.[128] Repetiam antigos argumentos de que a passagem obrigatória por Santos forçava-lhes a vender seus efeitos pelos preços "mais baixos" praticados na praça santista.

Longe de ter amealhado fortunas da monta dos negociantes de grosso trato do Rio de Janeiro, e mesmo de Santos, os signatários da representação conformavam, pelo menos diante da população de Paranaguá, o topo da hierarquia local. Já havia, portanto, ao menos vinte anos antes da visita de Saint Hilaire, a associação entre a elite local e as atividades mercantis vista por ele em 1820.

---

126 *Instituto Histórico Geográfico Paranaense*. Representação do Ouvidor – Carta do governador França e Horta dando seu parecer sobre a conta dos oficiais de Paranaguá. Documentos Históricos: transliterações do Arquivo Histórico Ultramarino. Doc. 1231.
127 MATTOS, Renato de. *Op. cit.*
128 *Projeto Resgate de Documentação Histórica*. Representação dos Oficiais da Câmara da Vila de Paranaguá ao Príncipe Regente D. João, expondo as dificuldades que tinham para desenvolver seu comércio. Cx.57; doc.4296.

Manoel Antônio da Costa era um dos signatários da representação. Nascido na freguesia de Santa Maria de Ribeira, arcebispado de Braga emigrou para o Brasil aos quatorze anos de idade em fins da década de 1770. Antes de se radicar em Paranaguá "se demorou alguns anos" no Rio de Janeiro, onde iniciou a vida como caixeiro. Na altura da representação "vivia de seus negócios de fazenda seca", possuía escravos, embarcações e ostentava o título miliciano de sargento-mor. Era viúvo de D. Maria Clara Albertim Lanoya, "respeitável matrona filha do Capitão Manoel Lopo de Albertim Lanoya", alferes, tenente, capitão, vereador e, finalmente, escrivão da Câmara de Paranaguá.[129]

Francisco Ferreira de Oliveira também foi signatário da já referida representação. Era igualmente português, entretanto, nascido na Ilha do Pico. Emigrou de Portugal aos dezesseis anos de idade, chegando primeiramente ao Rio de Janeiro. Por ali permaneceu tempo considerável, "logo se preparou", e, em seguida, foi para Paranaguá em companhia de seu irmão mais velho João Ferreira de Oliveira. Lá se radicou tendo chegado aos cargos de capitão e, depois, sargento-mor de milícias.[130] Casou-se com a cunhada de seu irmão, o capitão João Ferreira de Oliveira, que, por sua vez, já estava estabelecido em Paranaguá antes da chegada de Francisco. Quando assinou a representação vivia, assim como seu irmão mais velho, de ser "mercador". Vale observar, finalmente, que os dois irmãos desposaram as filhas de outro ilhéu radicado em Paranaguá: José Raimundo Senábio (Machado), natural da Ilha da Madeira.[131]

Manoel Antônio da Costa e Francisco Ferreira de Oliveira não eram os únicos portugueses entre os comerciantes que reivindicavam maiores liberdades

---

129 Tais informações biográficas foram reunidas em fundos de documentação primária e secundária, respectivamente: Arquivo Metropolitano Dom Leopoldo e Silva, da Mitra Arquidiocesana de São Paulo.Processos Gerais Antigos – Séries Dispensas e Processos Matrimoniais. Manoel Antônio da Costa. 1784; LEÃO, Ermelino Agostinho de. *Contribuições Históricas e Geographicas para o Diccionario do Paraná*. Vol. 3. Empreza Graphica Paranense: Curityba,1929, p. 1187.

130 Arquivo Metropolitano Dom Leopoldo e Silva, da Mitra Arquidiocesana de São Paulo. Processos Gerais Antigos – Séries Dispensas e Processos Matrimoniais. Francisco Ferreira de Oliveira. 1789; LEÃO, Ermelino Agostinho de. *Op. cit.*, p. 1839.

131 *Ibidem*, p.1839; Arquivo Público do Estado de São Paulo. *Listas Nominativas de Habitantes da Vila de N. Sra.do Rosário de Paranaguá. Segunda Companhia. Fogo*: 46.

de comércio diante das medidas de França e Horta. Na realidade, a maior parte desse grupo, contava com a participação direta de imigrantes portugueses. O capitão-mor José Carneiro dos Santos, proveniente de Braga; José Rodrigues Branco, também de Braga, o já citado João Ferreira de Oliveira, natural das ilhas; Francisco Leite de Moraes, natural do Porto; o também portuense e futuro capitão-mor de Paranaguá Manuel Antônio Pereira, engrossavam a lista. Acrescente-se que os demais signatários se não eram diretamente reinóis mantinham estreitos relacionamentos sociais e (ou) familiares com portugueses. Assim, o signatário Antônio José Alves, era filho de Manoel José Alves, português, natural da freguesia de São Salvador da Fonte Boa; Ricardo Carneiro dos Santos era filho do mencionado José Carneiro dos Santos; José de Araújo França era filho do sargento-mor Custódio Martins de Araújo França, natural de Braga; José de Moraes, não era filho de portugueses, mas genro de Floriano Bento Viana, natural de Viana do Castelo; e daí por diante.[132]

Outro traço marcante desse grupo, para além da nacionalidade portuguesa, e de seu caráter "endogâmico", por assim dizer, corresponde às relações mantidas com o Rio de Janeiro. Os capitães generais Bernardo José de Lorena e Antonio da França e Horta já haviam deixado escapar algo a respeito.

O primeiro, ao transmitir o cargo, observaria irritado que "tem sido necessárias muitas providencias para evitar a saída dos efeitos de comercio com a Europa, pelo costume que estavam os negociantes de merecerem menos este nome do que o de caixeiros dos do Rio".[133] O segundo, defendendo-se da representação de 1803, comentava que os comerciantes parnanguaras "não tinham nenhuma ideia exata de comércio" visto que estavam "acostumados a uma servil e passiva negociação com os negociantes da cidade do Rio de Janeiro..." presos a juros elevados, "contentando-se com o diminuto lucro de 100 réis por arroba nos seus efeitos vendidos a troco de outros que já lhes vem sobrecarregados".[134]

---

132 LEÃO, Ermelino Agostinho de. *Op. cit.*

133 Instituto Histórico Geográfico Paranaense. Instrução por escrito do Estado atual desta capitania e dos principais negócios que vossa excelência deve ter notícia. Bernardo José de Lorena. Documentos Históricos: transliterações do Arquivo Histórico Ultramarino. Doc. 800.

134 Projeto Resgate de Documentação Histórica. Carta do Governador França e Horta dando seu parecer sobre a conta dos oficiais de Paranaguá... 15/12/1806. Doc. 1281.

Em 1763, a cidade de São Sebastião do Rio de Janeiro fora alçada à sede do Vice-Reino do Brasil. Tal processo, ocorrido sob a batuta do Marquês de Pombal, relacionava-se tanto à preponderância econômica que o Rio de Janeiro havia atingido, na condição de fornecedor de gêneros básicos para Minas Gerias, como também à necessidade de vigilância sobre a região platina conturbada pela imprecisão de suas fronteiras.[135]

Com uma posição geográfica privilegiada para tanto, o Rio de Janeiro coordenava os esforços dos luso-brasileiros na defesa de suas fronteiras naquela área. E nesse sentido, como já foi indicado, Paranaguá mantinha um papel-chave, situando-se na rota dos barcos que se deslocavam ao sul no movimento da cabotagem. Além disso, não se pode ignorar que, durante pelo menos dezessete anos (1748-1775), Paranaguá, a exemplo de toda Capitania de São Paulo, respondeu administrativamente ao Rio.

Portanto, à época dos reclames dos capitães generais paulistas, já havia se consolidado um antigo[136] intercâmbio entre Paranaguá e o Rio de Janeiro. Ao que parece, os homens de comércio atuantes em Paranaguá preferiam, em detrimento a Santos, manter conexões com a principal cidade colonial e, por consequência, principal ponto de comércio ultramarino da costa sudeste. Ali a oferta de gêneros metropolitanos, bem como a possibilidade de repasse dos efeitos locais deveria ser mais variada. Além disso, pela via marítima, o Rio de Janeiro não estava muito mais distante do que Santos. Em pouco mais de uma semana era possível chegar de Paranaguá até a sede do Vice-Reino.

Mas havia também a questão da oferta de crédito. Nesse caso, a situação de Paranaguá não deveria ser muito diferente daquela que descreveu Maximiliano Menz para o Rio Grande do Sul no mesmo período. Segundo o autor, na ausência de um comércio direto com a metrópole, os comerciantes das praças menores ficavam sujeitos a uma cadeia de crédito e endividamento, alimentada pela fraca monetização das regiões onde atuavam, formando-se assim uma hierarquia

---

135 ZEMELLA, Mafalda. *Op. cit.*, p.12; RODRIGUES, Jaime. *Op. cit.*

136 Ao se recordar os provimentos do Ouvidor Pardinho, bem como os relatos das câmaras, ainda na primeira metade do século XVIII, que foram mencionados no início deste capítulo, a relação entre Paranaguá e Rio de Janeiro já se manifestava desde os primórdios de sua fundação.

na qual o Rio de Janeiro ocupava, sem dúvida, o topo no contexto colonial.[137] De fato, ao reclamar das restrições de França e Horta, os comerciantes listados acima explicavam que, mediante a frequência obrigatória a Santos, ficavam sem ter como saldar suas dívidas com a praça carioca.

A estreita ligação com o Rio de Janeiro não era exclusividade de Paranaguá. Na realidade, parecia ser uma tendência a incidir sobre as dinâmicas portuárias dos embarcadouros da costa sul e sudeste. Conforme observou Denise Soares de Moura, mesmo Santos, principal porto da capitania paulista, em termos de administração fazendária e circulação humana, esteve sempre mais vinculado ao Rio de Janeiro.[138] Helen Osório, investigando a formação do grupo mercantil atuante no Rio Grande de São Pedro, em fins do século XVIII, também observaria que eram múltiplas e primordiais as vinculações comerciais entre as praças do Sul e as do Rio de Janeiro. Nesse caso, seguindo padrões de recrutamento dos comerciantes locais, ela se deparou com trajetórias de portugueses que, antes de se transferirem para o Rio Grande de São Pedro, passaram um período no Rio de Janeiro onde deram início a suas carreiras mercantis.[139] Situação muito próxima do que teria ocorrido com os já mencionados Francisco Ferreira de Oliveira, Manoel Antonio da Costa, para ficar com apenas dois exemplos. Outros mais serão listados adiante.

Assim, numa sociedade notadamente corporativa, não é de se estranhar que os comerciantes reinóis, radicados em Paranaguá, preferissem alimentar laço, justamente onde haviam "se demorado por alguns anos", "se preparado", onde, afinal, como se aprofundará adiante, deram início a suas carreiras. Num horizonte de consciência em que os negócios não se resumiam a ações mercantis, mas envolviam aspectos de foro moral e pessoal, a "falta de precisão para os negócios", alegada pelos capitães generais, era, provavelmente, uma das faces das redes clientelares, tão comuns no universo mercantil colonial.[140]

---

137 MENZ, Maximiliano. *Op. cit.*, 2006b, p. 97.
138 MOURA, Denise Soares. *Op. cit.*, 2010, p. 2.
139 OSÓRIO, Helen. "Comerciantes do Rio Grande de São Pedro: formação, recrutamento e negócios de um grupo mercantil da América Portuguesa". *Revista Brasileira de História*, v. 20, n. 39, 2000, p. 111, 115-134.
140 Orientado por alianças familiares e clientelistas, os empreendimentos comerciais na colônia não se pautavam por regras impessoais de eficácia e lucratividade. Tratava-se

A interligação entre Paranaguá e o Rio de Janeiro poderá, também, ser entrevista quando Saint Hilaire deixa escapar de sua pena:

> Quando se chega do interior, onde as casas das vilas e cidades são inteiramente feitas de pau a pique, e entra-se em Paranaguá, fica-se surpreendido em verificar que todas as casas e todos os edifícios públicos são construídos de pedra. A cidade compõe-se de algumas ruas que se estendem paralelamente ao rio e são cortadas por outros menores. As primeiras são geralmente largas e bem alinhadas; apesar de não terem tido o cuidado de calçá-las, as mesmas não ficam enlameadas, em virtude de o terreno ser arenoso. Existem em Paranaguá muitas vendas e lojas bem sortidas. Os negociantes fornecem-se no Rio de Janeiro das mercadorias de que necessitam, e exportam para essa cidade, bem como para o Sul, arroz, cal de cascas de mariscos, grande quantidade de tábuas, principalmente de peroba e canela preta, erva mate, cordas feitas com uma espécie de liana chamada cipó-imbé...[141]

Para além do intercâmbio com o Rio de Janeiro, transparece do relato do viajante, um rápido panorama da Paranaguá de 1820: cidade já bem organizada com seu porto a pleno movimento. De fato, ao longo do primeiro quartel do século XIX, a conjuntura se mostrará favorável ao comércio externo de Paranaguá, trazendo novo ímpeto que (re)atualiza, ou melhor, consolida sua vocação portuária.

Em cinco de junho de 1807, iniciou-se a distensão das medidas de restrição ao movimento portuário dos embarcadouros do litoral paulista.[142] Meses depois ocorre o desembarque da corte metropolitana, sendo franqueadas definitivamente as atividades portuário-comerciais, trazendo um movimento inédito para as vilas da marinha. Contudo, seria o encadeamento de tensões na bacia platina que permitiria a brecha para a introdução de Paranaguá no comércio internacional.

---

de um universo onde o público e o privado se fundiam e o nepotismo era a regra. Cf. VENANCIO, Renato P.; Furtado, Júnia F. "Comerciantes, tratantes e mascates". In: DEL PRIORE, Mary (org.). *Revisão do Paraíso: os brasileiros e o Estado em 500 anos de história*. Rio de Janeiro: Campus, 2000, p. 95.

141 SAINT-HILAIRE, Auguste. *Op. cit.*, p. 100.
142 MATTOS, Renato de. *Op. cit.*, p. 168.

Inicia-se em 1811, o processo de emancipação paraguaia frente às Províncias Unidas do Rio da Prata. Em represália, o Paraguai teve sua navegação hostilizada, suas mercadorias sobretaxadas e, finalmente, sofreu um bloqueio econômico liderado por Buenos Aires. Visando manter a autonomia em relação a seus vizinhos, o líder paraguaio, José Gaspar Rodrigues Francia, leva a cabo uma política de isolamento de seu país que perdura até pelo menos 1840.[143]

Abre-se, com efeito, uma lacuna no fornecimento de gêneros que Buenos Aires e Montevidéu obtinham junto ao Paraguai. É desse modo que, com a sua navegação liberada, Paranaguá passa, gradualmente, a preencher as demandas abertas em função do isolamento paraguaio. A tomada de Montevidéu e a respectiva anexação da chamada Província Cisplatina ao Reino Unido de Portugal, Brasil e Algarves, favoreceriam ainda mais a penetração de Paranaguá nas águas do Prata.

O cronista Antonio Vieira dos Santos descreve entusiasmado os primeiros passos de Paranaguá no comércio internacional:

> Abriu-se a navegação do Rio da Prata em 1812, principia a navegação em grande aumento para este porto, põem-se os povos na totalidade aplicados n'esta indústria de madeiras; via-se neste porto muitos navios estrangeiros conduzindo madeiras sem serem de Lei para os diferentes portos do Império; e para os do Sul; d'onde não tinhão outro troco senão prata; e com estas vantagens nestes poucos anos florescia esta Villa com indizível aumento; já se não viam prédios caídos, tudo estava retificado, ruas inteiras se viam levantadas de novo, o negociante satisfeito, o jornaleiro contente, a moeda girava em abundancia, e tudo augurava uma feliz sorte, apesar de morosos tributos que sobpezão aos povos.[144]

Se a exportação de madeiras teria inaugurado formalmente o comércio externo de Paranaguá, o incremento das atividades portuárias ocorre, de fato, a partir da exportação da congonha. O isolamento adotado por Francia tornou

---

143 Cf. DORATIOTO, Francisco. *Maldita Guerra: nova história da Guerra do Paraguai*. São Paulo: Companhia das Letras, 2007. Ver, sobretudo, o Capítulo I: "Tempestade no Prata".

144 SANTOS, Antonio Vieira dos. *Memória Histórica, Cronológica... Op. cit.*, p. 391-392.

quase impossível a colocação das ervas paraguaias nos mercados platinos. A partir daí os comerciantes da região da prata, que sempre tiveram predileção pelo mate do Paraguai, passam a considerar a erva que nascia espontaneamente no planalto paranaense.[145]

Recorrendo-se, novamente, à memória de Antonio Vieira dos Santos, tem se que Dom Francisco de Algazaray,

> Especulador ativo, vendo estagnado o comercio que havia da herva paraguaia com Buenos Ayres quis suprir aquela falta, introduzindo a deste país naquele mercado achando ter merecimento e aprovação para ali encaminhou seu comercio estabelecendo a primeira fabrica de seu beneficiamento em Paranaguá, e por esta maneira ilustrando aos negociantes de Paranaguá que estavam alheios de hua semelhante especulação fomentando-lhes suas cobiças e encaminharão também especulações mercantis da mesma herva.

Tratando a erva de forma rudimentar, acostumados que estavam apenas ao autoconsumo, os habitantes locais passam a encarar a questão da congonha sob novas perspectivas. Nesse contexto, o ano de 1820 é tido pela historiografia como marco divisório no processo ervateiro da região. Inicia-se um ciclo de expansão e tecnificação.[146] A erva paranaense acaba, inclusive, por alcançar os

---

145 WESTPHALEN, Cecília Maria. *Op. cit.,* 1995, p. 108.
146 A eleição do ano de 1820 como marco de viragem, parece ser mais um, entre tantos, tributo que a historiografia deve a Antonio Vieira dos Santos. Veja-se esta passagem: "as riquezas que de países estrangeiros ela [a congonha] tem acarretado desde o ano de 1820 até o presente são tão palpáveis e visíveis que, qualquer ignorante bem o conheça e senão olhem-se para as muitas embarcações nacionais e estrangeiras que anualmente aportarão as bahias de Paranaguá, e Antonina carregar esta preciosa erva deixando por suas compras imensos cabedais, e que diretamente a conduzem a Montevideo, Buenos Ayres e Valparaiso, considerando-se por este motivo entrar o Porto de Paranaguá na ordem, e a par de outros de igual natureza. Repare-se para o aumento progressivo do comercio interno e externo de Paranaguá, que ali estava amortecido; nos muitos edifícios de prédios urbanos que ali se tem feito desde 1820, veja-se o grande crescimento de edifícios que se fizeram na vila de Antonina, na freguesia de Morretes e na vila de Curitiba, tudo isto senão deve atribuir a influencia do comercio marítimo que foi produzido pela erva mate? Só nesta freguesia se contão 13 fabricas, e só na do author destas

mercados chilenos a partir de 1822 quando embarcações, abastecidas de mate em Paranaguá, passam a frequentar o porto de Val Paraíso.[147]

Torna-se, finalmente, o mate principal motor da economia local até pelo menos a década de 1920. As palavras de Zacarias de Góes, primeiro presidente da Província do Paraná, emancipada em 1854, ilustram de forma emblemática a importância que este gênero alcançara em pouco mais de 20 anos, desde a penetração de Paranaguá nos mercados platinos:

> Disséreis, ao ver a ânsia com que todos, ricos e pobres, velhos e moços, homens e mulheres ocupam-se e tratam da congonha, disséreis, repito, que só o carijó [armação de varas para a secagem do mate] faz viver, e que sem um engenho de socar mate não se pode fazer fortuna.[148]

O sistema então utilizado no "engenho de socar mate", mencionado por Zacarias de Góes, é rapidamente explicado na *Relação das Manufaturas*, produzidas pelo Quartel do Governo Militar da Vila de Paranaguá em 1826: "o estabelecimento que se prepara a erva, são fornos em que se torra e depois passasse a Pilons onde se soca e se mete em terços de couro para facilitar a exportação.

---

memórias se beneficiarão no ano pretérito de 1828 a cifra de 1389 surrões de erva de 7 a 8 arrobas cada hum e não falando nas que se levantarão em Paranaguá e Antonina. Caminhando nesta direção, Temístocles de Linhares, em sua obra clássica observaria que a partir de 1820 o beneficiamento da erva mate já comporta "a denominação de industrial, dada a movimentação mecânica que alcançou então com o emprego da força hidráulica e até a vapor, ao lado da fabricação uniformizada, não só quanto aos tipos de produto como quanto ao acondicionamento. [...] Podia ser insipiente mais já era um processamento industrial em curso". LINHARES, Temístocles de. *História econômica do mate*. Rio de janeiro: José Olimpio, 1969, p. 58. Autores posteriores mantiveram esta posição: BOGUSZEWSKI, José Humberto; *Op. cit.* WESTPHALEN, Cecília Maria; *Op. cit.*, 1995, p. 108; PEREIRA, Magnus Roberto de Mello. "Dos Usos e abusos do mate: sociedade e indústria no Paraná do século XIX". *Revista Cativeiro e Liberdade*, jan/jun 1997, p. 73

147 WESTPHALEN, Cecília Maria. *Op. cit.*, 1995, p. 109.

148 *Relatório do presidente da provincial do Paraná, o conselheiro Zacarias de Góes e Vasconcelos na abertura da assembleia provincial em 15 de junho de 1854*. Tipografia paranaense: Curitiba, 1854. Disponível em: <http://www.arquivopublico.pr.gov.br/arquivos/File/pdf/rel_1854_a_p.pdf>. Acesso em: fev. 2012.

Vem remetida a erva da vila de Curitiba, e todos os estabelecimentos aqui tem prosperado, e trabalhão permanentemente".[149]

Como se vê, a congonha chegava do planalto. Ao encargo do litoral ficava o processo de beneficiamento, bem como a exportação do produto. Ao que tudo indica, nessa época, boa parte dos "pilons" já eram acionados a partir do uso da força hidráulica.[150] Pululavam engenhos instalados nas cercanias da serra aproveitando-se dos inúmeros ribeiros que por ali desaguavam e, não menos, da proximidade das comunicações terrestres com o planalto curitibano, de onde provinham as ervas e o couro de que era feito seu invólucro. É assim que povoações localizadas mais para dentro da baía, tais como a vila de Antonina, já emancipada de Paranaguá, e a freguesia dos Morretes, localizada ao pé da serra e ainda adstrita à Paranaguá, vão ganhando incremento na esteira das novas possibilidades propiciadas pelo comércio ervateiro.

Guarnecendo essas populações, mediante as relações mantidas com os portos do Império (sobretudo Rio de Janeiro), e da bacia da Prata, aumentam as influências regionais de Paranaguá, que passará a cumprir a função de empório da então quinta comarca. É o que se depreende da segunda série de Mapas Econômicos referentes aos três primeiros decênios do oitocentos.[151]

Se em fins do século XVIII o montante total das exportações somava 7:272$920 contos de réis, em 1815, o valor chega a quadruplicar atingindo a quantia de 31:098$310 num incremento notável. A pauta de gêneros exportados também se apresenta mais diversificada. O madeirame exportado tem seu sortimento descrito em detalhes. Corresponde a cerca de 15% das exportações dividido em: tabuado, ripas e caibros. As fibras de Imbé repartidas em cabos

---

149 Arquivo público do Estado de São Paulo. Quartel do governo militar da vila de Paranaguá: Manufaturas de destilar, de cal, de pilar arroz e café, de preparar erva mate. 1826. Fotocópia do acervo do Centro de Documentação e Pesquisa dos Domínios Portugueses no Brasil, Universidade Federal do Paraná.
150 LINHARES, Temístocles de. *Op. cit.*, p. 58.
151 Arquivo público do Estado de São Paulo. Mapa comparativo da exportação dos produtos da Paroquia de Paranaguá; Anos de 1815-1830.

para fateixa[152] e outras betas,[153] atingem juntos 21% do total exportado. Café, toucinho, fumo de pito, farinha de trigo (proveniente do planalto), feijão e cal aparecem sendo exportados em menores proporções. O arroz pilado corresponde sozinho a cerca de 54% das exportações.

O fato de Paranaguá reunir condições para processar o arroz remetido para fora, é mais um indicativo do processo de sofisticação que atingira a vila desde a abertura dos portos. Se ao início do século XIX havia apenas oito engenhos em Paranaguá, em 1826, na *Relação das Manufaturas*, enumeram-se seis engenhos de arroz, empregando 110 escravos. Também são indicadas onze "destilarias", produzindo aguardente, utilizando 140 escravos. São mencionadas também, "diversas" caieiras, calcinando conchas, e pelo menos dois estaleiros, "particulares, ocupados na manutenção de embarcações avariadas".[154] Finalmente, são listados três engenhos de preparo de erva-mate empregando 36 escravos.

A congonha de mate aparece em 1815 pela primeira vez no estoque de exportações a partir de Paranaguá. Sua contribuição é modesta: 515 alqueires (158$000). Contudo, sua presença aumenta, já em 1817, para 1.345 alqueires.[155] Em 1826, conforme estimativas de Cecília Westphalen, este item atinge cerca de 69% das exportações de Paranaguá, suplantando, afinal, gêneros como madeiras, arroz e farinhas. Essas últimas sempre presentes nas exportações, mas sem a importância dos séculos anteriores.[156]

Acompanhando o aumento das exportações, também será perceptível um maior dinamismo nas importações. Tomando o ano de 1799 como baliza, com 32:154$460 gastos em importados, vê-se que o total despendido dobra,

---

152 *Fatèxa:* "Ferro com cabo, como da ancora, e muitos dentes, para fundear barcos". SILVA, Antônio Moraes. *Op. cit.*

153 Vide nota anterior sobre *beta* na pág. 63.

154 Arquivo Público do Estado de São Paulo. Quartel do governo militar da vila de Paranaguá: Manufaturas de destilar, de cal, de pilar arroz e café, de preparar erva mate. 1826. Fotocópia do acervo do Centro de Documentação e Pesquisa dos Domínios Portugueses no Brasil, Universidade Federal do Paraná.

155 Arquivo Público do Estado de São Paulo. Mapa Comparativo das importações dos produtos da paroquia de Paranaguá anos: 1815, 1817,1818.

156 WESTPHALEN, Cecília Maria. *Op. cit.*, 1995, p. 109.

atingindo a cifra de 78:482$661 em 1815, para quase triplicar em 1818, quando chega a 84:724$086.[157]

O sortimento de importados não é muito diferente daquele visto para o fim do século XVIII. Têxteis, itens de vestuário, líquidos e ferragens, continuam sobressaindo-se na pauta. Contudo, em certos casos, aumenta o volume com que alguns itens chegam a Paranaguá. Tome-se o exemplo do sal. Já livre do estanco, este produto chega sempre em maior volume do que os 3.850 alqueires contabilizados em 1799, contando, com 8.054 alqueires em 1815, 15.856 alqueires em 1817 e, finalmente, 11.560 alqueires em 1818.

As ferragens foram discriminadas apenas em valores monetários nos três últimos anos mencionados. Há que se reconhecer que a flutuação de preços, bastante característica no período observado, inibe conclusões mais categóricas. Mesmo assim, parece plausível argumentar no sentido do incremento deste gênero: o montante despendido em 1817 (4:210$410) é quase cinco vezes maior do que a soma dos gastos em 1798 e 1799 (852:200).

Os itens de trato mais refinado, ligados às práticas de distinção social, também seguem presentes ao longo do século XIX. Em 1818, por exemplo, chegam a Paranaguá 18 peças de seda, cerca de 30 pipas de vinho, cinco barris de aguardente do reino e, mais cinco, de azeite doce. Contudo, a grande novidade é o registro da entrada de escravos novos a figurar no elenco de importados: 35 em 1815 e 13 em 1818.[158] Número que se não é alto não deve ser desconsiderado. É, no mínimo, um indício de que Paranaguá não constituía um "Brasil diferente" em que "a ausência do português e a inexistência da escravatura não chegaram a atuar como forças sociologicamente ponderáveis".[159]

---

157 Mapa Comparativo Da Exportação dos Produtos da Paroquia de Paranaguá no Ano de 1817.
158 *Idem.*
159 MARTINS, Wilson. *Op. cit.*, p. 5. É verdade que Wilson Martins se refere ao Paraná desmembrado da Província de São Paulo, já na segunda metade do século XIX, quando, de fato, escasseavam os escravos em função de sua restrição e consequente remanejamento para outras áreas. Mas também é verdade que este autor ao construir seu modelo explicativo ignorou que, mesmo com poucos escravos, foram estruturas coloniais (e, portanto, escravistas) que absorveram os imigrantes no Paraná e em outras regiões do Sul.

Muito pelo contrário. Como se procurará demonstrar adiante, na virada do século XVIII para o XIX, havia se estabelecido de fato uma sociedade segmentada, com alta concentração de riqueza na mão de poucos, onde a demanda por cativos novos explicava-se pela reiteração de um processo de hierarquização social em curso, "no centro da qual recortando as classes e conferindo dinâmica à economia, estava o escravo"[160] e, caberia acrescentar, ainda que num outro patamar, os adventícios portugueses.

Na esteira do processo de complexificação das relações portuárias, vistas até o momento, tem-se, finalmente, a instituição da Alfândega de Paranaguá pela Junta da Fazenda de São Paulo em 16 de agosto de1827. Nascido na freguesia de São Pedro de Cesar, bispado do Porto, o português Manoel Francisco Correia será o primeiro tesoureiro do recém-fundado posto administrativo.[161] Seus caminhos, de Portugal ao Brasil, remetem diretamente àquele grupo de comerciantes portugueses, mencionados anteriormente, signatários da representação em favor da liberação das atividades portuárias de Paranaguá.

Para o momento, basta dizer que à época do protesto, Manoel Francisco Correia estava apenas começando sua carreira mercantil, na qualidade de caixeiro do seu conterrâneo Manoel Antônio da Costa, já mencionado anteriormente. O mesmo Manoel Antônio da Costa foi pessoalmente buscar Manoel Francisco Correia, ainda jovem, no Rio de Janeiro, onde passava um período, iniciando-se nos negócios junto a um tio.[162]

Já radicado em Paranaguá, Manoel Francisco Correia casou-se em primeiras núpcias com a filha do, também português, sargento-mor Custódio Martins de Araújo França. Este último já havia falecido à época da representação. Contudo, como já foi revelado, a firma de um de seus filhos constava do documento. Tão logo enviuvou, Manoel Francisco Correia casou, em segundas núpcias, com a primogênita do comerciante Francisco Ferreira de Oliveira,

---

160 GUTIÉRREZ, Horácio. "Donos de terras e escravos no Paraná: padrões e hierarquias nas primeiras décadas do século XIX". *Revista História*, vol. 25. São Paulo, 2006, p. 120.
161 MORGENSTERN, Algacyr. *Op. cit.*
162 Arquivo Metropolitano Dom Leopoldo e Silva, da Mitra Arquidiocesana de São Paulo. Processos Gerais Antigos – Séries Dispensas e Processos Matrimoniais. Manoel Francisco Correia. PGA 07-02-02, 1799.

já mencionado como integrante do grupo dos signatários da representação.[163] Tendo obtido êxito em seus negócios, amealhou um extenso cabedal que será descrito mais adiante.

Em 1850, quando Antonio Vieira dos Santos relacionou o elenco dos principais afortunados de Paranaguá, no primeiro quartel do século XIX, Manoel Francisco Correia constava da relação como um dos cinco homens mais ricos de Paranaguá. Manoel Antônio Pereira era outro ilustre integrante desse elenco.[164]

Natural da freguesia de Santa Maria, arcebispado de Braga, Manoel Antônio Pereira chegara com 12 anos ao Rio de Janeiro, de onde, depois, se transferiu para a vila de Paranaguá. Iniciou-se nos negócios como caixeiro, tendo se casado com a filha de Manoel Antônio da Costa. Em 1803 já desenvolvia suas atividades comerciais de forma autônoma chegando, inclusive, a assinar a representação dos comerciantes. Em 22 de abril de 1815 seria empossado como Capitão-Mor de Paranaguá sendo o último a ocupar este posto em Paranaguá e, também, o que o ocupou por mais tempo, cerca de 20 anos. Pouco antes, em 1814, arrematou, em sociedade com Manoel Francisco Correia, o lucrativo Contrato das Passagens do Rio Cubatão: derradeiro ponto de navegação fluvial antes da desafiadora serra do mar.[165]

As circunstâncias em que Manoel Francisco Correia e Manoel Antônio Pereira, assim como outros de seus conterrâneos, construíram e administraram sua fortuna, merecem uma discussão mais detida e serão pormenorizadas no terceiro capítulo. Por ora, o argumento que se quer sustentar é que o "insinuante" e "persistente" comércio de Paranaguá, estruturado à segunda metade do século XVIII, e desdobrado ao longo do século XIX, exerceu sem dúvida considerável magnetismo aos lusitanos.

Mais do que isso, Paranaguá, ou melhor, as atividades mercantis desenvolvidas nesta mesma localidade, constituíram, ao que tudo indica, uma oportunidade propícia para que se desse a reprodução de um padrão de integração

---

163 LEÃO, Ermelino Agostinho. *Op. cit.*, p. 1202.
164 SANTOS, Antonio Vieira dos. *Memória Histórica e Cronológica*. Vol. 2, p. 37, 39, 269.
    COSTA, Samuel Guimarães. *Op. cit.*, p. 19-20.
165 *Ibidem*, p. 35.

social muito característico desse grupo no qual patrícios recebiam conterrâneos mais novos. Mesmo que não se tenha, ainda, aprofundado o exame, pode se anunciar que as trajetórias dos comerciantes portugueses que registraram suas firmas no intuito de obter maiores margens para manobrar seus negócios tendiam para esse padrão. Encetado a partir de redes, que se teciam com base em laços de parentesco, em relações de amizade e que se imiscuíam nas relações comerciais e, até mesmo políticas, tal padrão acabava por propiciar a própria (re)alimentação do processo migratório, até pelo menos o primeiro quartel do século XIX.

Dessa forma, tendo agregado em suas casas sobrinhos e irmãos mais novos, Manoel Francisco Correia e Manoel Antônio Pereira seguiriam o hábito de seus antecessores, paraninfando adventícios lusitanos que se iniciavam nos negócios em Paranaguá.[166]

Se mediante toda uma produção transacionada no raio das vilas vizinhas redistribuída, através de seu porto, Paranaguá parece ter sido terreno propício para o ingresso de adventícios lusos dedicados ao trato mercantil, é verdade, também, que nem todos os lusitanos estabelecidos por ali se amoldavam ao perfil do comerciante português bem-sucedido. Tal situação ficaria sugerida, novamente, a partir da pena de Saint Hilaire.

À época de sua visita à baía de Paranaguá, o viajante não deixou de registrar a falta de hospitalidade, para com ele, do capitão-mor Manoel Antônio Pereira a quem havia sido recomendado. Contudo, contemporizando o fato, Saint-Hilaire justificou seu anfitrião, lembrando que os habitantes da marinha

> estando sempre em contato com estrangeiros – geralmente gente do mar, rude e grosseira – devem ter muito menos disposição de lidar com os viajantes do que os colonos do interior. Convém acrescentar que muitos portugueses de baixa classe, principalmente marinheiros, costumam estabelecer-se em pequenos portos, devendo forçosamente

---

166 Na Lista Nominativa de 1830 foi possível recuperar nos domicílios desse indivíduos pelo menos três portugueses agregados, um deles sobrinho de Manoel Francisco Correia. No caso de Manoel Antônio Pereira existe um irmão agregado em seu domicílio. Arquivo Público do Estado de São Paulo. *Listas Nominativas de Habitantes da Vila de N. Sra. do Rosário de Paranaguá 1830*, fogos: 1 e 8.

exercer uma má influência sobre a população local com suas maneiras rudes e descorteses.[167]

Mesmo que seja eivada de juízo de valor, essa passagem é instigante. Permite pensar a inserção portuguesa desde uma perspectiva mais multifacetada. Afinal, nem só de comerciantes e letrados compunha-se o grupo dos lusitanos que outrora se instalaram em Paranaguá. Havia outros indivíduos lusitanos que não se amoldavam ao enquadre há pouco descrito. Em suma, havia outra(s) face(s) da moeda.

Quem eram, portanto, os portugueses estabelecidos no pequeno mas "insinuante" porto de Paranaguá? Quantos eram? Do que se ocupavam, quando não estavam envolvidos na mercância? Havia uma hierarquização interna à este grupo? Finalmente, como estavam organizados os portugueses na formação social de Paranaguá, desdobrada a partir de uma base escravista e comercial? É possível perceber mudanças nos padrões de inserção deste grupo ao se comparar os períodos pré e pós- independência? A tentativa de responder estas questões orientará as linhas que seguem. Contudo, antes de se trabalhar estas questões cabe tomar um pouco de fôlego para que se apresente criticamente, antes, o corpo documental que permitirá empreender-se aqui o primeiro exercício de análise verticalizada acerca da população portuguesa na Baía de Paranaguá.

---

167 HILAIRE, Auguste de Saint. *Op. cit.*, p. 106.

Capítulo II
INDAGANDO ESCRUPULOSAMENTE: OS PORTUGUESES DIANTE DA POPULAÇÃO TOTAL DE PARANAGUÁ A PARTIR DAS LISTAS NOMINATIVAS DE HABITANTES

E aconteceu naqueles dias que saiu um decreto da parte de César Augusto para que todo o mundo se alistasse... E todos iam alistar-se, cada um à sua própria cidade.
Lucas 2:1-3

Para o bem cumprimento das ordens do ilustríssimo excelentíssimo senhor general ordeno aos senhores capitães e comandantes de companhia que tenham todo o cuidado quando tirar as suas listas da população indagar escrupulosamente de todo o cabeça de casal, todos os gêneros que lhe produzirão suas manufaturas, especificando aquelas que renderão e aqueles que consumirão com suas famílias, e o que venderão, declarando na casa das observações, de cada cabeça de família como se tem praticado. Tirando os Senhores Comandantes Responsáveis quando me entregar as ditas listas, entregar-me mais um mapa exato e resumido em que se mostre toda produção, consumo e exportação. Paranaguá 12 de maio de 1815. Manoel Antônio Pereira, Capitão mor.[1]

Como bem lembra Tarcísio Botelho, se a compreensão da dinâmica populacional brasileira no passado passa por uma análise dos dados contidos nos documentos referentes à demografia de uma época, este entendimento não deve prescindir dos condicionantes sob os quais tais indicadores – demográficos – foram elaborados.[2]

Assim, refletir sobre o surgimento dos censos populacionais *proto-estatísticos,* implica que se atente, sobretudo, à passagem localizada no setecentos, "de uma arte de governo, para uma ciência política, de um regime dominado pela estrutura de soberania para um regime dominado pelas técnicas de governo, que ocorre em torno da população".[3] Segundo Michel Foucault, este processo está inevitavelmente articulado às reflexões que resultam na passagem do Estado soberano, fundamentado em Maquiavel, ao Estado de Governo ou de "Governamentalidade".

O estado soberano estaria caracterizado pela posse de um território, herdado ou conquistado, porém exterior ao príncipe. O estado de governo, entretanto, manteria relações diferentes com o território e a soberania, acrescentando à sua atuação a ideia de gerenciamento dos homens e das coisas. O fenômeno do surgimento dos censos de população – que ocorre um pouco por toda a parte[4] – não deixa de ter, portanto, relação de dependência para com esta reflexão

---

1 Arquivo público do Estado de São Paulo. *Ordem circular no terço das ordenanças das Villa de Paranaguá e seu distrito.* Manuscritos T.C. Ordenanças de Paranaguá, Capitão-mor e outros oficiais subalternos, cx. 64, ordem 304. 1721-1822.

2 BOTELHO, Tarcísio. *População e nação no Brasil do século XIX.* Tese (doutorado) – USP, São Paulo, 1998.

3 FOUCAULT, Michel. *Microfísica do poder.* Rio de Janeiro: Graal, 1979, p. 290.

4 As contagens de população estão no horizonte de preocupação dos governantes desde a constituição dos primeiros estados organizados. Os primeiros recenseamentos ascendem à civilização suméria, de 5.000 a 2.000 anos antes da nossa era, da qual se conhecem listas de pessoas e de bens registrados em pequenas tábuas de argila. Levantamentos de tal natureza passaram a efetuar-se, regularmente, na Mesopotâmia, 3.000 anos antes de Cristo. O Egito parece ter sido o primeiro estado a organizar recenseamentos sistemáticos da população, a institucionalizar recenseamentos fiscais desde o terceiro milênio

estabelecida, em torno do "governo", de si mesmo, das almas, das condutas, da população de um Estado.⁵ Em acréscimo pode-se concordar: "por toda parte em que o poder se constitui enumera-se, quantifica-se".⁶

Nessa transformação nos modos de governo observada por Michel Foucault, imbricava-se, portanto, também uma nova maneira não só de se pensar, mas, principalmente, de se gerenciar a população. Esta começara a se tornar objeto de preocupação de um Estado que buscava, cada vez mais, por meio do aparelho burocrático que desenvolvia, controlar, contar e classificar visando

---

    antes de Jesus Cristo e a determinar o princípio da declaração obrigatória, uma vez que no reinado do faraó Amasis II (século sexto antes da nossa era), todo o indivíduo sob pena de morte, era obrigado a declarar a sua atividade e fontes de rendimento. Na China, o primeiro recenseamentos de produções agrícolas data do século XXIII a. C. Na América Latina se tem notícias de que os Incas, por exemplo, constituíam sistemas particularmente sofisticados, permitindo mover e atualizar as estatísticas de produtos através de feixes de corda de diferentes cores. Certamente que ainda não é a estatística no sentido que hoje se entende, como as listas de população não são os recenseamentos atuais. Mas pode se arriscar que as preocupações subjacentes à contagem e ao registro, não estavam tão distantes das que no mundo moderno se encontram na base da estatística moderna propriamente dita. SOUSA, Fernando de. *História da Estatística em Portugal*. Lisboa: Instituto Nacional da Estatística, 1995, p. 7. Com relação à confecção dos primeiros censos no período moderno, certa historiografia, confere destaque ao Canadá colonial. Ali as províncias do Quebec e da Nova Escócia levaram à frente dezesseis levantamentos populacionais entre 1665-1754. Em Nápoles e na Sicília ocorreram iniciativas semelhantes ainda no século XVII. Porém, teria sido a Suécia a partir de 1749 a contar com censos sistemáticos e periódicos. Em seguida estes levantamentos foram se disseminando pela Europa – Noruega e Dinamarca em 1769, Espanha em 1787, França em 1800, Inglaterra em 1801. BOTELHO, Tarcísio; PAIVA, Clotilde Andrade; CASTRO, José Flávio. "Políticas de população no Período Joanino". In: SCOTT, Ana Silvia V.; FLECK, Eliane Cristina Deckman. *A corte no Brasil: população e sociedade no Brasil e em Portugal no início do século XIX*. São Leopoldo: Oikos, 2008, p. 59-89, p. 60.

5 FOUCAULT, Michel. *Op. cit.*
6 SOUSA, Fernando de. *Op. cit.*, p. 7.

àquele que seria o resultado perfeito: a construção de riquezas e o desenvolvimento mercantil.[7]

No caso da Portugal pombalina,[8] esta nova reflexão acerca do contingente demográfico estaria vinculada aos preceitos da Aritmética Política de William Pety, pensador contemporâneo ao Marquês de Pombal, a preconizar que: os homens, sobretudo no que diz respeito ao seu potencial produtivo, consistiam na mais importante riqueza de um Estado.[9]

Este ideário que se veio narrando até o momento, antes de tudo europeu, encontrava vias de circulação na esteira do comércio. Circulava tanto quanto as mercadorias e chegava também ao Brasil, colônia de Portugal.[10] As *Listas Nominativas de Habitantes* são, portanto, um acontecimento da segunda metade do século XVIII e em todo mundo dominado pelo império português.[11]

---

7 BURMESTER, Ana Maria de Oliveira. "Estado e População: o século XVIII em questão". *Revista da Faculdade de Letras da Universidade de Coimbra*. Coimbra: 1999, p. 113-151, p.114.

8 No desenrolar do teatro dos poderes metropolitanos, à segunda metade do século XVIII, Sebastião José de Carvalho e Melo, o Marquês do Pombal, ascendia ao poder. Principal ministro de D. José I, a ele tem sido reputado um intenso processo de centralização de poder que se verificou naquele reinado. Conforme a historiografia tem observado, tal processo foi marcado por uma série de ações visando a um afastamento da antiga nobreza dos círculos mais imediatos do rei, o controle e, mesmo, o alijamento da influência jesuítica em Portugal e seus domínios, e, finalmente, um enquadre na nova ordem – pombalina – dos demais corpos do estamento social português. Cf. FALCON, Francisco C. *A época pombalina*. São Paulo: Ática, 1982; FALCON, Francisco C. "Pombal e o Brasil". In: TENGARRINHA, José (org.). *História de Portugal*. 2. ed. São Paulo: EDUSC/Instituto Camões, 2001; MAXWELL, Keneth. *Marquês de Pombal: paradoxo do iluminismo*. Rio de Janeiro: Paz e Terra, 1996.

9 SANTOS, Antônio Cesar. "Vadios e Política de Povoamento na América Portuguesa, na segunda metade do século XVIII". *Estudos Ibero – Americanos*, PUC-RS, vol. XXVII, n. 3, 2001, p. 12. Cf. principalmente o artigo "Para viverem juntos".

10 BURMESTER, Ana Maria de Oliveira. *Op. cit.* SOUZA, Fernando de. *História da Estatística em Portugal*. Lisboa: Instituto Nacional da Estatística, 1995.

11 Cf. BELLOTTO, Heloísa L. *Op. cit.* Ver, também, por exemplo o caso de Moçambique: WAGNER, Ana Paula. *População no Império Português: recenseamentos na África Oriental Portuguesa na segunda metade do século XVIII*. Tese (doutorado) – Universidade Federal do Paraná, Curitiba, 2009.

Nessa época, como já se teve oportunidade de indicar, a Capitania de São Paulo estava sob o comando geral do Morgado de Mateus. Conhecedor dos problemas econômicos que afetavam a metrópole e, também, muito identificado com as orientações pombalinas de governo, ao assumir a governança, Dom Luiz atuou em diversas frentes. A defesa e consolidação da posse dos territórios sulinos, bem como a preocupação com o desenvolvimento econômico da capitania paulista, refletido em estímulos à produção agrícola de exportação e à dinamização do comércio, destacaram-se como preocupações centrais de seu governo. Por suas mãos é que seriam, afinal, implementadas, a 30 de julho de 1765, as *Listas Nominativas* que se constituíram na contabilidade sistemática da população paulista.[12]

Dito isso, variando de acordo com as décadas em que tais listas foram produzidas, alguns objetivos específicos podem ser destacados na confecção das *Listas Nominativas de Habitantes*, tais como: a busca pelo conhecimento das potencialidades militares do efetivo populacional da colônia em função das disputas territoriais com a Espanha;[13] o conhecimento da população para melhor manobrá-la de acordo com as conveniências de ocupação do território e, finalmente, uma preocupação de cunho econômico, a busca do aperfeiçoamento na arrecadação de impostos.[14]

É, justamente, a partir dos anos finais do século XVIII que a confecção desse conjunto censitário sofrerá inflexões adquirindo um sentido predominantemente econômico. Fica marcada uma política de cunho mercantilista voltada

---

12 Como é sabido, tal empreendimento seria coordenado pela autoridade local representada pelos Capitães Mores de cada vila. Cf. MARCÍLIO, Maria Luiza. *La ville de São Paulo: peuplement et population, d'aprés les registres paroissiaux et les recensements anciens 1750-1850*. Paris: Presses Universitaires de France, 1973, p. 98-99. Como bem lembra Sérgio Nadalin "é possível concluir que não foi simples coincidência, a relativa sincronia entre a melhor organização dos registros paroquiais – batismos, casamentos, óbitos – e o esforço para estabelecer as primeiras estatísticas demográficas da colônia, iniciado na década de 1760. Estes dois empreendimentos foram realizados com o auxílio das duas Instituições melhor organizadas no território, a Igreja e a Milícia". NADALIN, Sérgio O. *História e Demografiaelementos para um diálogo*. Demographicas vol. I. Campinas: Associação Brasileira de estudos Populacionais, 2004, p.30.
13 *Idem. A demografia numa perspectiva histórica*. Belo Horizonte: ABEP, 1994, p. 30.
14 BURMESTER, Ana Maria. *Op. cit.*, 1999, p. 137.

para a racionalização da máquina administrativa metropolitana e pela tentativa de incremento da agricultura e do comércio dos domínios portugueses. Tal transformação concretiza-se por meio de novas técnicas de recenseamento instituídas mediante a Ordem Régia de 21 de outubro de 1797 promulgada por D. Maria I.[15]

Se o recenseamento populacional passará a ser enriquecido com novos componentes tais como a naturalidade de todos os indivíduos, a ocupação, a produção e, finalmente, as despesas e "réditos" (rendimentos) anuais das cabeças "dos fogos",[16] uma importante novidade consistiu, justamente, na confecção de mapas gerais que passam a acompanhar as listas. As ordens do capitão-mor Manoel Antônio Pereira, que servem como epígrafe para este capítulo, adequam-se exatamente a essa tendência e geraram parte dos mapas econômicos já utilizados aqui, quando se tentou proceder a um enquadre das atividades desenvolvidas a partir do porto de Paranaguá. Para além das tabelas econômicas, arrolando consumo, importação e preços, surgem também os mapas populacionais agregando dados de ordem demográfica, em que são contabilizados os totais de habitantes divididos por idade, sexo, estado civil, cor e condição social.

Contudo, se as intenções e prioridades que orientaram a produção dessa fonte variaram no tempo, importa salientar que a chegada da Corte ao Brasil, em 1808, não teria implicado grandes mudanças nas práticas de recenseamento da população brasileira levadas a cabo até então. Pelo contrário, mediante o fenômeno que Maria Odila da Silva Dias categorizou como a "interiorização da metrópole", teria ocorrido um reforço dos controles metropolitanos que redundou numa continuidade nos processos de produção dos censos. Até 1830, podem ser notados

> os mesmos procedimentos e as mesmas preocupações pragmáticas que orientavam a Coroa portuguesa. Os

---

15 Cf. MARCÍLIO, Maria Luiza. *Op. cit.*
16 Existe já grande discussão acerca das significações da terminologia "Fogo". Para o momento, entretanto, se quer salientar apenas que este é tomado aqui como um vocábulo técnico-administrativo – característico da estrutura dos censos – significando a casa mais o arranjo socioeconômico dos membros da família. Cf. ARRUDA, Alzira Campos Lobo. *Casamento e família em São Paulo colonial*. São Paulo: Paz e Terra, 2003, p. 238.

funcionários encarregados dos censos eram praticamente os mesmos utilizados nos momentos anteriores à independência. Os capitães de ordenanças elaboravam as listas locais contendo a discriminação de todos os habitantes residentes em seus distritos. Depois estas listas nominativas de habitantes eram enviadas aos governos centrais das províncias, os quais se encarregavam de apurar os resultados e, quando, solicitados enviá-los ao Rio de Janeiro.[17]

Após 1831, em função das conturbações próprias do contexto regencial, se sucede um período de desorganização na feitura dos maços de população. Trata-se de uma fase de transição dos antigos modelos de censos coloniais para novos formatos.[18] Ocorrem mudanças na esfera das responsabilidades acerca da produção dos registros censitários.[19] Isso se reflete tanto numa falta de padronização quanto numa falta de regularidade na confecção deles, o que não impede, porém, a ocorrência de diversas tentativas de organização de um grande censo em âmbito nacional. Essas, contudo, só se concretizarão com a realização do censo imperial de 1872,[20] a partir do qual se inaugura a "fase estatística" no Brasil, como quer Maria Luiza Marcílio.[21]

---

17 BOTELHO, Tarcísio; PAIVA, Clotilde Andrade; CASTRO, José Flávio. *Op. cit.*, p. 66.
18 Cf. BACELLAR, Carlos de Almeida Prado; BASSANEZI, Maria Silvia B. *Levantamentos de população publicados na Província de São Paulo no século XIX*. Disponível em: <http://www.abep.nepo.unicamp.br/docs/rev_inf/vol19_n1_2002/vol19_n1_2002_6artigo_113_129.pdf>. Acesso em: fev. 2011.
19 Os corpos de milícia são extintos cedendo lugar para as guardas nacionais. Os Capitães Mores, antigos responsáveis pela elaboração dos recenseamentos, são substituídos por funcionários provinciais.
20 Cf. DAUMARD, Adeline; BALHANA, Altiva P.; GRAF, Márcia Elisa de C. *História Social do Brasil Teoria e Metodologia*. Curitiba: Editora da UFPR, 1984, p. 102-103.
21 Segundo Maria Luiza Marcílio as fontes de natureza demográfica seguem a seguinte periodização: "fase pré estatística": início da colonização até o fim da primeira metade do setecentos; fase proto estatística: segunda metade do século XVIII até 1872, quando se efetua o primeiro recenseamento nacional; por fim, a "fase estatística" quando, a partir de 1872, os levantamentos censitários de toda a população nacional passam a ter objetivos exclusivamente demográficos e a serem realizados, periódica e sistematicamente, por serviços especializados do Governo, para esse fim. MARCÍLIO, Maria Luiza. *Op. cit*

Fontes que encerram uma ampla gama de possibilidades analíticas, as listas nominativas vêm sendo utilizadas pelos historiadores desde fins da década de 1960, tendo como marcos de partida a presença de Louis Henry no Brasil[22] e o trabalho seminal de Maria Luiza Marcílio: *La Ville de São Paulo: Peuplementet Population*. O uso desta documentação, levado a cabo, sobretudo, por investigadores da família e da população, proporcionou mesmo a superação de paradigmas historiográficos.

Mediante o uso das listas nominativas, Maria Luiza Marcílio demonstrou aquilo que chamou de um crescimento "assombroso" do contingente demográfico paulista entre 1700-1765.[23] Tal constatação inclui a autora no rol dos historiadores que marcaram um ponto de virada na historiografia paulista, reavaliando as ideias de que, no período anterior à restauração da autonomia administrativa da capitania, o território estava abandonado à pobreza e à decadência, fustigado pelas migrações em direção às áreas mineratórias. Nessa mesma obra, analisando o perfil dos domicílios constantes dos maços de população paulistas, a autora demonstrou uma importante incidência de famílias nucleares criticando, a partir disso, certa historiografia que tomava a família extensa e patriarcal como preponderante nas sociedades tradicionais brasileiras.[24]

Utilizando maços populacionais, entre outras fontes, Robert Slenes indicou, contrariando uma tradição historiográfica que impunha aos escravos condições anômicas de existência, que a estabilidade da família escrava era um fato

---

22 No Paraná esta presença marcou época. Uma geração de historiadores egressos da primeira turma do curso de pós-graduação em História da UFPR, utilizando-se das técnicas propostas por Louis Henry e Michel Fleury, produziram uma série de dissertações de cunho demográfico a partir das listas nominativas de habitantes. Para um panorama acerca desta produção cf. MARCHI, Euclides *et. al.* "Trinta anos de historiografia: um exercício de avaliação". *Revista Brasileira de História*, vol. 13, n. 25/26, set. 1992/ago. 1993, p. 133-141.
23 MARCÍLIO, Maria Luiza. *Op. cit.,* 2000, p. 72.
24 *Ibidem*, p. 191. Fato que não exclui a vigência do patriarcalismo nesta mesma sociedade. Mesmo as residências nucleares poderiam fazer parte de uma estrutura mais ampla de famílias patriarcais. Ver nessa direção por exemplo: MACHADO, Cacilda. *A trama das vontades: negros, pardos e brancos na construção da hierarquia social no Brasil escravista*. Rio de Janeiro: Apicuri, 2008.

concreto sem que ao mesmo tempo fossem excluídas as tensões relacionais entre senhores e escravos.[25]

Argumentando numa mesma direção, porém, num ambiente diverso do analisado por Robert Slenes, caracterizado por reduzida presença de cativos onde senhores e escravos muitas vezes trabalhavam lado a lado, Cacilda Machado, utilizando listas nominativas, apontou que a reprodução da hierarquia local dependia "menos do ilimitado poder senhorial sobre os corpos escravos, que teoricamente a instituição pressupõe, e mais da conformação específica da trama social tecida no confronto das vontades pessoais".[26]

Mediante o cruzamento nominativo, em que os maços populacionais também tiveram papel imprescindível, Carlos Bacellar conseguiu mapear, pela primeira vez, a dinâmica da exposição de crianças à porta dos domicílios. Prática que até inícios do oitocentos teria sido a mais difundida no Brasil, mas que restava – ou talvez ainda reste – como a menos estudada.[27]

Diversos e não menos importantes autores poderiam ser acrescentados à lista iniciada acima. Mas não se trata aqui de alongá-la, seria exaustivo. Para o momento, esses exemplos são utilizados a fim de marcar a virtualidade desta fonte que permite uma rica e diversificada recomposição não só do nosso passado demográfico, mas também numa perspectiva mais microscópica, das diferentes trajetórias da vida dos indivíduos que ali foram classificados.

Entretanto, infelizmente, são pouquíssimos os arquivos brasileiros que podem oferecer este corpo documental aos seus consulentes.[28] Não à toa os estudos que acabaram de ser descritos concentraram suas análises em áreas do Sul e do Sudeste brasileiro. Afinal, ao que tudo indica, é no Arquivo Público de São Paulo que se resguarda a coleção mais completa desta série documental.

Do ponto de vista cronológico, a série abrange os anos de 1765 até 1850, lembrando que a partir de 1830 começam a surgir lacunas. Do ponto de vista geográfico, a série comporta todas as vilas da antiga capitania e depois província

---

25 SLENES, Robert. A.W. *Na senzala, uma flor*. Rio de Janeiro: Nova Fronteira, 1999. Cf. MOTTA, Jose Flavio. *Op. cit.*
26 MACHADO, Cacilda. *Op.cit.*, 2008, p. 204.
27 BACELLAR, Carlos de A.P. *Op. cit.*, 2001.
28 *Idem*. "Uso e maus uso dos arquivos". In: PINSKY, Carla Bassanezi. *Fontes históricas*. São Paulo: Contexto, 2006.

de São Paulo. Considerando que o Paraná só se desmembrou da Capitania e depois província de São Paulo em 1853, constam da coleção guardada no Arquivo Público do Estado de São Paulo diversos recenseamentos que preservam notícias dos contingentes populacionais de antigas vilas e freguesias que hoje são cidades paranaenses. Entre elas a Vila de Nossa Senhora do Rosário de Paranaguá, atual Paranaguá.

A série de maços populacionais relativos a esta vila, preservada no Arquivo Público do Estado de São Paulo, inicia-se no ano de 1767 e segue século XIX adentro até o ano de 1836.[29] Os levantamentos feitos sobre a primeira metade do século XVIII são mais escassos, incompletos e se encontram, em geral, mais puídos do que aqueles existentes para a primeira metade do oitocentos. Ademais, eles não trazem um dado que consiste em *conditio sine qua non* para realização desta pesquisa, qual seja: a origem dos indivíduos.

É só a partir de 1801 que se torna de fato possível a distinção – de forma sistemática – dos nascidos em Portugal do efetivo geral da população parnanguara. Portanto, no que se refere às listas nominativas, o esforço massivo desta pesquisa esteve concentrado nos levantamentos do oitocentos, sendo que dois censos (1801 e 1830)[30] foram transcritos integralmente. Isso não impediu, contudo, a consulta recorrente às listas setecentistas em busca de particularidades de indivíduos que tenham sido identificados como portugueses em outra fonte documental, e, também, o recurso às listas compreendidas no intervalo entre 1801 e 1830, buscando avaliar os domicílios de reinóis numa perspectiva diacrônica.

Quanto à opção por escolher os anos de 1801 e 1830 na hora de se transcrever integralmente os levantamentos de 1801 e 1830 outro critério, para além das indicações de naturalidade, esteve em causa. Para explicá-lo, recorre-se, novamente, aos escritos de Antonio Vieira dos Santos. Retomando os cinquenta

---

29 Essa última lista, entretanto, já segue um modelo diverso daquele produzido até 1830. Nela só se contam os homens, e acrescem a informação acerca da alfabetização deles.

30 Arquivo Público de São Paulo. Mapa Geral dos Habitantes existentes na Villa de Paranaguá e seu distrito, seus nomes, encargos, naturalidades, estados com ocupações especificações das casualidades que acontecerão em cada uma das Famílias desde a Lista do Ano antecedente. Paranaguá, 1801; Mapa Geral dos Habitantes existentes na Villa de Paranaguá e seu distrito... 1830.

anos anteriores à finalização de seu trabalho – *Memória Histórica de Paranaguá e seu município (1850)* –, ele observaria que

> os paranguenses bastantemente se têm civilizado pela concorrência de diversas nações estrangeiras que entram neste porto são muito urbanos, joviais, hospitaleiros e muito caprichosos, no bom gosto e asseio de suas pessoas e habitações, onde há muitas casas também mobiliadas, como as da corte, muitos jovens se apuram na gramática... outros se têm aplicado à música e tocam flauta, violão, a rabeca... até mesmo as formosas damas paranaguenses têm realçado mais a formosura de seu belo sexo, com o costume das modas e os adornos do grande luxo europeu[31]

Finalmente arremata de forma pitoresca:

> Ah! Que espanto não causaria agora àquelas antigas senhoras que sempre estavam reclusas em suas casas, não olhavam para as ruas senão por estreitas gelosias de madeira e se saíam era só ouvir missa na igreja, rebuçadas em baetas acobertando muitas vezes uma beleza digna de admirar-se e até seus passos eram envergonhados à vista dos homens! Ainda não há 50 anos que estes costumes eram vulgares.[32]

De fato, como já se apontou, a abertura dos mercados platinos aos gêneros exportados a partir de Paranaguá (principalmente madeiras e mate) funcionou como marco divisor de águas no que diz respeito ao desenvolvimento socioeconômico desta localidade.

Assim, se confrontadas com os dados avaliados até o momento, as observações de Antonio Vieira dos Santos ganham força. É provável mesmo que a Paranaguá de 1850 fosse muito mais cosmopolita do que o era na primeira década do século XIX. Essas considerações acabaram por orientar os critérios de seleção dos censos que foram transcritos integralmente. Se o de 1801 permite captar, diante da população total, a situação dos portugueses ainda na Paranaguá das damas escondidas atrás de gelosias; o de 1830, por sua vez, possibilita que se recupere, também diante da população geral, a situação dos

---

31 SANTOS, Antonio Vieira dos. *Memória Histórica e Cronológica. Op. cit.*, p. 11.
32 *Ibidem.*

portugueses num contexto de mais cosmopolitismo, onde já se faziam sentir as transformações que trouxeram novo lustro à vida local, constando entre elas a própria emancipação brasileira.

Somando-se o total de indivíduos contabilizados em 1801 e 1830 se chega cifra de 12.117 indivíduos com a respectiva indicação de nome, idade, naturalidade e estado matrimonial.[33] Antes que se inicie a análise dos resultados cabem, porém, algumas últimas ponderações. Documentação de imensa virtualidade, como se indicou há pouco, as listas nominativas de habitantes, não raro, são também motivo de dificuldades para o pesquisador:

> a população e a economia que desfilam a cada página de uma lista passaram pelo crivo de um olhar muito direcionado, preocupado com questões demandadas desde Lisboa. E nem sempre esse homem da colônia compreendia o que se lhe solicitava. Ou, se entendia, fazia corpo mole, descuidava do trabalho a seu cargo, considerado talvez um fardo um serviço a mais... O que se pretendia exibir, e o que se desejava ocultar? Quais relações não despertavam interesse administrativo? Quais informações o colono buscava mascarar?[34]

Assim, examinar os dados provenientes dos censos coloniais é, também, conviver com a imprecisão de nomes, idades, origem, condição social, número de escravos, e até mesmo, em casos extremos, com falsificações. O fato é que, como indicou Carlos Bacellar na passagem acima, muitos funcionários, ao elaborarem as listas, faltaram com os "escrúpulos" recomendados pelo capitão-mor Manoel Antônio Pereira. Deixaram assim ao historiador o gosto da tirania do

---

33 Para que fosse organizado todo esse universo de informações, foi utilizado o *software* SPSS (*Statistical Package for the Social Sciences*). Cf. nota 26. No momento de se produzir as planilhas optou-se por separar as informações referentes a 1801 e 1830 em dois bancos específicos, para que assim ficassem preservadas as especificidades de cada ano. Cf. anexo.

34 Acerca da crítica dos maços populacionais, ver o interessante artigo: BACELLAR, Carlos de Almeida P. "Arrolando os habitantes no passado as listas nominativas sob um olhar crítico". Disponível em: <http://www.ufjf.br/locus/files/2010/02/55.pdf>. Acesso em: jan. 2011.

passado que, como ensinava Marc Bloch, não permite que se conheça nada além do que ele mesmo fornece.[35]

Contudo, mesmo com os problemas levantados, não se pretende de forma alguma descartar as listas nominativas. O que se quer, enfim, é marcar um alerta para as inevitáveis lacunas e deficiências que surgem quando se trata de reconstituir o olvido mediante documentos que possuem sua própria historicidade. Assumir os riscos inerentes às análises que aqui se pretende levar a cabo pode ser talvez a melhor forma de evitá-los. Os dados recolhidos apresentados a seguir precisam e devem ser encarados como um produto resultante da manipulação dos agentes contemporâneos à sua confecção, que chega ao presente mediado, inevitavelmente, pelo filtro do historiador. Sujeitos a imprecisões, portanto, que devem ser consideradas, contornadas ou, no limite, confessadas.

Por fim, não é demais retomar que, se os censos coloniais apresentam restrições, eles encerram, inegavelmente, uma riqueza de enorme proveito para o pesquisador. Com a devida crítica, suas variadas informações podem ser constituídas em séries, indicando tendências. Permitem, ainda, noutra perspectiva: que se identifiquem sujeitos; que a estrutura domiciliar e suas variações sejam avaliadas longitudinalmente ao longo do tempo; que processos de mobilidade, em várias esferas, sejam recobrados; que trajetórias de vida, enfim, sejam recuperadas. É assim que se busca a partir de agora responder as perguntas lançadas anteriormente acerca das condições em que os portugueses se radicaram na Vila de Nossa Senhora do Rosário de Paranaguá, tendo como referência os anos de 1801 e 1830.

Quantos eram?

Francisco Ferreira de Oliveira, Manoel Antônio da Costa, Manoel Francisco Correia, Manoel Antônio Pereira e Antonio Vieira dos Santos foram, como tantos outros, protagonistas de uma extraordinária vaga migratória que

---

35 "os exploradores do passado não são homens completamente livres. O passado é seu tirano. Proíbe-lhes de conhecer qualquer coisa a não ser o que ele mesmo fornece." BLOCH, Marc. *Apologia da História*. Rio de Janeiro: Jorge Zahar, 2002, p. 75.

deslocou dezenas de milhares de portugueses em direção ao Brasil.³⁶ É sabido que tal processo de mobilidade populacional, ocorrido ao longo de quatro séculos, acabou por vincar de forma indelével não apenas o Brasil, principal ponto de destino dos portugueses até a década de 1960, mas – em via de mão dupla– também Portugal.³⁷

Dada a vultuosidade desse fenômeno e suas inegáveis implicações, Maria Beatriz Nizza da Silva, numa das Reuniões da Sociedade Brasileira de Pesquisa Histórica, ocorrida nos idos da década de 1980, levantou seus protestos contra aquilo que considerou a "mais impressionante lacuna historiográfica" nos estudos luso-brasileiros. Ela se referia, por suposto, a uma grande carência de exames históricos acerca dos processos de êxodo português para o Brasil, acentuada, se contrastada à profusão de estudos sobre outros grupos imigrantes, tais como italianos, germânicos, eslavos e japoneses.³⁸

---

36 Conforme estimativas levantadas por Renato Venâncio, inicialmente, o número médio de portugueses que vieram anualmente para o Brasil variou de 500 a 5.000. A partir do século XVIII, esse índice alcançou a casa dos 10.000, mas, em seguida, declinou para médias próximas a 500. Já no período das grandes imigrações, foram comuns médias superiores a 15.000 imigrantes, havendo épocas, como ocorreu às vésperas da Primeira Guerra Mundial, em que essa cifra alcançou o astronômico índice de 76.000 imigrantes anuais. A última etapa desse processo, a de *declínio*, é ilustrada com dados referentes aos anos 1981-1991, quando podem ser identificadas médias novamente inferiores a 500 imigrantes por ano. Cf. VENANCIO, Renato Pinto. "Presença portuguesa: de colonizadores a imigrantes". In: Ronaldo Vainfas (org.). *Brasil: 500 anos de povoamento*. Rio de Janeiro: IBGE, 2000.

37 Cf. ARROTEIA, Jorge Carvalho. *Op. cit.*; BRETTEL, Caroline. *Op. cit.*; GODINHO, Vitorino Magalhães. *Op. cit.*; SCOTT, Ana Silvia V. *Famílias, formas de união e reprodução social no noroeste português (séculos XVII-XIX)*. Guimarães: NEPS, 1999.

38 SILVA, Maria Beatriz Nizza da. "Uma lacuna na historiografia luso-brasileira: a imigração portuguesa no Brasil". *Anais da III Reunião da Sociedade Brasileira de Pesquisa Histórica*, São Paulo, SBPH, jul. 1984, p. 11-13. Ver também: SILVA, Maria Beatriz Nizza da. *Documentos para a História da imigração portuguesa no Brasil 1850-1938*. Rio de Janeiro: Editorial Nórdica, 1992, p. XIII-XVIII. Ana Silvia V. Scott e Rosana Barbosa reiteraram a existência desta lacuna em discussões mais recentes. Rosana Barbosa localiza esta lacuna sobretudo, para o recorte compreendido entre fins do século XVIII e a primeira metade do século XIX. Cf. BARBOSA, Rosana. *Op. cit.*; SCOTT, Ana Silvia V. *As duas faces da imigração portuguesa para o Brasil: décadas de 1820 -1930*. Disponível em: <http://www.

Entretanto, a partir do ano 2000, por ocasião dos festejos acerca dos 500 anos dos "descobrimentos" portugueses, uma série de agendas, convênios e intercâmbios acadêmicos incentivou a proliferação de análises acerca da e/imigração portuguesa. Marcadas pela diversidade de recortes temporais, *corpus* documentais e respectivos aportes teórico-metodológicos, essas investigações contribuíram, sem dúvida, para uma importante diminuição da tal brecha observada na historiografia luso-brasileira.[39]

Quanto aos resultados desses estudos, constatou-se em uníssono o seguinte paradoxo: o apogeu do processo migratório não ocorreu durante o período colonial, mas pelo menos um século após a emancipação brasileira quando o número de imigrantes portugueses superou, em até três vezes, o número daqueles que chegaram às terras brasileiras enquanto estas ainda integravam os domínios lusitanos.[40] Outra questão recorrente refere-se, justamente, ao entendimento do fenômeno da e/imigração lusa como "um fluxo contínuo de natureza multissecular",[41] ou então, dito de outra forma, "uma constante estrutural".[42]

Porém, nesse último caso, o debate historiográfico não se furtou a problematizar tal acepção das migrações lusitanas. Miriam Halpern Pereira indica, por exemplo, que, se o fenômeno da transferência populacional portuguesa para o Brasil foi interpretado como uma "permanência estrutural", é porque tal interpretação "assenta num conceito muito lato da palavra emigração, a que

---

unizar.es/eueezz/cahe/volpiscott.pdf>. No que se refere a uma perspectiva local, pensando na historiografia paranaense e mesmo paulista, os estudos acerca deste grupo formador da sociedade brasileira são ainda mais raros.

39 Cf. ARRUDA, José Jobson de Andrade; FONSECA, Luis Adão da. *Brasil-Portugal: História, agenda para o milênio*. Bauru: Edusc, 2008. LESSA, Carlos (org.) *Op. cit*. MATOS, Maria Izilda; SOUZA, Fernando de; HECKER, Alexandre (org.). *Deslocamentos e história: os portugueses*. Bauru:Edusc, 2008.

40 ANDREAZZA, Maria Luiza; BOSCHILIA, Roseli (org.). *Portuguesas na Diáspora: histórias e sensibilidades*. Curitiba: Editora UFPR, 2011, p. 9. Cf. FLORENTINO, Manolo; MACHADO, Cacilda. *Op. cit*.

41 BRETTEL, Caroline. *Op. cit*.

42 Essa expressão nascida da pena de Vitorino Magalhães Godinho na década de 1970 acabou por se tornar clássica no que compete à historiografia da e/imigração portuguesa.

lhe corresponde um significado predominantemente demográfico."[43] Assim, a autora sugere em sua argumentação que, se a emigração deita raízes antigas em Portugal, ela também sofreu, ao longo dos séculos, importantes variações diacrônicas a interferir: no perfil dos e/imigrantes, nos fatores de atração/repulsão, na inserção em suas praças de destino e, finalmente, nas motivações que lançaram os portugueses ao Atlântico.[44] Caminhando nessa direção, Renato Pinto Venâncio observou que a vinda dos "homens d'além mar" em direção ao Brasil teria compreendido, em sua longa duração, quatro fases distintas, a saber: a) fase restrita (1500-1700); b) fase de transição (1701-1850); c) fase de imigração de massa (1851-1960); d) fase de declínio (1961-1991).[45]

Foi, portanto, na fase de transição que os agentes sociais aqui contemplados tomaram seu caminho cruzando o Atlântico em direção ao Brasil. A esta fase, marcada por um fluxo migratório ainda capilar, porém constante, correspondeu um perfil de imigrante que, como já foi comentado, Robert Rowland caracterizou como o "terceiro modelo de migração" e que Joel Serrão descreveu da seguinte forma:

> No seio de uma família rural minhota ou beirã, proprietária ou arrendatária de uma pequena parcela de terra, parte dos filhos machos não cabe nos acanhados limites da exploração familiar. Deitando contas à vida, os pais vendem ou hipotecam alguns de seus bens para pagar as viagens e mandam para o Brasil filhos que assim – e só assim– têm possibilidade de tentar uma vida nova. Eles partem, ou antes dos catorze anos para eximirem-se às leis do recrutamento militar, ou entre os vinte e trinta anos. Esta emigração masculina e jovem vai recomendada a parentes e desembarca no Recife, na Bahia, sobretudo no Rio de Janeiro, por onde fica, dedicando-se, predominantemente, ao "negócio", ou seja, à rede de distribuição comercial de retalho: caixeiros, pequenos comerciantes, associando-se,

---

43 PEREIRA, Mirian Halpern. *A Política portuguesa de imigração: 1850-1890*. Lisboa: A Regra do Jogo, 1981, p. 30.
44 *Ibidem*.
45 VENANCIO, Renato Pinto. *Op. cit.*, p. 61.

por vezes a patrões abastados, até mediante o casamento com as respectivas filhas.[46]

É inegável a força de plausibilidade desse modelo, sobretudo, quando se tem como referência o intervalo que vai de 1750 até 1850. Contudo, isso não impede que, mediante a análise da base empírica recolhida neste trabalho ele seja, pouco a pouco, nuançado. Afinal, se é inegável a presença massiva de portugueses nos grandes centros coloniais e, depois, provinciais, escapou a Joel Serrão que o padrão de mobilidade, tão característico dos lusitanos, não cessava nas cidades sedes dos grandes portos como Bahia, Recife e Rio de Janeiro. Para muitos o Rio de Janeiro sempre esteve muito mais para ponto de passagem do que para polo de fixação. Outro fator de nuance à descrição de Joel Serrão, que será aprofundado adiante, se refere ao fato de que não só de futuros comerciantes retalhistas ou de grosso trato compunha-se o grupo de portugueses em diáspora.

Deixando-se, por ora, essa questão de lado, o fato é que, tendo como referência a capitania de São Paulo na virada do século XVIII para o XIX, vilas portuárias ou então relacionadas a grandes rotas comerciais sempre contabilizaram a maior taxa de incidência lusitana entre os grupos autóctones. Assim, mesmo que nem todos portugueses fossem devotados às práticas comerciais parece inegável que a mercancia exerça o seu magnetismo perante este grupo. E, nessa direção, não seria exagerado dizer: onde havia comércio (de grande, médio e até pequeno porte) havia portugueses.

Como se procurou demonstrar antes, em Paranaguá havia comércio e, portanto, portugueses: cerca de 55 em 1801, tendo esse número aumentado para 90 em 1830. Esse dado, naturalmente, ganha parâmetro quando cotejado com o restante da população. Em 1801 a população total de Paranaguá somava cerca de 5.467 almas, de maneira que o contingente lusitano não superou a 1% do total. Em 1830 a população de Paranaguá já correspondia a 6.650 indivíduos. O efetivo português equivalia a 1,3% do montante total. Sem dúvida, em outros contextos o impacto quantitativo da presença lusitana diante da globalidade da população foi muito maior.

Recortando o período da migração de massa, Herbert Klein levantou que, no Rio de Janeiro de 1890, os 124.000 portugueses ali residentes

---

46 SERRÃO, Joel. *Op. cit.*, p. 81.

correspondiam a 24% da população da cidade. Focalizando agora a cidade de São Paulo, no ano de 1920, o mesmo autor levantou que os 65.000 portugueses que para ali migraram perfaziam 11% da população.[47] Números que prefiguram uma distância abissal dos percentuais calculados para a Paranaguá do primeiro quartel do século XIX, e que mantém uma coerência com as próprias diferenças de fluxos migratórios quando se compara a fase de transição e a fase de imigração de massa. De outro lado, um fator de continuidade entre essas duas fases da diáspora lusitana, é de que o setor comercial citadino seguia exercendo forte atração ao "mais urbano dos grupos de novos imigrantes (italianos, germânicos, que chegam ao Brasil após 1850)".[48] Se o Rio de Janeiro e São Paulo já se destacavam em fins do século XIX como polos "urbano-comerciais" consistindo em sítios, por excelência, de concentração lusitana, o mesmo não ocorreu com o Paraná nesta mesma época. Ao que tudo indica, esse destino não era muito conhecido dos portugueses que se colocaram a caminho, após 1850, no período das *migrações de massa*.[49]

Nesta localidade, onde os processos de urbanização deram-se de forma mais lenta, os portugueses estiveram sempre em menor número do que os demais grupos imigrantes e não chegaram perto dos quantitativos descritos acima. Em 1872, por exemplo, os 534 portugueses contabilizados chegavam à ínfima proporção de 0,42% do total da população (estimada em 126.722 habitantes). Em 1900 a proporção de portugueses diminui mais ainda, atingindo 0,15% com 504 portugueses diante de 327.136 habitantes.[50] Na fase da migração de

---

47 KLEIN, Herbert. "A integração social e econômica dos imigrantes portugueses no Brasil dos finais do século XIX e no século XX". *Análise Social*, Lisboa, vol. 28, 1993, p. 235-265, p. 244.

48 *Ibidem*.

49 Como indicativo dessa situação, Celina Fiamoncini observa que em fins do século XIX apenas 52 portugueses teriam se dirigido diretamente ao porto de Paranaguá. A grande maioria, segundo a autora (re)imigrava do Rio ou de São Paulo em direção ao Paraná. FIAMONCINI, Celina. *Em defesa da saúde e do amparo: imigrantes portugueses em Curitiba (1898-1930)*. Dissertação (mestrado) – UFPR, Curitiba, 2011, p. 65.

50 Essas estimativas foram realizadas a partir de dados coligidos por: ANDREAZZA, Maria Luiza; TRINDADE, Etelvina. *Cultura e Educação no Paraná*. Seed: Curitiba, 2001, p. 71 (dados referentes aos totais da população no Paraná). BALHANA, Altiva P.; WESTPHALEN, Cecília M. *Portugueses no Paraná*. In: SZESZ, Christiane Marques.

massa, a incidência lusitana no Paraná teria, portanto, aumentado em números absolutos. Todavia, mesmo que se disponha apenas do exemplo de Paranaguá, não é de todo descabido inferir que proporcionalmente a presença deste grupo foi mais saliente, ainda na fase de transição, quando, aliás, o grupo dos portugueses era hegemônico entre os estrangeiros.[51]

Hegemônica também era a presença masculina entre os portugueses registrados em Paranaguá. Cerca de 53 homens para duas mulheres em 1801 e 85 homens para cinco mulheres em 1830.[52] Dado que não contrasta daquilo que foi observado para outras vilas da capitania de São Paulo onde, conforme notou Carlos Bacellar, a presença da mulher portuguesa também foi sempre esporádica e rarefeita.[53] Na realidade, a e/imigração conjugada no masculino consiste numa característica geral dos processos de diáspora lusitana para o Brasil que persiste até o século XX, quando se torna um pouco mais frequente o ingresso de mulheres, em geral, acompanhando seus maridos.[54]

---

et al. Cultura e Poder: Portugal-Brasil no século XX. Curitiba: Juruá, 2006, p. 31 (dados referentes a imigração lusitana a partir de 1872).

51 Em 1801 foram registrados apenas dois europeus não portugueses: um alemão e, outro, espanhol. Em 1830 o número de estrangeiros não portugueses aumenta para sete (dois ingleses, dois alemães, um uruguaio, um chileno, um espanhol) diante dos 90 lusitanos. Descontaram-se do cômputo os cativos africanos.

52 Arquivo Público do Estado de São Paulo. *Listas Nominativas de Habitantes da Vila de N. Sra. do Rosário de Paranaguá. 1801-1830.*

53 BACELLAR, Carlos de Almeida Prado. *Op. cit.* Esse caráter episódico da presença da mulher não inibiu, contudo, prolíficas análises que têm buscado resgatar o papel feminino no contexto da diáspora lusitana. Cf. ANDREAZZA, Maria Luiza; BOSCHILIA, Roseli (org.). *Portuguesas na Diáspora: histórias e sensibilidades.* Curitiba: Editora UFPR, 2011.

54 É grande e variada a literatura luso-brasileira que enfoca esta que foi uma das principais características do movimento migratório português para o Brasil. Cf. BRETTEL, Caroline. *Op.cit,* 2001; SERRÃO, Joel. *Op. cit.*; No Brasil, ver: KLEIN, Herbert; SCOTT, Ana Silvia V.; BORREGO, Maria Aparecida Menezes, e outros. Quanto à imigração feminina, como foi dito acima, começam a surgir alguns estudos. Focando o período final da fase de transição, os estudos são mais escassos. Concedendo algumas linhas ao ingresso de portuguesas no Pará, o trabalho de BARROSO, Daniel Souza; JUNIOR, Antônio Otaviano Vieira. *Op. cit.,* p. 205-207, é um raro exemplo nesta direção.

Tendo em vista este quadro de predominância de homens imigrantes no grupo lusitano, pareceu coerente desdobrar as análises cotejando o impacto da presença lusa diante do efetivo de: homens livres de 17 a 90 anos (1801) e 14 a 90 anos (1830) radicados em Paranaguá. Naturalmente, se definiu o recorte etário tendo-se como referência a idade do adventício mais jovem e, como limite, a idade daquele mais velho.

A partir daí o impacto luso pareceu mais substancioso: em 1801 havia, dentro do perfil apontado, cerca de 716 homens locais para 53 portugueses que prefiguravam 7,5% deste total. Em 1830 têm-se 88 portugueses para 654 homens equivalendo a 13,5%. São percentuais ainda baixos. Todavia, ganham um significado maior, sobretudo, ao se perspectivar que nessa faixa se definiam posições (no mercado matrimonial; na ocupação de cargos públicos; na posse de terras...) que tanto influenciavam, em melhores ou piores condições, a inserção dos sujeitos na sociedade circundante.

Pensando ainda na situação numérica dos portugueses diante da população, foi interessante notar o seu crescimento, ao longo do recorte temporal aqui enfocado. Enquanto a população autóctone aumentou em 21,6%, entre 1801 e 1830, o número de portugueses radicados em Paranaguá aumentou em 80%. É lógico que a população nativa cresce por motivações distintas daquelas que interferiram no recrudescimento da convergência lusa. Mesmo assim, parece inegável que o ingresso de portugueses teve maior dinamismo do que o crescimento da população local. Outrossim, é interessante notar o quanto coincidem o aumento da entrada de portugueses e os processos de complexificação sócio comercial de Paranaguá, que foram comentados anteriormente.

Também é interessante constatar que o aumento da presença portuguesa em Paranaguá coincide com o período em que se inicia um processo de crescente animosidade aos reinóis, notado em diversas áreas do Brasil. O processo emancipatório ainda recente, a represália a este encabeçada por guarnições lusitanas estabelecidas em algumas províncias, o fantasma da recolonização, o incômodo em relação ao domínio da comunidade lusa no comércio e varejo citadino e a disputa por cargos oficiais teriam sido fatores a motivar sentimentos lusófobos nesse período.[55]

---

55 Tais fatores foram elencados inicialmente por Caio Prado Júnior e, embora nuançados, não chegaram a ser negados depois. PRADO JR, Caio. *Evolução política do*

Na Bahia estudada por Kátia Queiroz de Mattoso, após a Independência, "muitos portugueses voltaram ao seu país para fugir das hostilidades dos brasileiros não tendo nunca mais voltado a se integrar na vida social e econômica da região".[56] Como acrescenta Jorge Fernandes Alves, nesse mesmo contexto, muitos portugueses retornados às pressas, deixavam para trás as dívidas das quais eram credores, ou, muitas vezes inutilmente, tentavam cobrá-las de longe através de meios judiciais que se revelavam morosos, ineficazes e erosivos.[57]

Numa noite de março de 1831, pedras e garrafas foram lançadas hostilizando Dom Pedro I e seus conterrâneos tumultuando-se assim a sede da corte.[58] No Mato Grosso, pouco depois da abdicação, as animosidades chegariam ao paroxismo no famoso levante cuiabano quando, em 1834, ao som dos berros "mata-bicudos", foram mortos de 100 a 400 portugueses. Como se sabe, sentimentos lusófobos aliados ao desprezo pelos comerciantes tendem a crescer ao longo do século XIX como parte do contexto de inúmeras sedições que irrompem nesse período.[59]

Gladys Sabina Ribeiro, que se debruçou mais detidamente sobre a lusofobia, lembrou, contudo, que essas animosidades não se resumiam na chave de

---

Brasil: colônia e Império. 18ª ed. São Paulo: Brasiliense, 1999. Ver principalmente "A Revolução". Jorge Fernandes Alves, por exemplo, navega nesta mesma direção acrescentando que a Guerra dos Mascates será apenas um primeiro episódio de rivalidades que assomam, muito especialmente, em momentos de crise política e/ou econômica. Rivalidades que se agudizam na fase pós-independência quando o comerciante reinol é sempre um alvo a se abater. ALVES, Jorge Fernandes. *Os Brasileiros: emigração e retorno no Porto oitocentista*. Gráficos Reunidos: Porto, 1995, p. 47.

56 MATTOSO, Kátia Queiroz de. *Bahia século XIX uma província no Império*. Rio de Janeiro: Nova Fronteira, 1992, p. 183.
57 ALVES, Jorge Fernandes. *Op. cit.*, 1995.
58 RIBEIRO, Gladys Sabina. "Pés-de-chumbo" e "Garrafeiros": conflitos e tensões nas ruas do Rio de Janeiro no Primeiro Reinado (1822-1831). *Revista Brasileira de História*. São Paulo, Anpuh, Marco Zero, vol. 12, n. 23/24, set. 91/ ago. 92.
59 Para uma abordagem mais detida destes acontecimentos ver: MENDES, José Sachetta Ramos. *Laços de Sangue: privilégios e intolerância à emigração portuguesa no Brasil (1822-1945)*. Porto: Fronteira do Caos/Cepese, 2010, p. 105. Para um pequeno resumo: BESSONE, Tânia. "Lusofobia". In: VAINFAS, Ronaldo (org.). *Dicionário do Brasil Imperial (1822 -1889)*. Rio de Janeiro: Objetiva, 2008, p.500-501.

um sentimento "nativista" que impingia brasileiros contra portugueses.⁶⁰ Na realidade, como a historiografia tem indicado, neste contexto, a noção de pertença era vaga. Relacionava-se muito mais a uma conotação regionalista do que a uma ideia de "consciência nacional".⁶¹ O "ser português" e "ser brasileiro" constituíam-se em construções político-culturais, que extrapolavam o local de nascimento e cujo sentido poderia até variar de uma província para outra.⁶² Nessa direção, mesmo que ocorressem um pouco por toda parte, as manifestações lusófobas variavam em intensidade e motivações.⁶³ No caso da província de São Paulo, não teria havido maiores perseguições aos portugueses comerciantes. Fato que não impedia um certo clima de insegurança neste setor.⁶⁴

Com efeito, alguns indícios de tensões antilusitanas transparecem das reminiscências particulares legadas por Antonio Vieira dos Santos. Dizia ele, por exemplo, ter sido avisado, em fins de 1823, de uma conspiração projetada em

---

60 RIBEIRO, Gladys Sabina. *A liberdade em construção: identidade nacional e conflitos antilusitanos no Primeiro Reinado*. Rio de Janeiro: Relume Dumará/FAPERJ, 2002.
61 JANCSÓ, István; PIMENTA, João Paulo G. "Peças de um mosaico (ou apontamentos para o estudo da emergência da identidade nacional brasileira)". In: MOTA, Carlos Guilherme (org.). *Viagem incompleta: a experiência brasileira (1500-2000)*. São Paulo: Senac, 2000, p. 129-173, p.140.
62 Além disso, quando se tomam as elites como referência, o passado colonial brasileiro não contribuíra no sentido de estabelecer de forma incontornável diferenças entre "brasileiros" e "portugueses". Como indica Nuno Monteiro: "não obstante todos os esforços de uma velha tradição historiográfica brasileira para erigir a inconfidência mineira ou a conspiração baiana em prenúncios de uma consciência nacional, para a quase totalidade dos contemporâneos residentes na América portuguesa não existia uma fratura geral, suscetível de ser alargada a todas as capitanias, entre as elites dominantes nascidas no reino e as que tinham nascido localmente. Em sínteses, não existiu por volta de 1808 a percepção generalizada de uma fratura entre 'crioulos' e 'peninsulares', como acontecia na América espanhola. Esses termos nem sequer tinham um equivalente indiscutível no vocabulário português da época. As oposições que se poderiam assemelhar ('mascates'/'mazombos', 'reinóis', 'brasileiros' ou 'brasílicos') tinham então uma escassa difusão." MONTEIRO, Nuno Gonçalo. *A circulação das elites no Império dos Bragança (1640-1808)*: algumas notas. Disponível em: <http://www.scielo.br/pdf/tem/v14n27/a05v14275.pdf>. Acesso em: jan. 2011.
63 RIBEIRO, Gladys Sabina. *Op. cit.*
64 ARAÚJO, Maria Lúcia Viveiros. *Op. cit.*, p. 31.

Paranaguá para executar-se contra os "europeus".⁶⁵ Noutra passagem, registra o tom injurioso utilizado por alguns parnanguaras anônimos para se referirem a ele: "ali vai o galego... cuidavas que ia achar sacos de dinheiro".⁶⁶

Contudo, a se levar em conta os relatos memorialísticos para o período posterior, bem como a própria documentação consultada até o momento, a oposição aos portugueses em Paranaguá não teve maiores desdobramentos. Em 1833, já no período regencial, o português Manoel Antônio Pereira, que fora o último capitão-mor de Paranaguá à época do regime de ordenanças, seguia respondendo pelo cargo mais alto da burocracia local tendo sido nomeado prefeito da vila. O que não deixa de ser coerente com aquilo que Gladys Sabina Ribeiro chamou de "postura ambivalente" das autoridades regenciais em relação aos portugueses. Como apontou a autora, apesar do discurso lusófobo, notado ao longo do período regencial, seguia-se nomeando e, até preferindo, imigrantes

---

65 "Quarta feira 10 soube da Conspiração que estava projetada em Paranaguá para executar-se contra os Europeus e da fermentação que houve nos dias 2 e 3 de Dezembro por efeito de uma iluminação pela dissolução da Assembleia". SANTOS, Antonio Vieira dos. *Breve resumo da memórias...* fl.26. Muito provavelmente Antonio Vieira dos Santos alude nesta passagem à dissolução da Assembleia Constituinte de 1823, quando na chamada "Noite da Agonia" Dom Pedro I usou a força militar para dissolver a reunião, seguindo-se a isso a prisão e banimento de políticos brasileiros alimentando-se assim os sentimentos lusófobos.

66 A acepção ofensiva da passagem é dada pela utilização do adjetivo "galego". Palavra esta que era utilizada pelos portugueses para se referirem aos espanhóis provenientes da Galiza. Região rural, pobre, fronteiriça ao norte português. A Galiza, até idos do século XX, foi um importante polo de emigração em direção a Portugal. Incentivados pela própria afinidade linguística e proximidade geográfica, os galegos cruzavam a fronteira dedicando-se, sobretudo, aos trabalhos mais pesados e humildes. Assim o era no Porto e em Lisboa. Ainda nas cidades, não eram poucos os que ganhavam a vida como aguadeiros, cabendo-lhes, por inerência, o combate aos incêndios. Daí passavam a ser associados como gente que lucra com infortúnios. Outros tantos, permanecendo nos campos, prestavam serviços sazonais nas lavouras portuguesas. Eram discriminados pela rudeza de seus modos, fala e vestimenta. E assim o termo em questão ganharia, em Portugal, uma conotação bastante pejorativa. Quando um português era chamado de galego no Brasil, tratava-se, portanto, de dupla injúria: se negava-lhe a real identidade étnica mediante a aplicação de um adjetivo que devia aos próprios portugueses sua carga preconceituosa e depreciativa.

portugueses nas lideranças das guardas nacionais que tinham, efetivamente, a força de polícia e respondiam pela segurança militar naquela época.[67]

Outro indicativo em relação à situação dos portugueses em Paranaguá é o fato de que, no Mapa de População produzido em 1830, a grande maioria não chegou a ser incluída no rol dos estrangeiros. O que se explica, talvez, pela carta de Lei de 25 de março de 1824, que em seu artigo 6º reconhecia como brasileiros todos os lusitanos que já moravam no país à época da Independência.[68]

Se em algumas províncias ocorreram assassinatos, pilhagens, ocasionando mesmo a fuga de portugueses, em Paranaguá, tudo leva a crer, portanto, que o ambiente seguia convidativo para a inserção deste grupo. Se, como já foi indicado, não era difícil encontrar reinóis entre a elite parnanguara, de fins do século XVIII e inícios do XIX, os "abastados", os "acreditados", os "importantes capitalistas"[69] do final do oitocentos ainda eram portugueses ou, no limite, a sua segunda geração.[70] Dado que remete a uma outra questão, que gradualmente será delineada ao longo do texto: mesmo que o impacto numérico do efetivo português, diante da

---

67 RIBEIRO, Gladys Sabina. *Op. cit.,* p. 151-152. A mescla paradoxal de favorecimento e lusofobia, privilégios e intolerância ocorrida no Brasil a partir de 1822 foi também foco das análises de José Sachetta. Para ele tal ambivalência foi tributária do processo político que levou à emancipação do país e da peculiaridade que lhe foi inerente: uma ruptura assumida com Portugal liderada, entretanto, por um príncipe lusitano. A década de 1820 quando, compreensivamente, se faz notar a exacerbação dos sentimentos antilusitanos é, também, aquela que vê nascerem as primeiras normas de favorecimento ao ex-colonizador. MENDES, José Sachetta Ramos. *Op. cit.*

68 "todos os nascidos em Portugal e suas possessões que, sendo já residentes no Brasil na época em que se proclamou a Independência, nas províncias onde habitavam aderiram a esta expressa ou tacitamente, pela continuação da residência".Constituição Política do Império do Brazil (De 25 de março de 1824). Disponível em: <http://www.planalto.gov.br/ccivil_03/Constituicao/Constitui%C3%A7ao24.htm>. Acesso em: dez. 2012.

69 Antônio de Morais Silva definia capitalista como: "a pessoa que tem grandes cabedais e dinheiros para suas negociações e meneio". SILVA, Antonio de Morais. *Op. cit.* Em Paranaguá essa terminologia ocorre com mais frequência à medida que avança o século XIX. A acepção com que é utilizada é a mesma de Morais Silva definindo aqueles indivíduos que reuniam condições para emprestar dinheiro a juro.

70 Essa última afirmação é sustentada por Cecília Westphalen e Altiva Pilati Balhana mediante a análise das famílias mais proeminentes constantes da "Genealogia Paranaense de Francisco Negrão". Cf. BALHANA, Altiva P.; WESTPHALEN, Cecília M. *Op. cit.,* p. 34.

população local, fosse um tanto reduzido, a presença lusa em Paranaguá não deve ser minimizada ou menosprezada. Era neste grupo que estavam alguns dos indivíduos mais influentes na localidade do ponto de vista político, social e econômico.

De onde vinham? Por que vinham?

> Quando se olha para o mapa da Península Hispânica e se observa como ela está dividida quase matematicamente ao meio, de Leste para Oeste, pela ossatura central de montanhas que, tomando vários nomes, vêm acabar na costa atlântica com o nome de Sintra; quando se vê que a esta constituição orográfica responde uma constituição geológica inteiramente diversa ao Norte e ao Sul da divisória central das serras quando se nota como, em consequência destas causas, ao Norte e ao Sul, esclaravrado e nu, o ar é seco, e a irrigação natural deficiente compreende-se para logo a desigualdade relativa na distribuição da população humana e as diferenças no regime de propriedade de terra. Ao Norte, a gente aglomera-se, a propriedade fragmenta-se a cultura atinge por vezes um caráter positivamente hortícula, ao Sul a população rareia, as propriedades são extensos domínios, e a cultura vem perdendo de intensidade até ao ponto em que as lavras intervaladas, ou pousios alternam com a charneca ou estepe virgem de arado.[71]

Nem todos os indivíduos foco desta pesquisa deixaram relatos pormenorizados acerca de suas origens. De Antonio Vieira dos Santos já se sabe que o mesmo havia sido batizado na freguesia de São Salvador de Fanzeres, comarca de Penafiel, bispado do Porto.[72] Manoel Francisco Correia, provinha da freguesia de São Pedro de Cesar, também, localizada no bispado do Porto.[73] Quanto a Manoel Antonio

---

71 OLIVIERA MARTINS, Joaquim Pedro de. *Fomento Rural e Emigração*. 3 ed. Lisboa: Guimarães Editores, 1994, p. 166.
72 SANTOS, Antonio Vieira. *Op. cit.*, fl.61.
73 Arquivo Metropolitano Dom Leopoldo e Silva, da Mitra Arquidiocesana de São Paulo. Processos Gerais Antigos – Séries Dispensas e Processos Matrimoniais. Manoel Francisco Correia. PGA 07-02-02, 1799. Esta informação também é mencionada no

Pereira, sabe-se que ele era originário da freguesia de Santa Maria do arcebispado de Braga.[74] Os irmãos Francisco e João Ferreira de Oliveira eram naturais das ilhas atlânticas, mais especificamente, da freguesia de São Roque, Ilha do Pico.[75]

Todavia, quando se tomam apenas as listas nominativas como referência, nem sempre é possível recuperar com tal precisão as origens dos portugueses que se radicaram em Paranaguá. Quando buscou esses indicadores para a capitania de São Paulo, Carlos Bacellar, por exemplo, se debateu um pouco com as lacunas desta documentação com respeito às naturalidades.[76] Indica-se na fonte que o indivíduo é proveniente de Portugal. Quando muito, a jurisdição eclesiástica da qual ele provém. Porém, essa última, por sua vez, é territorialmente bem mais ampla que a civil. Há, contudo, outro problema que acaba gerando distorções ainda mais graves. Por vezes, fica-se com a suspeita de que o local anotado pelo recenseador como sendo o de naturalidade do indivíduo não corresponde à sua cidade natal mas, meramente, ao seu local do embarque. Assim, muitos indivíduos provenientes do norte e noroeste que, como era comum, permaneciam um período em Lisboa antes de partir para o Brasil, podem ter sido arrolados como lisboetas.[77]

---

testamento de Manoel Francisco Correia. Museu da Justiça. Testamento e Inventário de Manoel Francisco Correia, 1866.

74 Arquivo Metropolitano Dom Leopoldo e Silva, da Mitra Arquidiocesana de São Paulo. Processos Gerais Antigos – Séries Dispensas e Processos Matrimoniais. José Ferreira Guimarães. PGA 07-02-01, 1799. Neste processo Manoel Antonio Pereira serve de testemunha revelando assim suas origens.

75 Arquivo Metropolitano Dom Leopoldo e Silva, da Mitra Arquidiocesana de São Paulo. Processos Gerais Antigos – Séries Dispensas e Processos Matrimoniais. João Ferreira de Oliveira, PGA-06-07-04, 1783; Francisco Ferreira de Oliveira. PGA-06-07-04, 1789.

76 BACELLAR, Carlos de Almeida Prado. *Op. cit.*, p. 3.

77 Em sua tese sobre os homens de negócio da Praça de Lisboa entre 1755 e 1822, Jorge Pedreira indica um importante movimento de comerciantes minhotos que se estabeleciam em Lisboa e faziam viagens ao Brasil. Em outra documentação aqui avaliada – as dispensas matrimoniais – foi possível levantar vários relatos de imigrantes nortistas que antes de se transferirem para o Brasil haviam passado um tempo em Lisboa. PEDREIRA, Jorge Miguel Viana. *Os homens de negócio da Praça de Lisboa de Pombal ao Vintismo (1755-1822). Diferenciação, reprodução e identificação de um grupo social.* Tese (doutorado) – Universidade Nova de Lisboa, Faculdade de Ciências Sociais e Humanas, Lisboa, 1995, p. 193-221.

Sem que se perdesse de vista essas limitações e, buscando-se manter a atenção para eventuais distorções, procurou-se recuperar as origens indicadas nas listas nominativas do contingente reinól estabelecido em Paranaguá nos anos de 1801 e 1830. Os resultados foram os seguintes:

Tabela VII: Indicações de Proveniênca de portugueses radicados na Vila de Nossa Senhora do Rosário de Paranaguá anos 1801 e 1830

Naturalidade (1801)	% entre reinóis	Números absolutos	Naturalidade (1830)	% entre reinóis	Números absolutos
Açores	24,52	13			
Beja	1,89	1	Porto	34,09	30
Benavila	1,89	1	Lisboa	32,95	29
Aveiro	1,89	1	Açores	7,95	7
Braga/Vila Real	1,89	1	Braga	6,82	6
Porto	16,98	9	Portugal *	5,68	5
Barcelos	1,89	1	Guimarães	4,54	4
Coimbra	3,77	2	Viana	3,41	3
Braga	20,74	11	Aveiro	2,28	2
Guimarães	3,77	2	Viseu	1,14	1
Braga/Amarante	1,89	1	Algarve	1,14	1
Lisboa	7,55	4			
Vila do Conde	3,77	2			
Madeira	1,89	1			
Melres	1,89	1			
Portugal *	1,89	1			
Viana	1,89	1			
Total	100	53	Total	100	88

Fonte: Arquivo público do Estado de São Paulo. *Listas Nominativas de Habitantes da Vila de N. Sra. do Rosário de Paranaguá* 1801 e 1830.

Portugal*: trata-se de uma indicação genérica transcrita *ipsis litteris* da lista nominativa.

Porto, Melres, Braga, Guimarães, Barcelos, Vila do Conde e Benavila são regiões localizadas todas ao norte de Lisboa e forneceram juntas cerca de

54,7% dos portugueses radicados em Paranaguá. Em 1830 o quadro não é diferente. Quase a metade dos imigrantes portugueses teve o norte como área de proveniência. Se bem que em 1830 é importante a menção àqueles que foram registrados como naturais de Lisboa correspondendo a 32,95% das origens. Contudo, conforme já foi apontado, não é impossível que os indivíduos que se declaravam lisboetas ao censor estivessem fazendo referência não ao seu lugar de nascimento, mas, tão-somente, à última escala que fizeram antes de lançarem-se ao Brasil. Dessa maneira, a incidência de indivíduos lisboetas pode estar sobrevalorizada.

Por isso mesmo, buscando corrigir determinadas distorções, foi possível confrontar os indicadores presentes nas listas nominativas com aqueles provenientes de outra coleção documental: as Dispensas e Processos Matrimoniais. Nesta fonte, por motivos que serão esclarecidos adiante, a preocupação com o registro da origem dos indivíduos tendia a ser mais candente. A figura a seguir indica as principais áreas de origem de portugueses (cerca de 50) que buscaram a habilitação para o casamento nas décadas finais do século XVIII.

Figura I: Regiões de origem dos justificantes portugueses arrolados nos Processos Matrimoniais, 1780-1800

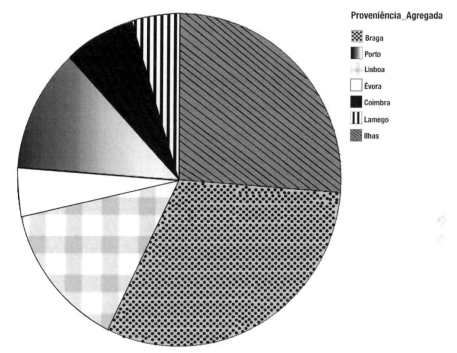

Fonte: AMDLS. Processos Gerais Antigos. Caixas: 05-04-04 até 07-02-01. 1780-1800.

A visualização desses dados em confronto com aqueles provenientes das Listas Nominativas sugere uma tendência. Assim como ocorreu na tabela VII, o setentrião (com 46.5% das ocorrências somados Braga, Porto e Lamego) predominou como principal área emissora. Lisboa segue aparecendo, porém, em proporções menores do que ocorreu com os Açores (25,5%), que também se destacaram na tabela VII, como importante área emissora de lusos.

Os resultados demonstrados até o momento não contrastam do que foi observado pela historiografia da e/imigração portuguesa. Veja-se o relato de Joel Serrão destacado anteriormente.[78] Desde o século XVI até finais do século XIX, uma ampla gama de estudos tem constatado que o português que se deslocava para o Brasil era, na maioria dos casos, proveniente da região do Entre Douro e Minho, que, por sua vez, abrangiam Braga, Porto, Aveiro e outras áreas do

---

78 Cf. página 117.

noroeste português. Os resultados não contrastam, também, daquilo que foi observado por Carlos Bacellar para a capitania de São Paulo como um todo, onde Braga e Porto, seguidos pelos Açores e, depois, Lisboa contabilizaram os maiores percentuais de imigrantes portugueses.[79]

A historiografia não apresenta grandes variações para explicar as motivações que teriam provocado os grandes êxodos a partir das regiões há pouco mencionadas. No Minho predominava um sistema de produção em que o acesso a exploração e à propriedade da terra era rigorosa e extensivamente limitado. Os camponeses proprietários detinham minúsculas porções de terras, muitas vezes dispostas em terreno pedregoso, de difícil aproveitamento. Àqueles que eram despossuídos restava à exploração de pequenas porções de terras alheias na condição de meeiros. Aliado a isso, ocorria na região um forte crescimento populacional gerando uma intensa pressão demográfica.[80] Tal como disse Joel Serrão, parte dos filhos machos não cabia mais nos acanhados limites da exploração familiar. Também era restrito o acesso ao mercado matrimonial, tendo em vista os altos níveis de celibato definitivo feminino e casamento tardio. Por conseguinte, aos que ficavam excluídos da sucessão hereditária, e/ou do acesso ao casamento, restava a carreira eclesiástica, a saída temporária para Castela, Lisboa ou Alentejo ou, finalmente, a emigração para o Brasil.[81]

Como explica Maria Marta Lobo de Araújo, "a possibilidade de beneficiar um herdeiro em desfavor de outros fizeram com que muitos homens e as próprias famílias perspectivassem o Brasil como ancoradouro dos que não participavam na sucessão".[82] Caminhando nesta mesma direção e dando um passo além, Jorge Pedreira observou que:

---

79 Braga (201 casos, 20,1%); Porto (182 casos, 18,2%); Açores (174 casos, 17, 4%); Lisboa (142 casos, 17,4%). BACELLAR, Carlos de Almeida Prado. *Op. cit.*, p. 4

80 BRETTEL, Caroline. *Op. cit.*

81 SÁ, Isabel do Guimarães. *Misericórdias, portugueses no Brasil e brasileiros.* Disponível em: <http://repositorium.sdum.uminho.pt/bitstream/1822/4341/1/miseric%C3%B3rdias.pdf>. Acesso em: fev. 2012.

82 ARAÚJO, Maria Marta Lobo de. "Balanços de Vidas, medo da morte e esperança na salvação: os testamentos dos emigrantes portugueses para o Brasil (séculos XVII e XVIII)". *Cadernos de História*, Belo Horizonte, vol. 8, n. 9, p. 29-48, 1º semestre, 2006, p. 31.

a preferência entre herdeiros, ao afastar da herança vários elementos em cada geração, conferia um âmbito intergeracional às redes sociais e familiares que permitiam a colocação, em Lisboa ou no Brasil, dos minhotos que procuravam na viagem um caminho para a prosperidade.[83]

Dado que remete a outra questão: migrar nem sempre era uma atitude tomada a esmo num projeto única e exclusivamente individual. Muitas vezes as famílias se faziam presentes preparando, inclusive, seus filhos para o advento da emigração. Henrique Rodrigues observou que em Viana do Castelo a saída de analfabetos era rara até 1850, e nula entre 1836 e 1847. Admitindo-se que 76% dos emigrantes eram alfabetizados, essa cifra supera em uma ou até três vezes as médias gerais de alfabetização portuguesa para o mesmo período.[84] É justamente essa alta frequência de alfabetizados um indicativo dos planejamentos que antecediam a decisão de "se por a caminho". Ao se mobilizarem para prover o acesso às primeiras letras para seus filhos emigrantes, as famílias acabavam por municiá-los de uma habilidade útil na prática mercantil, ao mesmo tempo rara, e, por isso mesmo, bastante valorizada nas terras d'além-mar "repletas de analfabetos".[85]

Era comum também que boa parte dos imigrantes fosse dar na companhia de um parente, ou conhecido já estabelecido há mais tempo no Brasil: exemplos nesse sentido não faltam nesse trabalho. Aí se ressalta a característica "intergeracional" comentada por Jorge Pedreira. De fato, o êxodo de minhotos, beirães e demais nortistas... "tornou-se um assunto que dizia respeito, sobretudo, a tios e sobrinhos (muitas vezes os filhos excluídos do irmão herdeiro da casa), numa cadeia que privilegiava claramente as competências de literacia, elementares no caso do pequeno comércio".[86]

Ainda com referência aos processos de diáspora lusitana em direção ao Brasil, na fase de transição, o Arquipélago dos Açores constitui-se numa

---

83 PEDREIRA, Jorge. "Brasil Fronteira de Portugal: negócio, emigração e mobilidade social (séculos XVII-XVIII)". In: ALVES, Jorge Fernandes. *Op. cit.,* 1995, p. 67.
84 RODRIGUES, Henrique. *Op. cit.*
85 Ver: NIZZA DA SILVA, Maria Beatriz. *Vida privada e quotidiano no Brasil na época de D. Maria e D. João V.* Lisboa: Editorial estampa, 1993.
86 SÁ, Isabel do Guimarães. *Op. cit.,* p.123. Ver também: BORREGO, Maria Aparecida de Menezes. *Op. cit.,* p. 40.

grande área de evasão de portugueses, notadamente para os limites meridionais do Brasil. Como já foi dito, as ilhas atlânticas correspondiam ao terceiro maior polo emissor de portugueses para a capitania de São Paulo e, também, Paranaguá.[87] Todavia, a transferência de ilhéus conheceu algumas variações que tendem a torná-la específica em relação à migração dos oriundos do norte e noroeste e que aqui devem ser lembradas.

Se é verdade que grande parte do contingente migratório luso, em direção ao Brasil, fazia de sua viagem um empreendimento livre de solicitações oficiais e, por vezes, até mesmo à revelia destas,[88] a transferência de uma boa quantidade de açorianos, para os extremos meridionais do Brasil, se deu mediante incentivos estatais.

Foi assim que, ao menos pelo lado português, iniciou-se em 1720, o povoamento do Continente do Rio Grande de São Pedro, quando chegavam por ali os primeiros casais açorianos recrutados pela Coroa. Contudo tal processo teria tomado mesmo força a partir de 1753 quando os "Casais de Sua Majestade" foram escalados para a ocupação das missões jesuíticas que, conforme o Tratado de Madrid, seriam de posse lusa.[89] Santa Catarina receberia também no século XVIII as primeiras famílias de ilhéus convocadas oficialmente para a sua povoação; em 1763 casais dos Açores foram remetidos para

---

87 Vide nota anterior acerca das principais áreas de evasão reinóis para a capitania de São Paulo.

88 A historiografia vem demonstrando que não foram raras as tentativas da burocracia lusa em "pôr cobro à corrida para o Brasil". Até meados do século XVIII, por exemplo, diante de um "esboço de fuga maciça" para a colônia pode ser detectada a existência de pelo menos dez textos legais que procuram criar embaraços à emigração. Nos séculos XIX e XX, a burocracia de controle ao processo emigratório, assim como o temor do despovoamento, continuará sendo uma constante nos diferentes *corpus* jurídicos bem como em correspondências consulares. A esse respeito ver: BRETTEL, C. (a) *Op. cit.*, p. 93. PEREIRA, Miriam Halpern. *Op. cit.,* p.15 PEREIRA, Maria da Conceição Meireles. "Legislação sobre emigração para o Brasil na Monarquia Constitucional". In: MATOS, Maria Izilda; SOUZA, Fernando de; HECKER, Alexandre (org.) *Deslocamentos e história: os portugueses*. Bauru: Edusc, 2008, p. 35-45, p. 35.

89 HAMEISTER, Martha Daisson. *De Anas, Marias, Antônias e Joanas é feito esse mundo: a presença feminina nos registros batismais da vila do Rio Grande (1738-1763).* In ANDREAZZA, Maria Luiza; BOSCHILIA, Roseli. *Op. cit.,* p. 233-258, p. 236.

o Pará. A migração desse grupo mediante incentivos estatais seguiria seu curso chegando ao século XIX.[90] Há notícias de que em 1º de setembro de 1808, D. João patrocinou 1.500 famílias de ilhéus com vistas a estimular o povoamento do extremo sul do Brasil.[91]

Mesmo que não tenha sido de forma tão intensa como ocorreu no Rio Grande do Sul e em Santa Catarina, a capitania de São Paulo também recebeu açorianos subsidiados pela Coroa. Os *Documentos Interessantes*... registram, inclusive, uma ocorrência que ganhou certa notoriedade nos anais memorialísticos paulistas, chamada de "O Caso dos Cinco Manuéis dos Açores". Em 1816 um deles, Manoel Antônio Machado, representando mais quatro chefes de famílias açorianas, explicava que ele e seus conterrâneos foram

> Mandados conduzir com suas famílias para esta America por ordem positiva de vossa majestade, e chegando a esta corte, foram remetidos para a Capitania de São Paulo para ahi se lhes dar terras aonde pudessem plantar e semear legumes, e outros gêneros com que pudessem sustentar suas pessoas, e famílias[92]

Contudo, as terras onde se estabeleceram originalmente não eram "boas e próprias para dar toda qualidade de frutos", deixando as famílias numa "triste situação". Com o aval régio, transferiram-se para o "Cubatão Geral de Santos, que noutro tempo foram da extinta Companhia dos Padres Jesuítas". Lá as terras eram mais frutíferas, mas havia outro problema. As famílias sofriam investidas de "uns poucos homens que andam cortando madeiras nas terras onde os suplentes residem com as quais tem arruinado suas plantações" Assim, para acabar com tais "vexames e prejuízos", os açorianos, prostrados "aos augustos pés de Vossa Majestade", requeriam "Cartas de Sesmarias de Meia Légoa" para

---

90 PEREIRA, Aline Pinto; RIBEIRO, Gladys Sabina. "Imigração". In: NEVES, Lúcia Bastos Pereira; VAINFAS, Ronaldo (org.). *Dicionário do Brasil Joanino -1808-1821*. Rio de Janeiro: Objetiva, 2008, p. 211.

91 *Ibidem*.

92 *Petição dos Mesmos Colonos Açorianos*. Documentos interessantes para a história e costumes de São Paulo. Ofícios do Capitão General Antônio da França e Horta 1802-1811, p. 64-66.

que a posse daquelas terras fosse formalizada, dando-lhes meios para melhor resistir aos invasores.[93]

Caso semelhante, porém, menos noticiado, ocorreu na Vila de Curitiba em 1817. Miguel Espíndola Betancourt representava sete chefes de famílias açorianas que para ali haviam sido conduzidas por ordens de Vossa Majestade. Para tanto, lhes foram prometido "instrumentos, sementes, casa, gado e mesadas para o sustento dos primeiros anos". Porém, os insulanos queixavam-se de terem recebido apenas "Uma única casa com hum pequeno quintal para plantarem horta sem mais terra alguma para sua lavoura, de sorte que não tem aonde trabalhar, tendo unicamente recebido meia pataca por casal, e quarenta reis cada filhos desde janeiro passado desse ano de 1817 até o presente".[94]

Assim sendo, passavam "inúmeras fomes e necessidades". Finalmente, apelavam humildemente para que Vossa Majestade lhes removesse para a capitania do Rio Grande de São Pedro do Sul, "onde tem muitas terras devolutas especialmente desde a freguesia da serra do arroio de Tremendaí [sic] até as Missões". Contavam com o deferimento da proposta uma vez que: "nunca foi intenção de vossa majestade fazer infelizes seus fiéis vassalos... pois que de outra sorte são desgraçados eternamente que então melhor seria nunca saírem de suas pátrias". Como ocorreu com os "cinco Manuéis", a petição foi atendida.[95]

Interessante notar que os ilhéus solicitavam a transferência para uma área de reconhecida presença açoriana.[96] O que leva a crer na circulação de informações entre este grupo. É certo que havia terras devolutas ao longo das Missões. Mas, também, devia haver conterrâneos chegados há mais tempo. Esses talvez pudessem auxiliar os mais novos a se estabelecerem naquele mundo diferente que se descortinava.

Um dado curioso refere-se ao fato de que entre os "cinco Manuéis" havia um de sobrenome Espíndola Betancourt. Seria ele parente de Miguel *Espíndola Betancourt*, que encabeçava a segunda petição? Não é descabido supor que sim

---

93 *Ibidem*.
94 *Petição dos Colonos Açorianos*. In: Documentos interessantes para a história e costumes de São Paulo. Ofícios do Capitão General Antônio da França e Horta 1802-1811. p. 57-64.
95 *Ibidem*.
96 HAMEISTER, Martha. *Op. cit.*

e mais... Que talvez fizessem parte de um mesmo grupo, que depois se dispersou pela capitania, haja vista a proximidade dos anos em que ocorrem os requerimentos.

Outro fator que aproxima as duas petições é que ambas mencionam (re)migrações. Os "cinco Manuéis" obtiveram a chancela real pra se transferirem para o Cubatão, onde, como pedido principal, solicitavam a formalização de suas posses. Até que ponto as outras sete famílias – arranchadas no rocio de Curitiba – requisitaram sua transferência para o Rio Grande influenciadas pelo resultado da petição dos "cinco Manuéis"? São apenas especulações. Contudo, estes dois documentos são testemunhos importantes acerca da fixação açoriana nos domínios paulistas. Revelam, por exemplo, a distância entre o que foi prometido e aquilo que as autoridades efetivamente cumpriram.

Fato que, aliás, se coaduna com análises da historiografia recente que têm enfatizado as muitas dificuldades da experiência imigratória açoriana. Dificuldades causadas, justamente, por problemas com relação ao cumprimento das determinações régias com relação às demarcações e distribuições de terras, como também, na entrega de instrumentos, insumos, e demais quesitos prometidos para a fixação dos açorianos no novo território. Tal situação provocava a instabilidade, gerando a necessidade de improvisação de novas formas de viver a fim de suportar as dificuldades.[97] E nessa direção "uma vida em trânsito" se impunha a estes indivíduos. Os casos destacados são bastante exemplificativos de que a faina itinerante dos imigrados não cessava com o aportar dos navios na costa brasileira. Havia uma distância, não raro longa, entre a chegada e a fixação definitiva em algum ponto do continente brasileiro.

Grupos de famílias açorianas no contexto da migração subsidiada também estiveram na Baía de Paranaguá. Contudo, sua presença foi efêmera, literalmente, de passagem, conforme indica Antonio Vieira dos Santos

> Foi memorável o ano de 1816 pela passagem e estada de alguns dias de 50 casais de famílias vindas das ilhas dos

---

97 Cf. SCOTT, Ana Silvia; PETIZ, Simei de Sant'ana. "Gentes das Ilhas: migração açoriana para o Rio Grande de São Pedro". In: *Anais do XVIII Encontro da Associação Brasileira de Estudos Populacionais*. Disponível em: <http://174.121.79.98/~naotemb/anais/files/ST6[657]ABEP2012.pdf>. Acesso em: mar. 2012.

Açores, por ordem do Rei Dom João VI, expedida pelo Ministro e Secretário de Estado, conde de Linhares a pedido do coronel João da silva Machado, Barão de Antonina, para se formarem colonizações nas matas do sertão.[98]

Tais "colonizações" seriam formadas nas proximidades de um antigo posto de registro oficial localizado nos sertões do Rio Negro, ao sul do atual Paraná. Este espaço localizava-se num ponto estratégico do caminho das tropas que rumavam para a feira de Sorocaba. Assim, os subsídios cobravam seu preço: era incumbência dos açorianos a perigosa missão de segurar o caminho das tropas de ataques dos índios e bandoleiros que ameaçavam os passantes da rota tropeira.

Quanto a casais açorianos fixados em Paranaguá, havia, em 1801, um único casal de ilhéus. Natural da Ilha de São Jorge, Manoel José de Souza chefiava o domicílio, acompanhado de sua mulher Maria do Carmo, proveniente da Ilha de São Miguel. Junto deles morava Francisca, sogra de Manoel, também de São Miguel. Estas, aliás, eram as duas únicas mulheres lusitanas do levantamento de 1801. Ao contrário de grande parte dos casais açorianos, que se dedicavam à lavoura nas terras que recebiam, Manoel vivia de sua taberna, contando com o serviço de dois escravos.[99]

Em 1830, as listas nominativas registraram mais dois casais açorianos: Antônio José de Medina e Rosa Joaquina, ambos provenientes da Ilha da Graciosa; e Severino Correia e Ana Maria, ambos das "Ilhas". Assim, como ocorreu em 1801 esses indivíduos eram modestos comerciantes. O primeiro casal vivia de sua venda sem escravos nem agregados. O segundo vivia "de seu armazém", com o auxílio de apenas um escravo.[100]

Seriam esses casais dissidentes de alguma colônia açoriana arranchada mais ao sul? Infelizmente, até o momento não se pode ir além de especulações. O fato é que, ao que tudo indica, a grande maioria dos insulanos radicados em Paranaguá não parecia integrar nenhum projeto subsidiado de imigração e

---

98 SANTOS, Antonio Vieira dos. *Memória Histórica, Cronológica, Topográfica, da Vila de Morretes Porto Real vulgarmente chamado Porto de Cima*. Museu Paranaense, Curitiba, 1940. (Transcrição Inédita por Moreira, Júlio Estrela).

99 Arquivo Público do Estado de São Paulo. Listas Nominativas de Habitantes da Vila de N. Sra. do Rosário de Paranaguá 1801. Fogo: 130.

100 *Idem*, 1830. Fogo: 93 e 152.

colonização. Os cerca de 18 homens açorianos radicados em Paranaguá vieram solteiros, impulsionados, possivelmente, por fatores não muito diferentes daqueles que repeliram os portugueses nortistas em direção ao Brasil: carência de terras cultiváveis, regimes sucessórios desiguais, sobrepopulação, e, como não poderia deixar de ser, fatores mais subjetivos relacionados ao encorajamento de conterrâneos radicados há mais tempo e expectativas de ascensão social.

Onde se estabeleciam?

Existe certo consenso historiográfico de que no quadro governativo implantado na colônia, a organização das tropas militares foi peça-chave e fundamental. Como uma "verdadeira espinha dorsal", tomando-se a expressão emprestada de Raymundo Faoro, a organização militar teve na colônia diversas funções que extrapolaram o fator bélico.

De fato, as armas foram imprescindíveis na consolidação dos domínios portugueses: "era a conquista".[101] Contudo, ainda segundo o mesmo autor, não menos importante era a função social impregnada nesta organização, aglutinando populações e elevando seus elementos na escala de prestígio: "a terra se torna interiormente portuguesa à medida que mobiliza o desejo dos indivíduos por se integrarem no quadro das funções e das honras militares."[102] É aí que se dá, efetivamente, o prolongamento da metrópole na colônia, "o elo mais profundo, mais duradouro, mais estável da integração ultramarina, ponto que, na verdade, funde – algumas vezes frouxamente – a camada dominante de Portugal com a ascendente e afidalgada categoria dos dominadores coloniais".[103]

Antes de Raymundo Faoro, Caio Prado Júnior, trilhou um percurso semelhante destacando a importância da organização miliciana no contexto da governação colonial. Ao comando da capitania, "maior unidade administrativa da colônia" correspondia um cargo de denominação militar: capitão general.

---

101 FAORO, Raymundo. *Os donos do poder: formação do patronato político brasileiro*. 3ª ed. São Paulo: Globo, 2001, p. 223.
102 *Ibidem*.
103 *Ibidem*.

À testa das inúmeras vilas dispersas nos mais longínquos quinhões da América Portuguesa estava o capitão-mor das ordenanças.[104]

O mesmo autor lembra que as forças armadas das capitanias compunham-se em tropas "de linha", "das milícias", e "corpos de ordenança". A tropa de linha era regular e profissional. Estava permanentemente sob as armas, composta usualmente de regimentos portugueses. A segunda era de caráter auxiliar à primeira, organizada a partir do recrutamento compulsório e não remunerado da população colonial. Comandavam essa guarnição membros que também eram destacados da população local. Por fim havia os corpos de ordenanças: a "terceira linha", como a chamou Caio Prado Júnior. Esta se compunha por todos os demais homens entre 18 e 60 anos, não alistados nas tropas anteriormente descritas.[105]

Do ponto de vista bélico a atuação dessa última era mais restrita: limitava-se a cerca de seis exercícios periódicos; não podia ser afastada do local onde residiam seus efetivos. Contudo, conforme argumenta Caio Prado Júnior, teriam sido justamente as ordenanças que, efetivamente, possibilitaram "a ordem legal e administrativa neste imenso território, de população dispersa e escassez de funcionários regulares".[106] Sob o comando máximo do capitão-mor, as ordenanças engajavam em sua organização toda a população dos termos respectivos organizada em Companhias de Ordenança.

Os oficiais de ordenança, subordinados ao capitão-mor, detinham função primordial: na manutenção da ordem, na cobrança de impostos, na realização de obras públicas, na representação de queixas da população local, objetivando, enfim, "conter na obediência" os moradores sob sua jurisdição. Por conseguinte, estendiam-se com as ordenanças: "as malhas da administração, cujos elos teria sido incapaz de atar, por si só, o parco funcionalismo oficial que possuíamos; concentrado; ainda mais como estava nas capitais e maiores centros".[107] Sinal inequívoco da força organizativa desta instância nos domínios coloniais, a própria unidade de divisão territorial e referência geográfica das vilas era expressa, nas listas nominativas, em Companhias de Ordenança.

---

104 PRADO Jr, Caio. *Op. cit.,* p. 305.
105 *Ibidem*, p. 312.
106 *Ibidem*.
107 *Ibidem*, p. 326.

A Vila de Paranaguá, por exemplo, estava, em 1801, dividida em quatro Companhias de Ordenança. Estas eram subdivididas em esquadras. Cada Companhia tinha sua população levantada e, sobretudo, controlada, por um capitão. Este era ajudado, em tese, pelos seus subordinados cabos de esquadra.

No caso de Paranaguá, até 1830, ao que tudo indica, a primeira companhia abarcava o núcleo central da Vila. A segunda compreendia o rocio grande e pequeno, circunvizinhos ao núcleo central. As seguintes abarcavam algumas ilhas e povoações mais esparsas submetidas administrativamente à Paranaguá. A partir de 1817 mais duas companhias – a sexta e a sétima – serão acrescentadas seguindo-se, entretanto, esse mesmo critério de distribuição que parte de um núcleo central até as áreas mais afastadas.

Ao se arrolar os domicílios, como um reflexo da própria hierarquia que ordenava aquela sociedade, partia-se daqueles fogos chefiados pelos oficiais mais graduados de cada Companhia e, a partir destes, cada domicílio recebia um código numérico em sequência. Porém, numa avaliação longitudinal, percebe-se que nem sempre a ordem numérica dos domicílios se mantém de um ano para outro. Na realidade, como se verá ao longo terceiro capítulo, a ordem numérica quase nunca se mantinha. Excetuando-se o primeiro domicílio (do Capitão-mor) o restante dos domicílios sempre recebiam números diferentes daqueles que haviam sido conferidos em anos anteriores. Diante de tantas discrepâncias é muito mais plausível associar essas mudanças constantes aos métodos de produção da fonte do que à mobilidades espaciais propriamente ditas. Como bem lembra Carlos Bacellar, por vezes, fica-se com a impressão de que os próprios moradores é que iam até o recenseador para descrever seus domicílios.[108]

Todavia, não é descabido crer que os domicílios registrados numa mesma companhia, esquadra, tinham uma considerável proximidade geográfica. Daí resultou pertinente indagar acerca da disposição espacial dos adventícios portugueses estabelecidos em Paranaguá, para os anos de 1801 e 1830.

---

108 BACELLAR, Carlos de Almeida P. *Op. cit.*

Tabela VIII: Disposição espacial dos portugueses nas Companhias de Ordenaça da Vila de Nossa Senhora do Rosário de Paranaguá anos 1801 e 1830

	1801		1830	
	Núm. Abs.	%	Núm. Abs.	%
Primeira Companhia	38	69,09	72	78,26
Segunda Companhia	8	14,55	8	8,7
Terceira Companhia	5	9,09	1	1,09
Quarta Companhia	4	7,27	0	0
Quinta Companhia			9	9,78
Sexta Companhia			0	0
Sétima Companhia			2	2,17
Total	55	100	92	100

Fonte: Arquivo público do Estado de São Paulo. *Listas Nominativas de Habitantes da Vila de N. Sra. do Rosário de Paranaguá* 1801 e 1830.

Uma multiplicidade de fatores se colocava em jogo no momento de se definir um lugar de moradia. A ocupação do espaço não era homogênea ou indiferenciada. Relações de parentesco, a busca por locais onde se aglutinavam moradores de um determinado estatuto social, a procura de um lugar estratégico para exercer o ofício de sobrevivência, e tantos outros fatores mais, poderiam direcionar esta escolha estratégica. A posição geográfica do domicílio acompanhava, via de regra, o lugar social do indivíduo. Assim, parece evidente que noutras circunstâncias, sobretudo no caso da população despossuída ou escrava, a opção pelo local de moradia poderia não passar, necessariamente, pela escolha. No limite das contingências ficava-se com o que era possível. Mas esta última situação não parecia refletir a realidade dos portugueses ou, pelo menos, de sua maioria.

Quando se visualizam os dados constantes da tabela VIII, parece estar evidente que, quando escolheram seus lugares de habitação, os lusitanos não o fizeram de forma aleatória. O que se vê, nesse sentido, é uma tendência que aponta a Primeira Companhia, tanto em 1801 quanto em 1830, como a área preferida dos lusitanos na decisão se radicar em Paranaguá. Em termos percentuais, inclusive, há um aumento da concentração quando em 1830 quase 80% dos reinóis decidiram fixar domicílio nesta área.

Também é interessante anotar que em 1801 a Primeira Companhia compreendia cerca de 151 domicílios chefiados por homens livres. Assim, diante desse universo, os 38 domicílios chefiados por portgueses prefiguravam 25,16%. Em 1830, no mesmo setor, os 72 domicílios chefiados por lusitanos representavam 38% dos 189 domicílios com chefia livre e masculina.

A grosso modo, se tem, portanto, que assim como ocorreu em outros períodos e outras épocas, o perímetro urbano seguiu exercendo seu apelo ao grupo lusitano. E mais, os dados levantados consistem em outro indicativo a sustentar que, mesmo não sendo tão impactante do ponto de vista quantitativo, a presença lusa não deve ser minimizada. Isso porque, na localidade em análise, era no setor arrolado como Primeira Companhia que se situavam: os centros administrativo, comercial, os principais estaleiros e, por fim, o principal porto de Paranaguá. Ou seja, a presença desses indivíduos se adensa, justamente, num dos setores mais estratégicos da economia e das sociabilidades locais.

Lugar dos portugueses na hierarquia local

> Revendo os nomes que encontramos nos postos de comando dos corpos de ordenança, vamos descobrir neles a nata da população colonial, os seus expoentes econômicos e sociais.[109]

Na introdução do item anterior se fez alguma menção acerca do papel das ordenanças no controle das populações. Retomando-se o assunto, diante do que já foi dito, há que se considerar: fazer parte, principalmente, da alta hierarquia destas forças, tendia a ser algo muito vantajoso naquele contexto. Revestidos de patentes, os detentores destes títulos tornavam-se representantes de uma parcela da autoridade régia que lhes vinha ao encontro. Ganhavam força para pôr em curso seus projetos.

---

109 PRADO JÚNIOR, Caio. *Op. cit.*, p. 327.

Ainda com respeito a esta questão, outro aspecto que não pode ser negligenciado é a força do simbolismo implicado na ostentação das patentes. Tratava-se de um cargo público outorgado por ninguém menos do que o próprio rei. Numa sociedade de ordens, o acesso a este tipo de chancela consistia numa importante dignificação que trazia marcas sociais distintivas aos privilegiados. Como bem explica Maria Aparecida Menezes Borrego,

> Fonte e origem do poder, o rei administrava o Império por meio da distribuição de terras, cargos e títulos honoríficos, considerada como uma concessão de benefícios, uma vez que competia ao monarca o critério da escolha. Em sinal de agradecimento, os contemplados deveriam conduzir suas ações pautados pelos sentimentos de fidelidade e obediência ao soberano. Os serviços prestados, por sua vez, também requisitavam novas recompensas, convertidas em forma de mercês. Se o desempenho de funções visava o enriquecimento, em virtude dos rendimentos financeiros, ele também guardava forte capital político e simbólico pela partilha do poder real e pela conquista das honras que revestiam tais funções.[110]

Raymundo Faoro arremata a questão: "a patente embranquece e nobilita".[111] Não à toa. Conforme indica Charles Ralph Boxer, no importante estudo *O Império Marítimo Português,* foi recorrente a avidez das oligarquias coloniais por títulos, honrarias e postos militares, em busca de poder ou de prestígio. Segundo o mesmo autor, os governadores coloniais tinham consciência desse fato e muitas vezes lembravam à Coroa que a distribuição judiciosa de postos e títulos militares era o melhor e mais barato meio para assegurar o que, do contrário, somente a lealdade duvidosa dos poderosos do sertão garantiria.[112]

Se, por tudo isso, as patentes milicianas eram alvo da cobiça de muitos, nem todos detinham: a "capacidade, préstimo, atividade e zelo para tudo que é a bem do Real serviço..."; e, principalmente, "posse para o dito emprego".[113]

---

110 BORREGO, Maria Aparecida de Menezes. *Op. cit.,* p. 128.
111 FAORO, Raymundo. *Op. cit.,* p. 189.
112 BOXER, Charles Ralph. *O império marítimo português (1415-1825).* São Paulo: Companhia das Letras, 2002, p. 322.
113 Arquivo Público de São Paulo, Fotograma 4743.

Dito de outra forma: numa sociedade pautada pela assimetria das relações na qual privilégio, honra e fortuna consistiam em princípios norteadores da organização sociopolítica, a distinção era para poucos.

Por isso mesmo, a incidência de patentes milicianas pareceu um bom termômetro para sondar o lugar social dos adventícios portugueses na sociedade em que decidiram se arraigar. Evidente que tal sondagem só faz sentido quando a situação específica dos portugueses é confrontada com a situação geral dos habitantes locais. Neste caso, obviamente, a situação dos homens. Assim, optou-se por contrastar o grupo dos portugueses com o universo dos homens maiores de nove anos em 1801 e maiores de doze em 1830. O critério de escolha se justifica pelo fato de que nestes dois anos os dois indivíduos mais novos a ostentarem patentes tinham 10 e 12 anos respectivamente.

Isso posto, descontados os portugueses, viviam na Paranaguá de 1801 cerca de 1.592 homens nessa faixa etária. Destes, 456 ostentavam patentes, prefigurando 28,6% do total. Em 1830, separando-se novamente o grupo lusitano, existiam 2.176 homens numa faixa etária superior a 12 anos. Todavia, apenas 256 (11,7%) auferiram patentes. Em 1801, no grupo dos portugueses, a situação era a seguinte: 27 indivíduos (60%) detinham patentes. Já em 1830 cerca de 20 indivíduos (23%) ostentavam patentes.

Diante desses dados, tem-se, *a priori*, que, em ambos os grupos, previsivelmente, a incidência de patentes milicianas acompanhando o nome dos indivíduos foi sempre minoritária. Porém, é quando se analisam isoladamente os grupos dos detentores de patentes que as nuances mais interessantes são reveladas:

Tabela IX: Comparativo da Ocorrência de Patentes Milicianas entre os homens parnanguaras e portugueses anos de 1801 e 1830

		Nacionais	%	Portugueses	%	Não indicado	Crioulo (a)
Nível das Patentes * (1801)	Alta	35	7,68	19	70,37	2	0
	Intermediária	48	10,53	1	3,7	5	0
	Baixa	373	81,79	7	25,93	150	2
Total 1801		456	100	27	100	157	2
Nível das Patentes (1830)	Alta	37	14,45	14	70	5	0
	Intermediária	20	7,81	2	10	9	0
	Baixa	199	77,74	4	20	156	0
Total 1830		256	100	20	100	170	0

Fonte: Arquivo público do Estado de São Paulo. *Listas Nominativas de Habitantes da Vila de N. Sra. do Rosário de Paranaguá* 1801 e 1830.

*Para efeito de análise foram consideradas: Patente Alta: capitão mor, capitão, ajudante, tenente coronel, tenente furriel, tenente, alferes, sargento. Patente Intermediária: cadete, cabo, furriel. Patente Baixa: soldado, tambor. Infelizmente os levantamentos nominativos, ou não distinguem a natureza da tropa a que pertencia o oficial, ou o fazem muito episodicamente. Ordenanças e milicianos por vezes se confundem. Assim, para facilitar o tratamento dos dados, e intuindo que a grande maioria dos soldados pertencia às ordenanças, foi desconsiderada a "arma" a que pertencia o indivíduo, utilizando-se apenas o nome da patente como referência principal.

Talvez o primeiro fato a ser destacado, a partir da tabela IX, é o de que a incidência de altas patentes no grupo dos portugueses sobrepujou bastante a ocorrência de baixas patentes. Já no grupo dos demais, a tendência mostrou-se inversa. Porém, este último resultado exige uma ressalva: é bastante provável que a oferta de baixas patentes fosse bem mais corriqueira do que a concessão de altas patentes. Isso explicaria uma maior incidência de títulos subalternos justamente no grupo majoritário. Porém, esses dados não deixam de trazer indícios de que a probabilidade de um português possuir alta patente parecia maior do que entre os milicianos livres locais. Afinal, nesses últimos, foi muito mais comum a incidência de postos subalternos.

Outro dado a ser comentado é o de que, comparados os anos de 1801 e 1830, diminui de forma importante a incidência de patentes no grupo português. Todavia esta tendência parece afetar, também, ao grupo dos demais, nos quais cai quase pela metade a incidência de patentes associadas ao nome dos indivíduos. Seria isso um reflexo do novo contexto político-social que começava a se desenhar no período pós-independência? Não se pode ignorar, afinal, que a partir de 1830 o regime das ordenanças teria apenas mais três anos de existência.

O fato é que no universo das altas patentes, sem dúvida, as principais na ordenação daquela hierarquia estiveram sempre em mãos portuguesas. Além disso, a liderança da absoluta maioria das companhias de ordenança dos anos investigados cabia a portugueses. Assim ocorre em 1801, quando o já mencionado José Carneiro dos Santos preside a lista na condição de capitão-mor, auxiliado pelos capitães de companhia: Antônio da Silva Braga (Braga), Pedro Rodrigues Nunes (Braga), Antônio da Silva Neves (Benavila); João Crisóstomo Salgado (Lisboa). Em 1830 o quadro pouco se altera. Manoel Antônio Pereira segue à frente como capitão-mor; o capitão da Segunda Companhia de Ordenanças é Antônio José Sintra (Sintra); preside a Quinta Companhia o capitão João de Souza Dias Negrão (Aveiro) e, finalmente, a Sétima o capitão Bento José da Cruz (Braga).[114]

Em 1830, o contingente dos indivíduos que ascenderam na hierarquia das ordenanças era formado, justamente, pela segunda geração dos capitães e coronéis lusitanos dos anos anteriores. Vejam-se alguns casos exemplares. O tenente miliciano Manoel Francisco Correia Júnior (em 1830) era filho do tenente coronel Manoel Francisco Correia; o sargento-mor das Ordenanças Bento Antônio da Costa (em 1830) era filho do sargento Manoel Antônio da Costa (já falecido neste mesmo ano); o alferes, e depois capitão (em 1830), Manoel de Araújo França, era primogênito do já falecido capitão Custódio Martins de Araújo França; o tenente coronel Ricardo Carneiro dos Santos e seu filho, o tenente de milícias José Ricardo dos Santos, eram, respectivamente, filho e neto do capitão-mor José Ricardo Carneiro dos Santos já falecido em 1830.

Diante do exposto, os dados trazem sinais inequívocos de que, pelo menos uma parte dos imigrantes portugueses em Paranaguá logrou posições de destaque na hierarquia local. Eram poucos, é verdade, contudo – tendo a

---

114 Arquivo público do Estado de São Paulo. *Listas Nominativas de Habitantes da Vila de N. Sra. do Rosário de Paranaguá*, 1801 e 1830.

outorga de patentes como referência – ocupavam, mais frequentemente do que os locais, as posições estratégicas de mando e controle daquela sociedade.

Ao fim, mas não menos importante, observou-se que há um decréscimo de titulados entre os lusitanos. Tal situação pode ser justificada como sinal de perda de prestígio por parte deste grupo no contexto imediatamente posterior à emancipação brasileira? Ao que parece, não necessariamente. O que se vê, mesmo, é um processo de transferência deste prestígio para a segunda geração dos portugueses consolidados, anteriormente, no topo da hierarquia local. Por conseguinte, tal processo de transferência pode ser lido, justamente, como um sinal da influência ainda inabalada que uma parte dos imigrantes portugueses seguia exercendo, mesmo no pós-independência, naquela sociedade estamental.

Mas tais aspectos de influência, prestígio e poder não se sustentavam apenas simbolicamente. No sistema de classificação que ordenava a posição das pessoas naquela sociedade, um dos caminhos para se chegar ao topo da hierarquia condicionava-se à possibilidade de se auferir a posse de outros homens. Por conseguinte, no contexto em análise, "ser pobre significava, entre outras coisas, não ter escravos".[115] Com efeito, outro elemento, para além dos títulos milicianos, utilizado com o fito de indagar acerca do posicionamento dos portugueses na hierarquia local, consistiu na sondagem da incidência de cativos em seus domicílios.

Para tanto, foram adotados alguns procedimentos metodológicos que devem ser informados. Em primeiro lugar, o número de escravos por domicílio foi agregado em intervalos de classe de: 0, 1, 2, 3, 4, e, depois, 5 a 10, 11 a 20, 21 e mais. Essas faixas de agregação foram assim dispostas, inspirados na divisão utilizada em trabalhos anteriores de Carlos Bacellar.[116] Ela pareceu bastante instrumental para a realidade de Paranaguá, visto que valoriza a posse escrava mesmo quando de poucos elementos. Afinal, num ambiente com reduzida disponibilidade cativa e, ao mesmo tempo, marcado pela alta concentração de posse escrava, parte-se do pressuposto que possuir pelo menos um cativo já atuava como um importante diferenciador social.

---

115 FRAGOSO, João Luís. "Economia brasileira no século XIX: mais do que uma plantation escravista exportadora". In: Maria Yedda Linhares (org.). *História Geral do Brasil*. Rio de Janeiro: Campus, 1999, p. 147.

116 BACELLAR, Carlos de Almeida Prado. *Op. cit.*, 2000 e 2001.

Em segundo lugar, cabe alertar que no momento de se confrontar a situação dos portugueses com os demais, ainda no que se refere à incidência de cativos nos domicílios, foram levados em conta apenas chefes de domicílio livres, excluindo-se do computo os agregados (parentes ou não) já que, nesse caso, foi impossível averiguar se esses indivíduos detinham alguma posse escrava. Também foram excluídos da análise os fogos chefiados por mulheres. Tal recorte se explica por duas questões. Em primeiro lugar, como já foi mencionado, a incidência de mulheres entre os portugueses era bastante reduzida. Contudo, existiram razões ainda mais fortes para que se procedesse ao isolamento deste grupo.

Em 1801 dona Córdula Rodrigues França era uma das maiores escravistas, não só entre as mulheres, como também entre os homens chefes de domicílio, dispondo de um plantel de pelo menos 23 escravos. Contudo, o cruzamento da documentação coeva revela que esta mulher era viúva do reinól capitão Custódio Martins de Araújo França. O mesmo cruzamento de informações sugere que o plantel cativo dessa proprietária foi fruto da herança legada por seu marido português. Em 1830 existem casos semelhantes a esse último: Ana Maria de Jesus, chefe de um domicílio com 17 escravos, viúva do sargento-mor Manuel da Cunha Gamito (alentejano); dona Maria Magdalena, proprietária de 25 escravos, viúva do capitão lisboeta José Crisóstomo Salgado.[117]

Assim, numa contagem geral, caso fossem incluídos – indistintamente – todos os homens e as mulheres que chefiavam domicílios, ocorreriam distorções. Visto que eram naturais de Paranaguá as proprietárias, acima mencionadas, seriam computadas no rol dos domicílios escravistas locais. Todavia, tudo leva a crer, que boa parte desses escravos foi agregada a tais domicílios à época em que eles ainda eram chefiados por portugueses. Para tentar evitar tais incorreções optou-se por descontar as mulheres escravistas da sondagem acerca da propriedade escrava em Paranaguá.

Diante dessas opções metodológicas, foi possível alcançar os seguintes resultados:

---

117 Arquivo público do Estado de São Paulo. *Listas Nominativas de Habitantes da Vila de N. Sra. do Rosário de Paranaguá* 1801 e 1830.

Tabela X: Comparativo da posse escrava por faixas de plantel entre portugueses e locais, 1801 e 1830

Ano 1801	Nacionais	%	Portugueses	%	Não indicado
0 escravos	539	82,54	9	18	16
1 escravos	30	4,59	7	14	1
2 escravos	18	2,76	3	6	0
3 escravos	14	2,14	2	4	0
4 escravos	6	0,92	5	10	0
5 a 10 esc.	31	4,75	14	28	2
11 a 20 esc.	13	1,99	9	18	0
21 e mais	2	0,31	1	2	1
Total	**653**	100	**50**	100	**20**
Ano 1830	Nacionais	%	Portugueses	%	Não indicado
0 escravos	526	83,1	31	41,34	243
1 escravos	36	5,69	17	22,67	3
2 escravos	15	2,37	10	13,33	2
3 escravos	15	2,37	1	1,33	1
4 escravos	8	1,26	5	6,67	2
5 a 10 esc.	18	2,84	7	9,33	8
11 a 20 esc.	10	1,58	1	1,33	3
21 e mais	5	0,79	3	4	3
Total	**633**	100	**75**	100	**265**

Fonte: Arquivo público do Estado de São Paulo. *Listas Nominativas de Habitantes da Vila de N. Sra. do Rosário de Paranaguá* – 1801 e 1830.

Os dados reunidos na tabela acima permitem, numa primeira perspectiva de análise, recuperar em qual faixa de posse cativa enquadrava-se a maioria dos chefes de domicílio. No caso dos portugueses fica verificado, em 1801, que possuir de 5 a 10 escravos foi a situação mais frequente: 28% dos senhores de escravos lusitanos estavam enquadrados nesta faixa. Logo em seguida vinham aqueles que possuíam entre 11 e 20 escravos, configurando-se em 18% do total. No interior do grupo dos demais senhores de escravos ocorre algo semelhante. Em 1801, somando 4,75% dos casos, eram maioria os senhores de 5 a 10 escravos. Logo em seguida, contudo, vinham aqueles que possuíam apenas um escravo, representando 4,59% das ocorrências. Esta última incidência dá a impressão de que, ao contrário do que ocorre com os adventícios, a posse escrava entre os demais se dissolvia em plantéis menores. Em 1830 a situação parece mais equilibrada entre ambos os grupos. Tanto num conjunto quanto no outro, foi mais comum possuir apenas um cativo. Além disso, cresce para os demais a quantidade de indivíduos na faixa de 5 a 10 escravos, quando entre os portugueses diminuem, em relação àqueles que possuíam apenas dois, os senhores de 5 a 10 escravos.

Outro dado de interesse que pôde ser checado consistiu na sondagem do perfil etário dos escravos presentes na composição dos domicílios. Levando-se em conta que a faixa etária dos cativos, ao que tudo indica, interferia em seu valor de compra, procurou-se avaliar a distribuição desses, de acordo com tal quesito, confrontando os escravistas portugueses e os demais.

Tabela XI: Perfil etário dos cativos distribuídos entre portugueses e locais, 1801 e 1830

Ano 1801	Total de escravos	Escravos de portugueses	% (pelo total de escravos de port.)	Escravos de locais	% (pelo total de escravos de locais)
0 até 9	267	103	31,7	164	29,72
10 até 19	185	59	18,15	126	22,83
20 até 29	147	62	19,08	85	15,4
30 até 39	113	40	12,31	73	13,22
40 até 49	70	33	10,15	37	6,7
50 até 59	54	16	4,92	38	6,88
60 até 69	18	7	2,15	11	1,99
70 até 79	14	4	1,23	10	1,81
80 até 89	7	1	0,31	6	1,09
90 até 99	2	0	0	2	0,36
100 e mais	0	0	0	0	0
TOTAL	**877**	**325**	**100**	**552**	**100**
Ano 1830	Total de escravos	Escravos de portugueses	% (pelo total de escravos de port.)	Escravos de locais	% (pelo total de escravos de locais)
0 até 9	159	37	15,48	122	23,11

10 até 19	194	61	25,52	133	25,18
20 até 29	194	72	30,13	122	23,11
30 até 39	120	41	17,15	79	14,96
40 até 49	51	18	7,53	33	6,25
50 até 59	30	8	3,35	22	4,17
60 até 69	12	1	0,42	11	2,08
70 até 79	5	1	0,42	4	0,76
80 até 89	2	0	0	2	0,38
90 até 99	0	0	0	0	0
100 e mais	0	0	0	0	0
TOTAL	**767**	**239**	**100**	**528**	**100**

Fonte: Arquivo público do Estado de São Paulo. *Listas Nominativas de Habitantes da Vila de N. Sra. do Rosário de Paranaguá* 1801 e 1830.

Diante dos dados acima compulsados, chega-se, novamente, à impressão de equilíbrio entre os dois grupos. Considerando o ano de 1801 é possível perceber que cerca de 1/3 (31,7% entre reinóis e 29,72% entre nacionais) dos escravos não tinham completado 10 anos de vida e a maior parcela deles se apresentava na faixa de 10 a 50 anos de idade: 59,66% entre reinóis e 58,15% entre nacionais. Ou seja, a maior parte dos escravos estava na faixa mais produtiva de suas vidas e, por conseguinte, tendiam a ser mais valorizados. Nesse caso, percentualmente, os portugueses pareciam levar uma sensível vantagem em relação aos locais, agregando mais escravos em idade produtiva aos seus domicílios.

Numa outra perspectiva, o grande percentual de cativos de até nove anos de idade indica, possivelmente, um crescimento natural de tal parcela da população. Nessa direção, em 1830, é interessante perceber que enquanto diminui o número total de cativos nas mãos dos dois grupos, ocorre, em contrapartida, um aumento considerável dos escravos presentes na faixa etária entre 10 e 40 anos. E nesse caso os portugueses parecem levar certa vantagem reunindo 72,8% dos cativos em idade produtiva contra 63,25% nacionais. Contudo, ao que parece, a distribuição dos cativos nessa última faixa etária pode se dar muito mais pelo próprio envelhecimento dos escravos relacionados em 1801, do que pelo ingresso de novos elementos mediante compras no mercado cativo. Fato que desencoraja conclusões mais tácitas quando se tenta comparar, a partir da distribuição etária dos escravos, o poder aquisitivo dos portugueses e dos demais.

Se até o momento as análises tenderam, portanto, para uma situação igualitária entre os dois grupos, discrepâncias mais importantes também puderam ser recuperadas. Na realidade as diferenças entre um conjunto e outro parecem ficar mais acentuadas quando se coteja a incidência escrava desde uma perspectiva mais direta, por assim dizer. Nessa direção, retornando-se à tabela X, fica evidenciado que entre os domicílios liderados por portugueses a posse de cativos consistiu em tendência. Em 1801 apenas 9% desses fogos não possuíam escravos em sua composição. Se em 1830 esse percentual se eleva para cerca de 41,3%, a proporção de portugueses escravistas continua sendo a maior desse grupo. A tendência exatamente inversa ocorre entre os chefes de domicílio nacionais. Em 1801 a esmagadora maioria, configurando 82,54%, era destituída de escravos na estrutura de seus *fogos*. Em 1830 esta tendência permanece constante: 83,1% não possuíam escravos.

Tudo leva a crer, portanto, no tocante à presença de cativos nos domicílios, que os portugueses elevavam-se em melhores condições do que os parnanguaras. Afinal, se no grupo lusitano, ao menos nos recortes avaliados, os senhores de escravos foram sempre mais da metade, no outro conjunto de chefes de domicílio a franca maioria era despossuída de cativos.

Além dos indícios acerca da situação socioeconômica, a Lista Nominativa permitiu recuperar instantâneos acerca das ocupações cotidianas às quais se dedicavam os chefes de domicílio das vilas em questão, incluindo-se aí, evidentemente, os portugueses.

Para levar à frente as análises, foram tomadas algumas opções metodológicas que valem a pena ser comentadas. Em primeiro lugar foi avaliada apenas a situação dos chefes de domicílio, tendo em vista, o grande número de indivíduos que, quando não ocupavam a chefia do domicílio, não tinham sua ocupação indicada. No caso dos portugueses agregados não ocorreu nenhum caso em que suas ocupações não foram indicadas. Assim, devido ao seu pequeno número na vila, abriu-se uma exceção contabilizando-se os lusitanos em sua totalidade, mesmo quando não chefiavam fogo algum.

Em segundo lugar foram novamente retiradas do cômputo as mulheres. Tal decisão justifica-se também, repetidamente, pela predominância de portugueses homens. Num contexto de reduzida especialização profissional não foram raros os casos de dupla ocupação informada. Nesse caso resolveu-se considerar a atividade que auferia renda, declarada, ao domicílio. Veja-se o seguinte exemplo: Inácio Rodrigues que plantava para comer e vendeu 400 peixes foi denominado como pescador no momento da contagem de frequências.

Ainda visando a contagem de frequências, foi necessária a agregação de dados em alguns intervalos "artificiais", ou seja, construídos *a posteriori* pelo historiador. Tais intervalos resultaram inevitavelmente em distorções. Mesmo assim, na incapacidade de se utilizar outra forma de obter um plano de referência para os cotejamentos, optou-se por recorrer aos mesmos. Para fins de esclarecimento segue a descrição dos intervalos adotados:

1 Atividades Agrícolas	**1.1 Agricultura de Subsistência** - indivíduos descritos como "plantam para o gasto" sem vendas de excedentes registradas.
	1.2 Pequeno Agricultor - indivíduos descritos como "vivem de suas lavouras" que com auxílio da família e/ou, agregados e/ou, escravos (até no máximo 3), conseguiram produzir excedente para a venda.
	1.3 Grande Agricultor[118] - indivíduos descritos como "vivendo de lavouras" donos de mais de três escravos. Os donos de engenhos também entram nessa categoria.

---

118 Grande agricultor, guardadas as devidas proporções relativas ao contexto parnanguara.

2 Atividades Comerciais[119]	**2.1 Pequeno Comércio** - indivíduos relacionados como "he comerciante, vive de loja de fazenda [sem especificação se seca ou molhada], vendeiro, taberneiro". A posse escrava, quando existe, não excede 3 elementos. Também foram incluídos nessa categoria os caixeiros. **2.2 Grande Comércio** - indivíduos que arrolados como vive "loja de fazendas secas, vive de suas embarcações, vive de seus armazéns e lojas". A posse escrava excede, necessariamente, três elementos. Alguns indivíduos nessa faixa acumulam a posse de loja e embarcações.
3 Trabalhadores miúdos[120]	**3.1 Artesãos** - indivíduos arrolados como: *carpinteiros, ferreiros, sapateiros, oleiros, pedreiro, tanoeiros*. Mestres e aprendizes. **3.2 Artesãos marítimos** - indivíduos arrolados como: *carpinteiros da ribeira, calafates, fabricantes de rede, construtores de embarcações* etc. **3.3 Trabalhadores do mar:** indivíduos arrolados como: *marítimos, vive da arte do mar, marinheiro, pescadores, vive embarcado, Piloto*. **3.4 Trabalhadores extrativistas:** indivíduos arrolados como - *vive de tirar madeiras; vive de tirar sipó* (sic), *lenhador*. **3.5 Trabalhadoras femininas** - mulheres arroladas como: *costureira, vive de suas agencias, panificadora, lavadeira*.

---

119 As categorias "pequeno comerciante" e "grande comerciante" são categorias analíticas utilizadas aqui, evidentemente, numa acepção restrita à realidade de Paranaguá.
120 *Idem*.

| 4 Profissionais Liberais[121] | 4.1 **Artes Médicas** - indivíduos arrolados como: "boticário, cirurgião, médico, enfermeiro". |
| | 4.2 **Outros Liberais** - indivíduos arrolados como: "professor, músico, ourives". |

5 Demais Ocupações	5.1 **Cargos Oficiais** - indivíduos arrolados como: "porteiro da câmara; secretário da câmara; juiz vintenário".
	5.2 **Religiosos** - indivíduos arrolados como: "Frei, Padre, Vigário".
	5.3 **Pobres** – indivíduos arrolados como: "vive de esmolas, vive como pode pobre".

Tabela XII: Perfil ocupacional – por faixas de ocupação – dos chefes de domicílio Reinóis e nacionais, 1801 e 1830

Ocupação em 1801	Reinóis			Nacionais			Total
	No. Absol.	% pelo Total de Reinóis	% pelo Total de cada ocupação	No. Absol.	% pelo Total de Nacionais	% pelo Total de cada ocupação	
Agricultor de Subsistência	0	0	0	104	15,9	100	104
Artes Médicas	2	3,77	100	0	0	0	2
Artesão	2	3,77	4,08	47	7,19	95,92	49
Artesão Marítimo	6	11,32	50	6	0,92	50	12
Cargo Oficial	3	5,66	27,27	8	1,22	72,73	11
Grande Agricultor	11	20,75	37,93	18	2,75	62,07	29
Grande Comerciante	12	22,64	60	8	1,22	40	20
Outros Liberais	0	0	0	5	0,76	100	5
Pequeno Agricultor	4	7,55	4,44	86	13,15	95,56	90
Pequeno Comerciante	8	15,1	26,67	22	3,36	73,33	30
Pobre	0	0	0	20	3,06	100	20
Religioso	0	0	0	7	1,07	100	7
Trabalhador do Mar	2	3,77	1,63	121	18,51	98,37	123
Trabalhador Extrativista	0	0	0	122	18,66	100	122
Demais Ocupações	2	3,77	3,51	55	8,41	96,49	57
Não Indicado	1	1,9	4	24	3,67	96	25
Ilegível	0	0	0	1	0,15	100	1
Total	**53**	**100**		**654**	**100**		**707**

---

121 *Ibidem.*

Ocupação em 1830	Reinóis			Nacionais			Total
	No. Absol.	% pelo Total de Reinóis	% pelo Total de cada ocupação	No. Absol.	% pelo Total de Nacionais	% pelo Total de cada ocupação	
Agricultor de Subsistência	1	1,14	1,01	98	15,48	98,99	99
Artes Médicas	3	3,41	75	1	0,16	25	4
Artesão	5	5,68	11,9	37	5,85	88,1	42
Artesão Marítimo	2	2,27	40	3	0,47	60	5
Cargo Oficial	3	3,41	25	9	1,42	75	12
Grande Agricultor	3	3,41	16,67	15	2,37	83,33	18
Grande Comerciante	9	10,23	30	21	3,32	70	30
Outros Liberais	0	0	0	8	1,26	100	8
Pequeno Agricultor	2	2,27	4,26	45	7,11	95,74	47
Pequeno Comerciante	31	35,22	38,27	50	7,9	61,73	81
Pobre	1	1,14	12,5	7	1,11	87,5	8
Religioso	1	1,14	50	1	0,16	50	2
Trabalhador do Mar	20	22,73	11,11	160	25,28	88,89	180
Trabalhador Extrativista	1	1,14	0,8	124	19,58	99,2	125
Demais Ocupações	2	2,27	11,11	16	2,53	88,89	18
Não Indicado	4	4,54	9,52	38	6	90,48	42
Total	**88**	**100**		**633**	**100**		**721**

Fonte: Arquivo Público de São Paulo *Listas Nominativas de Habitantes da Vila de N. Sra. do Rosário de Paranaguá* 1801 e 1830.

Esse cruzamento simples de naturalidades por ocupações desempenhadas pelos chefes de domicílio em Paranaguá reproduz um quadro da dinâmica socioeconômica da vila de Paranaguá.

Tomando-se primeiramente o ano de 1801 verifica-se que os lusitanos possuem uma predileção por atividades, ao que tudo indica, de maior especialização ou envergadura social. Ora, os dois únicos indivíduos que ocupam atividades designadas como "Artes Médicas" são portugueses. A categoria denominada de "Artesãos Marítimos", representados por Carpinteiros da Ribeira, Calafates, entre outras atividades, possui metade de seus representantes no quadro dos reinóis. E mesmo ocupações mais exercidas, como de agricultor ou comerciante, quando de grande porte, por meio da coordenação do trabalho de plantéis escravos, há uma grande representatividade dos reinóis com 37,93% (grande agricultor) e 60% (comerciante de grande porte) do total de chefes que exercem tais atividades.

Ao par e ao passo, o quadro espelha a complexificação dos quadros econômico e demográfico parnanguaras, ao avançar do século XIX, que se veio narrando ao longo do primeiro capítulo. Uma maior integração entre as diferentes províncias brasileiras e destas com a região platina, ao sul, acaba por se refletir na composição demográfica e econômica. Em Paranaguá não é diferente, em 1830, como indicado antes, há um maior número de estrangeiros habitando a vila. Os portugueses, por sua vez, também aparecem com seu número de representantes ampliado. Atividades já citadas, como as "Artes Médicas" e "Artesãos Marítimos", continuam tendo representação importante no meio português, com 75% e 40% respectivamente.

As ocupações voltadas ao comércio e ao trato marítimo são ampliadas em seus quadros representativos. Os grandes comerciantes aumentam em 50% seu número (de 20 para 30 indivíduos que chefiam tais estabelecimentos), sendo que 30% são portugueses. Entre os estabelecimentos comerciais de pequeno porte há um aumento ainda maior, da ordem de 170%, sendo exercido por 31 portugueses, ou seja, 38,27% dos ditos comerciantes. Os chamados "Trabalhadores do Mar", pescadores e marinheiros em sua maior parte, também aumentam seu quadro em cerca de 50%.

Dado interessante é o "congelamento" do número de comerciantes de grande porte portugueses verificados e, em contrapartida, o aumento do seu número frente ao comércio de miudezas. A exemplo do que ocorre com as patentes milicianas, esse quadro pode ser explicado – em parte – pela ascensão ao posto de principais comerciantes locais dos filhos, nascidos em Paranaguá, dos grandes negociantes de 1800. Tal caso ocorre com Bento Antônio da Costa, comerciante de fazendas secas e, dono de embarcações. Ele era filho do português Manoel Antônio da Costa importante comerciante da Paranaguá em seu tempo. Os casos dos grandes comerciantes de 1830 Manoel Francisco Correia Júnior, José Antônio Pereira, Francisco Carneiro dos Santos, são exatamente análogos ao que se narrou anteriormente.

Essa situação pode indicar um quadro de consolidação das elites locais que passam a privilegiar os filhos, na condução dos negócios, em detrimento da absorção de novos imigrantes chegados de Portugal. Estes novos imigrantes, ao que tudo indica, excluídos das redes clientelares lideradas pelos antigos comerciantes da praça parnanguara passam, a partir de 1830, a se dedicar aos comércios de pequeno porte e miudezas.

De maneira geral é possível concluir, portanto, que a proeminência dos portugueses na hierarquia social, acompanha o processo de complexificação visto em Paranaguá em 1830. Ao mesmo tempo, lembre-se aqui do que ocorre com os milicianos, parece perceptível o delineamento de uma elite luso-brasileira, ou melhor, cada vez menos lusa e mais brasileira, tendo em vista, que tanto no que tange às patentes milicianas, como também, nos indicativos socioeconômicos extraídos das listas nominativas se vê, cada vez mais, a proeminência dos filhos dos portugueses bem colocados ao início do século em detrimento dos portugueses recém-ingressados na vila de Paranaguá em 1830.

Capítulo III
FOGO A FOGO, ANO A ANO: OS PROCESSOS DE FIXAÇÃO DOS PORTUGUESES EM PARANAGUÁ DESDE UMA PERSPECTIVA DIACRÔNICA

> Os comportamentos individuais não são mecanicamente determinados: eles refletem o uso que cada um faz da margem de manobra de que dispõe numa situação dada, do seu universo de possíveis.[1]

Até o momento a ênfase das análises recaiu na tentativa de fotografar as linhas gerais da situação dos portugueses em Paranaguá, sempre em confronto com a população autóctone. A partir de agora, contudo, o viés analítico tomará outro rumo. Numa perspectiva distinta da análise geral, mas em complemento a esta, pretende-se organizar um conjunto de quadros de pormenor, acerca da inserção lusitana na vila de Paranaguá.

Se é certo que o processo de fixação dos portugueses na vila de Paranaguá sugere algumas tendências, também é certo que o mesmo esteve muito suscetível à heterogeneidade. Retomando-se o perfil ocupacional dos adventícios expresso na Tabela XII, se vê a gama de possibilidades – para melhor ou pior – que o destino reservou a estes indivíduos.

---

1 ROSENTHAL, Paul-Andre. "Construir o macro pelo micro: Frederik Barth e a "micro historia". In: REVEL, Jaques (org.). *Jogos de escala: a experiência da microanálise.* Rio de Janeiro: FGV, 1998, p. 126.

Compartilhando da origem reinól, encontram-se num extremo os donos do poder, grandes comerciantes, e/ou agricultores; noutro, os desprotegidos da sorte, pescadores, plantadores de subsistência. Por fim, ocupando o espaço entre os opostos, senhores de reduzidos plantéis, pequenos comerciantes, artesãos, profissionais liberais etc.

Sobre a atuação dos portugueses nestas variadas esferas econômicas e sociais é que assentam, justamente, as linhas que seguem. Atuando nas "Atividades Comerciais", nas "Atividades Agrícolas", entre os "Profissionais Liberais" e, assim, sucessivamente, a população lusitana será vista desde uma perspectiva concentrada com maior grau de minúcia. Antes de avançar cabe descrever o direcionamento metodológico que possibilitou a análise operada. Partindo-se da lista nominativa de 1801 se fez uma avaliação por amostragem dos levantamentos subsequentes mais completos. Mediante esta avaliação, chegou-se à conclusão que as variações ano a ano não eram tão significativas a ponto de justificar a transcrição de dados concernentes a todos os levantamentos realizados entre 1801 e 1830. Portanto, obedecendo-se a um intervalo que oscilou conforme a qualidade das listas, foi selecionada a série: 1801, 1805, 1810, 1815, 1824, 1830. Cada indivíduo identificado como português teve sua estrutura domiciliar transcrita na íntegra.

Assim, em alguns momentos foi possível mesmo adentrar o interior dos fogos constituídos pelos portugueses. As modificações ocorridas de ano a ano, saídas ou ingresso de elementos, compra e venda de escravos, alteração nas atividades que auferiam renda, puderam ser entrevistas e aquilatadas. Tudo isso com o fito de complementar, a partir de uma abordagem diacrônica, a avaliação sincrônica já feita para 1801 e 1830 do processo de arraigamento dos portugueses.

Por último vale lembrar que, em algumas ocasiões, o âmbito das listas nominativas foi extrapolado, agregando-se outra sorte de documentos a auxiliar no desdobramento das análises. Incluídos a partir de cruzamento nominativo, testamentos, cartas de testamento, inventários, processos, crimes, libelos, justificações, ajudaram a compor em mais matizes e nuances os quadros da atuação lusitana em Paranaguá. Incluem-se, neste mesmo caso, as reminiscências de Antonio Vieira dos Santos, que muito colaboraram quando se tratou de desvendar aspectos mais pormenorizados tanto de ocupações, quanto, dos próprios indivíduos encarregados delas.

Entre fazendeiros e roceiros: atuação lusitana no cenário agrícola de uma vila litorânea

Ao longo desta pesquisa, mapear as ocupações dos habitantes espalhados pelas vilas coloniais significou orientar-se num ambiente de baixa, ou, baixíssima especialização. Como de passagem já fora sublinhado, a fragmentação das atividades de trabalho ao longo do recorte temporal aqui abarcado era a regra. Nessa direção, o caso da agricultura é exemplar:

> A bem da verdade, a maior parte dos domicílios em nossa sociedade colonial desenvolvia algum tipo de agricultura em pequena escala. Buscavam o máximo de autossuficiência, de modo a não ficarem atrelados às vicissitudes de um mercado com poucas e difíceis opções. Se possuíam alguma terra, buscavam explorá-la dentro de suas possibilidades pessoais.[2]

Se todos estavam, portanto, implicados na lide com a terra, de forma exclusiva ou subsidiária, vale lembrar que aqui foram considerados "agricultores" aqueles indivíduos que não indicaram ao recenseador nenhuma outra ocupação ou fonte de renda que não fosse a agricultura. Ou então, quando exerciam mais de uma ocupação, indicaram a agricultura como principal fonte de renda do domicílio.

Não obstante o tradicional e documentado envolvimento dos portugueses com o comércio, não eram poucos os que estavam implicados com a lavoura. Na realidade, extrapolando-se um pouco a realidade de Paranaguá, vê-se que em determinados contextos era mesmo a maioria dos portugueses que se dedicava à agricultura, fosse ela de subsistência, médio ou grande porte.

Quando recortou a situação específica dos portugueses nas vilas da capitania de São Paulo em 1801, Carlos Bacellar chegou ao indicador de que 40,1% deles sobreviviam nas mesmas rotinas de plantio nas quais se envolvia o grosso da população autóctone distribuída na capitania.[3] Em 1808 buscou-se realizar um exercício semelhante. Ao serem avaliadas pelo

---

2   BACELLAR, Carlos de Almeida Prado. *Op. cit.,* p. 11.
3   *Ibidem,* p. 10.

menos quinze vilas da mesma capitania de São Paulo[4] pôde se levantar o indicativo de que entre 316 portugueses arrolados, cerca de 47 (14,8%) se declararam implicados com a lide agrícola. Resultado que, salvo algum defeito na produção da lista nominativa, pode apontar para a diminuição do envolvimento dos portugueses com a lavoura à medida que avança a primeira década do século XIX. Junto do avanço da primeira década oitocentista se tem o incremento da balança comercial paulista advindo da mercantilização açucareira. Crescem em decorrência disto demandas no setor de serviços que podem ter servido de atrativo aos portugueses impulsionando-os para este setor em detrimento da lavoura.

Contudo, infelizmente, há que se reconhecer que a perspectiva comparativa destes dados está um tanto comprometida. Para o ano de 1808 apenas 14 vilas paulistas foram avaliadas diante de 36 avaliadas por Carlos Bacellar para o ano de 1801. Tendo sua economia majoritariamente caracterizada pela subsistência e contando com uma baixa incidência lusitana em sua composição demográfica, Juqueri, Santo Amaro, Bragança e Moji Guaçu foram algumas vilas que ficaram de fora do cômputo feito para 1808. Mesmo assim, há que se considerar que, tendo sido excluídas da contagem justamente aquelas localidades que concentravam menos portugueses em sua composição, o argumento anterior ainda mantém alguma validade.

Em todo caso, o importante índice de comprometimento dos lusitanos com a lavoura suscita algumas reflexões. Carlos Bacellar buscou explicar tal envolvimento na chave de um prosseguimento entre as experiências vividas na terra natal e na da promissão: "eram, provavelmente, colonos provindos do campo, e sua nova pátria significava uma solução de continuidade na atividade rural".[5] De fato. E acrescente-se, também, que para muitos tal continuidade não se tratava de uma opção primordial, mas, talvez, a única que lhes restou.

Como se verá adiante, algumas trajetórias de portugueses mapeadas neste trabalho apontam que, sobretudo no caso do comércio, havia uma lógica que

---

4   Arquivo Público do Estado de São Paulo. *Listas Nominativas de Habitantes das Vilas de Antonina, Atibaia, Cananeia, Castro, Cunha, Curitiba, Guaratuba, Itu, Lages, Paranaguá, São Carlos, São Paulo, Vila nova do Príncipe*, ano 1808.

5   BACELLAR, Carlos de Almeida Prado. *Op. cit.*, 2000, p.10.

regia a admissão de adventícios de fresca data no ramo mercantil. Tal lógica abrangia um preparo mínimo (primeiras letras, aritmética básica) e a participação em redes clientelares (algumas transatlânticas) de comerciantes já estabelecidos há mais tempo no lugar de destino. Não preenchendo estes últimos critérios, mesmo que tivessem tenção de se estabelecer no comércio, não eram todos os adventícios que o conseguiam. Restava-lhes, assim, como segunda opção, a lavoura (muitas vezes de subsistência em vilas mais acanhadas e afastadas dos grandes centros). Outros, como se verá, ocupavam-se como artesãos, marítimos, e daí por diante.

No caso de Paranaguá, como se havia apontado, desde uma perspectiva sincrônica, o número de portugueses implicados na lavoura chegou a onze em 1801 com uma diminuição em 1830, quando somam seis indivíduos. Ora, esses dados vão justamente em direção oposta do que ocorria na capitania de São Paulo como um todo. Nos dois anos avaliados, o envolvimento português com a lavoura foi sempre minoritário. O que justifica esta discrepância? Talvez o próprio perfil de Paranaguá que, como se tentou explicar, ajustava-se muito mais a uma dinâmica de comércio marítimo do que às práticas agrícolas, ainda que elas também estivessem ali presentes.

Mas quem eram então os portugueses que ao se estabelecer em Paranaguá encontraram na lavoura sua forma primordial de subsistência? Apresenta-se inicialmente a base da pirâmide formada pelos imigrantes dedicados à agricultura: os não escravistas. Entre os anos de 1801 e 1830, respeitando-se o intervalo (aproximadamente quinquenal) descrito antes, descontando-se repetições, foi possível levantar quatorze domicílios sem escravos, chefiados por portugueses, em oposição a 27 domicílios de portugueses agricultores e escravistas. Portanto, desde esta perspectiva longitudinal, também se confirma o quadro apresentado antes, ilustrando que entre os portugueses a posse cativa sempre foi mais frequente do que o contrário.

Manoel de Oliveira (54 anos), oriundo da Ilha de São Miguel, casado com Rita natural de Paranaguá, vivia em 1801 na companhia de seis filhos e plantava mandioca;[6] José Francisco (49 anos), também natural das ilhas (do

---

6 Arquivo Público... *Listas Nominativas de Habitantes da Vila de N. Sra. do Rosário de Paranaguá*, 1801. Fogo: 49, 2ª Cia

Fayal no caso), teve seu domicílio arrolado em 1805, vivia com sua esposa, Gertrudes, natural de Paranaguá, mais quatro filhos. Quanto às suas ocupações foi registrado como "he agricultor e nada mais consta no registro [sic]".[7] Em 1830 seu domicílio voltou a ser arrolado. Nesse ano foi indicado que ele, somando 91 anos, já se encontrava viúvo, e continuava plantando "para o gasto" contando com a ajuda de um filho solteiro de 19 anos.[8] Antonio de Ramos natural do Porto, arrolado em 1805, era viúvo e vivia com seu neto de 15 anos, "plantando para seu custo".[9]

Assim como aconteceu com José Francisco (citado há pouco), Joaquim Monteiro teve seu domicílio registrado em duas ocasiões (1815 e 1830). Tal como ocorreu com seu patrício, no intervalo de cinco anos, seguiu atuando na lavoura sem contar com mão de obra escrava. Caso diferente ocorreu com João Gonçalves, natural de Aveiro. Se em 1824 ele integrava, mediante posse de dois escravos, o rol de pequenos proprietários, em 1830 ele se viu alijado desta condição alinhando-se aos pequenos lavradores despossuídos. Em nenhum caso acompanhado, aliás, pôde se perceber a entrada de escravos novos em domicílios não escravistas. Numa dinâmica que remonta à máxima do Evangelho de São Mateus,[10] o acréscimo de cativos tendia a ser mais frequente em domicílios já escravistas do que o contrário.

É importante salientar que, no caso dos domicílios que não operavam no regime de coerção cativa, a ausência de escravos não significava, necessariamente, práticas restritas à agricultura de subsistência. Assim se vê, por exemplo, registros de domicílios que mesmo despossuídos de escravos chegaram a vender farinhas. Manoel de Oliveira em 1801, além de plantar mandioca, "vendeu 15 alqueires de farinha".[11] José Monteiro, casado e natural do Porto, chegou a vender

---

7   *Idem*. Fogo: 230, 1ª Cia.
8   *Idem*. Fogo: 91, 2ª Cia.
9   *Idem*. Fogo: 191, 2ª Cia.
10 "Porque, a todo aquele que tem, será dado mais, e terá em abundância. Mas ao que não tem, até o que tem lhe será tirado" (São Mateus 25, 29). *Bíblia, A.T.* Gên. Português. *Bíblia Sagrada.* trad. Centro Bíblico Católico. 34ª ed. rev. São Paulo: Ave Maria.
11 Arquivo Público... *Listas Nominativas de Habitantes da Vila de N. Sra. do Rosário de Paranaguá*, 1801. Fogo: 49, 2ª Cia.

"90 alqueires de farinha" em 1824.[12] No mesmo ano o lisboeta Antonio da Silveira, casado, foi indicado como "planta para o gasto e vendeu 36 alqueires de farinha".[13] Não se tratavam de quantias inexpressivas.

Ao apresentar *A conta de mantimentos para a gente que tem se empregado no Brigue Cascudo desde seu princípio até o dia 9 de outubro de 1846*, Jozé Barrozo, um dos responsáveis pela sua construção, discrimina os montantes da ração de farinha consumida na boia: 59 alqueires e meio de farinha de mandioca (821,1 litros) teriam alimentado 41 homens durante aproximadamente 130 dias de trabalho.[14]

De novo o "pão da terra". Planta rústica de cultivo relativamente fácil, pouco vulnerável aos ataques de pragas, vegetação estranha, doenças, exigindo mínimos cuidados. A cultura da mandioca foi traço onipresente, constituindo-se a principal referência alimentar e de trabalho nas pequenas unidades agrícolas parnanguaras daqueles que a historiografia convencionou chamar de "livres e pobres".[15] A análise das listas nominativas revela que os reinóis nesta faixa estavam plenamente alinhados à população local. Alguns furando covas em terrenos acanhados, outros articulando o plantio com a produção da farinha.

Mais trabalhoso que plantar mandioca era "farinhar", ou seja, beneficiá-la. A mandioca deveria ser descascada, moída, prensada (para se retirar o suco ácido no caso da espécie *brava*), e depois torrada. Este último processo suscitava, inclusive, certa utensilagem: a roda, a prensa, o tacho, o forno. De maneira que se vê aí uma sensível diferenciação entre os que plantavam mandioca e aqueles que conseguiam vendê-la como farinha. Mas não é improvável que aqueles que não dispusessem de utensílios utilizassem formas alternativas para obter aquela que era a primordial fonte calórica daquelas paragens. O uso do tipiti (cesto cilíndrico de dois palmos de altura trançado a partir de lascas de taquara) fazendo a função de prensa que, diga-se de

---

12 *Idem*. Fogo: 29, 1ª Cia.
13 *Idem*. Fogo: 46 1ª Cia.
14 Este documento é apresentado por LEANDRO, José Augusto. "A roda, a prensa, o forno, o tacho: cultura material e farinha de mandioca no litoral do Paraná". *Revista Brasileira de História*, São Paulo, vol. 27, n. 54, 2007, p. 261-278.
15 *Ibidem*.

passagem, ainda hoje utilizado pelas comunidades ribeirinhas, consiste num exemplo nesta direção. O beneficiamento da própria produção em fábricas alheias, mediante alguma espécie de contrato, tal como faziam os canavieiros "partidistas",[16] também pode ter sido uma solução no universo das possibilidades daquele contexto.

Ainda, mostrando capacidade de adaptação às condutas autóctones, também se viu portugueses não escravistas recorrendo à estratégia da incorporação de agregados (em geral pardos). Fosse para garantir a subsistência, fosse para ultrapassar este limiar, tratavam de aumentar, via agregação de indivíduos, a força de trabalho em seus núcleos domiciliares.

O mesmo Antônio da Silveira que disse ter vendido 36 alqueires de farinha contava, em seu domicílio, com três agregados. A parda Jacinta Maria, viúva de 28 anos, agregada ao domicílio em 1824 e seus filhos, também pardos, Pedro de 11 anos e Joaquina de 10 anos.[17] Em 1810, Manoel Marques de Jesus (natural de Braga, 32 anos) casado com Isabel Gonçalves, vivia de sua lavoura de mandioca, tendo agregada ao seu domicílio a parda Maria Gomes.[18]

Na sociedade em questão, a cor dos indivíduos não se resumia a uma questão de fenótipo, remetia antes a um lugar social. Construídas historicamente, as categorias classificatórias expressas na cor vinham (ou vem?) sempre imbuídas de polissemia variando nas diferentes circunstâncias sociais, bem como nos variados contextos em que são aplicadas. E, nesse sentido, a questão dos pardos é permeada por complexidades. Estudiosos do assunto já puderam observar que, mediante cabedal material e social amealhado ao longo da vida, um indivíduo mulato poderia mesmo sofrer um processo de branqueamento social, passando a ser reconhecido como branco. Mas o contrário também era passível

---

16 A respeito dos lavradores de cana sem engenhos na Capitania de São Paulo consulte-se, por exemplo, FERNÁNDEZ, Ramón V. Garcia. "Os Lavradores de Cana em São Sebastião". *Revista do Instituto de Estudos Brasileiros*, São Paulo, n. 40, 1996, p. 173-190.

17 Arquivo Público... *Listas Nominativas de Habitantes da Vila de N. Sra. do Rosário de Paranaguá*, 1824. Fogo: 46 1ª Cia.

18 *Idem*. Fogo: 62 1ª Cia.

de ocorrer.¹⁹ No caso de Paranaguá a conotação pardo tendia a aproximar os livres de cor do mundo do cativeiro.²⁰

Em 1830, por exemplo, somente oito indivíduos pardos foram denominados livres em oposição a 406 que foram denominados cativos e quatro alforriados. No levantamento nominativo de 1801 havia apenas dezesseis pardos livres para 542 cativos e, também, quatro manumitidos. Quanto aos denominados negros, nenhum foi classificado como livre: 675 indivíduos foram classificados como cativos em 1801 e seis alforriados. Em 1830, se têm 875 negros cativos, seis alforriados, e nenhum denominado livre, mas havia também um importante número de pardos que não tiveram sua condição jurídica indicada. Em 1801 este foi o caso de pelo menos 550 pardos contra apenas 48 negros não definidos como livres ou cativos. Em 1830 o padrão se repete: 660 pardos não tiveram sua condição indicada contra 77 negros. Quanto aos brancos, não houve caso em que sua condição de livres não tenha sido afirmada.²¹ Esta diferença gritante entre o número de pardos sem condição indicada contra o número de negros na mesma situação pode ser lida como mais um indicador da oscilação entre o cativeiro e a liberdade protagonizada pelos livres de cor.

Os pardos agregados aos domicílios portugueses integravam o rol daqueles que não tiveram sua condição de livres ou escravos anotada. Mas, ao que tudo indica, pareciam ser "livres de cor" incorporados ao domicílio em condição de subalternidade, numa dinâmica que faz lembrar as considerações

---

19 GUEDES, Carlos Roberto. "Sociedade escravista e mudança de cor. Porto Feliz, São Paulo, século XIX". In: FRAGOSO, João; Florentino, Manolo; SAMPAIO, Carlos Jucá; CAMPOS, Adriana (org.). *Nas rotas do império: eixos mercantis, tráfico e relações sociais no mundo português*. Ilha de Vitória: Edufes, 2006.

20 Fato que parece de acordo com as considerações de Hebe Matos para quem: "na verdade durante todo o período colonial, e mesmo até bem avançado do século XIX, os termos negro e preto foram usados exclusivamente para designar escravos e forros. Em muitas áreas negro foi sinônimo de africano... Pardo foi inicialmente utilizado para designar a cor mais clara de alguns escravos, especialmente sinalizando para a ascendência europeia de alguns deles". CASTRO, Hebe Maria M. de. *Das cores o silêncio: os significados da liberdade no sudeste escravista*. Rio de Janeiro: Arquivo Nacional, 1995, p. 219.

21 Arquivo Público... *Listas Nominativas de Habitantes da Vila de N. Sra. do Rosário de Paranaguá*, 1801 e 1830.

de Cacilda Machado. A autora pôde captar dinâmicas que permeavam as relações entre brancos, pardos e negros, na freguesia de São José dos Pinhais, na passagem do século XVIII para o XIX. Detectando a vigência de um conjunto de práticas patriarcalistas, Cacilda Machado observou que:

> onde faltava a capacidade para se investir em escravos, sobrevinham esforços senhoriais para, informalmente, incorporar livres de cor ao cativeiro. Prática alimentada e impulsionada, segundo a autora, pela própria lógica hierárquica daquela sociedade fundada na escravidão.[22]

Tratando-se, portanto, de uma sociedade escravista busca-se, doravante, colocar em evidência a situação daqueles domicílios que se caracterizaram pela presença de cativos em sua estrutura. Um dado de coesão bastante perceptível entre os domicílios escravistas e aqueles descritos há pouco é a onipresença da cultura da mandioca. Analisando inventários parananguaras abertos à segunda metade do século XIX, José Augusto Leandro traçou algumas considerações que, conforme as análises aqui empreendidas parecem válidas, também, para a primeira metade do século XIX. Segundo o autor "é possível inferir que esta classe, proprietária de escravos, produzia para além da subsistência do seu grupo e de seus próprios cativos. Evidencia-se, também, que essa produção de alimentos concentrava-se quase que em único produto a farinha de mandioca".[23]

Contudo, antes de se referendar a citação acima, cabe apontar uma exceção. Natural de alguma das vilas do arcebispado de Braga, Lourenço Maciel Azamor já contava 79 anos quando foi arrolado na lista nominativa de 1801. Era casado com Vitória Rodrigues de 80 anos. Ainda compunham o domicílio o filho Antonio Maciel (19 anos, nascido em Paranaguá), sua mulher Ana Luiza (natural do Rio de Janeiro, 19 anos) e uma filha (Maria, de um ano de idade). Azamor reunia um pequeno plantel de quatro escravos adultos: Francisco (51 anos); Luzia (21 anos); Antonio (61 anos) e Maria (31 anos). No item

---

22 MACHADO, Cacilda. *Op. cit.*, p. 30.
23 LEANDRO, José Augusto. "A roda, a prensa, o forno, a tocha: cultura material e farinha de mandioca no litoral do Paraná". *Revista Brasileira de História*, São paulo, vol. 27, n. 54, 2007, p. 270.

"ocupações" ficaria anotada a seguinte expressão: "vive da lavoura de mandioca e diz que não lhe chega para comer".[24] Não deixa de ser curiosa esta indicação, afinal, mesmo sendo escravista, dando-se crédito à informação prestada pelo recenseador, o domicílio não esteve imune a uma crise de subsistência. Ao que parece não conseguira produzir nem para a subsistência de seu grupo, tampouco, para a dos cativos. Infelizmente o mesmo fogo não chegou a ser arrolado em levantamentos posteriores para que se pudesse entender melhor se esta crise chegou a ser superada nos próximos anos.

Esse não foi o caso de José Gonçalves Lopes. Natural de Portugal, 59 anos, casado com Maria de Jesus (58 anos) reunia um plantel de dez escravos, ou, melhor, dez escravas (seis meninas de dois, três, sete, oito e nove anos de idade e quatro mulheres de 41, 42, 46 e 57 anos). A inquirição sobre a produção de seu domicílio acusou que ele: "Planta mandioca para sustento de sua Caza, abatido o qual sobraram-lhe 220 alqueires de farinhas".[25]

Entre os "farinheiros" havia ainda Antonio Jozé Sintra. Natural de Sintra, senhor de cinco escravos, ao ser arrolado em 1824 indicou ter produzido duzentos alqueires de farinha. Pedro Martins natural de Lisboa, arrolado em 1830 na condição de senhor de oito escravos, também era "farinheiro", tendo conseguido produzir 150 alqueires de farinha.[26] O caso de Pedro Martins chama atenção, aliás, por outros motivos. Em 1801, o mesmo reinól havia sido arrolado como agregado ao domicílio do tenente miliciano Faustino José Borges, natural de Lisboa, senhor de seis escravos dedicados ao plantio de mandioca e à produção de farinhas.[27]

O domicílio pôde ser acompanhado até 1830. Nesse ínterim, o ano de 1824 marca uma inflexão naquela estrutura doméstica: Pedro Martins é arrolado como marido de Gertrudes Borges, filha de Faustino Borges. Após o falecimento deste último, o fogo toma o contorno captado em 1830 quando, então, se vê Pedro Martins assumindo a chefia da casa no lugar do sogro, acrescentando mais dois novos cativos ao plantel original, mantendo também

---

24 Arquivo Público... *Listas Nominativas de Habitantes da Vila de N. Sra. do Rosário de Paranaguá*, 1801. Fogo: 40 1ª Cia.
25 *Idem*. Fogo: 112 1ª Cia.
26 *Idem*. Fogo: 18 1ª Cia; 1830, Fogo: 197.
27 *Idem*. Fogo: 32 1ª Cia.

a atividade praticada por seu sogro. A incorporação de adventícios portugueses no domicílio do sogro, a quem acabavam substituindo depois na liderança familiar, não era, portanto, um expediente restrito ao universo dos comerciantes.

Avançando-se um pouco mais com relação ao tamanho dos planteis, se vê que a raiz tuberosa continua lá onipresente. Mas essa tonalidade monocórdia vai ganhando um pouco mais de nuance. Senhor de treze escravos, o capitão Antonio da Silva Neves acusou, em 1801, viver "de suas lavouras de mandioca, feijão, arroz, vendeu duas pipas de cachaça e algumas arrobas de açúcar". A renda do domicílio era incrementada ainda com o trabalho de três escravos ladinos (dois barbeiros e um carpinteiro).[28]

O domicílio do capitão João Crisóstomo Salgado foi registrado no intervalo de 1805 e 1830. O número de integrantes do plantel manteve-se constante, como também se mantiveram constantes as atividades desenvolvidas naquela estrutura: "vive de lavoura para seu consumo. Consumiu 246 alqueires de farinha. Tem olaria de fazer telhas fez 2500".[29] Parte do plantel cativo ao domicílio foi indicado como sendo proveniente de Santos, tal como a esposa do reinól, Dona Maria Magdalena, também santista. Há ainda a notícia de uma filha do casal (16 anos) nascida em Curitiba. Dado que pode ser indício de processos de mobilidade que acabaram cessando a partir de 1805. Em 1830, como já havia sido indicado em item anterior, o domicílio era encabeçado por Dona Maria Magdalena, já viúva. O sargento José Vieira Belém, de 52 anos, natural de Lisboa, casado com Roza Maria (40 anos) mantinha um plantel, em 1830, que também somava 24 escravos, constando que: "Vive de Lavouras comsomio farinha 190 alqueires; vendeo 40 alqueires de Arros e 100 de maça de Cal".[30]

Entre os grandes escravistas, detentores de dez ou mais escravos, verificou-se que a menção à produção de farinhas foi mais rara do que a menção ao seu consumo. É provável que estivessem concentrados na produção de víveres mais lucrativos; ou então, conforme o exemplo mencionado, mobilizassem ao

---

28 *Idem*. Fogo: 1, 2ª Cia.
29 *Idem*. Fogo: 107, 1ª Cia.
30 *Idem*. Fogo: 10, 1ª Cia.

ganho parte da força cativa. Isso não quer dizer que não produzissem farinhas. Contudo, conforme a assertiva de José Augusto Leandro, é admissível imaginar que tal gênero ficava retido no próprio fogo alimentando o plantel e os seus demais moradores da unidade domiciliar. Já nos plantéis pequenos e médios, a dar crédito aos informes das listas nominativas, quando se tratava de produção destinada à venda, as farinhas reinavam absolutas.

Finalmente, podem ser retomadas algumas questões acerca do perfil geral dos 41 portugueses envolvidos com a lavoura em Paranaguá durante o recorte indicado anteriormente. Em primeiro lugar cabe perguntar se havia alguma relação entre a sua proveniência e a prática da lavoura. Em Paranaguá não foi levantado nenhum dado que pudesse encorajar uma tendência nesta direção.

Somente seis açorianos (entre os 41 lavradores) dedicavam-se ao trato agrícola. O restante dos agricultores portugueses, dividido de forma mais ou menos equilibrada, provinha de áreas continentais em especial nortistas e, também, dos grandes centros Lisboa e Porto.

Também se pôde testar se havia alguma hierarquização (entre os reinóis agricultores) relacionando proveniência e tamanho de plantel. Nesse caso se obteve novamente uma resposta negativa. Entre os quatorze não proprietários de escravos, havia dois ilhéus e o restante equilibrava-se entre Porto, Lisboa e Braga. O restante dos ilhéus dividia-se entre o grupo dos donos de três, sete e, finalmente, onze escravos. Não havia, é verdade, ilhéus no restrito grupo dos dez portugueses lavradores que possuíam mais de catorze escravos. Mas é difícil imaginar que isso se devesse a alguma espécie de hierarquização no interior deste grupo. Talvez esse número se explicasse mesmo pela baixa proporção dos provenientes das ilhas diante de seus conterrâneos.

Todos os portugueses agricultores, sem exceção, conheceram o casamento. Um único português que havia sido registrado como solteiro (Pedro Martins, que já teve seu caso comentado) veio a se casar depois. Casou-se com uma mulher natural da vila de Paranaguá; e, nesse comportamento, esteve completamente consonante com seus conterrâneos lavradores que, feita apenas uma exceção (lembre-se do caso de Dona Magdalena santista), desposaram mulheres naturais de Paranaguá. Fato que sugere a importância do casamento no processo de arraigamento e socialização destes indivíduos.

Ainda com relação ao perfil etário dos 41 lusitanos agricultores, se tem a idade mínima fixada em 25 anos e a máxima em 98 anos. Entre os portugueses mais velhos (81, 91, 98 anos) havia dois senhores de catorze escravos e um que não possuía nenhum. Os demais despossuídos que, descontando-se o de 91 anos, somam treze, dividem-se entre as faixas etárias de trinta a sessenta anos. Por fim, para o caso dos proprietários, se tem que entre 285 escravos: 83 (29,2%) concentravam-se na faixa de senhores que possuíam entre 51 a sessenta anos; 62 (21,7%) nas mãos de senhores de 71 a noventa anos; cinquenta (17,5%) nas mãos de senhores 61 a setenta anos; 46 (16,1%) nas mãos de proprietários de 25 até quarenta anos e, por fim, (15,4%) pertenciam a senhores de 41 até cinquenta anos. Vê-se, portanto, uma distribuição equilibrada, fazendo pender a concentração cativa para as faixas etárias mais avançadas da amostra, sobretudo, entre os portugueses de 51 a sessenta anos, indicando que, no caso dos portugueses, a aquisição de cativos se dava paulatinamente. Situação que não contrasta do que foi verificado por Carlos Bacellar, quando este relacionou a posse de escravos e a idade média dos proprietários reinóis para o conjunto de vilas capitania de São Paulo em 1801.[31]

Por fim, foi perceptível a articulação entre o tamanho do plantel e a ostentação de patentes milicianas. O já mencionado José Vieira Belém, dono do segundo maior plantel cativo entre os agricultores, era sargento de milícias. Bento José da Cruz (doze escravos); Antonio Ferreira Braga (quinze escravos); João Crisóstomo Salgado (25 escravos) e José Carneiro dos Santos (dezesseis escravos) eram todos capitães, sendo o último o capitão-mor. Entre quem não detinha escravos temos dois cabos de esquadra e um ordenança, os demais não tiveram patentes associadas a seus nomes. Fato que mostra, portanto, que no contexto investigado havia conexões entre capacidade material e distinção social traduzida na ostentação das patentes milicianas.

---

31 BACELLAR, Carlos. *Op. cit.*, p. 10.

Senhores de grandes e pequenos comércios: atuação lusitana no cenário mercantil

> O próprio rei [de Portugal] da despacho não em castelo gótico cercado de pinheiros, mas por cima de uns armazéns a beira do rio.[32]

Já foi dito que onde havia comércio havia portugueses. Obedecendo a essa máxima, como pode ser entrevisto a partir da tabela XII, a adesão às práticas mercantis de grande ou pequeno porte entre os lusitanos chegava, em 1801, a 37,7% (vinte em números absolutos), configurando a ocupação mais frequente em tal grupo. Em 1830, verifica-se um aumento de maneira que 45,5% (quarenta em números absolutos) dos lusitanos seguia fazendo girar o comércio em Paranaguá.

Ao ser analisada longitudinalmente, a frequência dos comerciantes ao longo dos censos coloniais, tal como feito com os agricultores, chegou-se a um novo indicador da proeminência do comércio entre os lusitanos. Se anteriormente verificou-se nas mesmas fontes a presença de 41 portugueses agricultores, quando se tratou de buscar comerciantes lusitanos, obedecendo-se a idênticos parâmetros (descontando-se, evidentemente, repetições ano a ano), chegou-se à casa dos 94 indivíduos.

Outro dado de interesse correspondeu ao levantamento dos indivíduos que seguiam aparecendo mais de uma vez nos levantamentos quando da busca longitudinal. No caso dos agricultores foram poucos os que, ao longo dos quinquênios analisados, se apresentaram pelo menos duas vezes nos censos coloniais. Na realidade, apenas doze indivíduos (pouco mais de um quarto) foram registrados em mais de um levantamento durante a busca em anos subsequentes. Já no caso dos comerciantes, cinquenta deles (53,1%) foram registrados em mais de uma ocasião. Acrescente-se que, ao contrário do que ocorreu com os

---

32 FREYRE, Gilberto. *Casa-grande & Senzala: as origens da família patriarcal brasileira*. Rio de Janeiro: Editora José Olympio, 1987, p. 23.

agricultores, pelo menos seis indivíduos puderam ser localizados ao longo de toda a série consultada (1801, 1805, 1810, 1815, 1824, 1830).

Mas por que os comerciantes tenderam a ser registrados com maior constância do que os agricultores? Trata-se de uma discrepância difícil de explicar. Ela pode se justificar em função de acasos, imprecisões da fonte, erros de registro, incúria do recenseador, ou mesmo alterações gerais na estrutura do domicílio, que tornaram os portugueses invisíveis no conjunto da população autóctone. Contudo, descontando-se estes problemas técnicos, a reiterada menção aos comerciantes – ao longo dos levantamentos nominativos – em contraposição à opacidade dos registros de agricultores não deixa de suscitar algumas questões.

Em primeiro lugar, a esmagadora maioria dos comerciantes (83 configurando 88,23%) teve seus domicílios arrolados como pertencentes à primeira companhia de ordenanças. Setor que, ao menos no caso de Paranaguá, parecia demandar mais atenção dos recenseadores. Ao analisar as listas nominativas, se fica com a nítida impressão de que havia mais cautela com relação a este setor, e não é para menos. Ali se assentavam os nomes dos mais notáveis e de suas famílias. O capitão mor, responsável em última instância pela confecção da lista, tinha tradicionalmente sua estrutura domiciliar ali registrada, encabeçando a lista. Além disso, a primeira companhia dizia respeito ao núcleo urbano onde havia uma população mais solidamente estabelecida e, por isso, mais fácil de recensear.

Pari passu, o maior número de comerciantes sendo registrado sucessivamente pode ser um indício a respeito da consistência da atuação desse grupo que se revelava, por algum motivo, mais arraigado do que o dos agricultores. Também pode sinalizar algo na direção do reconhecimento social creditado aos próprios comerciantes em função das atividades por eles desenvolvidas.

Mafalda Zemella, ao tratar da dinâmica de abastecimento nas Minas setecentistas, sublinhou a importância do comércio como um foco de atração demográfica.[33] Equiparadas pela autora, até mesmo à importância das ações da Igreja nesse sentido, as práticas mercantis – fossem de pequeno, médio ou grande porte – exerciam importante função de aglutinadoras dos contingentes populacionais do Brasil colonial. Tal efeito não parecia escapar às sensibilidades

---

33 ZEMELLA, Mafalda P. *O abastecimento da capitania das Minas Gerais no século XVIII*. São Paulo: HUCITEC, 1990, p. 16.

contemporâneas. Na realidade, já na aurora do setecentos, o Ouvidor Pardinho incentivara o comércio local e inter-regional como antídoto para evitar o regresso das populações à pura autossubsistência, à prática do escambo e, por consequência, ao despovoamento de uma das áreas mais estratégicas situadas ao sul da América lusitana.[34]

Ao que tudo indica, o ouvidor não expressava apenas a sua opinião. Muito pelo contrário, fazia coro com os demais agentes da coroa portuguesa. Além do poder de integração territorial, o comércio – muito mais do que a agricultura de subsistência e o escambo – abria o ensejo para a tributação e, por consequência, angariação de proventos a serem debitados nos cofres d'El Rey.[35] Situação que poderia, portanto, justificar uma maior cautela com o registro dos comerciantes nas listas nominativas.

Utilizando-se indicadores tais como o número de escravos, a incidência de patentes milicianas, observando-se com atenção as informações prestadas no item "casualidades", trata-se agora de tecer considerações acerca dos comerciantes portugueses estabelecidos em Paranaguá.

O domicílio de Manoel Marques de Jesus foi registrado em 1824. Natural de Aveiro, casado com a parnanguara Isabel Gonçalves, aos cinquenta anos vivia de "seu negócio de molhados" sem contar com escravos. Em 1830 tornou a ser registrado, sempre na primeira companhia. Nesse ínterim seguiu casado, não logrou acrescentar nenhum escravo ao seu plantel, mas, contudo, aparece uma novidade no item casualidades. Além de pequeno negociante de molhados ele é indicado como "vive de suas ferragens".[36]

Em 1815 os registros acusaram o portuense João José. Solteiro, vivia de uma venda, sem contar com escravos, tendo seu domicílio registrado como um dos últimos da primeira companhia. Cerca de quinze anos antes, contudo, em 1801 o mesmo João José portuense fora arrolado como sendo "carpinteiro da ribeira chegado a pouco do Rio de São Francisco [leia-se Vila de Nossa Senhora

---

34 Cf. capítulo I.
35 PEREIRA, Magnus de Mello. *Semeando iras rumo ao progresso.* Curitiba: Editora da UFPR, 1996, p. 29.
36 Arquivo Público... *Listas Nominativas de Habitantes da Vila de N. Sra. do Rosário de Paranaguá,* 1824; 1830. Fogo: 129; 134.

da Graça do Rio de São Francisco pertencente à jurisdição de Paranaguá até 1831], atual São Francisco do Sul no estado de Santa Catarina".[37]

Diante destes casos se tem, portanto outros aspectos a serem sublinhados: exemplos de mudança de ocupação ao longo dos anos; o indicativo de uma provável (re)migração assinalando novamente que a itinerância dos imigrantes não cessava ao aportarem no Brasil; e, finalmente, o indício de intercâmbios que se davam entre as vilas situadas nas franjas da marinha sul.

Quanto às mudanças na natureza das atividades desempenhadas por Manoel Marques de Jesus, que acrescentou à prática comercial o desempenho de uma atividade artesanal; e João José que, provavelmente, deixou a condição de artífice, para assumir a de pequeno comerciante; se pode argumentar que elas não se configuram em casos extraordinários ou, melhor, isolados.

Infelizmente Paranaguá não teve preservados *Livros de Alvarás de Licenças e Termos de Fianças*[38] ou *Atas e Registros Gerais de Câmara*, tão úteis na hora de caracterizar a fundo as dinâmicas comerciais, bem como as relações socioeconômicas que grassavam nas diversas vilas do Brasil colonial e pós-colonial. Contudo, debruçando-se sobre esta mesma documentação para a vila de Curitiba, Mara Fabiana Barbosa observaria que serra acima, uma recorrente "característica dos oficiais mecânicos curitibanos era a de conjugar atividades artesanais e comerciais; desta forma encontramos muitos casos de profissionais que além de seu ofício atuaram também no comércio e com isso retiraram duas licenças nos termos de fiança".[39]

---

37 Arquivo Público... *Listas Nominativas de Habitantes da Vila de N. Sra. do Rosário deParanaguá*,1801; 1815. Fogo: 169; 193.

38 Tal documentação consiste nos registros das licenças concedidas pela Câmara Municipal a todos os vendeiros, lojistas e artesãos que desejavam atuar tanto na vila quanto em seus bairros e freguesias. A licença só era concedida aos interessados que tivessem um fiador. As informações registradas nestes documentos permitem localizar e identificar os comerciantes e artesãos que atuaram nas suas respectivas praças. Para a vila de Nossa Senhora da Luz dos Pinhais de Curitiba ainda é possível contar com esta documentação. Uma análise acerca desta fonte pode ser recuperada em:BARBOSA, Mara Fabiana. *Terra de Negócio: o comércio e ao artesanato em Curitiba na segunda metade do século XVIII*. Dissertação (mestrado) – UFPR, Curitiba, 2003.

39 *Ibidem*, p. 61.

A autora, no que se está de acordo, buscou explicar a conjugação de variadas atividades profissionais na chave das demandas.[40] Se a historiografia pontua a diversificação de atividades como uma das principais estratégias dos comerciantes de grosso trato, para contornar instabilidades econômicas típicas da sociedade colonial, os pequenos comerciantes, por sua vez, também se valiam de recurso semelhante. Afinal, também estavam sujeitos às consequências das oscilações econômicas e, não raro, de forma mais pungente do que seus parceiros de maior estatura. A um pequeno comércio estagnado, enfraquecido pela pouca demanda ou circulação de numerário, compensavam proventos advindos da atividade de ferreiro. Um carpinteiro da ribeira, depois de estabelecido em determinada comunidade, numa conjuntura favorável, bem poderia se arriscar com uma venda se lhe aprouvesse e, em caso de necessidade, porque não, retornar ao seu antigo ofício.

Debret, ao retratar a vida urbana brasileira de inícios do século XIX, testemunhou ter encontrado na mesma pessoa, negra ou pelo menos mulata,

> um barbeiro hábil, um cabelereiro exímio, um cirurgião familiarizado com o bisturi e um destro aplicador de sanguessugas. Dono de mil talentos, ele tanto é capaz de consertar a malha escapada de uma meia de seda, como de executar no violão, ou na clarineta, valsas e contradanças francesas em verdade arranjadas a seu jeito.[41]

Se esta fotografia fora pintada com uma pessoa de cor instalada ao horizonte do retratista, brancos reinóis como João José, Manoel Marques de Jesus e, sobretudo, Antonio Vieira dos Santos,[42] bem poderiam ter assumido o centro da mesma pintura. A diversificação como estratégia de sobrevivência atingia todos os patamares.

Mas havia espaço também para aqueles que conheceram a constância em relação aos ofícios que escolheram no intuito de angariar sua sobrevivência. Antônio José de Medina foi arrolado em 1824 com sua mulher, sem contar com

---

40 *Ibidem.*
41 DEBRET, Jean-Baptiste. *Viagem pitoresca e histórica ao Brasil v.2*. São Paulo: Martins Fontes, 1989, p. 73.
42 Vide capítulo V.

escravos, administrando uma venda. Cerca de seis anos depois em 1830, vê-se o mesmo indivíduo ainda casado, lidando com sua venda, sem ter agregado força cativa ao seu domicílio. O par era, aliás, um dos únicos casais provenientes dos Açores (Ilha da Graciosa) estabelecidos em Paranaguá.[43]

Contando apenas com uma escrava "de porta", Manoel Felipe da Cunha Bittencourt, também ilhéu da Graciosa, casado com a curitibana Ana Maria, vivia de "seu negócio de molhados" em 1824. Em 1830 o quadro se altera um pouco. Ocorre o ingresso de um novo cativo ao domicílio e o ilhéu é arrolado como "vive de seu armazém".[44] Em 1801, o bracarense Francisco José Sardinha, sem contar com escravos, vivia "de sua venda". Aproximadamente dez anos depois foi contabilizado como "dono de taberna".[45] Embora mudasse a terminologia empregada na definição de seus estabelecimentos, estes indivíduos seguiam, inegavelmente, comerciantes.

Vendas, tabernas, negócio de molhados, armazém… Terminologias de abrangência imprecisa usadas em alguns casos como sinônimos em outros não. Na realidade, se houve uma preocupação com o registro dos comerciantes nos levantamentos censitários o registro de suas atividades, por sua vez, pecava pelas generalizações.

Em 1801, por exemplo, quando se tratava de arrolar o universo mercantil, recorria-se à fórmula "he comerciante" com pequenas variações tais como "com um pequeno comercio de que come"; "sustenta a si e toda sua família"; "vive de uma taberna com sua família"; "vive de sua loja". Em 1830, utiliza-se a expressão mais frequente em documentação coeva "vive de seu negócio" ou "de fazendas secas e/ou molhadas".[46] Informações residuais, portanto, que não permitem qualificar a especificidade das transações realizadas, tão pouco conhecer, senão de forma genérica, as atividades dos comerciantes.

Não se trata de uma dificuldade exclusiva deste trabalho. A difícil busca de apreensão dos níveis de especialização dos estabelecimentos que funcionavam no Brasil colonial e pós-colonial já mobilizou outros pesquisadores. Sendo uma das primeiras analistas a contribuir, em 1950, na direção do entendimento

---

43 Arquivo Público… *Listas Nominativas de Habitantes da Vila de N. Sra. do Rosário de Paranaguá,* 1824; 1830. Fogo: 36; 93.
44 *Idem.* Fogo: 36; 30.
45 *Idem.* Fogo: 15, 64.
46 *Idem*, 1801 e 1830.

dos níveis de especialização acerca do comércio colonial, Mafalda Zemella observou que naquilo que se definia como lojas se faziam circular os "secos": manufaturas, panos, ferramentas, linhas etc. Já nas vendas reunia-se o comércio de bebidas e alimentos. As tabernas, por fim, teriam se especializado na venda das bebidas.⁴⁷ Entretanto, à medida que as pesquisas avançaram tal divisão soou um tanto engessada. A historiografia recente tem demonstrado que as vendas, por exemplo, poderiam – tanto quanto as tabernas – vender bebidas, funcionando como espaços de sociabilidade e lazer para os locais. Também foi verificada em inventários *post-mortem* a existência de lojistas que deixaram entre seus "trastes de loje gêneros molhados".⁴⁸

De fato. Em 1810, Antonio da Cruz, mestre da embarcação Bezaria foi até o juizado de ausentes da ouvidoria geral da comarca de Paranaguá solicitar a quitação de uma dívida que seu tio, recém-falecido, havia com ele contraído dois anos antes. O ascendente em questão era o reinól José Fernandes Pancada, natural da freguesia de Santo Estêvão, arcebispado de Évora, que depois de passar um tempo em Paranaguá mudou-se para Antonina. Conforme as testemunhas arroladas no processo, a dívida procedia. Veja-se o que disse José Francisco Álvares, natural da vila de Iguape, que vivia de seu ofício de ferreiro, casado e morador da vila de Antonina:

> Disse ele Testemunha que sabe pelo ter ouvido dizer ao falessido Alferes Joze Fernandes Pancada, poucos mezes antes de morrer que ele hera devedor ao Justificante João Antônio da Crus huma quantia grande de Dinheiro que digo de dinheiro prossedido de Fazendas que lhe avia remetido da cidade do Rio de Janeiro para elle vender na Sua loje, cujas Fazendas elle Testemunha vio, e o mesmo falessido lhe mostrou, e sabe de Siencia serta que o dito Alferes Joze Fernandes Pancada falesseo sem ajustar Contas Com o Justificante⁴⁹

---

47 ZEMELLA, Mafalda P. *Op. cit.*
48 BORREGO, Maria Aparecida de M. *Op. cit.,* p. 95.
49 Arquivo Público do Estado do Paraná. *Fundo Judiciário. Libelo João Antônio da Cruz* (AUTOR) *José Fernandes Pancada* (SUPLICADO), 1810, Cx 192.

A inventariante (viúva do reinól) reconheceu de imediato a dívida sem maiores polêmicas. Antônio José da Cruz, por sua vez, arrolou cuidadosamente as fazendas entregues ao tio e que, conforme informou a testemunha, estavam dispostas na loja. Assim se vê constar do estoque: louças da Bahia; Pedra Ume; Facas flamengas; Semente de Alexandria (fitoterápico vermífugo); carretéis de cordas sortidos; rosários de miçangas; brincos; ouro velho (*sic*); pó de joanes (vermífugo); mercúro-doce (utilizado como laxante); tesouras; varas de algodão; alvaiade (substância utilizada para não enrugar o papel) fumo Baependi;[50] pimenta; duas medidas e meio quarto de vinho da Bahia; um garrafão e seis medidas de vinagre; 9 libras de açúcar; meio quarto de azeite; entre outros. Trata-se de uma lista variada tanto em gênero quanto em proveniência e que, afinal, acrescenta às pesquisas recentes, mais um caso a demonstrar que dos estoques de um estabelecimento definido como *loje* também poderiam constar molhados.

Mas o caso não se presta apenas ao problema do que se vendia ou não se vendia nas *lojes*. Acrescenta, também, novos elementos às questões mais sensíveis a esta pesquisa que têm sido colocadas com alguma insistência.

Em primeiro lugar, trata-se de uma fotografia captando um dos pontos do circuito estabelecido entre a Baía de Paranaguá e o Rio de Janeiro mobilizando ativos, mercadorias, e, lógico, pessoas. Nessa direção, por exemplo, entre o rol de testemunhas, além da citada, natural de Iguape, se tem duas testemunhas, uma de Paranaguá, outra de Antonina. Elementos que reforçam, portanto, indícios da recorrência das interações que havia, não só entre a Baía de Paranaguá e a praça carioca, como também entre as diversas paragens alinhadas no litoral sul.

---

50 Localizada na província de Minas Gerais a região de Baependi caracterizou-se pelas lavouras de tabaco e pela produção de fumo dali exportado para praças mais distantes. A presença deste produto ingressado em Paranaguá, provavelmente a partir da Corte, na linha da cabotagem é mais um indicativo do dinamismo do mercado inter-regional no período. Um relato interessante acerca da temática do tabaco nesta região, a partir do estudo do livro de notas de um comerciante local, filho de portugueses, pode ser recuperado em: ANDRADE, Marcos Ferreira. *Indicações sobre a produção e o comércio do fumo sul-mineiro: análise do livro de notas do negociante Antônio José Ribeiro de Carvalho*. Disponível em: <http://www.cedeplar.ufmg.br/seminarios/seminario_diamantina/2008/D08A014.pdf>. Acesso em: maio 2013.

Digna de nota também é a relação de parentesco entre as partes envolvidas – um tio e um sobrinho – acrescentando mais um caso às relações de nepotismo, amálgama das práticas mercantis desenvolvidas na época. E mais, José Fernandes Pancada teve sua estrutura domiciliar captada em 1808 na lista nominativa da Vila de Nossa Senhora do Pilar de Antonina. Neste instantâneo foi possível recuperar que João Antônio da Cruz, além de sobrinho de Fernandes Pancada, fora incorporado ao domicílio como agregado e, por fim, era natural de Lisboa. Talvez tenha vivido com o tio até certo momento e, quando se fez possível, lançou-se à cabotagem como mestre de embarcação, sem prescindir, entretanto, do vínculo de segurança que mantinha em Paranaguá. Em síntese, um novo exemplo de integração reinól a partir de um familiar estabelecido há mais tempo no polo de destino e, também, um caso de articulação entre origem lusitana, agnação e comércio.[51]

Desde outra perspectiva, o caso permite também observar a condição deficitária com que os comerciantes locais tinham de se haver ao manterem seus negócios. Ao longo do processo Antonio José da Cruz mencionou que recebera "da mão do defunto meu tio Pancada": Betas de Imbé; Cabos para fateixa; betas grossas; Taboado; farinhas; oito libras de café. Ou seja, itens regionais que provavelmente seriam revendidos noutros mercados, talvez, no Rio de Janeiro. Víveres regionais que pelas contas do processo não cobriam integralmente os valores das fazendas a ponto do reinól ter deixado em aberto:

> a quantia de Noventa e dous mil quatrocentos e Oitenta e Nove reis constante da Conta Corrente q.' junto oferece e porque por este Juizo dos Auzentes se esta procedendo inventario dos Bens do mesmo falecido e pelo protesto deles quer o mesmo Sup.e ser pago da Referida quantia por isso.[52]

Infelizmente se está diante de um único caso. Mas não parece descabido generalizar este tipo de dificuldade (embora em níveis variados) à maior parte

---

51 Arquivo Público... *Listas Nominativas de Habitantes da Vila de Nossa Senhora do Pilar de Antonina, 1808*. Fogo: *104*.

52 Arquivo Público do Estado do Paraná. *Fundo Judiciário. Libelo João Antonio da Cruz* (AUTOR) *José Fernandes Pancada* (SUPLICADO), 1810, Cx 192.

dos agentes mercantis estabelecidos em Paranaguá. Muitas vezes o malogro de seus negócios não se relacionava à imperícia de seus titulares. Antes a uma lógica de concentração de crédito na mão de poucos, de circulação restrita de numerário, de monopólio de setores chaves da economia colonial, fatores difíceis de serem contornados apenas com o investimento de tempo e trabalho.[53]

Finalmente, o caso abre ensejo para se ressaltar uma vez mais o caráter difuso e multifacetado do comércio de então, se estendendo também aos seus agentes. Embora Fernandes Pancada fosse inegavelmente proprietário de uma *loje* em 1808, o recenseador, ao registrar o fogo, não anotou nada referente ao comércio de fazendas, somente indicou que o reinól havia vendido "50 alqueires de arroz e duas arrobas de café". Tratava-se de produção própria? Talvez sim, visto que o domicílio contava com a força de dez escravos e nove agregados listados como forros. Era Fernandes Pancada um comerciante? Era um agricultor? Provavelmente se ocupasse das duas atividades. Em paralelo, trata-se de um exemplo que mostra que a existência de estabelecimentos comerciais não impedia que os próprios lavradores locais negociassem os produtos da terra diretamente com os mestres das embarcações.

Comerciante e/ou agricultor, o fato é que Fernandes Pancada era um senhor de não poucos cativos e ainda ostentava a patente miliciana de alferes, destoando dos pequenos comerciantes, vendeiros, com os quais se demorará ainda mais um pouco antes de se ingressar na categoria dos comerciantes de mais alta envergadura.

Os comerciantes não proprietários de escravos somavam cerca de 24 indivíduos (27,6%) entre os agentes mercantis de origem lusa. Ao longo dos quinquênios analisados foram registrados basicamente como: "vive de seu negócio" (5); "vive de seu negócio de molhados" (2); "vive de sua venda" (12); "vive de sua venda de molhados"; "vive de sua taberna" (3); "vive de seu botequim" (2); "vive de seu armazém". Além de não possuírem escravos, tais indivíduos, em geral, não possuíam patentes milicianas. Na realidade, para ser mais exato, havia entre os comerciantes não proprietários um cabo (Antonio Marques de

---

53 Embora se deixe aqui apenas anunciada esta argumentação, esta temática ganhará mais densidade a partir da discussão do caso de Antonio Vieira dos Santos.

Mendonça, natural das ilhas e dono de uma venda) e um miliciano (Manoel Marques de Jesus, já citado anteriormente).

A venda de aguardente, gêneros da terra e comestíveis diversos, além da ausência de escravaria e patentes milicianas, sinaliza a condição inferior destes pequenos agentes mercantis. Fato que não impedia, contudo, que houvesse mobilidade social e mesmo ascensão entre estes indivíduos.

Aliás, diferente do que ocorreu com os portugueses que plantavam para a subsistência, se vê a partir das análises longitudinais que nem todos os pequenos comerciantes permaneceram despossuídos de cativos durante suas trajetórias de vida. Manoel Gonçalves Machado, natural da Ilha do Pico, era, em 1801, um taberneiro despossuído de escravos. Em 1810 foi arrolado como vivendo de uma venda contando com o trabalho de uma escrava crioula que, segundo o recenseador, trabalhava servindo a casa.[54] Proveniente do Porto, Manoel Francisco dos Santos, vivendo de seu negócio de molhados, pôde, entre 1824 e 1830, acrescentar três escravos ao seu domicílio.[55] Oriundo de Guimarães, Francisco José de Brito, solteiro, vivia de seu negócio em 1810. Cinco anos depois logrou incorporar três escravos a seu domicílio passando, também, a ostentar a patente de alferes.[56]

Na medida em que se adentra no universo dos comerciantes proprietários, se vê uma maior frequência de patentes milicianas acompanhando as chefias dos fogos. Veja-se o que ocorria entre aqueles que possuíam de um a três escravos. Entre os 94 agentes mercantis lusitanos, recuperados no período analisado, o grupo dos pequenos comerciantes correspondia a 49 indivíduos (52,1%). Deste montante quase a metade (19 indivíduos) ostentava patentes milicianas: três capitães, seis alferes, três sargentos, dois ajudantes, cinco soldados milicianos.

Do ponto de vista das atividades desenvolvidas por este grupo de pequenos escravistas, se tem que boa parte deles, na verdade a maioria (25 indivíduos), envolvia-se com as mesmas atividades de seus colegas não escravistas, que

---

54 Arquivo Público... *Listas Nominativas de Habitantes da Vila de Nossa Senhora do Rosário de Paranaguá*, 1801, 1810. Fogo: *70; 131.*
55 *Idem*, 1824, 1830. Fogo: *182; 210.*
56 *Idem*, 1810, 18105. Fogo: *170; 48.*

eram negócios de molhados, vendas, botequins e armazéns. Uma pequena parcela (quatro indivíduos) relacionava-se ao ramo do comércio de fazendas secas. Entre estes não havia quem não ostentasse patente, estando reunidos nesse pequeno grupo, três capitães e um sargento denotando, talvez, um maior prestígio entre a classe de mercantes que se havia com os secos. Os demais foram listados apenas como "he comerciante; vive do seu negócio"; ficando assim, evidentemente, impossível classificá-los conforme o ramo de comércio.

Apesar das lacunas, é possível aventar que estes resultados caminham numa tendência semelhante àquela vista por Carlos Bacellar para o restante da capitania de São Paulo, em 1801. Dizia ele que:

> Já os [reinóis] propriamente declarados negociantes de molhados tendiam a possuir menos escravos que seus colegas de secos, indicando que exerciam atividade menos lucrativa e, certamente, de menor prestígio... Não é por mera coincidência que 72% dos negociantes de secos eram portadores de alguma patente das milícias, contra apenas 24% para os negociantes de molhados.[57]

Tomando ainda em conta estas considerações pôde-se perceber que, realmente, na medida em que crescem os plantéis, a denominação "vive de seu comércio de fazendas secas" torna-se mais frequente no quadrante destinado às ocupações do chefe do fogo. Entre aqueles que possuíam mais de três escravos, havia apenas um vendeiro e um taberneiro. Ambos eram naturais das ilhas, Manoel José e Miguel João. Seus domicílios foram anotados apenas uma vez, em 1805 e 1815, respectivamente. Coincidentemente os dois indivíduos já apresentavam uma idade bastante avançada, o primeiro 76 anos e o segundo, 80. O mais novo era ainda casado e o mais velho já viúvo. Proprietários de quatro escravos já ao final da vida eram, entre aqueles que possuíam mais de três escravos, justamente, os que menos cativos possuíam: quatro.[58]

Em acréscimo, tendo-se em evidência a faixa de proprietários que possuíam mais de três escravos (29 configurando-se em 38,2%), as atividades

---

57   BACELLAR, Carlos. *Op. cit.*, p.13.
58   Arquivo Público... *Listas Nominativas de Habitantes da Vila de Nossa Senhora do Rosário de Paranaguá, 1805*. Fogo: 11; 1815, fogo: 185.

mais frequentes foram listadas como: "negociante de fazenda seca" (16); "he comerciante" (5); "vive de seu negócio" (7); "negociante de fazenda seca e suas embarcações" (2). Descontando-se os casos de registro dúbio, vê-se de fato a proeminência dos portugueses negociantes de secos entre os maiores escravistas. Como é de se esperar em relação às patentes milicianas se tem nesse grupo a maior concentração: nada menos do que dezessete indivíduos ostentavam-nas, estando entre eles um capitão mor (Manoel Antonio Pereira que ocupa a função a partir de 1816); um sargento-mor (Manoel Francisco Correia); oito capitães; três ajudantes; um sargento; um alferes; dois tenentes milicianos.[59]

Contudo, em um aspecto sensível, Paranaguá mostrou sua especificidade diante do que ocorria com os portugueses nas demais vilas da capitania de São Paulo. Elizabeth Darwiche Rabello, tendo à sua frente levantamentos nominativos feitos para as vilas da capitania de São Paulo (excetuando as que hoje correspondem ao Paraná), na segunda metade do século XVIII, concluiu que entre os negociantes não era comum que a posse cativa excedesse dez membros.[60] A partir dos dados que observou para as vilas da capitania de São Paulo (incluídas neste caso aquelas que hoje pertencem ao Paraná), Carlos Bacellar afirmou que os negociantes de secos:

> Costumavam ter sua loja, eram os "mercadores de loge", na expressão dos censos. Vendiam principalmente tecidos, mas uma infinidade de outros gêneros eram ali encontrados. Não se caracterizavam pela posse de muitos escravos, pois estes de pouco lhe serviriam. Prefeririam agregar a seu

---

59 Estes indivíduos foram ao longo dos intervalos analisados sendo sucessivamente promovidos. Veja-se, para exemplificar, o caso de Manoel Francisco Correia: em 1815 ele era apenas tenente tendo chegado em 1830 a sargento-mor. Os plantéis cativos, no caso dos comerciantes, também sofreram alterações geralmente aumentando ao longo dos anos analisados. Nesse caso, na hora das contabilizações, para que o mesmo indivíduo não fosse contado repetidas vezes (uma vez como tenente e outra vez como sargento--mor) tomou-se o seguinte princípio metodológico: considerar sempre para as contagens a maior patente miliciana obtida e o maior número de cativos amealhado ao longo da vida. O mesmo critério valeu para outros grupos avaliados, como o dos agricultores por exemplo.
60 RABELLO, Elizabeth D. *As elites na sociedade paulista na segunda metade do século XVIII*. São Paulo: Safady Ltda, 1980.

domicílio os famosos caixeiros, auxiliares em sua loja, muitas vezes jovens portugueses recém-chegados.[61]

De fato, os caixeiros, como se verá adiante, lá estavam agregados junto de seus patrícios mais experientes. Mas junto deles também se reuniam séquitos de cativos. Na realidade, em Paranaguá, uma das grandes características dos portugueses comerciantes foi o comprometimento com a mão de obra escrava. Avaliando-se isoladamente o grupo dos comerciantes vê-se que predominavam neste grupo os proprietários de cativos. A maioria era de pequenos proprietários, contudo, lembre-se que aqueles que superavam a posse de três escravos foram contabilizados em maior número do que os não proprietários. Havia, inclusive, proporcionalmente, mais agricultores não escravistas (34,1%) do que comerciantes na mesma situação (27,5%).

Como explicar esta situação? Uma primeira via é insistir com relação ao perfil portuário de Paranaguá, argumentando-se que talvez ali o comércio fosse atividade mais lucrativa do que a agricultura. Os comerciantes, ao lucrarem com seus negócios, investiam em cativos. Se por um lado, concordando-se com Carlos Bacellar, no serviço das lojas a força cativa não era tão necessária; por outro lado, contando com cativos, os comerciantes ganhavam em prestígio e, não menos importante, encontravam meios para diversificar suas atividades.

Assim fez, por exemplo, Francisco Leite de Moraes, natural do Porto, registrado como comerciante, em 1801. Ele ocupava nada menos do que catorze escravos na agricultura de mandioca.[62] O capitão Pedro Rodrigues Nunes, oriundo da vila Real arcebispado de Braga, foi recenseado pela primeira vez em 1801, tendo informado que "he comerciante nesta vila, sustenta a si e toda sua família do seu negocio" possuía cinco escravos todos alocados para o serviço de sua casa. Seu domicílio foi sendo registrado sucessivamente e o plantel de cativos só fez aumentar. Em 1805, reunindo catorze escravos, foi registrado da seguinte forma: "he comerciante e ocupa seus escravos na agricultura para seu sustento". Nos anos subsequentes foi registrado apenas como comerciante de fazenda seca, mas os escravos continuavam arrolados em mesmo número de-

---

61 BACELLAR, Carlos. *Op. cit.*, p. 10.
62 Arquivo Público… *Listas Nominativas de Habitantes da Vila de Nossa Senhora do Rosário de Paranaguá, 1801.* Fogo: 161.

sempenhando provavelmente os mesmos serviços.⁶³ Negociante de fazendas e dono de embarcações, Francisco José de Brito (natural de Guimarães) contava com três escravos marítimos que viviam embarcados a seu serviço. O comerciante Antônio de Castro (Porto), registrado em 1810, tinha escravos colocados a seu ganho.

Em todo caso, a concentração da posse escrava nas mãos dos comerciantes diz algo acerca do poderio econômico destes indivíduos. Nesta direção, caminha-se na rota aberta por Maria Odila da Silva, lembrando que os comerciantes detinham há tempos, fortunas muito maiores do que os mais destacados proprietários rurais escravistas e que a reprodução e acúmulo de riqueza passava muito mais pelo negócio mercantil do que pela produção rural.⁶⁴

Fato que não impedia que muitas vezes os negociantes locais se vissem em apuros. Há pouco já foi mencionada a situação de José Fernandes Pancada, que ao falecer deixou em aberto uma dívida referente às fazendas que lhe foram entregues por seu sobrinho. O caso dos endividamentos e da falência de Antonio Vieira dos Santos, narrado com minúcia no capítulo que se dedicou especialmente a ele, também é bastante elucidativo. Contudo, chama-se atenção agora para uma série de indicações nas listas nominativas que dão a entender que a situação dos comerciantes nem sempre foi favorável, inclusive, para os que expressavam sua amplitude econômica, mediante a posse de cativos.

O mesmo Francisco Leite de Moraes, dono de cerca de catorze escravos, indicou ao ser registrado que "lhe falhou o negócio". Não foi o único. O capitão Pedro Rodrigues Nunes, citado há pouco, também escravista deixou expresso no item casualidades: "esse ano lhe falhou o seu negocio q' não lhe chegou para sua despesa". Depois deve ter se recuperado já que, como se indicou, o plantel cativo aumentou ao longo dos quinquênios analisados. José Caetano de Souza, natural da Ilha de São Miguel, disse ser "comerciante dessa vila e de líquidos não lhe ficou nada". Francisco Ferreira anotado como "he comerciante" disse também que do "liquido não lhe ficou nada"; José Xavier de Oliveira (natural

---

63 Arquivo Público... *Listas Nominativas de Habitantes da Vila de Nossa Senhora do Rosário de Paranaguá, 1801, 1805, 1810, 1824, 1830*. Fogo: 57; 96; 17; 17; 48.

64 DIAS, Maria Odila Silva. *A Interiorização da Metrópole*. São Paulo: Perspectiva, 1978.

de Aveiro), dono de nada menos do que catorze escravos, indicou que seu comercio "pouco lhe rende para suas dizpesas".[65]

Todas estas anotações ocorreram no ano de 1801. Nos demais levantamentos não se viu nada parecido. O que explicaria tantos comerciantes referindo-se ao malogro de seus negócios? Seria apenas um preciosismo do funcionário responsável pela feitura do censo? Seria uma tentativa dos comerciantes de falsear seus rendimentos no intuito de se resguardarem de inconvenientes taxações sobre seus lucros? É difícil precisar com exatidão. Mesmo assim, ao que tudo indica algo de fato ocorreu em 1801.

Os primeiros indícios a esse respeito vêm das próprias listas nominativas. Pelo menos três comerciantes, todos portugueses, alegaram ter sido furtados por"castelhanos vindos no barco Ilha Rasa". No quadrante das casualidades os prejuízos foram discriminados em "1600000 reis [sic]; 200$000"; e, por fim, 1.500000 rs [sic].[66] A interferência nos negócios locais advindas da conjuntura belicosa estabelecida entre castelhanos e portugueses pôde ser confirmada ainda em outra sorte de documentação.

Trata-se do auto *Cível de Libelo entre o Tenente João Ferreira de Oliveira e o sargento-mor Ricardo Carneiro dos Santos*.[67] Cabe lembrar que o primeiro, açoriano, era comerciante e sogro de Antonio Vieira dos Santos; o segundo, embora não fosse português, era primogênito do reinól capitão-mor José Carneiro dos Santos.

A ação fora movida por João Ferreira de Oliveira, alegando que entregou a Carneiro dos Santos:

> cento e setenta coiros de boi a quatrocentos e oitenta réis cada um que fizeram a soma de 81600 reis para lhe fazer o seu pagamento; ou em moeda corrente nesta villa, ou em sal trazido de frete no seu próprio barco. Que o Autor [João Ferreira de Oliveira] aprovou somente este barco do Réu [Ricardo Carneiro dos Santos], e não lhe deu ordem

---

65 Arquivo Público... *Listas Nominativas de Habitantes da Vila de Nossa Senhora do Rosário de Paranaguá, 1801.*
66 *Idem.*
67 Museu da Justiça do Estado do Paraná. *AutoCível de Libello entre o Tenente João Ferreira de Oliveira e o sargento-mor Ricardo Carneiro dos Santos.* Cx. 84.

> algua para embarcar em outro barco que não fosse aprovado pelo Autor q logo q o Réu vendeu a seu próprio barco, não podia comprar o dito sal, mas sim satisfazer ao Autor o emporte de seus coiros a dinheiro e entregar-lhe cem sacos novos de algodão que para a condução do dito sal tinha levado.[68]

O processo transcorre e amiúde João Ferreira de Oliveira lembra na sua representação que, conforme acordo entre as partes, o sal deveria ser transportado exclusivamente na embarcação do réu e em nenhuma outra. Quando Ricardo Carneiro dos Santos apresenta sua defesa entende-se o porquê.

Em primeiro lugar o réu admite que aportando no Rio de Janeiro vendeu, de fato, sua embarcação. Depois desata a descrever um quadro de tensões elevadas naquela praça desencadeadas pela: "notícia da guerra, e tomada do navio Espique, q´todas as embarcaçõens q' se achavão naquele porto somente cuidavão, em se safar para fora, e esconder marinheiros, e inda os mesmos mestres".[69] Trata-se, provavelmente, da guerra de 1801 que, no continente europeu, ficara conhecida como Guerra das Laranjas.

A exposição segue e Ricardo Carneiro dos Santos se defende dizendo que, mesmo em meio a estas tensões, adquiriu o sal no Rio de Janeiro e o conseguiu embarcar, justamente, eis o detalhe, na sumaca chamada *Ilha Raza*

> que saindo para o mar foi prisionada pelo inimigo [castelhanos] perdendo assim o Réu suas fazendas; o Autor seu sal, outros as suas encomendas feitas ao Réu, e outros muitos as suas fazendas que lhe vinham na dita sumaca, o que tudo o Réu há de provar e mostrar pela relação que protesta juntar, o q' ainda não o fez pela ter mandado para fora a outros donos de encomenda.[70]

Se João Ferreira de Oliveira tentava recuperar-se do prejuízo alegando quebra no contrato, sustentando que o sal não fora transportado na embarcação combinada, seus argumentos não foram, todavia, suficientes. Ao final do

---

68 *Idem.*
69 *Idem.*
70 *Idem.*

processo se vê que o autor, ao perder a contenda, teve de arcar com os 2$352 réis de custas.

Não se trata aqui, logicamente, de julgar de novo o caso. Mas, antes, observar que em 1801 parecia haver de fato incursões espanholas nas linhas de cabotagem. A presença inimiga bem poderia afetar a circulação de mercadorias, prejudicando os negócios locais de maneira direta, como teria ocorrido, ou mesmo indireta.

O caso enseja ainda outras considerações. Em primeiro lugar, trata-se de outra fotografia ilustrando circuitos mercantis que articulavam a Baía de Paranaguá ao Rio de Janeiro. Na realidade, para ser mais preciso, o planalto paranaense, Paranaguá e Rio de Janeiro. É bastante provável que João Ferreira de Oliveira consignou mercadorias (couros de boi) provenientes do planalto a serem revendidas no Rio de Janeiro. Com relação ao produto da venda ele admitia, como se viu, numerário ou, então, o precioso sal. Item que, talvez, pudesse ser revendido serra acima, onde havia premência deste gênero tão útil às tropas muares ali estacionadas, esperando o momento de seguir viagem. Mesmo com as dificuldades dos caminhos da serra se fazia, afinal, o comércio.

A figura de Ricardo Carneiro dos Santos, atuando na intermediação entre os comerciantes locais e os fornecedores do Rio de Janeiro, também suscita considerações. Em primeiro lugar fica claro que sua condição extrapolava a de mestre de embarcação. Viajava para o Rio de Janeiro na condição de proprietário de um barco cuja venda, pelo que se viu, foi lá efetuada.

A condição de proprietário não o impediu de receber encomendas dos comerciantes locais e, não fosse o impedimento dos castelhanos, teria ele pessoalmente atravessado para Paranaguá as mercadorias adquiridas na capital. Ou seja, mesmo num ambiente marcado pelo ideal aristocratizante, suscitando certo afastamento do mundo do trabalho, as concessões ocorriam. Numa praça de importância secundária, de fortunas secundárias, de elites, também, secundárias, não é de se admirar que tais concessões ocorressem. Finalmente, deve se informar que a embarcação vendida no Rio de Janeiro não era a única pertencente a este sujeito.

Dono de um dos mais portentosos estaleiros concebidos em Paranaguá que contava com "grandíssimos telheiros e armazéns... carpintarias, ferrarias, trapiche e cabreia para crenar embarcações"[71] era também, conforme a lista nominativa de 1808, negociante e dono de um plantel cativo que somava 25 indivíduos. No ano de 1801, quando ocorrera o litígio, fora indicado que, entre os 25 cativos, pelo menos sete aplicavam-se, segundo o item casualidades, no serviço da ribeira, cinco mulheres no serviço da casa, e por fim, que o chefe do domicílio não teve líquidos durante o mesmo ano.[72] Situação que, aliás, parece justificada, de certa forma, diante dos fatos narrados. Não só negociante, portanto, mas, ao que tudo indica, também armador, Ricardo dos Santos, no quesito ocupação, parece ter seguido um caminho diferente do seu pai português.

Proveniente de Santiago das Carreiras, arcebispado de Braga, José Carneiro dos Santos obtivera a patente de capitão-mor de Paranaguá ainda na década de 1770. Em um processo matrimonial ocorrido um pouco mais tarde ele declarou viver de suas lavouras.[73] Em 1801 indicou subsistir de suas "fazendas de criar" que tinha no distrito de Curitiba e, também, de um sítio no distrito da vila de Antonina, onde conservava escravos. Em 1805 indicou plantar mantimentos no seu sítio dos Morretes. Em 1810 acusou viver dos réditos provenientes das suas fazendas, no distrito da Vila de Curitiba e do sítio em Morretes. Em 1815 ficaria anotado, de forma lacônica, que ele vivia de seus rendimentos provenientes, possivelmente, das mesmas fontes antes indicadas.[74] Ou seja, diferentemente do que ocorreu com o filho, marcou a trajetória ocupacional do pai o comprometimento com a lavoura, com a posse da terra e de cativos.

Trata-se de uma situação interessante. Pende para uma direção contrária às tendências, ditas arcaizantes, que a historiografia verificou ao longo do setecentos ao examinar o desenvolvimento das elites mercantis. Ao avaliar trajetórias de agentes comerciais bem sucedidos, Sheila de Castro Faria, focando suas análises em Campos dos Goitacazes, percebeu o processo, ao longo de uma geração, de "abandono do comércio e a transformação de seus titulares

---

71 SANTOS, Antonio Vieira dos. *Memória histórica e cronológica... Op. cit.*, p. 263.
72 Arquivo Público... *Listas Nominativas de Habitantes da Vila de Nossa Senhora do Rosário de Paranaguá, 1801, 1808.* Fogos: 7; p. 129.
73 AMDLS, Manoel Alves Carneiro 1783: caixa PGA 06-04-05.
74 Arquivo Público... *Listas Nominativas de Habitantes da Vila de Nossa Senhora do Rosário de Paranaguá, 1801, 1805,1801,1815.* Fogo: 1.

em grandes senhores de terras e escravos, mudança significativa de status social embora desvantajosa, financeiramente".[75]

O caso de José Carneiro dos Santos e de seu filho parece ter se dado justamente numa lógica inversa e, talvez, mais pragmática: da agricultura para o comércio. Este último, tanto no período colonial quanto imperial, o lugar por excelência da locupletagem.[76]

Enriquecendo mediante o resultado de suas práticas mercantis, a família ganhava em cabedal. Porém, não abdicou completamente do status social. No contexto das práticas arcaizantes descritas por João Fragoso e Manolo Florentino, tendo o Rio de Janeiro entre fins do setecentos e inícios do oitocentos como horizonte, o ideal aristocrático pronunciava-se também na adesão ao universo rentista, mediante a aquisição e aluguel de prédios urbanos.[77] Em 1808, quando da cobrança da décima urbana, Ricardo Carneiro dos Santos era um dos principais proprietários de imóveis urbanos arrolados na décima urbana de Paranaguá.[78]

---

75 FARIA, Sheila de Castro. *Op. cit.*, p. 165.
76 As áreas urbanas coloniais eram o lugar por excelência do enriquecimento. João Fragoso demonstrou que comerciantes principalmente os de grosso trato e sediados nos grandes centros urbanos e portuários, muitos ligados ao tráfico atlântico de escravos – e não os produtores rurais – eram os detentores das maiores fortunas na Colônia. Mesmo as grandes fortunas agrárias, segundo o mesmo autor, teriam se originado nas práticas mercantis. FRAGOSO, João. "Os homens de negócios do Rio de Janeiro e sua atuação nos quadros do Império Português". In: FRAGOSO, João Luis Ribeiro; BICALHO, Maria Fernanda; GOUVÊA, Maria de Fátima. *O Antigo Regime nos Trópicos: a dinâmica imperial portuguesa (séculos XVI-XVIII)*. Rio de Janeiro: Civilização Brasileira, 2001.
77 FLORENTINO, Manolo; FRAGOSO, João Luiz. *Op. cit.*, p. 170.
78 A *"Décima dos Rendimentos dos Prédios Urbanos"* ou, abreviadamente, *"Décima Urbana"*, consiste numa espécie de ancestral do imposto predial, tendo sido aplicada a diversas localidades do Brasil colonial e pós-colonial. Em Paranaguá ela foi produzida para o ano de 1808. Nessa direção, um dos edifícios mais valorizados da Décima era o sobrado do já conhecido Manoel Francisco Correia, na época ainda alferes. O aluguel do imóvel estava estimado em 20$000 anuais. Localizava-se no lado esquerdo da Rua do Terço. Pela Décima é possível saber que a parte térrea desta propriedade funcionava como um armazém. Na superior, provavelmente, ficavam os aposentos dele e de sua família. Nessa mesma rua alugava, por 7$680 anuais, uma casa térrea onde funcionava uma modesta venda tocada pelo inquilino Casemiro José de Barros. Este último, a exemplo do locatário, era também português. O capitão Francisco Ferreira de Oliveira

Por fim, a família manteve sua adesão à lide agrária na figura do secundo filho de Carneiro dos Santos. Em 1801, o capitão Francisco Carneiro dos Santos foi arrolado na segunda companhia de Paranaguá junto de um plantel modesto de cinco escravos, alegando viver de suas lavouras e, também, da fazenda que possuía em Curitiba. O que indica a amplitude e a consistência das relações dos Carneiro dos Santos com o planalto. Não só com o planalto.

Embora não se tenha dito antes, surge agora a oportunidade de revelar que Ricardo Carneiro dos Santos casara-se com Dona Josepha de Souza Guimarães, filha de ninguém menos do que o capitão-mor de Cananeia Alexandre de Souza Guimarães. Havendo, inclusive, informações de que Ricardo Carneiro

> também mantinha propriedades na Rua do Terço. Numa de suas casas térreas, com aluguel avaliado em 3$840, residia seu irmão, o capitão Antônio Ferreira de Oliveira. Antonio Vieira dos Santos, genro deste último, alugava, por 9$600 anuais, uma casa térrea na Rua da Matriz. Vivia ali com sua esposa, seu primogênito de quatro meses, e com seu irmão oriundo de Portugal. O proprietário da casa que ele alugava era Ricardo Carneiro dos Santos. Este último possuía quatro casas. Uma delas era de sobrado, localizado na Rua do Terço, onde funcionava seu armazém e loja. Duas casas na Rua do Terço eram alugadas lhe rendendo 23$000 por ano. Outra que lhe rendia 12$000 anuais era alugada ao seu conterrâneo Joaquim José Leite na Rua da Matriz. Além dos já mencionados comerciantes portugueses localizados nesse setor ainda se destacam: o sargento-mor Manoel Antônio da Costa, sogro do tão lembrado Manoel Antônio Pereira, que mantinha, na Rua do Terço, morada e comércio numa propriedade que teve seu aluguel avaliado em 14$000 e Manoel Antônio Pereira, que ainda era alferes-mor na ocasião em que foi feito o arrolamento da décima, mantinha seu comércio e armazém, logo à frente na Rua da Praia. A edificação teve o aluguel avaliado em 14$000. Finalmente, também na Rua da Praia, o bracarense, capitão Pedro Rodrigues Nunes mantinha suas três propriedades. A que tinha o aluguel mais alto (12$800) ficava no lado esquerdo da mesma rua e funcionava como loja e armazém. Algumas tabernas também funcionavam nessa vizinhança. O ilhéu Manoel João mantinha seu estabelecimento, com aluguel avaliado em 7$680 réis, na Rua da Praia. No mesmo logradouro o ferreiro portuense Francisco José Laines, tocava sua oficina. Allan Kato trabalhou detalhadamente com esta fonte. Fica aqui registrado o agradecimento à esse pesquisador por ter cedido seu banco de dados de onde foram retiradas as informações descritas acima. KATO, Allan Thomas T. *Retrato urbano: estudo da organização socioespacial de Paranaguá, Antonina e Curitiba no início do século XIX*. Dissertação (mestrado de História) – da Universidade Federal do Paraná, Curitiba, 2011.

dos Santos mantinha fluxos de comércio com esta vila a partir do canal do Varadouro.[79] Partindo-se desta perspectiva, o que se tem é um grupo familiar espalhando seus membros nos setores mais sensíveis da economia local.

Manoel Antonio Pereira, sucessor do patriarca dos Carneiro dos Santos no comando maior da vila de Paranaguá, declarou em 1830 viver de sua "loja de fazendas secas e embarcações". Nesta altura concentrava com folga o maior plantel cativo (43 escravos) arrolado na mesma lista nominativa.[80] Homem dos mais abastados e poderosos de Paranaguá, a exemplo do filho do compatrício que o antecedeu, amealhou sua fortuna partir das práticas mercantis nas quais se iniciou desde cedo.[81]

A primeira notícia do envolvimento do último capitão-mor de Paranaguá na carreira mercantil pôde ser obtida em 1799, quando o mesmo, ao servir de testemunha num processo matrimonial, disse que saíra do Porto aos treze anos; passara um período no Rio de Janeiro; depois se transferiu para Antonina, onde contando dezenove anos, servia como caixeiro.[82]

No primeiro censo da série quinquenal aqui avaliada Manoel Antonio Pereira não é mencionado. Contudo, no segundo, em 1805, é mencionado como alferes. Ele não teve seu domicílio registrado, porém, o sargento-mor Manoel Antonio da Costa (natural de Braga declarando viver de seus negócios de fazenda seca), indicou estar "ausente de sua casa a filha dona Leocádia que se casou com o Alferes Manoel Antonio Pereira".[83]

Em 1808 já se vê o fogo chefiado por Manoel Antonio Pereira constar dos arrolamentos populacionais parnanguaras. Ele é referenciado nesse censo como proprietário de escravaria composta por cinco cativos (um do sexo masculino, na idade de dezenove anos, quatro do sexo feminino: duas meninas de nove anos, mais outras duas mulheres de dezessete e trinta anos). Em 1808, Pereira ainda se mantinha como alferes da Companhia de Ordenanças. Outro

---

79 LEÃO, Agostinho Ermelino. *Op. cit.*, p. 1894.
80 Arquivo Público… *Listas Nominativas de Habitantes da Vila de Nossa Senhora do Rosário de Paranaguá*, 1830. Fogo: 1.
81 Vide capítulo IV.
82 *Idem.*
83 Arquivo Público… *Listas Nominativas de Habitantes da Vila de Nossa Senhora do Rosário de Paranaguá*, 1830. Fogo: 2.

dado de interesse é a presença de seu irmão, Antonio José Pereira, agregado à sua casa, que aos quinze anos servia-lhe como caixeiro.[84]

Avançando no tempo se vê que Manoel Antonio Pereira alcançou a mais alta patente da Companhia de Ordenanças de Paranaguá em 1815. Nessa ocasião já havia ampliado o seu número de escravos que chegava a 24. Ao que parece, o aumento do plantel devia-se muito mais ao ingresso de novos cativos, o que pode indicar prosperidade econômica, do que pela simples reprodução natural. No mesmo ano, o capitão-mor seguia vivendo como negociante de fazenda e embarcações, tendo, todavia, apontado também a diversificação de suas atividades, mediante a formação de um engenho de arroz e aguardente. Com relação às práticas mercantis, ainda mantinha caixeiros a seu serviço. Desta vez tratava-se de Francisco José Sardinha, também português, mas sem aparentar nenhum vínculo consanguíneo com o capitão.[85]

Antônio José Pereira, que antes servira como caixeiro, já abandonara nesta altura o fogo do irmão. Ao que se vê, o fez em boas condições. Obteve a patente de capitão da 2ª Companhia de Ordenanças de Paranaguá. Casou-se com Dona Ana Maria Alves, integrante de uma família proeminente em Antonina. Atuando como negociante de fazenda seca, possuía um plantel com nove indivíduos – três mulheres: cinco, doze e vinte anos; seis homens: dois na idade de vinte anos, e os demais, nas idades de cinco, onze, catorze e 26 anos. Ao que tudo indica, seguiu a rota aberta pelo irmão mais velho no comércio marítimo. Em 1817, dos seus nove cativos, cinco estavam embarcados.[86]

Duas décadas após migrarem para Paranaguá, os irmãos, portugueses, comerciantes, Antônio José e Manoel Pereira, protagonizaram um processo de mobilidade social ascendente conquistando altos postos nas esferas administrativas do município. Do ponto de vista econômico, Manoel Antônio Pereira pôde se lançar mais além do que a grande maioria de seus compatrícios que, como ele, optaram pelo enraizamento em Paranaguá.

O sucesso econômico de Manoel Antônio Pereira, assim como parecia ocorrer com seus colegas de maior trato sediados na corte, amparava-se e, ao

---

84 *Idem,* 1808. Fogo: 130.
85 *Idem,* 1815. Fogo: 1.
86 *Idem,* 1817. Fogo: 65.

mesmo tempo, consolidava-se pelo processo de diversificação de atividades que lhe foi possível empreender.

Na série de testamentos arrolados no Museu da Justiça do Estado do Paraná foram localizados os autos do inventário de Dona Leocádia Maria Pereira da Costa, esposa do capitão-mor, lavrados em 1855.[87] Se o início das atividades econômicas de Manoel Antonio Pereira, como se veio narrando, parecia estar invariavelmente ligado ao comércio, ao se tomar o inventário de sua esposa como referência é difícil, senão impossível, determinar qual o principal ramo de atuação em que ele se estabeleceu após o prelúdio mercantil.

Indicando a vinculação do comerciante com as atividades rurais, por exemplo, foram arroladas nos autos a Fazenda Boa Vista e a Fazenda das Palmeiras. Eram nada menos do que as duas principais fazendas da região. Ambas estavam localizadas em Guaraqueçaba. Situada num dos pontos mais ao norte de Baía de Paranaguá, a localidade contando com 380 habitantes, foi arrolada em 1830 como Sétima Companhia de Paranaguá. Neste mesmo levantamento existe a menção à Fazenda das Palmeiras com suas "fabricas de arroz, de agoardente" e "vareos empregos de comercio". Com relação à Boa Vista nada foi anotado.

Esta última possuía a extensão de três mil braças de terra, principiando no lugar denominado Ponta Calva, onde corria o rio Tagaçaba e findava no rio denominado Borrachudo, "onde havia uma marcação". A fazenda com "seus fundos, águas vertentes e cultivadas" foi avaliada em 7:500$000. A Fazenda das Palmeiras, com 2.500 braças de frente, possuía uma capela preenchida de ornamentos e uma casa de morada térrea avaliada em cinco contos de réis. Avaliada isoladamente sem as produções a propriedade valia 15:000$000.

A exemplo do que ocorria em outras propriedades espalhadas no recôncavo parnanguara, nos dois sítios indicados produzia-se farinha de mandioca,

---

87   Esse mesmo documento foi também foco das atenções de José Augusto Leandro em sua pesquisa de doutorado. O autor cedeu gentilmente uma transcrição desta fonte. Deixa-se aqui, portanto, anotado o agradecimento a ele. Nesta pesquisa utilizou-se em parte a transcrição acrescida de algumas informações retiradas diretamente desta fonte arquivada no Museu da Justiça do Estado do Paraná. *Autos de Testamento e Inventário de Leocádia Maria Pereira da Costa*. Cx 38. Para a análise da mesma documentação sob a perspectiva de José Augusto Leandro, ver LEANDRO, José Augusto. *Op. cit.*

mas havia também engenhos de arroz, café, serraria. Confirmando-se a indicação feita nos censos, se vê, a partir do inventário, que na Fazenda das Palmeiras produzia-se ainda açúcar e aguardente numa "casa com fábrica de soque de 12 mãos moenda de cana e dois alambiques com pertences e encanamento de água sobre pilares de pedra e cal, com coberta de telha". Acrescente-se uma olaria coberta de palha sob esteios de pau.

Talvez em função das demandas da produção de açúcar e cachaça, nas Palmeiras concentravam-se mais escravos do que na Boa Vista. Se esta última abrigava onze escravos roceiros, a primeira possuía 27. Interessante notar que este número está muito próximo da contagem de cativos registrada na lista nominativa de 1830, quando o plantel reunia 24 escravos. Neste caso, não se pode acusar, portanto, o responsável pela lista de ter incorrido em falhas de sub-registro.

Ressaltam ainda mais aspectos importantes acerca dos bens e atividades rurais do casal Manoel Antônio Pereira e Dona Leocádia. O primeiro deles é que na fazenda da Boa Vista foi especificada a existência de senzalas. Algo bastante raro. Manoel Francisco Correia que, junto de Pereira, era um dos maiores escravistas da região, não deixou indicações acerca deste tipo de habitação em seu testamento e inventário. No caso de Manoel Antonio Pereira, as duas senzalas não foram apenas arroladas, mas, inclusive, detalhadas:

> uma casa térrea coberta de telha com paredes de pedra e cal que serve de senzala e fábrica de farinha, tendo 72 palmos de frente e 77 de fundos; três casas pequenas unidas cobertas de telha sobre baldrame de pedra e cal com 6 portas e serve de senzala com 80 palmos de frente e 35 de fundos.

A senzala, conjugada à fábrica de farinha, foi avaliada em 1$000.000, e as outras casinhas em 400$000.

O segundo item *sui generis* é a presença de gado nas fazendas. Nessa direção, Manoel Antônio Pereira teria sido o pioneiro na tentativa de introdução da pecuária na Baía de Paranaguá. Somadas as cabeças de gado *vacum*, cavalos, éguas e porcos das duas fazendas se tem um total de 59 cabeças, nas quais o *vacum* representava a metade. Trata-se de número pouco significativo se comparado à região dos Campos Gerais.[88] Ao mesmo tempo, é uma incidência altamente expressiva para os padrões litorâneos, em que, praticamente nenhuma propriedade rural possuía animais, fosse de tração ou corte. Na lista nominativa de 1830, mais próxima à época da feitura do inventário, apesar da existência de três açougueiros, nada foi registrado com relação a pecuaristas em Paranaguá. Mesmo na Fazenda das Palmeiras não foi feita nenhuma indicação com relação a muares, ou coisa que o valha. Nesse caso fica difícil discernir se os animais foram introduzidos posteriormente na fazenda ou se simplesmente não foram arrolados no censo.

Fato corroborado pela lista nominativa de 1830, na Fazenda das Palmeiras havia casas com gêneros de negócio. O mesmo corria na propriedade Boa Vista. Moradores de Guaraqueçaba e talvez de paragens mais distantes, valendo-se de um pequeno atracadouro, ali podiam adquirir gêneros molhados: açúcar, fumo, carne seca, farinha de trigo, aguardente; e secos: sabão, fechadura, bombas para mate, camisas, calças, tecido variados (sobretudo chita). Por fim, era possível adquirir também ferramentas das lidas rurais: foices, facões de mato, enxadas de roça, machados, enxós de mão etc. Até mesmo pólvora e chumbo de munição eram gêneros disponíveis nos armazéns das fazendas.

Não é difícil imaginar a população remediada dirigindo-se àqueles armazéns para, depois, sair dali com os gêneros de sua necessidade e, também, empenhadas em dívidas registradas num dos livros contábeis daquele que era um notório prestamista da região. Um retrato do papel de Manoel Antônio Pereira na cadeia de créditos, adiantamentos e endividamentos vigente em Paranaguá, poderá ser entrevisto à frente, quando se perspectiva as aflições de Antonio Vieira dos Santos, endividado que estava com negociantes cariocas e, também locais, constando entre eles o capitão-mor.

---

88 Em inícios do século XIX a Fazenda Pitangui localizada em Vila Nova de Castro, de propriedade dos jesuítas, ao ser inventariada registrou um rebanho de cera de 700 cabeças de gado *vacum* e cavalar. O capitão-mor de Castro José Rodrigues Betim possuía, em 1808, 200 cabeças de gado *vacum*, 8 de gado cavalar e 16 de gado muar. O reinól José Simões, também residente em Castro, teve 97 cavalos, 80 vacas, 23 muares, 15 ovelhas e 4 jumentos registrados como sendo seus. Arquivo Público... *Listas Nominativas de Habitantes da Vila Nova de Castro. 1808.* Fogo: 4; 1808; fogo: 229.

Evidente no contexto rural a riqueza descrita no inventário era ainda mais pronunciada na esfera urbana. Além de quatorze escravos ladinos (três carpinteiros, um pedreiro, quatro marinheiros, um calafate, dois cozinheiros, um servente, um sapateiro e uma mucama), totalizando cerca de 9:000$000, o casal possuía embarcações. O iate Emília e diversas canoas integravam a frota.

Os prédios urbanos também traziam copiosos rendimentos. A casa assobradada situada na Rua da Praia, com cinco portas de frente, foi avaliada em dez contos de reis. Era, provavelmente, a residência do casal. Eles eram proprietários, ainda, de dezenove casas térreas que, juntas, totalizavam 38:600$000. Ainda na cidade, como havia sido indicado na lista nominativa, um comércio com gêneros de negócio e dois terrenos completavam o rol dos principais bens urbanos do casal.

O total bruto do inventário de Dona Leocádia totalizava a avultada soma de 227$844.555. Embora, infelizmente, não tenham sido indicados os nomes dos credores, foram anotadas também dívidas passivas que somavam 78$882.725. Desta maneira o valor líquido resultou em 159:610.430. Manoel Antônio Pereira faleceu cerca de dois anos depois de encerrado o inventário que se acaba de descrever. Contudo, infelizmente, não foi possível localizar o seu próprio processo de testamento e inventário, muito embora, por aproximação os autos de Dona Leocádia iluminam em boa medida o grau da riqueza amealhada por este português que se iniciara como caixeiro em Antonina.

Se não se teve acesso direto ao arrolamento da riqueza de Manoel Antônio Pereira, para o caso de outro compatrício, tão afortunado quanto ele, isso se fez possível. Escrevendo em "saúde e juízo perfeito" Manoel Francisco Correia deixou testamento e inventário lavrados em 1866, localizados na sessão de documentos do Museu da Justiça do Estado do Paraná.[89]

Antes de se avançar rumo ao testamento, cabe tomar em perspectiva as listas nominativas analisadas, com vistas a recuperar aspectos do início da vida deste português em Paranaguá. Ao que parece, em 1801, o reinól ainda não chefiava nenhum domicílio. Ele foi arrolado como agregado de sua primeira sogra Córdula Rodrigues França, já viúva do sargento-mor, português, Custódio

---

89 Museu da Justiça do Estado do Paraná. Autos de Testamento e Inventário de Manoel Francisco Correia. Cx. 85.

Martins de Araújo. Tratava-se de um domicílio de posses e Dona Córdula Rodrigues França subsistia dos jornais de cerca de 24 escravos (divididos entre carpinteiros, agricultores de mandioca, serviço da casa).[90]

Manoel Francisco Correia ficara viúvo cedo. Se em 1801 ele já vivia nessa condição, seu casamento fora celebrado em 1799 quando o mesmo contava 23 anos. Época em que já se haviam passado três anos desde sua saída de Portugal (em 1797).[91] Embora tenha sido designado como agregado ao domicílio da sogra houve uma preocupação, por parte do recenseador, em diferenciar o status do reinól, lembrando que naquela altura o mesmo já era sargento de milícias, comerciante e, além disso, um dos que foram prejudicados pelo furto dos castelhanos.

Na sequência dos levantamentos se acompanha a saída do reinól do fogo da sogra. Em 1805, aos 29 anos, ocupava-se de seu negócio de fazenda; não havia casado novamente; vivia com sua filha caçula Maria (contando cinco anos) e com José Francisco Correia, seu primo ou irmão, que provavelmente ajudava-lhe nos negócios. Contava então com apenas três cativos. Em 1810 seguia como comerciante de fazenda seca, sendo registrado um aumento no seu plantel (oito cativos) e, por fim, a mudança na patente de sargento a alferes. Em 1815 as mudanças resumem-se ao recasamento do reinól (com Maria Joaquina Ferreira da Trindade, filha de Francisco Ferreira de Oliveira tio da esposa de Antonio Vieira dos Santos). Em 1824 o quadro sofre nova transformação. O reinól chegaria ao ápice de sua ascensão miliciana recebendo a patente de sargento-mor. O número de escravos saltaria consideravelmente para 24, o que indica a prosperidade deste imigrante que agora vivia de seu negócio de fazenda e embarcações e, ainda, incluía no rol de agregados, a seu serviço, dois caixeiros portugueses, sendo um deles, seu sobrinho. A não ser pelo ingresso de três cativos ao plantel, o quadro se mantém estável até 1830.[92]

E de fato é interessante notar que no inventário aberto cerca de trinta anos depois, o número do plantel cativo seguia constante estacionado em 28 elementos. Pelo saldo final do inventário é difícil associar esse dado como

---

90 Arquivo Público... *Listas Nominativas de Habitantes da Vila de Nossa Senhora do Rosário de Paranaguá,* 1801.

91 Vide capítulo IV.

92 Arquivo Público... *Listas Nominativas de Habitantes da Vila de Nossa Senhora do Rosário de Paranaguá. 1801; 1805; 1810; 1815; 1825; 1830.* Fogos: 22; 87; 175; 42; 23; 8.

indicador de estagnação financeira. Mais provável é que o número de cativos supria as demandas das atividades, a ponto de Manoel Francisco Correia não ter sentido a necessidade de ampliá-lo.

Marcolina, mucama, 26 anos, mulata, com sua filha de dias, foi avaliada em 1$300.000. Foi o valor mais alto das avaliações. Gonçalo Preto (vinte anos) e Narciso Preto (28 anos) valiam 1$000.000. Depois, como de praxe, os preços oscilam para menos nos extremos (velhice e infância) das etapas da vida em que se encontrava cada cativo à época da avaliação. Ao fim e ao cabo, entre escravos de meia idade, crianças, jovens e idosos Francisco Correia reunira um patrimônio de 11:400$000 em cativos.

Tal como ocorrera com o compatrício Pereira, Manoel Francisco Correia possuía algumas propriedades agrícolas entre seus bens de raiz. No Rocio Pequeno, Segunda Companhia de Ordenanças de Paranaguá, ele possuía uma chácara com casa de morada e de fazer farinha avaliada em seiscentos mil réis. Na Ponta do Pasto, valendo 2:000$000, situava-se uma casa de morada e, também, de fazer farinha coberta de telha, com roda, prensa de dois furos e forno de cobre. Na região de Guaraqueçaba também foram contabilizadas terras cultivadas, com menos valor.

Contudo, em se tratando de bens de raiz, a concentração do espólio de Manoel Francisco Correia estava mesmo no setor urbano. Dispostas pelos mais diversos logradouros do setor, equivalente à primeira companhia, casas assobradadas, térreas, meia-águas, compunham um impressionante patrimônio de nada menos do que 53 edifícios.

O edifício avaliado em mais alta conta consistia numa casa de sobrado, com cinco portas de frente. Valendo 6:000$000 o edifício, em 1836, teria sido indicado para receber o primeiro Hospital da Santa Casa de Paranaguá tendo como provedor Manoel Francisco Correia Júnior, seu filho primogênito (na verdade, o primeiro varão nascido do segundo casamento).[93] Somando apenas 50:000 réis uma meia-água com paredes em ruínas, localizada na Rua da Praia, consistia no bem menos estimado. Cerca de 22 edifícios do conjunto avaliado (41%) valiam 1$000.000 ou mais. Estes edifícios de maior valor eram, naturalmente, sobrados e casas térreas com três ou mais portas de frente. A avaliação

---

93 LEÃO, Agostinho Ermelino. *Op. cit.*, p. 1498.

total das edificações findava em 59:870$000. Atestando o envolvimento do inventariado com a rotina mercantil, se vê constar do seu rol de bens uma ampla gama de ferragens, itens de vestuário masculino e feminino, e, até mesmo, espingardas e chumbo. Esses itens somados chegavam à 1:429$035.

Numa economia de reaproveitamento, em que comercializar roupas de uso pessoal dos falecidos não constrangia vendedores ou compradores, meias de algodão, fivelas de prata de calção, botinas, mesmo quando puídos, eram descritos à minúcia nos inventários.[94] Não foi o caso da fonte em questão. Isso se explica porque no próprio testamento já ficara anotado a vontade do falecido com relação às suas vestimentas: "a minha roupa de lã, seda, linho e algudão será entregue a meo filho Joaquim Candido".

Comerciante e, também, prestamista Manoel Francisco Correia tinha uma importante parcela de capital empatado em dívidas ativas. As primeiras em maior quantidade (tanto em volume financeiro quanto em número de devedores) foram classificadas como dívidas de livro. Eram provavelmente os débitos de mercadorias anotadas em borrador para depois serem quitadas. Quando somadas chegaram a 30:315$000.

O rol dos 91 devedores nesta categoria de ativos era bastante eclético. Na base se via alguns indivíduos atados em pequenas dívidas de dez a vinte mil réis. Antonio Ferreira (carpinteiro); Francisco da Silva e Victória de tal, ao que tudo indica, eram indivíduos de poucas posses e status social modesto. Em geral eram moradores de arrabaldes de Paranaguá como Itaqui, Rio das Pedras, Ilha do Mel, Taguassetuba.[95] Aliás, foram indicados cerca de 25 devedores que não residiam em Paranaguá. Destes, 22 viviam nas imediações mais próximas, tais como as que foram mencionadas. Mas também foram arrolados dois moradores de Curitiba e um do Rio Grande (talvez do continente do Rio Grande do Sul). Acima dos devedores mais modestos figuravam os notáveis, sendo, nesse caso, uma tendência a de que estes possuíssem dívidas maiores, pois por serem mais qualificados socialmente, tinham mais facilidade na obtenção do crédito. Leandro José da Costa (presidente da câmara e comerciante de embarcações) era um desses devedores de alta extração, mas vários parentes também aparecem

---

94 FARIA, Sheila de Castro. *Op. cit.,* p. 181.
95 Cf. mapa no item anexo.

na lista. Nesse caso, ao que parece, tratava-se de dívidas ligadas a acerto do processo sucessório: Dona Lourença Correia Pereira (nora do inventariado); coronel Joaquim Candido Correia (filho do inventariado); dr. Manoel Eufrásio Correia (filho do inventariado e ilustre político em fins do período imperial) eram alguns nomes da lista.

Somando 17:370$000, seguiam-se às dívidas de livro, as dívidas contraídas por documentos. Provavelmente uma parte delas correspondia a empréstimos financeiros propriamente ditos. Vê-se constar ao lado do nome dos devedores expressões como: "por crédito tendo pagado os prêmios"; "por crédito vencendo 1% ao mês desde..."; "por hipoteca vencendo..." daí por diante. Eram apenas sete indivíduos nesta situação. Contudo, o volume de débitos chegou a 8:501$000. Deste grupo era Alexandre Gutierres quem estava mais empenhado, devendo seis contos de réis. Dado digno de nota é que este além de ser um negociante uruguaio era também genro de Manoel Francisco Correia.

Vê-se aí constar mais um exemplo, entre tantos no período coevo, em que estratégias de negócios tinham como amálgama casamentos arranjados. Um genro comerciante, conhecido na praça de Montevideo, parecia ser algo bastante vantajoso num momento em que as embarcações saídas de Paranaguá passaram a frequentar com maior regularidade a bacia platina. Contudo, algo na sociedade não saiu bem e, no testamento, Manoel Francisco Correia recorda que...

> tive Guilhermina que casou com Alexandre Gutierrez dotei a com 10:300.000. Depois o mesmo Gutierre [sic] pediu e dei 6:000:000 que ainda deve, assim mais paguei hum terço do Bergantim Selis no valor de Reis do qual só recebi interesse de duas viagens. O brigue se perdeu, e receberam seu valor do seguro, mas não se tem liquidado e se há de lançar em divida que se legalizar. O mesmo tem mais a responder pela quantia que recebeo da casa falida de Antonina, que não me prestou declaração de quanto foi o recebimento.[96]

Somando 5:552$556, as dívidas ajuizadas eram, ao que tudo indica, aquelas que não puderam ser saldadas conforme o que se havia contratado. Foi

---

96 Museu da Justiça do Estado do Paraná. Autos de Testamento e Inventário de Manoel Francisco Correia. Cx. 85. Fl. 23.

difícil identificar pormenores em relação aos dois indivíduos nessa condição. Na realidade, somente para um foi possível levantar algo. Ricardo Gonçalves Cordeiro, decerto negociante, saldou parte de sua dívida a partir do balanço final de sua massa falida. Pela coincidência de sobrenomes se pode aventar, contudo sem muita segurança, que Ricardo era irmão de Bento Gonçalves Cordeiro um dos genros de Manoel Francisco Correia.[97] Encerrando, finalmente, o arrolamento de ativos, se tem o total de 1:837$200 referente a dívidas contraídas por aluguéis de casas.

Como lembra Sheila de Castro Faria, a cadeia de adiantamentos e endividamento, constituindo certamente um modelo econômico vigente na época, incluía muitas vezes os próprios prestamistas.[98] No caso de Manoel Francisco Correia não foi diferente. Dívidas passivas também foram arroladas em seu inventário.

O montante do passivo chegou próximo a dezoito contos de réis. O rol dos credores de Manoel Francisco Correia foi completado por seis indivíduos. Manoel Joaquim da Rocha era credor de 5:786.671 réis. Trata-se de uma das dívidas mais significativas do rol. Interessante notar que este indivíduo, conforme informa o próprio testamento, era comerciante sediado no Rio de Janeiro. Mais uma vez fica anotada, portanto, a influência da praça carioca no contexto parnanguara. Ou melhor, mais um exemplo entre tantos na historiografia, da atuação de negociantes de grosso trato sediados na corte financiando seus colegas atuantes nas praças de segunda importância.

Mas à época do fechamento do auto de inventário, já havia em Paranaguá um negociante com fôlego suficiente para atuar como prestamista deste que foi, justamente, um dos mais ricos de seu período. Trata-se do comendador Manoel Antonio Guimarães (o futuro Visconde de Nácar) que emprestara 7:044$452.

---

97 A primeira filha de Manoel Francisco Correia casou-se com o tenente coronel Bento Gonçalves Cordeiro. Dono de um negócio, engenho de arroz e erva e 26 escravos, ele vivia em 1830 na região do Itaqui. Pela coincidência de sobrenomes pode ser, talvez, que ele fosse irmão de Ricardo Gonçalves Cordeiro. LEÃO, Agostinho Ermelino. *Op. cit.*, p. 1538.

98 Argumento, diga-se de passagem, também defendido por Tiago Gil para um recorte temporal um pouco anterior. GIL, Tiago Luís. *Coisas do Caminho: tropeiros e seus negócios do Viamão à Sorocaba (1780-1810)*. Tese (doutorado em História) – UFRJ, Rio de Janeiro, 2009.

Além de procurador da inventariante foi casado com dona Maria Clara Correia e, depois do falecimento desta, com sua cunhada Rosa Narcisa Correia, ambas filhas do falecido inventariado.[99] Não é preciso dizer que se trata de mais um indício de negócios e matrimônio caminhando juntos. Finalmente, se tem como um dos últimos credores Manoel José Correia, filho do inventariado.

Ao contrário do que se verificou no inventário de Manoel Antônio Pereira, não existiram menções no inventário a embarcações. Na realidade a única menção a este tipo de empresa já foi aqui indicada, referindo-se aos interesses que Correia manteve com seu genro em um Bergantim.

A pouca menção aos negócios marítimos não deixa de ser curiosa já que nas listas nominativas Correia foi recorrentemente arrolado como negociante de fazendas e embarcações. O fato é que, se tomados individualmente, como é o caso, os inventários *post mortem* consistem num retrato de determinado momento do ciclo de vida do indivíduo. Daí pode-se supor que, com tanto capital investido em prédios urbanos na última etapa de sua vida, Correia abandonou o negócio de embarcações (lucrativo, por certo, mas também arriscado), aproximando-se cada vez mais do ideal aristocrático em voga, usufruindo sedentariamente – sem a mácula mecânica – dos proventos resultantes de seus aluguéis.

Vendidos os bens na praça, saldadas as dívidas passivas, os partidores finalmente chegaram à conclusão dos autos para, depois, dar início à distribuição do espólio. Descontaram do monte-mor cerca de 23:199$607. Chegaram assim ao valor líquido partível de 173.966$875. Montante que demonstra, portanto, o caso de um projeto migratório coroado de prosperidade. Tal como Manoel Antonio Pereira, Manoel Francisco Correia sediado em Paranaguá conseguiu, afinal, colher as patacas da árvore da fortuna que mirava ao se dirigir ao Brasil.

Esses dois indivíduos que já nos anos de 1830, a julgar pelo número de escravos e títulos milicianos expressos na lista nominativa coeva, se colocavam no topo da hierarquia entre os comerciantes parnanguaras, tinham mais em comum além das origens, da fortuna e, mesmo, da maneira como organizaram a gestão de seus negócios.

No ano de 1814, Manoel Francisco Correia e Manoel Antonio Pereira, obtiveram da Junta da Real Fazenda da Capitania São Paulo o controle da

---

99 LEÃO, Agostinho Ermelino. *Op. cit.*, p. 2525.

navegação de canoas no aquífero que ligava Paranaguá e Antonina até o ponto derradeiro antes da subida da serra, em direção ao planalto. Tratava-se do rio Cubatão, atual Nhundiaquara. Com poucos estancos disponíveis em Paranaguá, a arrematação deste contrato se deu pela quantia de 5:610$000 contos de réis. Dado interessante é perceber que, ao menos em 1808, a administração do chamado Porto do Cubatão pertenceu a outro português: José Ferreira Guimarães, que tal como os compatrícios detentores do estanco iniciara-se como caixeiro.

José Ferreira era, inclusive, da mesma vila portuguesa da qual provinha Manoel Antônio Pereira que, ao servir de testemunha para o casamento de Ferreira Guimarães, indicou conhecê-lo já desde Portugal. Fica assim demonstrada mais uma vez a reiterada presença lusa em posições estratégicas da vila de Paranaguá.

Manoel Francisco Correia, já ostentando o título de sargento-mor, conseguiu, em 1827, se colocar como o primeiro chefe da Alfândega de Paranaguá, instituída neste ano pela Junta da Fazenda de São Paulo. Nesse período, Manoel Antônio Pereira, por sua vez, já respondia pelo governo maior da Vila de Nossa Senhora do Rosário de Paranaguá. Ocupando posições chave na estrutura social e econômica não só da Vila como da Baía de Paranaguá, estes dois indivíduos consolidaram suas relações em alianças familiares.

Na década de 1830, os dois indivíduos em pauta organizaram as núpcias de seus filhos. O primeiro casamento ocorreria em 1830. O tenente coronel Manoel Francisco Correia Júnior, primeiro filho homem de Correia Velho, desposou Dona Francisca Pereira. Em 1837 a situação se repete, porém, de forma invertida. O major Manoel Antônio Pereira Filho desposou a dona Lourença Laurinda Correia.[100]

Unidos pela origem, interesses, negócios, e, finalmente, parentesco, a trajetória destes dois portugueses consistiu, no universo desta pesquisa, num dos exemplos mais concretos de um projeto imigratório exitoso. Ocupavam o topo da hierarquia entre o grupo dos comerciantes que agora se avalia; iniciaram-se como caixeiros, depois ascenderam para a posição de negociantes autônomos; não se restringindo ao papel de comerciantes, penderam depois para a diversificação de suas atividades. E tal comportamento esteve longe de ser isolado.

---

100 Cf: LEÃO, Agostinho Ermelino de. *Op. cit.*, p. 1198 e COSTA, Samuel Guimarães da. *Op. cit.*, p. 200 e 202.

Suas trajetórias profissionais/comerciais se desenvolveram num mercado marcado por restrições, pouco flexível, de demanda limitada. Era arriscada, portanto, a concentração de seus tratos numa única área de atividade econômica. Diante da imprevisibilidade e rapidez das transformações conjunturais este comportamento era uma estratégia de prevenção. Se isso valia para Correia e Pereira valeu também para boa parte da elite mercantil vigente no Brasil colonial. Tal raciocínio, de certa forma, pode se estender ainda para o século XIX adentro. Ampara-se o argumento – não só no que testemunham as fontes investigadas – como, também, na verificação de Fernand Braudel de que os processos de especialização característicos da economia de mercado demoram a se impor justamente no topo da hierarquia:

> até o século XIX, o negociante de altos voos jamais se limitou, por assim dizer, a uma única atividade: é negociante, sem dúvida, mas nunca num único ramo, e também e, segundo as ocasiões, armador, segurador, prestamista, financista, banqueiro ou até empresário industrial ou agrícola.[101]

Se a diversificação era ela própria uma característica do conjunto dos comerciantes de maior trato, havia outros padrões recorrentes na montagem das riquezas destes comerciantes. No Rio de Janeiro, como foi observado por João Fragoso e Manolo Florentino, "a elite mercantil, por sua vez, viu-se sempre marcada por aquilo a que chamamos ideal aristocrático, que consistia em transformar sua acumulação em terras, homens e sobrados".[102]

Ao observar o que ocorria entre os comerciantes do Continente do Sul, boa parte deles portugueses, Helen Osório pôde observar que itens como dívidas ativas (27,4%) e prédios urbanos (22,4%) definiam as feições de seus negócios. Segundo a mesma autora, amparada por Susan Sokolow e Jorge Pedreira, nas praças de Buenos Aires e de Lisboa, os bens de raiz – principalmente prédios

---

101 BRAUDEL, Fernand. *A dinâmica do capitalismo*. Rio de Janeiro: Rocco, 1987, p. 40.
102 FRAGOSO, João; FLORENTINO, Manolo. *O arcaísmo como projeto: mercado atlântico, sociedade agrária e elite mercantil em uma economia colonial tardia*. Rio de Janeiro: Civilização Brasileira, 2001.

urbanos – ocupavam o segundo grau de importância, atrás apenas das dívidas ativas das elites mercantes locais.[103]

Ora, não é preciso retomar os inventários avaliados há pouco para perceber que, com alguns poucos desvios, eles reproduzem em escala micro, o que foi posto para as grandes praças mercantis mencionadas, sobretudo, Rio de Janeiro. Paranaguá era assim um espelho – em escala reduzida – da sede da corte.

Não conseguindo manter o mesmo volume de negócios de seus colegas de maior porte, fosse pela dificuldade de entrada no setor, fosse pela perda de bens, ou ainda pela reduzida demanda, o fato é que a maioria dos comerciantes sediados em Paranaguá não chegou ao êxito que há pouco foi descrito. Algumas evidências qualitativas levam a crer que, não obstante o processo de complexificação sócio-comercial ocorrido em Paranaguá, a localidade, ao longo da primeira metade do século XIX, seguiu apertada demais para comportar mais do que uma dezena de homens de cem contos de réis, empurrando, como também ocorria no Rio de Janeiro, os demais agentes econômicos para atividades menos lucrativas.

Aos agentes mercantis que ocupavam os patamares inferiores da pirâmide restou, por vezes, diversificar. Uma diversificação que se dava, porém, ao contrário dos agentes de maior trato, sob o signo do fracasso. Os casos de Manoel Marques de Jesus e João José, utilizados para abrir este item, bem podem ilustrar o processo. Outra possibilidade consistia em fazer-se circular à órbita dos maiores negociantes obtendo crédito para aviar seus negócios enfrentando, depois, as respectivas dívidas. Tomando os inventários de pequenos comerciantes atuantes em Campos dos Goitacazes, Sheila de Castro Faria demonstrou que "os usurários e grandes comerciantes de fazendas foram os que tiveram as maiores fortunas e as menores proporções de endividamento no conjunto dos bens, pequenos comerciantes tinham sempre uma elevada média de mais da metade dos bens comprometidos."[104]

Embora provavelmente a maioria dos pequenos e médios comerciantes de Paranaguá estivesse nessa última situação, infelizmente, não foi possível avaliar o fato em termos quantitativos. No entanto, ao menos um deles, Antonio

---

103 OZORIO, Helen. *Op. cit.*
104 FARIA, Sheila de Castro. *Op. cit.*, p. 184.

Vieira dos Santos, deixou um relato bastante circunstanciado dos processos de endividamento a que foi empurrado. Um caso qualitativo por excelência singular pela riqueza de detalhes com que foi narrado, mas que não deve ter sido único. Também em detalhes, o mesmo imigrante portuense descreveu como se introduziu nas práticas mercantis, atuando inicialmente como um pequeno auxiliar de comércio. E, novamente, nesse particular, apesar da singularidade do relato, a sua trajetória encontrou réplica no caminho trilhado por outros de seus conterrâneos, iniciando-se, também, como caixeiros e, depois, absorvendo em seus domicílios outros caixeiros portugueses, dando continuidade à cadeia.

Nem comerciantes nem agricultores: profissionais liberais

Em 1824, Antonio Vieira dos Santos já sofria os percalços decorrentes do falhanço de seus negócios. Nesta década, bastante difícil para o imigrante, afetavam-lhe a existência das tensões e desgostos decorrentes de dívidas acumuladas num horizonte de insolvência. Dizia ele:

> Em 12 Dom° Segd^a 13 e Quarta 15 de 7^{bro} tive nestes dias varias cons7d6r5c86ns s8br6 5 m5 97d5 s8br6 5 d797d5 d6 M6l Fr5nc8 C8rr5, 6 d8 5nt8 Fr5 5l96s q' n58 t5rd5r75 5 m6 m5nd5r C7t5r. [Tive nestes dias várias considerações sobre a minha dívida com Manoel Francisco Correia que não tardaria em me mandar citar]. Tive noticia de ter entrado hum barco do Rio de q' andei bem triste. Em 17 Sesta f^a de 7^{bro} até ao dia 23 Quinta f^a andei bem triste com a ch6g5d5 d5 sumc5 S Cr9s Br5z7l67r5[chegada da Sumaca Santa Cruz Brasileira] fazendo varias r6fl6x86ns s8br6 a m^a 97d5 [reflexões sobre a minha vida][105]

---

105 O autor recorre várias vezes ao longo de sua escrita a mensagens cifradas. As cifras são utilizadas, ao que tudo indica, em passagens que o autor julga constrangedoras. Ao longo do texto, contudo, foi possível decifrar a maioria dos códigos empregados por Antonio Vieira dos Santos. Em colchetes está a tradução das mensagens cifradas.

Nesta altura, como se vê, o reinól já acumulava pendências com seu compatrício Manoel Francisco Correia e com negociantes cariocas. As notícias da entrada de embarcações provenientes da praça fluminense lhe punham especialmente abaixo. Não era para menos: no bojo destas é que vinham as citações e cobranças de dívidas contraídas no Rio de Janeiro. Tal situação de endividamento chegou mesmo a provocar pesadelos em Antonio Vieira dos Santos. O enredo de pelo menos um deles ficou anotado para a posteridade: "De noite sonhei que vários me pedião pa eu ser M6d66ns7n5rm678s [mestre de meninos] a q' eu repugnava mostrando-me q' aceitasse pois tudo qto tinha já não era meu e o que tinha me haviam de tirar".

Pressionado pelas dívidas e pela falência financeira, ecoavam em seu interior vozes tentando encaminhá-lo para a ocupação de mestre régio. O presente item não trata, no entanto, do processo de endividamento protagonizado por Vieira dos Santos. Essa temática será retomada mais à frente. Tomando como ensejo o excerto que descreve o pesadelo, se quer traçar considerações acerca da função de mestre das primeiras letras que foi, também, uma possibilidade de ocupação a alguns portugueses arraigados em Paranaguá.

E por que repugnava a Antonio Vieira dos Santos tal ocupação? Meios não lhe faltavam. Letrado que era, mantinha uma biblioteca bastante extensa e variada, constando entre seus títulos obras como: *Livro dos meninos em que se dão as ideas geraes e definições de coisas que os meninos devem saber; Perfeito pedagogo e a arte de educar a mocidade.*[106] Volumes de cunho didático cujo propósito era justamente a moralização e a educação de crianças e jovens em inícios de aprendizado. Mesmo dotado deste arsenal, no universo de ocupações (que não foram poucas) às quais se dedicou, não existem indicações de que ele tivesse aderido ao ensino de primeiras letras.

E por que lhe repugnava tal ocupação? Se por um lado é impossível de responder objetivamente esta pergunta, por outro, a recusa de Vieira dos Santos instiga perguntas acerca da situação daqueles portugueses que se envolveram com o ensino no período estudado.

---

106 SANTOS, Antonio vieira dos. *Breve Rezumo das memórias...*, Op. cit. fl 281. Item: *Breve Resumo dos livros e manuscritos que tenho.*

Em primeiro lugar, trata-se de responder quantos portugueses estavam, afinal, envolvidos com o ensino em Paranaguá. Entre 1801 e 1830, Francisco Ignácio do Amaral Gurgel foi o único português envolvido declaradamente com o ensino de rapazes em Paranaguá. Antes dele há notícias de dois professores ensinando em Paranaguá. O primeiro, nomeado ainda por D. José I, como professor régio de Gramática Latina, chamava-se Inácio Pinto da Conceição. Era um sacerdote lisboeta. Depois há notícias de que assumiu a cadeira, em junho de 1789, José Carlos de Almeida Jordão, recebendo a quantia de 300$000 réis anuais a partir do subsídio literário.[107] Como se sabe, o subsídio literário criado a partir da década de 1770, ainda à época de Pombal, era uma taxação que incidia sobre a produção do vinho e da carne, destinado à manutenção das aulas régias.

Natural do Rio de Janeiro, Almeida Jordão foi listado na altura como solteiro e, também, como aleijado. Neste mesmo levantamento já se vê constar o mestre lusitano lecionando ao mesmo tempo em que o fazia seu colega carioca. Listado como mestre régio de primeiras letras era viúvo (portanto, leigo) e vivia de seu ordenado. Ordenado que, por sua vez, parecia provir de outra fonte pagadora que não o subsídio literário de Paranaguá. Na realidade, ao se acompanhar seu domicílio até 1805, se fica sabendo que seu ordenado era pago pela Real Fazenda de São Paulo.[108]

Em segundo lugar, cabe sondar acerca do padrão de vida destes indivíduos. Segue-se adotando, para tanto, a utilização da posse escrava como indicador indireto. Em 1801 o mestre regio português dispunha de Roza, uma negra benguela de dezoito anos de idade;[109] seu colega carioca contava com o congolês Antonio, de 28 anos, que lhe servia a casa. Em 1805, o professor português aumentou suas posses para três cativos, fato que não ocorreu com o colega carioca.[110] Vê-se, portanto, nitidamente que os professores não eram despossuídos. Todavia estavam bem distantes do topo da hierarquia dos proprietários de

---

107 SANTOS, Antonio Vieira dos. *Op. cit.*, p. 178 e FILHO, Anibal Ribeiro. *Op. cit.*, p. 140. SILVA, Maria Beatriz Nizza da. *Op. cit.*, p. 209.
108 *Arquivo Público... Listas Nominativas de Habitantes da Vila de Nossa Senhora do Rosário de Paranaguá, 1805.* Fogo: 24.
109 *Idem, 1801.* Fogo: 108.
110 *Idem.* Fogo: 5.

escravos. Também não há indício formal de que o reinól e seu colega carioca se valessem de outras ocupações para equilibrar seus ganhos, muito embora isso não fosse impossível. Por fim nenhum deles possuía patentes milicianas.

Estudando a situação dos demais professores portugueses na capitania de São Paulo, Carlos Bacellar chegou a resultados próximos do que se acaba de demonstrar. Em 1801 distribuíam-se da seguinte forma: dois em São Paulo, um de Gramática Latina e um de Retórica; em Santos, um de Farmácia e um de Gramática Latina; em Paranaguá (Francisco Inácio de Amaral Gurgel), um de Primeiras Letras e, em Curitiba, um sem qualificação fornecida. Todos tinham um padrão de vida bom, possuindo em média 4,6 escravos.[111] Em 1808 se vê professores presentes em São Paulo, Itu e Paranaguá. Em Paranaguá José Carlos seguia lecionando, solteiro, aleijado, contando com seu único escravo. De seu colega português, infelizmente, não se tem mais notícias. Em Itu, no mesmo ano de 1808, se vê que Manuel Floriano de Góes, filho do capitão mor da vila e residindo ainda com o pai, assumira as funções de professor de Gramática Latina. Em São Paulo dois Lisboetas responsabilizaram-se pela função. O primeiro mestre régio André da Silva Gomes era casado, tenente coronel de milícias, proprietário de cinco escravos. Estanislao José de Oliveira, seu colega e compatriota, assumiu as funções de mestre régio de retórica. Não detinha patentes milicianas, era casado e, por fim, possuía quatro escravos.[112]

Embora os dados coligidos apontem para um padrão de vida oscilante entre bom e remediado, são recorrentes na historiografia indicações de que, não raro, a situação econômica destes indivíduos estava em perigo. Por documentação compilada por Antonio Vieira dos Santos se tem a notícia de que o ordenado pago a Francisco de Amaral Gurgel, que sendo mestre de Primeiras Letras ganhava menos do que o professor de Gramática, não ultrapassava 120$000 réis anuais pagos a quarteis adiantados.[113]

O montante de 120$000 réis anuais se não chegava a ser irrisório, era baixo. José crioulo de 22 anos, um dos escravos da sogra de Vieira dos Santos,

---

111 BACELLAR, Carlos de Almeida Prado. *Op. cit.*, p. 19.
112 ARQUIVO PÚBLICO... *Listas Nominativas de Habitantes: Paranaguá, Itu, São Paulo.*
113 SILVA, Maria Beatriz Nizza da. *Op. cit.*, p. 209.

em 1809 foi avaliado em 155$200.[114] Não era praxe, portanto, o pagamento de salários de vulto aos mestres régios que, por vezes, inclusive, se viam constrangidos diante do exíguo valor que recompensava seus serviços.

Elizabeth Darwiche Rabello dá conta de um caso ocorrido em Pindamonhangaba. Sendo praxe a necessidade de renovação da licença régia para ensinar, Manuel da Costa Pacheco, professor de primeiras letras, se viu obrigado a encaminhar um ofício pedindo esmola ao rei para pagar sua licença e prestar o exame exigido.[115] Havia também a demora na tramitação dos processos de remuneração a estes profissionais. Os ativos resultantes da taxação eram enviados para o Reino para depois serem repassados novamente aos profissionais residentes no Brasil. Por vezes o repasse não ocorria ou, então, caso ocorresse demorava anos. Na capitania de São Paulo, Miryam Fragoso observou que, diante desta morosidade, muitos professores contavam com pagamentos feitos por particulares, no caso, pais de seus pupilos.[116] Era este o caso do professor de Pindamonhangaba Manoel da Costa Pacheco "muito pobre e sem escravos", que ensinava os filhos dos "principais" e "menores" da vila leitura, aritmética básica, a doutrina cristã, os bons costumes, a arte da solfa e a tangerem instrumentos, cobrando a cada uma meia pataca por mês, o que não chegava para sua diária sustentação.[117]

O cotidiano nas salas reservadas às aulas, por sua vez, também não parecia ser animador. Veja-se o que Ronaldo Vainfas disse a respeito...

> Ao substituir os colégios de jesuítas pelas aulas régias, conduzidas independentemente por cada mestre, em geral, em suas próprias casas, as reformas pombalinas acentuaram algumas características da Instrução de Antigo Regime, que hoje causam espanto. Carente de noções de turma e de série e de qualquer formação específica, o mestre acabava por reunir no mesmo ambiente uma quantidade enorme de alunos de idades diversas de graus distintos de

---

114 SANTOS, Antonio Vieira dos. *Op. cit.*, p. 285.
115 RABELLO, Elizabeth Darwiche. *Op. cit.*, p. 91.
116 FRAGOSO, Myriam Xavier. *O Ensino Régio na Capitania de São Paulo (1759-1801)*. Tese (doutorado) – Faculdade de Educação da Universidade de São Paulo, São Paulo, 1972.
117 SILVA, Maria Beatriz Nizza da. *Op. cit.* p. 206.

> adiantamento, com eles estabelecendo uma relação individual, um de cada vez, enquanto os demais cuidavam de suas tarefas ou entregava-se a uma balbúrdia inacreditável, que algumas gravuras registram e que somente o poder da palmatória podia deter.[118]

Levando-se em conta estas últimas informações, as resistências de Antonio Vieira dos Santos com relação a esta ocupação parecem encontrar alguma justificativa. Todavia, embora a rotina fosse árdua e, a situação financeira periclitante; também é consenso historiográfico que estes profissionais dispunham de certo prestígio entre a população residente nos locais em que atuavam.

Refletindo, talvez, este prestígio, alguns historiógrafos, entre eles o próprio Antonio Vieira dos Santos, dedicaram algumas linhas ao português Francisco Ignácio de Amaral Gurgel, que lecionou em Paranaguá nos inícios do século XIX. Disse Antonio Vieira dos Santos que este teria sido um dos mais notáveis mestres que a Vila de Paranaguá teve, dotado de grande erudição e cultura:

> Foi mestre Régio na Corte de Lisboa, Aulista da Real Junta de Comércio da mesma Corte, académico da Real Academia das Ciências de Sua Majestade, sendo seu lente, Examinador da Comarca, Catedrático de Literatura, Escrita, Aritmética, Ortografia, Gramática Portuguesa, Catecismo e Urbanidade Civil. O professor Amaral Gurgel era de conceito tão elevado como homem de cultura que o governador da Capitania de São Paulo, em carta de 19 de outubro de 1790, mandou convidá-lo, caso assim desejasse, para abrir uma Escola na Vila de São Paulo.[119]

A julgar pelos levantamentos nominativos, o reinol não aceitou este convite permanecendo pelo menos até 1805 em Paranaguá. Em 1808 não se teve mais notícia dele, mesmo nos levantamentos referentes à cidade de São Paulo.

Em todo caso se impõe a pergunta: o que faria um homem de tão reluzente formação abandonar "os honrosos e remunerados cargos da côrte para se transformar em substituto da cadeira de primeiras letras em uma villa

---

118 VAINFAS, Ronaldo (dir.). *Dicionário do Brasil Colonial (1500-1800)*. Rio de Janeiro: Objetiva, 2000, p. 55-57.
119 SANTOS, Antonio Vieira dos. *Op. cit.*, p. 288.

triste e longiqua, recebendo o exíguo ordenado de 10$000 mensaes?" Tal foi a questão levantada, em inícios do século XX, pelo memorialista Agostinho Ermelino de Leão, que também dedicou algumas linhas à este professor. O historiógrafo, alegando conjunturas plausíveis para sua suposição, arriscou que a transferência deste reinol estava ligada a um castigo, "senão severo, sempre castigo". Para ele, o mestre régio teria sido partidário do Marquês do Pombal. Sua transferência para o Brasil se teria dado justo no momento em que D. Maria I desterrava o poderoso ministro de D. José I. Assim, a rainha repelia da corte, junto com Pombal, seus amigos e adeptos, entre eles, o professor que foi se estabelecer em Paranaguá.[120]

Trata-se de uma hipótese engenhosa, mas que infelizmente não se assenta em nenhuma credibilidade documental. As listas nominativas são insuficientes para averiguar esta suposição. Antonio Vieira dos Santos, em suas compilações, também não fez nenhuma referência ao fato. O rol de dispensas matrimoniais que poderia iluminar algo a respeito não apresentou nenhum registro acerca do mestre régio.[121]

Não se trata aqui, contudo, de desconstruir as suposições lançadas por Ermelino de Leão, senão reconhecê-la como mais uma entre tantas possibilidades plausíveis no horizonte das motivações emigratórias. Possibilidade que vai além das miragens de fortuna, dos desejos de estabelecimento na carreira mercantil, das respostas aos chamados de patrícios já estabelecidos, e daí por diante. A fuga – simplesmente a fuga – de uma conjuntura política desfavorável, ou mesmo não sendo este o caso, de situações embaraçosas relacionadas a adultérios, amores ilícitos, que trouxeram cor aos enredos tão verossímeis de Camilo Castelo Branco[122] – também poderia atuar como móbil de repulsão de portugueses em direção ao Brasil.

Em suas análises, acerca dos portugueses na capitania de São Paulo, Carlos Bacellar relacionou os professores numa categoria chamada por ele de profissionais

---

120 LEÃO, Agostinho Ermelino de. *Op. cit.*
121 Vide capítulo IV.
122 Cf. Seria exaustivo mencionar a totalidades de contos, histórias e crônicas deste autor que ilustram exemplos na direção do que se argumentou acima. No entanto, veja-se, por exemplo: BRANCO, Camilo Castelo. 1825-1890. Novelas do Minho. Disponível em: <http://purl.pt/6280>. Acesso em: maio 2013.

liberais. Para o autor, estes correspondiam ao reduzido grupo dos que dispunham de alguma formação específica. Esta categorização também foi adotada na presente pesquisa e, entre outros profissionais que dispunham de uma formação mais específica ou especializada, estavam, também, os que desempenhavam as chamadas artes médicas, constando portugueses entre estes profissionais.

É fato bastante comentado pela historiografia, a raridade dos homens ocupados das chamadas artes médicas ao longo do período colonial e joanino em terras brasileiras. Há notícias, inclusive, de incentivos estatais a fim de se conseguir um maior número de adeptos devidamente graduados para atuar nesta profissão.[123] Em inícios do século XIX, apenas, é que começam a surgir os chamados "médicos de partido", que eram pagos pela Câmara para atenderam a população.

Paranaguá não serve de exceção a este quadro de rarefação de profissionais da saúde. Entre 1801 e 1830 apenas um indivíduo se identificava como "surgião". Em tempo, cirurgião não era sinônimo direto de médico. Os médicos, de fato e de direito, recebiam, na realidade, o título de físico mor. Graduação que nesta época já era conferida em universidades europeias. O cirurgião, por sua vez, era fundamentalmente um prático. Ele é que deveria cuidar de operações, curativos, emplastos, cataplasmas, fraturas. Tendo em vista o caráter mecânico de sua atuação colocava-se, assim, pelo menos um patamar abaixo dos físicos graduados. Contudo, na América lusitana, foi usual que na falta de médicos habilitados, o cirurgião, ou melhor, o cirurgião-mor (que era o principal título acessível aos cirurgiões) assumisse, para todos os efeitos, o posto e a reputação de médico.[124]

Apesar de haver apenas um cirurgião formalmente habilitado em Paranaguá existiam na vila outros indivíduos que se dedicavam às práticas curativas. Fato que, aliás, não era isolado nos contextos colonial e imediatamente pós-colonial. Pedro era um cativo benguela que atuava como barbeiro e, a julgar pelos costumes coevos, não é implausível que tenha atuado em algumas operações de sangramento.[125] Outro envolvido com a arte de curar era Faustino

---

123 RABELLO, Elizabeth Darwiche. *Op. cit.*, p. 92.
124 SILVA, Maria Beatriz Nizza da. *Op. cit.*, p. 233.
125 Arquivo Público... *Listas Nominativas de Habitantes da Vila de Nossa Senhora do Rosário de Paranaguá*, 1801. Fogo: 33.

Gonçalves, parnanguara, branco, livre. No levantamento nominativo de 1801 ele foi registrado como "cego e curioso de curar". Enquanto mero *curioso*, a seguir a acepção de Morais Silva, dedicava-se à arte (de curar) sem, contudo, "ter dado anos a aprendê-la e sem saber seu fundamento".[126] Estes últimos indivíduos não chegaram a ser registrados nos levantamentos posteriores. Apenas o cirurgião é que foi registrado assiduamente ao longo dos anos entre 1801 e 1830.

O alferes João Batista Vieira Ramalho, português, natural do arcebispado de Braga, que a partir de 1830 denomina-se cirurgião-mor, era o único profissional da saúde formalmente habilitado atuante na Vila de Paranaguá. Sendo o único no ofício parece ter sido bastante requisitado e reconhecido pelos locais. Fato que não impediu que o cirurgião, por motivos fugidios à pesquisa, tencionasse por algumas vezes se transferir de Paranaguá para a ilha de Santa Catarina. Em resposta a essas intenções ficou registrada em atas de vereança, compiladas por Antonio Vieira dos Santos, a comoção das autoridades locais e seus esforços no intuito de conservar o cirurgião na vila instituindo o "partido".[127]

> 1804 - No mês de outubro dos principais cidadãos de Paranaguá todos fizeram voluntariamente uma subscrição de cada um pagar certa quantia de partido que fizeram ao cirurgião o alferes João Batista Vieira Ramalho afim de que ele ficasse em Paranaguá e não se fosse embora, como pretendia.

> 1807 - A Câmara oficiou ao Doutor Ouvidor da Comarca Antônio Ribeiro de Carvalho, dizendo que foi concordado que se embaraçasse a viagem que queria fazer o licenciado João Batista Vieira Ramalho, por causa da pouca

---

126 SILVA, Antônio Morais. *Op. cit.*, p. 505; Arquivo Público... *Listas Nominativas de Habitantes da Vila de Nossa Senhora do Rosário de Paranaguá*, 1801. Fogo: 194.

127 Dentre estes principais cidadãos estavam Antonio Vieira dos Santos que, como se vê, deixou anotada em suas reminiscências contribuição que fizera no intuito de preservar o médico na vila: "Em 20 de 8bro de 1805 Domo me asignei em hum papel de partido qe os moradores da Vila de Paran^a fizerão ao cirurgião da m^{ma} o Alfe^s João Bapt^a V^a Ramalho em q^c me obriguei a pagar 4 Mil reis annualmente e paguei os seguintes = 1806 – 1807 – 1808 – 1809 – 1810 – 1811 – 1812 – e 1815". SANTOS, Antonio Vieira dos. *Breve Rezumo das memórias... Op. cit.*, fl 8.

conveniência que tinha, e que novamente se lhe impedisse a sua viagem enquanto se dava parte a S. Alteza Real, para se lhe fazer um partido anual de trezentos mil réis pagos pelo produto da nova contribuição literária que eram aplicadas para pagamentos dos médicos e cirurgiões.

1810 - A Câmara representou ao Ouvidor da Comarca que, em dois do corrente mês, se tinha apresentado em vereança trinta homens da principal nobreza e alguns sacerdotes sobre a viagem que queria fazer o professor de medicina e cirurgia João Batista Vieira Ramalho, que já estava despachando-se para ilha de Santa Catarina e que quando não estava nesta Vila de Paranaguá havia anos de grandes epidemias de disenterias de sangue, em que faleciam doze a catorze pessoas cada dia e que na última epidemia que houve falecera um só menino, rogando a ele, Ouvidor, como cabeça da governança, pusesse esta representação na presença de S. Alteza Real, para que de seus Reais cofres lhe estabelecesse um ordenado da quantia de Rs. 300$000 réis para residência desse professor de medicina.[128]

Primeiramente é interessante perceber que a contribuição literária poderia se aplicar não só com o fito de educar, mas também com o de curar. Quanto aos honorários, se vê pelas atas que estes não variaram muito com relação ao que se pagava aos profissionais liberais dedicados ao ensino das letras. Com referência ao aspecto dos honorários, num caso parecido com o dos mestres régios, por vezes os cirurgiões também poderiam receber pagamentos de particulares. Prova disto é a petição movida pelo cirurgião Ramalho em 1799, na intenção de recuperar dispêndios que não puderam ser sanados:

> Diz João Batista Vieira Ramalho, que Manoel Eugenio de Oliveira Rosa, por seu falecimento ficou devendo ao suplicante a quantia de oito mil réis de tratamentos e curativo que o suplente lhe fez nesta vila, e como faleceu sem testamento, tomou o juízo dos ausentes conta de seus bens por isso"[129]

---

[128] SANTOS, Antonio Vieira dos. *Memória Histórica da cidade de Paranaguá*...p. 216-217.
[129] Arquivo Público do Estado do Paraná. *Fundo Judiciário. Justificação João Batista Vieira Ramalho*. JP 121. Cx. 8.

O parecer foi favorável ao cirurgião que acabou conseguindo reaver a quantia gasta com o tratamento de seu paciente que veio a óbito. Ao que parece, apesar de ser o único cirurgião da vila, bastante demandado e reconhecido, no aspecto material ou econômico é possível depreender, a partir do acompanhamento do fogo por ele chefiado, que o cirurgião Ramalho tenha vivido uma situação austera.

Sua presença nos levantamentos nominativos foi bastante assídua. Aliás, uma das mais assíduas entre os reinóis estabelecidos em Paranaguá. Seu domicílio foi registrado ao longo de absolutamente todos os quinquênios analisados. Fato que indica, de certa forma, o sucesso das deliberações tomadas pela Câmara ou mesmo dos clamores da população local em torno de sua permanência na vila. Em todo caso, entre 1801 e 1830, nunca teve mais do que um escravo. Do ponto de vista conjugal, num fato bastante raro no universo que aqui se analisa, se manteve solteiro ao longo de todos os quinquênios analisados.[130] Também não parece ter gerado descendência ou, pelo menos, descendência legítima. Falecido em 1833, mereceu o seguinte obituário:

> 1833- Em 21 de julho faleceu o alferes João Batista Vieira Ramalho, cirurgião do partido da Câmara, benemérito, caritativo, pai da pobreza, com a sua liberalidade supria aos necessitados; exerceu sua arte cirúrgica em Paranaguá mais de 25 anos; sua morte foi geralmente sentida, mas o seu nome será eternizado nos corações paranagüenses.[131]

Além de ter preservado para posteridade alguns momentos da atuação do cirurgião Ramalho, Antonio Vieira dos Santos era ele próprio bastante interessado nas artes médicas, talvez, até mesmo um "curioso" na acepção de Morais Silva, dedicando-se às práticas curativas no âmbito doméstico. Sua biblioteca continha títulos acerca do assunto:

> Medicina curativa ou melhor do purgante para a cura das enfermidades por Lê Roy 1825.; 2 Principios de cirurgia por Jorge La Foge; 1 Descripção compendioza das

---

130 Arquivo Público... *Listas Nominativas de Habitantes da Vila de Nossa Senhora do Rosário de Paranaguá,*1801,1805,1810,1815,1824,1830. Fogos: 20; 28; 23; 31; 35; 38.
131 SANTOS, Antonio Vieira dos. *Memória Histórica da cidade de Paranaguá...*p.253.

> enfermide mais [ilegível] de exercicio pelo Baram de Wati Witen //; 10 Medicina domestica do Dor Guilherme Buchan // 3 Avizo ao povo e cena da sua saude de Mr Tissot.[132]

Interessante notar que num hibridismo bastante característico da época, a presença de uma biblioteca fornida de títulos técnicos/eruditos de medicina não impediu que Antonio Vieira dos Santos, quando se tratava de saúde, recorresse também às práticas populares. Fato que, aliás, também é indicativo dos processos de assimilação ao mundo novo que encontrou. Dizia ele que

> Em 13 de Setembro (1814) Terca f^a de manhã mandei curar de cobra as pessoas de m^a familia Eu m^a me^r Antonio, Anna e Jose meus filhos = Nazaria Tereza e Franc^o meus escr^{os} p^r hum Me^l Roi^z do Arraial

> Em 25 de 9br^o Quinta (1821) mandei curar de cobra m^a filha Maria, Antônio meu sobr^o– Escolástica e Candido meus Escravos.[133]

O ofidismo era uma dura realidade a ser enfrentada pelos habitantes do recôncavo parnanguara. Matas, serras, roças cultivadas, forneciam ambiente propício para a incidência de cobras peçonhentas. Em suas reminiscências, Vieira dos Santos descreve a agonia de seu escravo Vicente, picado em 1825, por uma Jararcuçu de cinco palmos:

> Em 5 Sabado de m. [manhã] deu hum ataque em o meu Vicente q^e esteve quase a expirar e de n. lhe deu segd^o. Em 6 Dom^o neste dia esteve meu Vicente mt^o atacado vomitou veneno, sangrou-se lhe a perna e qd^o foi depois da meia noite teve 1º 2º e 3º ataque morrendo pellas 2 horas da madrugada. Em 7 Segunda f^a de m. foi sepultado o meu Escr^o Franc^o na Igr^a de N. Snr^a do Porto dos Morretes na Sepultura.[134]

---

132 *Idem. Breve resumo das memórias mais notáveis…* fl. 255.
133 *Idem. fl. 13; fl.22.*
134 *Idem. fl.31.*

Nesse contexto é que se inscrevia a "cura de cobra". Tratava-se de uma prática de benzimento acompanhada da ingestão de raízes e cipós diversos infusos em água ardente. O ritual deveria servir tanto para repelir os ofídios, quanto para o próprio tratamento dos indivíduos picados. Guardadas as variantes regionais este mesmo ritual ainda subsiste no repertório de práticas de medicina popular das populações ribeirinhas tradicionais.[135]

Além de ter sido ele próprio interessado em medicina, Antonio Vieira dos Santos teve um irmão que seguiu a carreira de cirurgião. Na realidade, um meio-irmão gerado nas segundas núpcias do patriarca Jerônimo Vieira dos Santos. José Baptista dos Santos Moura nascera em 1796, apenas um ano antes da transferência de Vieira dos Santos para o Brasil ocorrida em 1797. Num item especialmente reservado para isso, seu irmão mais velho narrou, em minúcias, como se deu o processo de formação de Jose Baptista dos Santos Moura, até que ele fosse habilitado como cirurgião.

Antes de ingressar nas artes médicas ele cumpriu sua formação elementar numa escola de primeiras letras em 1802. Ali aprendeu alguns elementos do *quadrivium* tais como aritmética, gramática básica e música (órgão e solfa). Nesta fase de educação, José Baptista dos Santos Moura teria se demorado perto de oito anos, quando, finalmente, em outubro de 1810 ingressou na "aula cirúrgica" para aprender esta mesma arte. A partir daí Antonio Vieira dos Santos contribui com descrições que iluminam, desde uma perspectiva micro, o processo de formação destes profissionais. Trata-se de um excerto longo. Mas vale ser apreciado pela riqueza dos detalhes

> Em 22 de 8^{bro} de 1810 entrou meu Manno Joze na Aula Cirurgica p^a aprender esta mesma Arte p^r noticia da Carta de 3 de Junho de 1811.
>
> Em Janeiro de 1811 fes meu Manno Joze o seu p^{ro} ecxame de Osteologia = (Osteologia he parte da Anatomia que se ocupa em conhecer a naturesa e situação dos ossos e juntamente a sua figura e ligamentos.

---

135 NAVA, Pedro da Silva. *Capítulos da História da Medicina no Brasil*. Cotia/Londrina/São Paulo: Ateliê Editorial/Eduel/Oficina do Livro Rubens Borba de Moraes, 2003.

> Em Julho ou Agosto de 1811 fes meu Manno Joze o 2º exame de Anatomia ou Fisiologia que trata de todo o corpo humano.
>
> Em Março de 1814 me dise o Manno Joze que hia disfrutando o 4º e ultimo anno o qual finalizava pª Abril pellos Estudos e pello tempo em Outubro e pertendeo em 1813 fazer Exame de Sangria porem o não executou por lhe correr tudo a avessas.
>
> Em 10 de Março de 1815 fes meu Manno Joze o 3º exame de Sangria do qual ficou approvado
>
> Em 15 de Junho de 1815 fes meu Manno Joze o exame Theorico de Cirurgia no qual se tratou da Amputação do braço pella articulação com a espadua, o melhor methodo de laquear as arterias e partos quando o cordão umbelical he demaziadamte curto o qual durou 3 horas deste ficou approvado.
>
> Em 16 de Junho de 1815 fez meu Manno Joze a prº exame pratico relativo a homens.
>
> Em 17 de Junho de 1815 fez o Manno Joze o 2º exame pratico relativamente a mulheres, de que ficou aprovado e forão seus examinadores = João de Brito e Manoel Joze Brandão os Cirurgioens mais antigos que havião na Cidᵉ do Porto; de cujos exames se lhe fizerão os competentes Autos e Attestaçóens pª pʳ meio dellas poder obter do Fizico Mór do Reino as suas Cartas de exame.[136]

A historiografia dá conta de transformações institucionais na estrutura dos mecanismos de regulamentação sanitária em curso ao longo dos séculos XVIII e XIX.[137] Transformações que se deram, justamente, ao tempo da formação de Santos Moura e, agora se pode retomar, de seu colega radicado em Paranaguá, João Baptista Vieira Ramalho. Considerando-se que este último

---

136 SANTOS, Antonio Vieira dos. *Breve resumo das memórias mais notáveis...*, fl. 78.
137 Cf. ABREU, Eduardo de. "A Physicatura-Mor e o Cigurgião-Mor dos Exércitos do Reino de Portugal e Estados do Brazil". *Revista do IHGB*, 1900, parte I, p. 154-306.

contava cinquenta anos em 1801, é bem provável que ele tivesse iniciado seus estudos no quartel final dos setecentos.

Nesta época marcou a conjuntura sanitária a criação da junta do Protomedicato, a partir de 1782. Tal órgão centralizava, por meio de delegados, a fiscalização das práticas médicas dos cirurgiões, cirurgiões-barbeiros, barbeiros, sangradores e demais agentes envolvidos com a saúde. Prerrogativa que era antes da alçada exclusiva do Físico-mor do Reino. Cerca de um ano após a transferência da corte para o Rio de Janeiro o Protomedicato é extinto e se vê crescer novamente a autoridade do Físico-mor, possuindo a palavra final acerca dos aspectos sanitários e, o que aqui interessa especificamente, sobre a formação de novos agentes da saúde.

Apesar dessas transformações institucionais o que se quer salientar é que a formação experimentada por Santos Moura deve ter sido, ao menos na essência, bastante semelhante àquela vivenciada pelo alferes Ramalho. Uma aprendizagem bastante empírica, desenvolvendo-se num período de mais ou menos quatro anos, sempre na companhia de um mestre cirurgião já habilitado, caracterizada por exames realizados na presença de outros mestres reconhecidos (e que preferencialmente não tivessem envolvimento anterior com o candidato examinado) e, por fim, a partir do resultado dos exames, a anuência da autoridade máxima da saúde fosse o Protomedicato ou então o Físico-mor do Reino, como se vê descrito no trecho a pouco transcrito.

O ofício escolhido, a coincidência do segundo nome, a origem portuguesa e a atuação num período mais ou menos coevo consistiam em elementos de afinidade entre o cirurgião Ramalho e seu colega Santos Moura. Mas não unicamente. O sol que se punha abaixo da linha do equador também esteve no horizonte dos dois indivíduos.

Se do cirurgião Ramalho já se sabe que foi um entre tantos imigrantes lusitanos radicados em Paranaguá, cabe introduzir agora que Santos Moura tão logo se licenciou, fez uma escolha nada inédita entre o ramo masculino de sua família: a do movimento em direção ao atlântico sul e seus portos situados na costa brasileira.

Esta última informação irrompe das páginas que Vieira dos Santos reservou acerca da trajetória:

> De Joze Baptista dos Santos Moura
>
> 1ª Viagem da Cidade do Porto pª Cidade da Bahia
>
> Em 29 de Julho do anno de 1815 sahio meu Manno Joze pella barra fora da Cid^e do Porto vindo p^r Cirurgião do Berga^m o Navegante Feliz e trazendo 52 dias de viagem entrou na Cidade da Bahia em 19 de 7^{bro} do m^{mo} anno; de la foi a V^a de S^{to} Amaro da Purificação no reconcavo da m^{ma} Cidade onde se morou alguns dias; veio ganhando 60$mil reis e demorando na Bahia 144 dias contados desde o dia da entrada ao da Sahida voltou pª a Cidade do Porto.[138]

Como sugere o título do excerto, esta não foi a única vez que Batista de Moura se lançou ao Atlântico como *cirurgião de embarque*. Na realidade foi a primeira de pelo menos cinco viagens ocorridas do Porto à Bahia entre os anos de 1815 e 1822. Os registros que se seguem revelam de forma bastante evidente o caráter mercante das embarcações em que o cirurgião se alistara. Também transparece, como se poderá verificar abaixo, que a primeira viagem de Santos Moura já lhe fora suficiente para estabelecer um núcleo de relacionamentos em terra:

> 2ª Viagem da Cid^e do Porto pª a Bahia
>
> Em 31 de Dezembro de 1816 sahio meu Manno Joze p^{la} barra fora da Cidade do Porto por Cirurgião da Galeria Amor da Patria pªo q^l se embarcou no dia 29 repentinamente sem se despedir de meu Pai, esta Galeria trazia só lastro de pedra e com 19 dias de viagem entrou no dia 18 de Janeiro de 1817 na Ilha Boa Vista em Cabo Verde aonde foi carregar Sal; onde se demorou 20 dias ate 7 de Fevereiro em q^e sahio da m^{ma} Ilha e trasendo 26 dias de viagem foi entrar na Cid^e da Bahia em 4 de M^{ço} do mesmo anno; fasendo ao todo o total de 54 dias de viagem fora o da demora em Cabo Verde.
>
> [Jozé Baptista dos Santos Moura] Foi a V^a de S. Amaro da Purificação levar huas encomendas e esteve morando em caza de Joze Ma da Fonseca que lhe servia de Pay; seus Mannos e primos delles todos am^{os} de meu Manno. Ali o

---

138 SANTOS, Antonio Vieira dos. *Breve resumo das memórias mais notáveis...*, fl. 80.

> Cirurgião daquella V^a M^{el} Joaq^m o persuadio p^a q^e ficase a fim de curar em lugar de elle; ou para, q^{do} hum existise na V^a outro fose ao chamado p^a fora. Foi o Manno Joze chamado a V^a de S. Franco p^a curar a May do Sargto Mór da m^{ma} V^a onde se demorou 1 dia.
>
> Foi p^r este tempo que o Manno Joze se empenhou com o tal Joze Maria da Fonseca para que lhe mandase buscar ao Rio as suas Cartas de Exame; este pedio na Cid^e da Bahia a João Bap^{ta} G^{ls} negociante e dono do Brigue Duque de Victoria na qual recomendou este negocio no Rio de Janeiro a Jeronimo Fran^{co} de Freitas Caldas mo^r defronte a Candelaria N^o=26= seria feita esta recomendação no mes de Março ou Abril.
>
> Em 17 de Junho de 1817 recebeo meu Manno na Cidade da Bahia as suas Cartas Cirurgicas que lhe importarão 62$260 réis.[139]

A partir dos vínculos que lhe foi possível estabelecer surge, como se acaba de ver, o convite de um colega mais experiente para que o cirurgião se radicasse no Brasil. E, assim, reproduzindo-se a suposição de seu irmão mais velho: "ou p^r que se agradase da terra ou p^r que tivese caza e mesa franca ou p^r que adquirise d^{ro} pelos curativos que fazia naq^{la} V^a p^r ofertas do Cirugião seu amo M^{el} Joaq^m ficou morando na m^{ma} villa ate o mês de Fev^{ro} de 1819 em q^e tornou a embarcar".[140]

Parte, então, para Lisboa como cirurgião do navio Conde de Palma. Lá teria se encontrado com um primo. Consta que "paceou" algumas vezes com este parente e, mesmo que não exista nenhuma evidência a respeito, não causaria espanto imaginar o Brasil como pano de fundo para conversas travadas ao longo do passeio. Um mês depois retorna à Bahia como cirurgião da mesma embarcação que o havia levado para Portugal. E assim, trabalhando como cirurgião de embarque do navio Conde de Palma, o cirurgião permanece cerca de três anos, num ciclo de viagens de idas e voltas de Portugal ao Brasil.

---

139 *Idem*. fl.83.
140 *Ibidem*.

Nesse ciclo sofrerá, inclusive, as consequências das dissenções emancipatórias. Diante das crises lusófobas (características da região e do período), se vê obrigado a retirar-se compulsoriamente do Brasil em 1822, tendo sido, no percurso em direção ao reino, aprisionado junto com a embarcação Conde de Palma em que prestava seus serviços. Aprisionamento que parece ter sido fugaz, já que logo em seguida à sua tomada pelas forças brasileiras a nau teria sido recuperada por uma esquadra portuguesa.

Após a narrativa destas peripécias se vê surgir, ao ano de 1822, o ponto final nas linhas que Antonio Vieira dos Santos dedicou ao seu irmão. A última referência indica que o cirurgião em "16 de julho entrou na Ilha do Fayal onde esteve sete dias e no dia vinte e três saihu para Lisboa onde entrou a primeiro de setembro com sessenta e nove dias". Daí por diante não se sabe mais nada acerca do destino deste indivíduo. O desfecho de sua história fica, portanto, sujeito a especulações.

Os homens se movimentam. Tal movimento como lembra Jorge Alves transforma-se, por vezes, em e/imigração. É impossível saber se no caso de Santos Moura a mobilidade se concretizou de fato em imigração. Mesmo assim trata-se de uma narrativa bastante extraordinária. Afinal dá uma perspectiva bastante detalhada de uma possibilidade concreta e um tanto diferente daquelas presentes no repertório de motivações que levaram a transferência de portugueses para o Brasil.

Aqui não se trata, novamente, de um caixeirinho que mal saído da tenra idade ingressara no Brasil, mirando o senhorio do seu próprio comércio. O caso é outro. Um agente de saúde que traz consigo uma formação e um ofício do Reino, alista-se numa embarcação, constrói relacionamentos, opta uma vez pela sedentarização e, depois, até onde se sabe, retoma novamente a mobilidade. Mesmo assim, guardadas as especificidades, conexões pessoais nos dois lados do atlântico; propostas resultantes do relacionamentos estabelecidos e fluxo de informações circulando entre os dois polos do Atlântico, podendo agir como aspectos motivadores para e/imigrações são elementos recorrentes no contexto das histórias de mobilidade avaliadas neste livro.

Ainda no que diz respeito ao fluxo de informações, o caso de Santos Moura é bastante notável. Note-se que Vieira dos Santos quase não conviveu pessoalmente com o *mano* que se formou cirurgião. Mesmo assim, desde algum modesto gabinete na longínqua Paranaguá, faz um relato atento e circunstanciado das linhas gerais da vida de seu irmão, desde o nascimento até a maturidade.

Relato apoiado no fluxo epistolar que manteve com seu pai. Ou seja, não obstante as inegáveis dificuldades, informações circulavam de lá para cá e de cá para lá numa assiduidade e frequência maior, talvez, do que se possa imaginar. E, mesmo que não se tenha elementos para quantificar ou recuperar o fato de forma mais tangível, insiste-se aqui que tal fluxo de informações pôde ter estado na raiz de muitas iniciativas imigratórias que se deram no período.

Finalmente, diante do exposto, retorna-se àquele que teria sido o único cirurgião mor radicado em Paranaguá ao longo dos quinquênios aqui analisados. A não ser as menções acerca de seu domicílio, ou informes acerca de sua atuação profissional, não foi possível recuperar o itinerário migratório, tão pouco as motivações por trás da transferência do cirurgião Ramalho para o Brasil. Contudo, diante do que se viu, não é tentador imaginar o cirurgião Ramalho como um dos tripulantes de uma galera, patacho, ou bergantim, singrando os mares, na condição de "cirurgião de embarque", que ou porque se agradasse da terra, ou porque tivesse casa e mesa franca, ou porque estivesse mesmo cansado da vida embarcado, tomou, um dia, a resolução de se quedar em definitivo em Paranaguá? É impossível responder concretamente, mas, também, muito difícil de não considerar, ao menos, a plausibilidade de tal hipótese.

Artífices da Ribeira: atuação lusitana nos serviços náuticos em Paranaguá

Se em Paranaguá havia comércio, o que ali se praticava era essencialmente o de caráter marítimo. Tal modalidade mercantil necessitava impreterivelmente de apoio que garantisse condições efetivas de navegação. Entre os que ganhavam a vida zelando pelo bom estado das embarcações estavam calafates, carpinteiros da ribeira, carpinteiros e muitos deles eram lusitanos.

Diante disso, trata-se de novo de buscar insígnias de posição com o fito de avaliar o perfil dos portugueses artífices que se radicaram em Paranaguá. Com relação à posse escrava, o grupo dos artesãos oriundos de Portugal parecia se destacar do geral. Descontando-se as repetições de quinquênio em quinquênio chegou-se ao dado de que para 24 portugueses que se declararam artífices, dezesseis (66,6%) possuíam escravos. Entre os dezoito artesãos naturais de Paranaguá, esse percentual foi mais baixo já que entre eles doze indicaram não possuir escravos. Também é interessante notar que a exemplo do que ocorria no comércio, esta ocupação tinha uma alta participação de lusitanos que suplantava a dos locais.

Contudo, não se tratavam de plantéis elevados, na realidade, a maior ocorrência de cativos entre os plantéis dos artesãos lusitanos avaliados foi de oito indivíduos. Depois os plantéis variaram entre um e quatro escravos. Ao mesmo tempo, numa situação que pareceu um tanto paradoxal, ao ser avaliada a presença de predicados milicianos acompanhando os nomes destes indivíduos, se viu que dentre os 24 artífices, apenas quatro ostentavam patentes milicianas. Entre estas três de baixa extração.

Analisando a situação dos artífices que operaram no Rio de Janeiro, num período mais ou menos coevo às análises aqui procedidas, Carlos Lima se viu diante de um grupo de atores de parca presença na economia e na sociedade, carentes de impacto na vida política. Os poucos atributos milicianos verificados entre os artesãos de Paranaguá confirmam esta última colocação. Em geral, partícipes da câmara possuíam patentes, ou melhor, altas patentes de milícias. Uma justificativa para esse reduzido impacto na vida política e administrativa pode estar na natureza mecânica dos ofícios realizados pelos artífices. O trabalho destes indivíduos tendia a ser mesmo um obstáculo às posições de topo na pirâmide social de uma sociedade estratificada fundada em valores de antigo regime. O artesão tinha as mãos sujas, para utilizar a expressão de Carlos Lima, pela mancha do trabalho mecânico inerente às suas atividades.[141]

Contudo, mesmo diante desse cenário geral, Carlos Lima verificou tendências de aquisição de cativos entre os sujeitos de sua pesquisa.[142] Comportamento que se justificava pela mão de obra escrava, que, se treinada, poderia amplificar ganhos. Mas também aproximava esses indivíduos do ideal aristocratizante,

---

141 LIMA, Carlos Alberto Medeiros. *Artífices do Rio de Janeiro (1790-1808)*. Rio de Janeiro: Apicuri, 2008, p. 278.
142 *Ibidem.*

expresso na posse de homens. A aquisição de cativos relacionava-se, portanto, à mobilidade social ascendente que, por sua vez, também estava passível de ocorrer entre esses indivíduos. Alguns exemplos nesta direção puderam ser verificados em Paranaguá.

Veja-se o caso do portuense José Bento da Silva que, em 1801, foi arrolado como cabo de esquadra. Nessa altura ele era um mestre de "carpinteiro da ribeira" e usava de seus serviços no estaleiro de Ricardo Carneiro dos Santos, já apresentado no curso desta narrativa. Ao que tudo indica, com o passar dos anos, foi capaz de alçar voo próprio. Em 1815, já não mais associado à Carneiro dos Santos, foi registrado como construtor de embarcações. Nessa época ostentava a patente de alferes e, acompanhando a ascensão na posição miliciana, incorporou mais quatro escravos ao seu plantel.[143]

Acima de José Bento da Silva na hierarquia das milícias, estava seu compatrício Manoel José de Faria. Natural do bispado do Porto, em 1805, ele foi arrolado como sargento de milícias. E assim seguiu sendo arrolado nos anos de 1810 e 1815.[144] Nesse caso é difícil avaliar a mobilidade social visto que logo na primeira vez em que é recenseado ele já aparece como sargento. É muito possível que José Bento da Silva fosse oriundo de alguma outra localidade. Ou seja, pode ser que se esteja aqui diante de um novo caso de movimentação geográfica após a emigração transatlântica. Ele foi listado como um "carpinteiro de obra branca". Tal nomenclatura correspondia aos carpinteiros especializados na construção de casas. Possuía quatro escravos que se mantiveram em sua companhia ao longo de todas as menções ao domicílio que liderava.

Por fim, entre os artesãos que ocupavam posições nas tropas, temos um cabo e um ordenança. O primeiro era um "carpinteiro da ribeira", ou seja, construía e/ou reparava embarcações. Chamava-se Antônio Luiz Provinha de Figueira da Foz e foi arrolado apenas uma vez em 1824 quando declarou ter um escravo. Seus ofícios naquele ano teriam lhe rendido 12$800 réis. Além das obras de carpintaria, dedicava-se a plantar para seu sustento.[145] Fato, aliás, que

---

143 Arquivo Público... *Listas Nominativas de Habitantes da Vila de Nossa Senhora do Rosário de Paranaguá. 1801,1815.* Fogo: 30; 8.
144 *Idem, 1805, 1810, 1815.* Fogo: 6; 6; 9.
145 *Idem, 1824.* Fogo: 11.

deveria ser corrente entre boa parte de seus colegas artesãos, mas que, talvez por uma questão de sub-registro, nem sempre foi indicado. Do soldado de ordenança Antônio Mendes, nascido em 1801, se tem apenas a informação de que era carpinteiro, não possuía escravos e provinha da Ilha da Madeira. Nunca mais voltou a ser registrado nos levantamentos de Paranaguá, de maneira que se tem aqui um novo indício de mobilidade.[146]

No caso dos artesãos é interessante notar que, paradoxalmente, a ausência de patentes milicianas não tinha muita correspondência com a ausência de escravos, tal como tendeu a ocorrer com o grupo dos comerciantes portugueses, por exemplo. Na realidade o maior escravista entre os artesãos esteve, ao longo dos quinquênios analisados, destituído de qualquer patente miliciana. Seu nome era Manoel Cristóvão Alvarez, lisboeta, arrolado nos anos de 1824 e 1830. No primeiro ano em que foi arrolado recebeu a denominação de "carpinteiro da ribeira" e no segundo somente "carpinteiro".[147] Fato que pode indicar uma sensível mudança no setor em que atuava esse indivíduo ou, então, meramente, um descuido do recenseador. Descuidos que, aliás, podem ter se repetido em outras situações. Trabalhando na construção náutica ou, então, na construção de casas, o fato é que Manoel Cristóvão Alvarez parecia liderar uma verdadeira oficina que contava com seis aprendizes e oito cativos. Todos os aprendizes eram brancos e livres. Um deles natural de Cananeia e o restante de Paranaguá, com idades que oscilavam entre quinze e dezoito anos.

Com relação ao que se viu nos recenseamentos anteriores, a categoria de aprendizes surgiu com uma frequência inusitada no levantamento de 1830. É difícil precisar o porquê. Novamente, pode ser um problema de sub-registro dos anos anteriores, mas, também, pode ser uma consequência do crescimento das demandas pelos serviços de carpintaria em 1830. Em todo caso, fora os aprendizes de Cristóvão Alvarez, foram listados mais sete. Entre estes havia dois pardos, dois escravos provenientes da África e o restante sem condição ou origem indicada. Todos eles foram arrolados em domicílios chefiados por artesãos locais.

---

146 *Idem, 1801*. Fogo: 10.
147 *Idem, 1824; 1830*. Fogo: 45; 62.

Em 1830, o segundo domicílio que mais contava com aprendizes em sua estrutura era liderado por Francisco das Neves, um indivíduo pardo, natural de Cananeia. Fato digno de nota é que esse indivíduo era escravista. Na realidade, um pequeno escravista.[148] Não se tratava de um caso isolado. Cacilda Machado, ao analisar a situação dos livres de cor à segunda metade do século XVIII, se deparou com um contingente não desprezível de "pardos livres que conseguiam manterem-se em domicílios autônomos, alguns deles, inclusive, tornando-se partícipes do processo de reiteração daquela hierarquia patriarcalista, ao manter parentes e agregados sob sua autoridade, e até mesmo a posse escrava".[149]

Ou seja, embora não se tenha nenhum exemplo de artesão que chegou ao topo da estratificação social em voga, se está diante de um ofício que, inegavelmente, possibilitava certa mobilidade social, inclusive, ascendente, e entre os extratos mais baixos daquela população.

Entre os artesãos portugueses que não dispunham de patentes milicianas vemos constar carpinteiros, carpinteiros da ribeira (em maior número) e, também, três calafates. Antônio Miguel da Cunha, tendo sido registrado somente em 1830, era um dos carpinteiros que possuía dois escravos; outro carpinteiro, porém da ribeira, era Francisco José. Arrolado somente uma vez, em 1830, não contava com escravos.[150]

Responsáveis por impermeabilizar os cascos dos barcos, embutindo nas fissuras da madeira, estopa embebida em alcatrão, os calafates pareciam ter uma condição inferior entre o grupo dos artífices lusitanos arrolados em Paranaguá. Nenhum destes indivíduos possuía escravos. Aliás, se Carlos Lima utilizou a expressão "sujar as mãos" ao se referir à mancha mecânica entre os artífices, nessa categoria de artesãos a expressão ganhou um valor literal.

Substância líquida, escura, viscosa e obtida da destilação de orgânicos como a madeira e o carvão, o alcatrão impregnava-se nas mãos e roupas desses sujeitos. O contato com esse produto não parecia fazer nada bem a quem o

---

148 *Idem*, 1830. Fogo: 240.
149 MACHADO, Cacilda. *Op. cit.,* p.31.
150 Arquivo Público... *Listas Nominativas de Habitantes da Vila de Nossa Senhora do Rosário de Paranaguá.* 1830. Fogo: 265 e Fogo: 23.

manipulava. Além do cheiro forte, seus fenóis, caso fossem absorvidos pela pele provocavam intoxicações.[151]

De fato vai ficando evidente que nem todos os portugueses galgavam os degraus da fortuna. Se entre alguns destes imigrantes já foram mencionados oficiais de altas patentes milicianas, integrados na sociedade a partir de casamentos com filhas da elite, o que dizer, por exemplo, do artesão José Luiz Brás, arrolado em 1815. Carpinteiro, portuense, vivia maritalmente (não se sabe se perante a Igreja ou não) com a parda Januária, tendo uma filha também classificada como parda.[152] Leandro José da Silva foi arrolado em 1815 e, depois, em 1824. Subsistia sem nunca ter contado com escravos. Entre o rol de carpinteiros e carpinteiros da ribeira Leandro diferenciava-se como serralheiro.[153]

Os trabalhadores do mar: portugueses embarcados, portugueses pescadores

Se havia aqueles que trabalhavam na retaguarda cuidando das embarcações, havia, também, um significativo contingente de homens que granjeavam seu sustento diretamente a partir da lide marítima: marujos embarcados, mestres de embarcações, pescadores, também havia reinóis entre eles.

Durante os quinquênios analisados foram contabilizados cerca de 28 que, ou por viverem embarcados, ou por viverem da pesca, foram classificados, para os efeitos desta pesquisa, como "trabalhadores do mar". Carlos Bacellar também dedicou atenção à situação desse grupo fixando suas análises, como já explicitado antes, para o ano de 1801.[154] Duas coisas lhe saltaram aos olhos: em primeiro lugar o fato de que por algum motivo o contingente dos trabalhadores do mar portugueses nesse ano localizava-se quase todo no menor porto do litoral

---

151 Cf. SILVA, Luiz Geraldo. *A faina, a festa e o rito: uma etnografia histórica sobre as gentes do mar (sécs. XVII ao XIX)*. Campinas: Papirus, 2001.
152 Arquivo Público... *Listas Nominativas de Habitantes da Vila de Nossa Senhora do Rosário de Paranaguá*. 1815. Fogo: 130.
153 *Idem, 1815; 1824*. Fogo: 20; 35.
154 BACELLAR, Carlos de Almeida Prado. *Op. cit.*, 2000.

paulista: Cananeia. De fato, nesse mesmo ano em Paranaguá, foram arrolados apenas dois trabalhadores marítimos portugueses: Francisco Vaz, proveniente do Porto, e Luiz Francisco de Coimbra. Ambos viviam de "andar embarcados" e nenhum deles possuía escravos.[155]

Não há como explicar de forma definitiva esta concentração dos marítimos portugueses no porto de Cananeia. Mas cabem hipóteses. Nos processos de dispensas matrimoniais, principal fonte a ser avaliada no próximo capítulo, a menção a este ancoradouro é recorrente entre os marítimos que serviam como testemunhas ou autores dos processos. Em alguns depoimentos colhidos se tem a impressão de que, em fins do século XVIII, havia ali um setor de serviços marítimos mais ou menos organizado, composto por pequenos estaleiros onde oficiais de carpinteiros da ribeira e mestres calafates ensinavam suas artes. Talvez, esse setor fosse consistente a ponto de atrair para ali mais trabalhadores do mar. Aprendiam ofícios náuticos, trocavam experiências, aderiam ou desertavam de embarcações, ou, então, dedicavam-se à pesca e, por fim, voluntaria ou involuntariamente atraíam outros marítimos para aquele acanhado porto da costa paulista.[156]

Com o passar dos anos aumenta o contingente de trabalhadores do mar em Paranaguá. Durante os três primeiros quinquênios analisados se vê constar sempre uma média de cerca de dois portugueses ocupados neste setor. A partir de 1824 esse índice salta para dezessete envolvidos na lide marítima e, em 1830, chega a dezoito. Como explicar este crescimento abrupto? Novamente é difícil resolver o problema atendo-se a uma única variável. Em primeiro lugar não se pode desconsiderar a chegada da família real, a abertura dos portos e o reforço da economia local pela penetração das embarcações parnanguaras na bacia do Prata, incrementando a navegação atlântica e de cabotagem. De outro lado deve-se lembrar, que a partir de 1817 são acrescidas mais duas companhias de ordenanças que abarcavam, justamente, ilhas mais distantes da baía que, ao serem vistas isoladamente, tinham na pesca a principal atividade declarada de seus moradores.

---

155 Arquivo Público... *Listas Nominativas de Habitantes da Vila de Nossa Senhora do Rosário de Paranaguá.* 1801. Fogos: 53 e 54.
156 Vide capítulo IV.

A segunda questão que saltou aos olhos de Carlos Bacellar é que "surpreendentemente, os marinheiros dispunham de escravos, 2,1 em média".[157] De fato, acompanhando cerca de vinte marujos de origem lusitana (a maioria dos trabalhadores marítimos portugueses era de marinheiros) chega-se a uma média de 1,3 por domicílio. Entre aqueles marinheiros que possuíam cativos, o maior plantel chegou a quatro escravos. O senhor desses escravos era Antônio Enriques. Natural das ilhas foi arrolado uma vez em 1824 como "vive de ser marinheiro" e "planta para seu gasto".[158] Talvez colocasse estes escravos a trabalhar na roça enquanto estivesse embarcado.

Foi difícil acompanhar na lista nominativa os processo de aquisição de cativos pelos marinheiros. Nesse grupo, em apenas três casos, por somente duas vezes, foi possível encontrar domicílios que se repetiam ao longo dos quinquênios analisados. Natural do Porto, o embarcadiço Manoel José da Silva conseguiu adquirir um escravo entre 1824 e 1830. Seu conterrâneo Manoel da Silva Santos não teve o mesmo êxito, sendo arrolado, nestes mesmos dois anos, sempre sem escravos. José Raimundo, oriundo de Lisboa, foi arrolado em 1815 e 1824 conseguindo juntar um escravo ao domicílio nesse ínterim.[159]

João Vieira Belém pertencia a outra categoria de trabalhadores do mar. Era mestre de embarcação, arrolado em 1810, declarando possuir doze escravos. Com esse considerável plantel distinguia-se no topo da hierarquia, composta pelos trabalhadores do mar. Além dessa ocupação, plantava farinhas para se sustentar. Nos quinquênios analisados foi o único registrado como mestre de embarcação em Paranaguá.[160] Lembre-se que Antônio José da Cruz, outro mestre de embarcação citado, foi arrolado em Antonina. Se entre os trabalhadores do mar tem-se um exemplo de um imigrante que reuniu um considerável número de escravos, não faltam, em oposição, casos de despossuídos.

Nesse caso, para além dos marinheiros despossuídos, havia também os pescadores. Grupo em que nenhum indivíduo possuía escravos. Conformava-se com esses indivíduos a base da hierarquia entre aqueles portugueses que viram

---

157 BACELLAR, Carlos de Almeida Prado. *Op. cit.*, 2000.

158 Arquivo Público... *Listas Nominativas de Habitantes da Vila de Nossa Senhora do Rosário de Paranaguá.* 1824. Fogo: 50.

159 *Idem,* 1815; 1824. Fogos: 92; 37. Fogos: 54; 45.

160 *Idem,* 1810. Fogo: 108.

no mar uma oportunidade (que bem poderia ser a única que lhes restou) para granjear seu sustento. Natural do Porto, José Domingos, registrado em 1824, vivia de pescar; Fernando Antônio, idem. Francisco Moreira, de Lisboa, vivia nas mesmas condições e era casado com uma parda natural da vila de Paranaguá. Nenhum deles possuía escravos.[161]

Nenhum dos trabalhadores do mar trazia predicações milicianas ao lado de seus nomes. Havia escravistas pequenos e grandes, é verdade, entre eles. Contudo, parece que se está diante de um grupo dos menos prestigiosos. Pescadores casados com pardas, marinheiros despossuídos. Exemplos, portanto, de indivíduos que apesar de brancos, livres e reinóis, engrossavam a arraia miúda daquela sociedade. Casos de projetos e/imigratórios fracassados a contrastar com trajetórias exitosas já descritas.

Tal situação abre ensejo, inclusive, para que se mencione aqui os casos de Francisco Jorge Ferreira (72 anos), casado, natural do Porto, e, também, Antônio da Silva (quarenta anos), natural das ilhas. Ambos não puderam ser enquadrados em nenhuma ocupação, porque o primeiro foi listado simplesmente como "pobre" e o segundo como "esmoler". Trata-se de casos extremos de falhanço imigratório, mas que, como se vê, foram perfeitamente plausíveis. Junte-se a esses, finalmente, o caso de Antônio de Oliveira, portuense, viúvo, sem escravos, sem ocupação miliciana registrada, vivendo "como pode".[162]

O capitão Antônio da Silva Braga, arrolado em 1801, foi indicado como "vive miseravelmente". Mas aqui o caso era outro. Aos sessenta anos foi arrolado como cego e senhor de oito cativos. A posse escrava associada à patente miliciana leva a crer que talvez o viver miseravelmente dissesse muito mais respeito à sua condição física do que material. A sua ocupação era viver de renda, colocando escravos ao ganho. Antônio de Castro, destituído de patentes milicianas, também tinha que enfrentar severas limitações físicas, aos 66 anos. Era paralítico. Granjeavam o seu sustento três escravos que ganhavam "jornal para sustentar o seu senhor e a casa". Nesse caso, ao que parece, foram prósperos o suficiente para disporem de uma reserva de mão de obra que, na situação de necessidade em que se encontravam, lhes garantia o sustento.

---

161 *Idem*,1824. Fogos: 179; 124; 125.
162 *Idem*, 1815; 1830. Fogos: 28; 33; 63.s

Capítulo IV
SOLTEIROS EM PORTUGAL... CASADOS EM PARANAGUÁ

Ao final da imersão que se fez, quinquênio a quinquênio, fogo a fogo, se tem um quadro heterogêneo que desencoraja qualquer apreensão unívoca acerca dos processos de enraizamento protagonizados pelos lusíadas em Paranaguá.

Comerciantes escravistas, prestamistas, enriquecidos e poderosos para o padrão vigente na região. Abaixo deles seus pares de menor êxito subsistindo como pequenos vendeiros por vezes mudando de ocupação, por vezes endividando-se com os colegas de maior fôlego. No agro, escravistas donos de engenho e lavradores de maiores superfícies. Num patamar inferior, os pequenos roceiros trabalhando com a família sem a ajuda de um escravo sequer. A cultura da mandioca atravessava, é verdade, esses dois âmbitos. Mas naquela sociedade escravista era tácita a diferença entre um e outro grupo. Nem pobres nem proeminentes, também foram visitados os domicílios dos remediados. Uma gama de pequenos escravistas ocupados nos ofícios artesanais, nas artes médicas, no ensino das primeiras letras, e, de novo, no comércio na agricultura. Todos portugueses, mas nem todos bem-sucedidos. Nesse último sentido também se acompanhou o riscar de um quadro bastante heterogêneo.

Fica evidente, portanto, que a emigração para Paranaguá, para a América lusitana, era uma possibilidade de sucesso... Mas somente possibilidade. O êxito dependia de um grande número de fatores inclusive da imprevisibilidade ditada pelo acaso. A esta questão se voltará em breve.

Antes, contudo, vale lembrar que, apesar das diferenciações no interior do grupo dos portugueses, havia, é verdade, padrões e determinadas recorrências bastante notáveis. Uma destas recorrências é de absoluta evidência: o gênero. Já foi indicado antes e vale relembrar que era de homens a esmagadora maioria dos imigrantes portugueses em Paranaguá.

Carlos Bacellar, ao analisar a incidência portuguesa em diversas vilas da capitania de São Paulo, chegou ao dado de que 95,8% dos portugueses ali residentes eram homens.[1] Cerca de trinta anos depois, pelo menos no que se refere ao contexto de Paranaguá, a situação não sofreu grandes alterações. A imigração seguia conjugando-se no masculino entre os portugueses, tendo sido registradas apenas cinco portuguesas entre esses. Tratava-se de uma tendência dessa fase migratória: homens, jovens e solteiros.

E se vinham solteiros do reino eis outra recorrência notável para a qual se abre, a partir de agora, ensejo para comentá-la. Não importando a ocupação, as posses, a estirpe social, a esmagadora maioria dos portugueses era casada. Fossem donas, mulheres de altos predicados, ou pardas cujo nome não era importante, outro padrão de repetição é o de que a maioria dos casamentos foi concelebrada com mulheres naturais de Paranaguá.

A situação dos trabalhadores do mar, grupo ao qual há pouco se fez referência, é sintomática. Inseridos numa ocupação que os predispunha ao movimento, à mobilidade, seria de se esperar uma alta proporção de solteiros nesse grupo, contudo, o que se viu ocorrer foi o contrário. Entre 28 trabalhadores do mar apenas quatro eram solteiros. Outra questão importante: entre os trabalhadores do mar casados, apenas três o eram com mulheres não nascidas em Paranaguá. Tomando-se como baliza os anos de 1801 e 1830 chegou-se a resultados que reforçam a associação entre imigração portuguesa e o casamento.

Em 1801, por exemplo, de cinquenta portugueses arrolados em Paranaguá, apenas nove o foram como solteiros. Dessa forma, agregando-se os viúvos, visto que já haviam sido casados pelo menos uma vez, chega-se ao dado de que 83,6% dos portugueses radicados em Paranaguá estavam casados. Em 1830, daqueles 90 oriundos de Portugal, somando-se novamente os viúvos ao

---

[1] BACELLAR, Carlos de Almeida Prado. *Op. cit.*, 2000, p. 21.

cômputo, cerca de 65 (72,2%) eram ou haviam sido casados. Há, é verdade, uma queda proporcional no índice de casamentos.

Nessa direção, certos casos de celibato parecem justificáveis. Pode se adiantar, por exemplo, que entre os portugueses solteiros de 1830 havia jovens (entre 14 e 20 anos) que, estando agregados a domicílios chefiados por conterrâneos, não tinham ainda, provavelmente, reunido condições para adentrar em relações matrimoniais. Contudo, a situação de outros solteiros é intrigante. Já estavam em idade avançada, possuíam escravos – fato que denotava certa condição material – e, mesmo assim, sempre foram arrolados como solteiros. O cirurgião Ramalho, por exemplo, nunca chegou a se casar. Ao menos legitimamente...

Não se está alheio às dubiedades dos levantamentos nominativos no que se refere às indicações do estado conjugal dos indivíduos recenseados. As uniões consensuais, não raro, poderiam ser ignoradas pelo recenseador a ponto daqueles que viviam conjugalmente serem declarados solteiros. Mas o contrário também poderia ocorrer, ou seja, dois indivíduos em união consensual, não sacramentada pela Igreja, poderiam ser declarados como casados. Finalmente, por puro desleixo ou desatenção mesmo, as uniões legitimamente constituídas podem ter sido ignoradas.

Com efeito, mesmo diante da existência de celibatários entre os portugueses, não é descabido argumentar na direção de que, via de regra, as alianças matrimoniais eram um elemento de peso. Não é para menos: num ambiente em que a referência social ao indivíduo relacionava-se à pertença a um grupo mais amplo, a estratégia matrimonial parecia ter um papel estratégico.

No caso dos portugueses, por exemplo, ao que tudo indica, o casamento consistia num importante instrumento de formação de alianças com a sociedade local. Indício desta situação é o fato de que, tanto em 1801 quanto em 1830, foi majoritária a proporção de portugueses que se declararam unidos a mulheres da própria vila de Paranaguá: 76% em 1801 e 78% em 1830. Tendência que se repete sem exceção para todos os grupos ocupacionais analisados quinquênio a quinquênio no capítulo anterior. Evidência desta mesma situação são algumas trajetórias matrimoniais narradas ao longo deste trabalho como, por exemplo, a de Antonio Vieira dos Santos. Solteiros no reino e casados em Paranaguá. O casamento atuava como um instrumento de socialização. Era uma parte central no repertório de condutas para integrar os membros estrangeiros naquela sociedade.

Se o predomínio de alianças *matrilocais*, realizadas por estes portugueses, pode ser lido como reflexo da configuração de um mercado matrimonial no qual havia abundância de mulheres autóctones, em alguns casos, a importância do casamento, no sentido do arraigamento social, político e econômico dos oriundos de Portugal, parece bastante evidente. Sendo brancos, provenientes da metrópole, muitas vezes com alguma instrução relativa à leitura e à escrita, esses indivíduos pareciam levar vantagem na hora de aliar-se, pela via do casamento, a "elites inegavelmente homogâmicas", que "procuravam uniões com pessoas do reino ou, no limite, com filhos de reinóis".[2]

Mas, por outro lado, como explicar as uniões verificadas entre reinóis e pardas? E agora se volta à questão lançada anteriormente. Se havia portugueses que se inseriram em Paranaguá de forma exitosa outros tantos não lograram o mesmo êxito.

O objetivo das considerações que se seguem é, justamente, levantar hipóteses que permitam pensar se haviam condicionantes a definir uma inserção mais ou, então, menos exitosa dos imigrantes lusitanos em Paranaguá. É evidente que o êxito depende de uma série de fatores intangíveis. Veja-se o caso do capitão Antônio da Silva Braga. Em um dado momento de sua vida não se sabe se acidentalmente ou, então, por alguma doença degenerativa, ficou cego. Esse fato deve ter limitado e muito suas possibilidades de sucesso, assim como a paralisia de Antônio de Castro. A velhice, a invalidez desamparada, é certo, podiam levar inevitavelmente a miséria. Contudo, antes que a má sorte lhes atingisse, um chegou a ser capitão e, mesmo na doença, seguia escravista; o outro mesmo paralítico também seguia escravista. Ou seja, depois de terem imigrado para Paranaguá em algum momento de suas vidas alcançaram o êxito naquela sociedade e diferenciaram-se. Mas outros compatriotas (ainda que sãos fisicamente) não conseguiram a inserção social neste patamar. Assim, se

---

2 ANDREAZZA, Maria Luiza. *Olhares para a Ordem social na Freguesia de Santo Antônio da Lapa, 1763-1798.* Disponível em: http://www.abep.nepo.unicamp.br/docs/anais/pdf/2002/GT_His_ST12_Andreazza_texto.pdf. Acesso em: jul. 2013.

viram atando alianças junto à arraia miúda daquela sociedade. Se todos eram portugueses, brancos e livres (características inegavelmente valorizadas naquela sociedade) que fatores determinaram destinos tão diferentes?

A seguir se buscam argumentos para tentar solucionar esta indagação. A linha principal de reflexão foi traçada na direção de que parecia existir uma íntima relação entre as vicissitudes das trajetórias migratórias dos reinóis e as diferentes formas de inserção social – ascendentes ou descendentes – que lhes foram possíveis na comunidade de destino.

Tal linha de raciocínio só pôde ser desenvolvida porque se teve acesso aos processos matrimoniais. Documentação de matriz tridentina que, com maior ou menor riqueza de detalhes, trouxe informações acerca dos itinerários migratórios dos adventícios, bem como, elementos de sua vida pregressa antes da fixação registrada, por sua vez, nas listas nominativas.

Não se trata, novamente, de uma abordagem quantitativa. A natureza mais descritiva, ou melhor, qualitativa, dos dados coletados impossibilitou quantificações eficientes. Mas, entretanto, pôde-se reunir uma gama de trajetórias individuais. Trajetórias que puderam exemplificar muitas realidades integrantes do universo de possibilidades reservadas àqueles homens que se deslocaram de Portugal para o Brasil.

Casado no Reino? Casado em Paranaguá?

Estudando as implicações da doutrina matrimonial cristã na organização familiar ocidental, Maria Luiza Andreazza comenta que:

> desde seus primórdios a Igreja esteve envolvida num projeto político universalizante que, dentre outros objetivos, teve como efeito definir os traços sociológicos da família ocidental... De fato desde seus primórdios, o cristianismo dedicou-se a erradicar costumes que regulamentavam a organização familiar nos diversos espaços em que ela se estabeleceu com vistas, evidentemente, a implantar uma conjugalidade afinada ao seu corpo doutrinário.[3]

---

3   ANDREAZZA, Maria Luiza. "Cultura familiar e registros paroquiais". In: BASSANEZI, Maria Silvia C. B.; BOTELHO, Tarcísio (org.). *Linhas e entrelinhas: as*

Nessa dinâmica plurissecular de ordenação dos comportamentos conjugais no interior das exigências eclesiásticas, diversos estudiosos encaram o Concílio de Trento como um marco-chave. A partir deste é que tomam corpo os processos de regulamentação das uniões matrimoniais. Monica Ghirardi e Antonio Lopes fornecem bem a dimensão do peso das disposições conciliares ao lembrarem que, de certa forma, "o conclave tridentino inventou o matrimônio legal: uma forma de celebração que, guardadas algumas adaptações, chegou até nossos dias".[4]

A partir de Trento, o casamento passou a ter natureza pública e institucional. Só era considerado legítimo aquele celebrado pela Igreja, perante o pároco e testemunhas, precedido pela publicação de três banhos (proclamas ou pregões) para só depois ser realizado o assentamento nos livros paroquiais.[5] Tal preocupação em reiterar a legitimidade dos sacramentos católicos gerou uma burocracia eclesiástica que, por sua vez, redundou em fontes que se tornaram base para a História da Família, sobretudo em sua abordagem demográfica. Entre tais fontes se incluem os *Processos de Casamento e Dispensas Matrimoniais* (que precediam a consolidação das bodas nas atas nupciais), contempladas nesta pesquisa.

É importante lembrar que o esforço perpetrado pelos cânones tridentinos no ímpeto de assumir para si o controle das uniões maritais não atendia somente aos interesses eclesiásticos. Ao contrário, parecia atender também, por colateralidade, aos interesses de outras esferas de poder como, por exemplo, das Monarquias Ibéricas. Estas últimas cada vez mais ocupadas em ordenar a povoação das áreas descobertas. Esperava-se que o casamento legitimamente constituído garantisse a fixação dos colonos; a sucessiva ocupação dos territórios ultramarinos em disputa; o aumento da produção agrícola e, consequentemente, o aumento das receitas régias.

---

diferentes leituras das atas paroquiais dos setecentos e oitocentos. Belo Horizonte: Veredas e Cenários, 2009, p.137-157. p. 139.

4   GHIRARDI, Monica; LOPEZ, Antonio I. *El matrimonio, el Concílio de Trento e Hispanoamerica*. Disponível em: http://revistadeindias.revistas.csic.es/index.php/revistadeindias/article/viewArticle/686. Acesso em: nov. 2010.

5   Ver entre outros: SILVA, Maria Beatriz Nizza da. *Sistema de Casamento no Brasil colonial*. São Paulo: Edusp, 1984; CAMPOS, Alzira Lobo de Arruda. *Op. cit.,*

Desde outra perspectiva, acreditava-se que a instituição matrimonial, sob chancela da Igreja, impediria que as áreas emissoras de população se transformassem, em síntese, num reservatório de famílias desintegradas, esposas abandonadas e filhos deixados à própria sorte. Em contrapartida, as áreas receptoras de adventícios – notadamente, os territórios americanos em processo de povoamento europeu – não correriam o risco de se converter em um reduto de adúlteros, filhos ilegítimos, prostitutas e bígamos.[6]

Essa última circunstância, por seu turno, passara a ser muito visada pelo Tribunal do Santo Ofício a partir do setecentos. Afinal, entendia-se que os bínubos incorriam numa violação dupla que afetava os âmbitos seculares e religiosos. Manter dois cônjuges irregularmente transgredia o século nas questões referentes ao direito sucessório por exemplo. Ao mesmo tempo, a prática da bigamia transgredia pesadamente um dos sacramentos que a Igreja buscava especialmente consolidar: o casamento *in facie Ecclesiae*.[7] Portanto, incorrer neste vício era também arriscar-se com o Santo Ofício. Vejam-se as disposições das *Constituições Primeiras do Arcebispado da Bahia*[8] a esse respeito:

> [...] os que se casarem pela segunda vez durante o primeiro Matrimônio, porque também ficam suspeitos na Fé, serão da mesma maneira remetidos ao Tribunal do Santo Ofício, onde por breve particular, que para isso há, pertence o conhecimento deste caso.[9]

Foi justamente o que ocorreu em 1789 com Bernardo José Ferraz:

> prezo no Aljube da Vila de Paranaguá daquele Bispado se recebera na mesma com Antonia de Jezus, dando-se

---

6 GHIRARDI, Monica; LOPEZ, Antonio I. *Op. cit.* Ver também: SILVA, Maria Beatriz Nizza da (org.). *Op cit.*, 2009, p. 201.

7 VAINFAS, Ronaldo. *Trópico dos pecados: moral, sexualidade e Inquisição no Brasil*. Rio de Janeiro: Nova Fronteira, 1997, p. 256.

8 Fruto do sínodo realizado em 1719, por D. Sebastião Monteiro da Vide, esse corpo legislativo buscou incorporar as reformas *tridentinas* na América Portuguesa. *Constituições primeiras do arcebispado da Bahia*. Feitas e ordenadas pelo Ilustríssimo e Reverendíssimo Senhor Dom Sebastião Monteiro da Vide em 12 de junho de 1707, São Paulo, 1853.

9 *Constituições Primeiras...* Liv. 1, tít. 69, § 297.

> por Solteiro, e natural da Freguezia de S.to Ildefonso da Cidade do Porto, sendo na verdade cazado, e natural de Viana do Minho onde ainda tem may, que se chama Jozefa Maria m.ora na Rua das Lamas. E porque hé conveniente se faça certo o ref.o procedendo-se a Sumr.o. na d.a Vila de Viana, e mandando se vir della a Certidam do 1.o recebim. to com outra m.er do mesmo nome de Antonia, que disem viera p.a esta Cid.e como tambem a da ultima dezobriga da m.ma e todas as confrontaçoens, que e poderem haver do sitio da [f. 10v] sua actual habitaçam nesta Corte.[10]

Jazia preso no "aljube" (prisão religiosa) de Paranaguá, portanto, um imigrante português que antes de ser preso havia se estabelecido nesta mesma vila. Tratava-se de um intrincado e custoso processo. Havia a necessidade de se ouvir testemunhas lá e cá, e, também, em caso de condenação, transferir o réu de Paranaguá ao Rio de Janeiro e dali para Lisboa "ao Alcaide dos Cárceres do Sto. Tribunal à ordem dos muito ilustríssimos senhores inquisidores apostólicos".[11] Não obstante as dificultosas circunstâncias o processo foi levado adiante e a termo. Tal fato pode ser lido como um denotativo das preocupações dos administradores régios em evitar, tanto quanto fosse possível, a generalização desse tipo de delito.

O réu era "homem marítimo das embarcações que navegam do Rio de Janeiro à Paranaguá". Tal assertiva veio da parte do comissário do Santo Ofício pe. Gaspar de Souza Leal. Trata se de uma indicação relevante. Sugere ter havido uma espécie de micro carreira ligando regularmente essas duas praças. De fato.

Raimundo Pereira Barboza, marinheiro, natural da freguesia de Nossa Senhora da Vitória, capitania do Espírito Santo; Custódio Rodrigues, embarcado, natural da cidade de Braga, e, por fim, Antônio Francisco Lima, mestre de barcos, freguesia do Couto, bispado do Porto eram as testemunhas de acusação. Todos indicaram suas participações nessa rota "de embarcações que navegam do Rio de Janeiro a Paranaguá". Tratam-se, portanto, de mais um indício, ou mais ambiciosamente, de uma confirmação da frequência dos intercâmbios marítimos dados entre Paranaguá e a praça carioca.

---

10 Arquivo Nacional da Torre do Tombo. *TSO Tribunal do Santo Ofício (1536 -1821).PT/TT/TSO-IL/028/04368- 1788-09-02 a 1789-10-24.*

11 *Ibidem.*

A linha do argumento de acusação dessas testemunhas também merece atenção. Disseram eles que, sendo marinheiros, conversavam entre si. A notícia de que seu colega denunciado era de fato casado com "uma Joana de tal em Viana" saiu numa destas conversações. O depoimento de Domingos Rodrigues, casado, natural do Alentejo, é enfático:

> [...] ao Sexto dice, que Bernardo, marinheiro, Cazado nesta Villa, hé casado com outra mulher em outra parte; pois que ele testemunha ouvira a outro marinheiro da mesma embarcação dizer que o réu era cazado em outra terra, e não está certo ele testemunha o Lugar onde tinha a primeira mulher, e no mais que Se lhe dice a este respeito; e não mais disse, dos mais, como tambem dos Costumes [...][12]

As conversações travadas entre a maruja lusitana não versavam apenas sobre a vida alheia. Em alguns momentos acabavam, inclusive, por determinar processos de fixação. Por fim, uma das testemunhas revelou ainda que o réu "existia na Vila de Paranaguá cujo trato e ocupação era de andar embarcado, tratar de suas lavouras e pescar".[13] Depoimento que reforça, mais uma vez, as práticas ecléticas destes indivíduos quando se tratava de buscar meios de sobrevivência.

Acuado pelo peso da acusação que recaía sobre si, Bernardo Ferraz defendia-se. Explicava que era inocente e que sua prisão fazia sua mulher parnanguara – que por um capricho do destino também se chamava Antônia – e filhos padecerem de graves necessidades. Dizia ainda que a culpa lhe fora imputada por "pessoas suas inimigas fingindo cartas vindas do reino".[14]

Peças fundamentais deste processo eram as tais cartas que aprecem, inclusive, transcritas na íntegra. Uma delas havia sido ditada pela mãe do réu para o seu irmão que também imigrara para o Brasil. O desfecho da carta trazia a prova contra Bernardo Ferraz:

> [...] nunca deixes de me escrever avizame de tudo quanto pasares bem desejava de te ver ca. Hem nosa enfelesidade

---

12 *Ibidem.*
13 *Ibidem.*
14 *Ibidem.*

> mandanos notisias de bernardo teu mano *pois a mulher bai em dois anos q.' Se aCha em Lisboa* vanbida[sic] Viana 28 de outbr.o[?] de 1773[?]Desta tua maj q.' a benSão i a de deos te veLa iLeger[15]

O réu negava veemente a informação, afirmando reiteradamente que as cartas eram falsas. Contudo, em Lisboa, mais expressamente em Alfama, foram colhidos cerca de oito depoimentos. O perfil das testemunhas iluminava bem o grupo social no qual Bernardo Ferraz havia atado relações e do qual ele, provavelmente, também provinha: cordoeiros, carpinteiros da ribeira, lavadeiras, enfim, arraia miúda. A cunhada do réu depôs afirmando que

> Conheceo muito bem a Bernardo Joze Ferras athe o tempo de des annos pouco mais, ou menos ate a parte do tempo em que elle Se abzentou para as partes da America e Save Ser o mesmo de que trata a Comissão [do Santo Ofício] homem Marinheiro de ofiçio no coal fora Servindo em huá embarcação que para o Brazil partio da cidade do Porto do coal não teve ela testemunha mais noticia algua.[16]

Esse tipo de trajetória que se entrevê do testemunho acima – um marinheiro se alista em uma embarcação, depois, se estabelece no Brasil para não mais voltar – não era nada extraordinário. Como se verá adiante, existiram outros percursos migratórios que se assemelham em muito ao que se vê aqui e que, o mais importante, redundavam em processos de fixação não permeados, necessariamente, pelo êxito.

Ao fim e ao cabo, diante destes últimos relatos, Bernardo Ferraz se viu acuado e, por fim, condenado. Teria sido o réu vítima de falso testemunho? Era de fato um bígamo? É impossível de se saber e, principalmente, ilegítimo julgar. O fato é que tendo, em vista suas vidas itinerantes, a suspeição pesava sobre os adventícios portugueses. Não só sobre eles, aliás, mas sobre toda uma população (principalmente masculina) de diversa proveniência, de passado pouco controlado pelas comunidades autóctones, movimentando-se num espaço de proporções continentais e fronteiras imprecisas.

---

15 *Ibidem* (grifo meu).
16 *Ibidem*.

Cada um conhece todo mundo: testemunhos e testemunhas

Assim, quando se desejava contrair núpcias, era imperativa a comprovação de que não se era nem nunca se havia sido casado. E, nessa direção, os processos matrimoniais consistiam no espaço próprio para que o vigário responsável verificasse a aptidão dos nubentes para tomarem estado.

Os trâmites iniciavam-se com a apresentação de um requerimento na câmara episcopal. Ao documento deveriam ser anexadas a certidão de batismo; a comprovação do estado de solteiro, livre e desimpedido, sem votos de castidade ou religião, e sem ter feito promessa de casamento a outrem que não a pretendida contraente e a apresentação de banhos ou proclamas (também chamados de denunciações), realizados em todas as freguesias onde o justificante tivesse residido por mais de seis meses, para o atestado da inexistência de impedimentos. Caso um dos pretendentes fosse viúvo deveria apresentar o atestado de óbito do cônjuge falecido.

Após a solicitação do casamento, iniciava-se a audiência na qual era colhido o depoimento dos contraentes (também chamados de justificantes) e, posteriormente, feitas as audições das testemunhas (em geral três). As perguntas feitas aos nubentes eram as seguintes: Como se chamava? De quem era filho? Donde era natural e fora batizado? Desde quando saíra de sua pátria? Em que terras tinha assistido e por quanto tempo? Era solteiro, livre, desimpedido, ou fizera promessas de casamento a alguma mulher exceto a com quem estava contratado? Tinha feito voto de religião ou castidade? O depoimento dos nubentes ou justificantes era lido para as testemunhas que, antes de confirmá-lo ou não, deveriam informar idade, estado conjugal, local de moradia, ocupação, parentesco ou não com os contraentes.[17]

Numa sociedade marcada pela mobilidade não era incomum que os futuros noivos não tivessem mais acesso aos documentos próprios, tendo até mesmo perdido as cédulas solicitadas ao longo do processo. Mas, para além dos papéis, havia outras soluções quando se tratava de confirmar nomes, procedências

---

17 Cf. BORREGO, Maria Aparecida M. *Op. cit.* e FARIA, Sheila de Castro. *Op. cit.*

(geográficas e/ou familiares) e, finalmente, trajetórias. Lembre-se, que no ambiente em que corriam tais averiguações a vida doméstica e a vida coletiva não tinham fronteiras bem demarcadas. Nesse contexto, a expressão interconhecimento, cunhada por Alzira Lobo Campos de Arruda, parece bem apropriada:

> [...] cada um conhece todo mundo, tendo acesso a todos os aspectos das personalidades dos outros. Não se trata de uma percepção parcial, limitada a um quadro social ou a uma atividade particular, mas, ao contrário, de um conhecimento total e prolongado de parentes e vizinhos, no conjunto de suas relações presentes e passadas... A etiqueta exige que a vida privada seja publicizada.[18]

Assim, para a comprovação de registros selados em atas paroquiais ou, até mesmo, na sondagem acerca da veracidade da identidade alegada por certa pessoa, principalmente no caso de migrantes recentes de passado não muito controlado, estavam lá as firmas ou sinais das testemunhas. Verdades eram baseadas no "ouvi dizer" no "público e notório" e, como bem observou Sheila de Castro Faria, para tudo chamavam-se as testemunhas. Seus depoimentos tinham um papel decisivo em variados contextos.[19] O processo inquisitório contra Bernardo José de Ferraz não deixa mentir.

O papel das testemunhas, aliás, não ficava restrito a reiterar ou não o depoimento dos justificantes. Pelo contrário, nuançavam os relatos colhidos, deixando transparecer, como indicou Maria Aparecida Borrego, "que as histórias se construíam em conjunto, com a participação de uns nas trajetórias de outros, em redes espirais de convívio e parentesco".[20]

Ao fim e ao cabo, a necessidade de provar a aptidão para tomar o estado de casado, no contexto da burocracia *tridentina*, implicou a revelação de dados preciosos acerca das vidas pregressas, antes da fixação em terras brasileiras, dos agentes sociais investigados nesta pesquisa.

Nesse sentido, a análise das dispensas matrimoniais conjugada com a das listas nominativas mostra-se bastante enriquecedora. Se estas últimas

---

18 ARRUDA, Alzira Campos Lobo. *Op. cit.*, p. 450.
19 FARIA, Sheila de Castro. *Op. cit.* p. 59.
20 BORREGO, Maria Aparecida de Menezes. *Op. cit.*, p. 67.

forneceram dados dos portugueses já fixados num tempo e espaço bem demarcados, as primeiras – a partir dos depoimentos e testemunhos – permitem recuperar toda a dinâmica migratória vivenciada pelos portugueses até o momento de seu arraigamento "fotografado" nas listas nominativas.

Em última instância, o proceder metodológico caracterizado pelo cruzamento entre estes dois corpos documentais permite avaliar relações entre as vicissitudes dos diversos itinerários migratórios dos reinóis e as diferentes formas de inserção social – ascendentes ou descendentes – que lhes foram possíveis.

Os processos julgados pela *Vigararia Eclesiástica de Paranaguá* durante o século XVIII envolvem moradores de diversas localidades referentes ao Paraná, e mesmo, ao sul de São Paulo. Essa documentação encontra-se agrupada no corpo dos chamados *Processos Gerais Antigos* pertencentes ao AMDLS da Mitra Arquidiocesana de São Paulo.[21]

À medida que o levantamento foi se iniciando algumas dificuldades se apresentaram. Talvez a mais complicada refira-se à carência de documentação para a primeira metade do século XIX. Existe uma única caixa (PGA 07-02-02) a cobrir os anos de 1806 até 1855. Esta contém apenas seis processos ocorridos em Paranaguá.

De forma bastante dispersa subsistem, para o mesmo período, alguns poucos autos matrimoniais encadernados em livros heterogêneos que abarcam, não só Paranaguá, como também outras tantas localidades da vasta capitania de São Paulo. A busca nesses códices foi morosa e um tanto improdutiva. Isso porque primeiro era necessário identificar o espaço onde correu o processo, para só depois investigar se havia a participação de portugueses. Na realidade, no que se refere aos reinóis na Paranaguá oitocentista, foi encontrado um único processo matrimonial puído e desgastado. Os autos das testemunhas – item que

---

21 Para superar a dificuldade de se administrar amplas porções geográficas, foram criadas as Vigararias da Vara. Estas, lideradas pelo Vigário da Vara, prestavam assistência espiritual e jurisdicional às localidades mais afastadas do jugo dos bispos e arcebispos. O Vigário da Vara era investido pelo bispo de uma série de faculdades. dentre elas presidir os processos matrimoniais. POLETO, Lizandro. *Pastoreio de almas em terras Brasilis: a igreja católica no "Paraná" até a criação da diocese de Curitiba (XVII –XIX)*. 2010. Disponível em: http://dspace.c3sl.ufpr.br/dspace/bitstream/1884/25021/1/LizandroPoletto.pdf. Acesso em: jan. 2011.

por motivos esclarecidos interessa, sobremaneira, aos objetivos desta pesquisa – sequer constavam do documento.

Os processos matrimoniais ocorridos ao longo do século XVIII estão separados em caixas específicas. Entretanto, para boa parte do setecentos o estado da documentação – em quantidade e, principalmente, qualidade – não difere muito do encontrado para o século XIX. De 1750 até 1780, por exemplo, foram recolhidos apenas 11 processos envolvendo portugueses. Nenhum deles contava com todos os autos de testemunha, e os que haviam estão bastante puídos, difíceis de serem aproveitados.

Por motivos ainda fugidios, a série mais completa e melhor preservada dos autos matrimoniais está compreendida entre os anos de 1780 e 1800. Consequentemente, à medida que o trabalho avançou, os esforços foram concentrados nesse último intervalo cronológico.

Na documentação levantada entre os anos de 1780 e 1790 foram contabilizados, entre justificantes e testemunhas, 159 indivíduos que informaram seus nomes e origens. Desse particular, vale ressaltar que entre as 114 testemunhas, 92 (80,7%) eram de origem lusitana contra 22 (19,3%) naturais de outras localidades. Fica evidente, portanto, que os portugueses tendiam a contar uns com os outros (mais do que com os autóctones) nesse momento sensível em que precisavam dar informação sobre si às autoridades. Trata-se de forte indicativo de coesão entre esse grupo.

Além do fato de serem conterrâneos, nem sempre foi possível recuperar em minúcias, quais outros vínculos atavam os justificantes e suas testemunhas. No mais das vezes tais relações eram expressas de forma um tanto vaga.

Ao confirmar o depoimento de José Francisco, português, natural da Ilha de São Miguel, uma de suas testemunhas afirmou que sabia de seu estado livre e desimpedido "pelo conhecimento que tem desde que ele chegou a esta vila, também por ouvir a seus camaradas".[22] A exemplo deste caso, 37 (32,4%) testemunhas – todos portugueses residentes em Paranaguá ou Antonina – indicaram apenas que conheciam o depoente destas vilas, sem maiores informações. Entretanto, mesmo que não tivessem oferecido maiores detalhes acerca de suas relações é inegável que, uma vez fixados, os portugueses pareciam conhecer

---

22 AMDLS - José Francisco, 1783, caixa PGA 06-04-04.

uns as vidas de outros. Conviviam, conversavam entre si e, talvez, em alguns momentos tramavam estratégias. Contudo, mesmo coeso, não se tratava de um grupo necessariamente hermético. Como indicado, na hora do casamento buscavam esposas autóctones e, nem todas, sobretudo as esposas de marinheiros e artesãos, eram filhas de portugueses.

Conforme os relatos inclusos nos processos matrimoniais, foi possível recuperar ainda que testemunhas e justificantes conheciam-se já muito antes da fixação definitiva. Uma informação bastante recorrente, em pelo menos 30 casos (26,3%), foi a de que eles haviam navegado juntos. Veja-se este exemplo: em 1798, Francisco José Teixeira, natural da Freguesia de Borja, Bispado de Lamego, afirmando que:

> saíra de sua pátria de idade de doze anos para a cidade de Lisboa, da qual ele se embarcou para a cidade do Rio de Janeiro, e depois do Pará, e depois para este canto do Brasil, onde tem vivido de presente havido demais exercitado o cargo de marinheiro, sem ter domicílio certo, mais do que tempo de carregar e descarregar as embarcações.[23]

Ao confirmar o depoimento de seu patrício José Carlos, portuense, explicou que conhecia:

> perfeitamente o justificante Francisco José Teixeira há sete anos, a esta parte da cidade do Pará e que também tem embarcado com ele na mesma cidade para a do Rio de Janeiro, daquela cidade para esta Vila, e que em todos estes portos sempre o conheceu livre, e desimpedido e solteiro.[24]

Deslocando-se morosamente, ao sabor dos ventos e das marés, os *bergantins*, *sumacas*, e *patachos*, pareciam consistir em verdadeiros espaços de sociabilidade, onde vidas eram publicizadas e, talvez, planos traçados.

Ao relatar o que sabia sobre um futuro contraente, Antônio de Oliveira indicou que "no decorrer da dita viagem ele [o futuro noivo] contou em conversa, ser filho do mesmo pai que alega em sua petição, e o mesmo ouviu de outros ilhéus [açorianos] que vieram com o justificante na mesma rota para esta

---

23 AMDLS - Francisco José Teixeira, 1797, caixa PGA 07-01-08.
24 *Idem*.

vila".²⁵ Em 1795, o portuense Manuel José Pereira pôde contar com o aval de seus companheiros de embarcação garantindo sua aptidão para o casamento. O ilhéu Manoel Joaquim da Silva, natural da Ilha do Pico, relatou que "sendo ele marinheiro conheceu o justificante, tendo dez para onze anos na ocupação de servente de um navio". Sebastião José Maria, também portuense, afirmou que navegara por muitos anos tendo por companhia o, sempre solteiro, Manuel José Pereira.²⁶ Em outro processo, a testemunha Manoel Gomes afirmou "que andara muitas vezes junto, na mesma embarcação do justificante, muito mocinho".²⁷

Não tinha ponta de barba e parecia muito menino: pequenos homens a caminho

Impressionante aos olhos contemporâneos, a pouca idade com que muitos portugueses se lançavam ao mar parece ter sido um traço recorrente no percurso desses indivíduos. Com bastante frequência foram recuperadas dos relatos das testemunhas expressões como: "era muito mocinho"; "não tinha barba, nem tinha buço"; "não tinha ponta de barba e parecia muito menino". Ao referendar o depoimento de Francisco José Barbosa, natural da Vila do Conde, o padre José da Rocha foi além da descrição física explicando que "sabe de certo que o depoente viera bastantemente criança para esta vila, de tal sorte que ainda caía em alguns logros, que costumam cair as crianças".²⁸

Ainda nessa direção, com respeito aos justificantes, foi possível calcular que eles saíram de Portugal com 14,3 anos em média. Há que se reconhecer que este cálculo foi feito para um número bastante restrito de indivíduos. Porém, ao mesmo tempo, ele não contrasta com o que a historiografia tem observado a respeito. Em seu estudo acerca dos homens de comércio na Praça de Lisboa, as análises de Jorge Pedreira apontaram exatamente para o mesmo padrão etário no caso dos emigrantes.²⁹ Maria Aparecida Borrego verificou, também, em seu

---

25 AMDLS - José Soares, 1780, caixa PGA 06-01-08.
26 AMDLS - Manuel José Pereira, 1795, caixa PGA 07-01-05.
27 *Idem*.
28 AMDLS - Francisco José Barbosa, 1795, caixa PGA 07-01-05.
29 PEDREIRA, Jorge Miguel de Melo Viana. *Op cit*.

universo de pesquisa, que a grande maioria dos emigrantes portugueses, saíra de sua terra natal contando aproximadamente entre 10 e 19 anos de idade.[30]

Buscando-se valorizar a própria especificidade qualitativa das fontes examinadas, são descritos, de agora em diante, alguns testemunhos, algumas trajetórias. Singulares. Inevitavelmente singulares. Contudo, salvo as idiossincrasias, capazes de iluminar as vicissitudes, capazes de servir de exemplos das possibilidades no horizonte daqueles que integravam (espontaneamente) o fluxo de transferência populacional entre o Reino e sua colônia.

Corria o ano de 1780, quando José Soares resolveu habilitar-se para o matrimônio. Ele provinha da Ilha de São Miguel, bispado de Angra. Como já indicado ainda do ponto de vista da origem o caso deste indivíduo não é nada excepcional. Entretanto, o que chama a atenção em sua trajetória é que, ao contrário do que foi mais frequente em seu grupo, ele tomou a decisão de emigrar com 30 anos já completos. Na realidade, mais do que lançar-se a esmo buscando melhor sorte, ele estava atendendo a um chamado muito específico quando resolveu se transferir para o Brasil. Esse chamado provinha do português insulano Antonio Soares, primeira testemunha arrolada no processo, morador em Paranaguá, carpinteiro que *do costume disse* – surpreendentemente – ser pai do justificante. Alegou, ainda, que apesar do laço consanguíneo que o ligava ao futuro contraente,

> sem embargo disso [o inquiridor] teria a verdade do que soubesse. Disse que o justificante é seu legítimo filho de matrimônio o qual ele testemunha mandara buscar à sua Pátria por saber que estava nela desarrumado, para cá se arrumar de algum modo e casá-lo, com efeito, assim o pretende, o que o faz por ter certeza, que o justificante é na sua pátria livre e desimpedido, como também em outra qualquer parte, porque vindo em direitura para a cidade do Rio de Janeiro, foi com tal felicidade que do navio onde veio de sua Pátria, disse que passou para o barco que estava a partir para esta vila [de Paranaguá] ... E por não saber ler nem escrever se assinou com sua cruz seu sinal costumado.[31]

---

30 BORREGO, Maria Aparecida de Menezes. *Op. cit.*, p. 95.
31 AMDLS - José Soares, 1780, caixa PGA 06-01-08.

O que ressalta desse testemunho, à primeira vista, é justamente o fato de que mesmo separados por léguas de distância, considerando-se as imensas dificuldades de correspondência no período, incluindo-se aí fato de que nem o pai nem o filho eram alfabetizados, esses dois indivíduos, de alguma forma, conseguiram manter contato e o Atlântico, enfim, não atuou como um separador imediato dessas vidas. Num momento em que o filho se via em dificuldades, o pai foi capaz de ativar uma rede de contatos a ponto de trazê-lo para junto de si, revelando que o Império "era realmente âmbito de contínuo e amplo movimento de informações e de pessoas".[32]

Contar com o auxílio de alguém, preferencialmente um conterrâneo, já inserido no polo de destino era sem dúvida um trunfo. E, nesse caso, a recepção de imigrantes de fresca data pelos patrícios já arraigados denota a existência de verdadeiras redes de relacionamentos a atar Portugal, Rio de Janeiro e, os portos de "menor nome" como os das vilas de Paranaguá e Antonina.

Em 1794 o sargento mor Custódio Martins de Araújo, radicado em Paranaguá, originário da freguesia de São Miguel de Alcaide, arcebispado de Braga, entregou sua filha em casamento. O noivo escolhido foi Francisco José Ribeiro que ao buscar habilitação para o referido casamento, alegou que

> o seu próprio nome com que sempre se apelidou fora de Francisco José Ribeiro, que era filho legítimo de Pedro Ribeiro e de Ana Gaspar natural da Freguesia de Alvadia, conselho de Serpa, termo da vila Real, arcebispado de Braga, que tinha trinta anos de idade pouco mais ou menos, e teria dez anos incompletos, quando saiu de sua pátria para a cidade do Porto, e logo se embarcou para a cidade do Rio de Janeiro, onde se demorou dois anos, e desta referida cidade veio para esta vila, onde se tem demorado todo o tempo que tem passado desde aquele até este tempo na ocupação do seu negócio.[33]

Sobre o justificante, o tenente Mathias Xavier Barreiro, comerciante, natural da Ilha de São Miguel, e primeira testemunha arrolada no processo, observou que conhecia o mesmo da própria vila de Paranaguá, "sempre sem embaraço em parte alguma" (ou seja, solteiro), e "sempre muito fiel aos

---

32 LIMA, Carlos Alberto de Medeiros. *Op. cit.*, p. 92.
33 AMDLS - Francisco José Ribeiro, 1794, caixa PGA 06-01-05.

seus negócios". Acrescentou ainda que o nubente foi "enviado" para a casa de Custódio Martins.[34] Disto se depreende que, um bom tempo antes de se casar, o nubente já conhecia e, provavelmente, trabalhava com seu sogro.

Finalmente, ainda nesse mesmo caso, o capitão Manoel Álvares Carneiro, explicou que conhecia o nubente "tratando-o sempre com muita familiaridade", e que este chegara ao Rio de Janeiro "remetido" ao seu tio, o sargento mor Manoel da Costa Cardoso que, por sua vez, "remeteu" o jovem casadoiro à casa de Custódio Martins.

Esses testemunhos trazem fragmentos de certas deliberações que acompanharam o intento migratório de Francisco José Ribeiro. Ao que parece estas atuaram como sustentáculo da iniciativa que pôs este português a caminho. Nessa mesma direção, não seria implausível redesenhar sua trajetória migratória recorrendo-se à imagem de uma rede que se iniciava em Portugal e espalhava sua urdidura Atlântico afora. Uma das chaves para a apreensão dessa trama pode estar, justamente, na recuperação dos mecanismos de integração de negociantes de Paranaguá e da praça do Rio de Janeiro.[35]

Conforme indicam as listas nominativas, o sargento-mor Custódio Martins de Araújo vivia de seus "negócios de fazenda que manda vir do Rio de Janeiro". O anfitrião "carioca" tio do migrante em questão era, até onde se sabe, um rico português comerciante da praça do Rio de Janeiro.[36] Assim, não é implausível imaginar que o casamento em questão tenha sido uma estratégia para estreitar os laços entre esses negociantes, afinal como a historiografia tem recorrentemente observado, família, negócios e política eram elementos intensamente misturados ou, melhor, entrelaçados no contexto estudado.

Para o imigrante Francisco José Ribeiro, por sua vez, integrar essa estratégia parece ter sido bastante vantajoso. Afinal, conseguiu se inserir na localidade que o recebeu casando com a filha de um indivíduo bem colocado na escala

---

34 *Idem.*
35 Pretende-se enriquecer este tipo de análise ao longo do quinto capítulo.
36 FRAGOSO, João. *Homens de Grossa Ventura: acumulação e hierarquia na Praça Mercantil do Rio de Janeiro (1790-1830).* Rio de Janeiro: Civilização Brasileira, 1998, p. 261.

social, dotado de alta patente miliciana, proprietário de pelo menos 19 escravos, um engenho e, finalmente, 1.5000$000 réis.[37]

Uma vez estabelecido, Francisco José Ribeiro seguiu desempenhando as funções que, provavelmente, seu sogro português esperava que ele desempenhasse. Seguia desempenhando intercâmbios mercantis entre Paranaguá e Rio de Janeiro, trazendo de lá provavelmente fazenda seca que negociava localmente. Foi numa dessas viagens que o português e comerciante Francisco José Ribeiro topou com Antonio Vieira dos Santos trazendo-o consigo para Paranaguá. Dava assim recorrência ao processo de integração de reinóis a partir de um conterrâneo já estabelecido.

Além de adentrar numa aliança matrimonial interessante, Francisco José Ribeiro também ascendeu ao título de capitão. Foi ostentando este título que ele serviu, em 1799, como testemunha do futuro marido de sua cunhada em outro processo levantado nesta pesquisa. O escolhido para casar foi novamente um português nortista, este já bastante conhecido na presente pesquisa: Manoel Francisco Correia.[38]

Embora tenha emigrado aos dezoito anos, mais velho, portanto, do que o seu concunhado, Manoel Francisco Correia, parece ter trilhado um percurso bastante similar. Chegou ao Rio de Janeiro, *"representado para a casa de um tio"* dilatando-se pouco por lá (dois anos), até rumar para Paranaguá. Não menos equivalente foi o processo de enraizamento de Manoel Francisco Correia na sociedade parnanguara.[39]

Como ocorreu no primeiro caso, o casamento teria sido importante peça de uma bem-sucedida estratégia de ascensão social. Lembre-se da situação deste reinol descrita anteriormente.[40] Em todos os anos o seu domicílio destacava-se na globalidade como sendo um dos que possuíam maior cabedal associado, entre escravos e embarcações. Já se sabe que em 1850 ele integrava o seleto grupo – de cinco indivíduos – que controlavam praticamente todo o comércio

---

37 "[...] que lhe furtarão os catelhanos". Arquivo Público do Estado de São Paulo. *Listas Nominativas de Habitantes da Vila de N. Sra. do Rosário de Paranaguá 1801*. Fogo: 19.
38 AMDLS - Manoel Francisco Correia, 1799, caixa PGA 07-02-02.
39 *Idem*.
40 Vide capítulos II e III.

paranaense através do porto de Paranaguá.⁴¹ Como arremate, vale relembrar também os caixeiros de origem portuguesa agregados ao seu domicílio. Um deles "embarcado para o Rio de Janeiro", e o outro "subrinho" do mesmo reinol. Dado que, como já foi dito, aponta no sentido da reiteração de práticas sociais e comerciais que temos narrado até agora.

Explorando-se os *Processos de Casamento e Dispensas Matrimoniais* foi possível reunir ainda mais outros casos de caixeiros que depois de abandonarem a pátria têm um curto intercâmbio no Rio de Janeiro, para depois se quedarem em Paranaguá. Entre eles estão os capitães Manoel Antônio da Costa; Manoel Antônio Pereira; os irmãos Ferreira de Oliveira; Antonio Vieira dos Santos e daí por diante. Além das origens, trajetórias, todos eles tinham na proeminência social um fator de identificação.

Com efeito, à medida que se avançou nas análises das dispensas matrimoniais, revelou-se uma interessante clivagem entre o grupo lusitano. Como se sabe, ao lado dos afortunados coexistiu um grupo considerável de lusitanos em diáspora, que não logrou o mesmo êxito em seus processos de colocação social na comunidade receptora.

Foram características repetitivas deste último grupo a intensa mobilidade – muito mais acentuada que a dos caixeiros remetidos a parentes – e a ligação, geralmente no início da vida, com a chamada "arte marítima". Rapazes de embarcações, grumetes, marinheiros, tripulantes de embarcações. E nessa parte exclusivamente masculina do mundo do trabalho ocidental eram, sobretudo, homens pobres que ingressavam.⁴² Pobres ao saírem do Reino, ao que tudo indica, esses indivíduos parecem ter tido pior sorte em seus intentos de fixação.

Para muitos que geralmente deixavam depois de um tempo a vida nas embarcações buscando se fixar, as profissões ligadas à manutenção dos barcos

---

41 WESTPHALEN, Cecília Maria. *Op. cit.,* 1998, p. 183. Nesse caso, aliás, Paranaguá não parece se opor à dinâmica comercial observada no período colonial. Nesta, um reduzido grupo de comerciantes de grosso trato controla o crédito, prendendo em redes de endividamento pequenos e médios comerciantes que atuam no varejo local. FRAGOSO, João. *Op. cit.,* p. 187-233.

42 RODRIGUES, Jaime. *Cultura marítima: marinheiros e escravos no tráfico negreiro para o Brasil (Sécs. XVIII e XIX).* Disponível em: http://www.scielo.br/scielo.php?script=sci_arttext&pid=S0102-01881999000200002#back7 Acesso em: fev. 2013.

da cabotagem consistiram numa opção viável. Luiz Antonio Rodrigues, natural da Freguesia de Nossa Senhora do Castelo, do arcebispado de Braga, protagonizou um variado itinerário antes de se radicar saindo "de sua pátria de idade de doze anos, vindo à cidade de Lisboa, onde esteve um ano, embarcando-se veio a Pernambuco, descarregado o navio voltava logo a Lisboa, de lá a vila de Santos, de onde se passou vindo morar em Cananéia".[43]

Enquanto esteve em Cananeia, o reinol conheceu as testemunhas que depuseram a seu favor. Esse conhecimento se deu enquanto eles aprendiam o ofício de "carpinteiro da ribeira". Parecia haver ali uma espécie de comunidade de homens do mar. Várias outras testemunhas mencionaram Cananeia em seus depoimentos. Ainda segundo os relatos do processo, após o término de sua aprendizagem Luiz Antonio Rodrigues rumou para Paranaguá. Lá parece ter se fixado em definitivo. Seu domicílio foi encontrado na lista nominativa de 1808.[44] Já viúvo ele não possuía patente miliciana e vivia com um filho e três escravos. Sem dúvida a posse escrava o ressaltava diante da maioria despossuída, porém, ao mesmo tempo, conforme lembra Carlos Bacellar "nestas ocupações, o escravo vinha somar seu trabalho ao de seu senhor, que permanecia exercendo seu ofício mecânico".[45] Em suma, ainda que possuísse cativos associados ao cabedal de seu domicílio, a situação dele parecia ser bem mais modesta do que a de seus conterrâneos que haviam iniciado a vida como caixeiros.

Mas a história guardou lugar para portugueses ainda menos afortunados. A trajetória que o insulano João da Costa Cabral narrou aos seus inquiridores, quando em 1793 buscava habilitação para casar, pareceu emblemática. Ele disse que:

> Tinha ao presente de sua idade de vinte e dois anos, e que teria dez quando saiu de sua referida pátria, e que a ocupação em que sempre se exercitou é a de marinheiro, e nela tem andado no decurso de doze anos pelos portos desta América desde Pernambuco, até a Ilha de Santa Catarina, e vendo que nada podia adquirir na vida do mar, se resolveu a por se em terra, e subir para a vila de Curitiba haverá mês

---

43 AMDLS - Manuel José Pereira, 1789, caixa PGA 06-04-07.
44 Arquivo Público do Estado de São Paulo. *Listas Nominativas de Habitantes da Vila de N. Sra. do Rosário de Paranaguá*, 1808, Segunda Companhia, Fogo: 75.
45 BACELLAR, Carlos de Almeida Prado. *Op. cit.*, p. 17.

> e meio e em todas estas partes não tem tido certa habitação conforme o exercício que tinha, senão aquele tempo necessário para aprontar os navios em que andava, que não prometera casar com mulher alguma, exceto a Florinda de tal, com quem já esta apregoado nesta vila[...][46]

Como se depreende desse depoimento, antes de se fixar, João da Costa Cabral movimentou-se bastante. Quando, finalmente, resolveu se quedar não o fez com o fausto dos outros conterrâneos. O próprio designativo – "de tal" – aposto ao nome de sua futura esposa já consiste num indício de que o reinol não tivera acesso, pela via do matrimônio, aos círculos mais bem colocados da sociedade local. Em seguida, ele foi encontrado, no ano de 1806, dedicando-se à atividade de taberneiro, vivendo modestamente com sua esposa Florinda e cinco filhos pequenos.[47] Ele não possuía patentes milicianas e não havia escravos, tampouco, agregados associados ao seu domicílio. Se na sociedade em questão "ser negociante de fazenda molhada ou, pior ainda, vendeiro, não era exatamente o melhor caminho para se almejar um status social elevado",[48] remetendo-se ao capítulo anterior, muito menos deveria ser a ocupação de taberneiro.

Bastante movimentado foi também o itinerário de Antonio Fernandes. Ele saíra da freguesia de Sant'Ana, bispado de Coimbra, dilatando-se algum tempo em Lisboa, para aprender o ofício de "carrueiro" com seu tio, conforme relataram suas testemunhas e companheiros de embarcação. Entretanto, ainda segundo seus colegas marinheiros, ele teria se indisposto com este tio, entrando por volta de dez anos de idade para "moço do navio do Mesquita". Vivendo embarcado, Antonio Fernandes frequentou os portos da Bahia, Pernambuco, Rio de Janeiro, para depois, finalmente, fixar-se em Paranaguá.[49] Quando seu domicílio foi encontrado nas listas nominativas pôde-se descobrir que ele

---

46 AMDLS - João da Costa Cabral, 1793: caixa PGA 07-04-07.
47 Arquivo Público... *Listas Nominativas de Habitantes da Vila de N. Sra. Da Luz dos Pinhais de Curitiba,* 1806, Segunda Companhia, Fogo: 46.
48 BACELLAR, Carlos de Almeida Prado. *Op. cit.*, 2000, p. 13.
49 AMDLS - Antonio Fernandes, 1793, caixa PGA 07-04-07.

auferia seu sustento modestamente como "calafate", sem contar com o auxílio de escravos.[50]

Sem dúvida, muitas outras histórias de portugueses com destinos mais modestos do que o dos caixeiros se desenrolaram na sociedade em questão. Entretanto, o registro dessas histórias nem sempre pode ser reconstituído a partir dos processos matrimoniais. Mesmo assim, as listas nominativas, no capítulo anterior, revelaram tacitamente diversos portugueses subsistindo modestamente: ora plantando pequenas roças para o gasto próprio, ora vivendo como simples pescadores despossuídos, unidos – talvez apenas consensualmente – a Anas, Marias e Joaquinas "de tal". Foi impossível recuperar a vida pregressa de todos eles, mas estes últimos exemplos são uma via interessante para explicar o contraste entre as trajetórias dos bem sucedidos em oposição aos mais desafortunados. Quanto a estes últimos, mesmo que esses indivíduos não tenham legado tantos registros documentais quanto os seus conterrâneos bem-sucedidos, suas histórias são importantes porque trazem nuances e matizes para uma apreensão mais flexível da inserção portuguesa no território colonial.

Mulheres que partiram: trajetórias e/imigratórias conjugadas no feminino

Pouquíssimas mulheres abandonaram seu torrão natal cruzando o Atlântico com destino à Paranaguá. A imigração portuguesa em Paranaguá conjugava-se no masculino, mas não só em Paranguá. Durante o período recortado nesta análise eram os homens que mais partiam e as mulheres menos. Mas ainda assim, partiam.

Maria do Carmo, Francisca, Rosa Joaquina, todas elas naturais dos Açores, vivendo com seus maridos, também açorianos, em Paranaguá, são alguns exemplos já mencionados. Em 1808, encontrou-se Maria Angélica natural de Braga residindo em Paranaguá com o doutor Antônio de Carvalho da Fonseca, também de Braga. A julgar pelo título tratava-se, provavelmente,

---

50 Arquivo Público... *Listas Nominativas de Habitantes da Vila de N. Sra. do Rosário de Paranaguá*, 1805, Fogo: 95.

de um funcionário régio. Maria Angélica, por sua vez, provavelmente veio do Reino, já casada, acompanhando o marido. Distribuídas por outras vilas da capitania de São Paulo, neste mesmo ano de 1808, foram arroladas cerca de doze mulheres provenientes de Portugal. Todas unidas por um perfil bastante homogêneo: carregavam o predicado de donas; seus maridos eram proprietários de escravos; e, por fim, todos os consortes eram também portugueses. Ou seja, ao que tudo indica tratava-se de mulheres que muito provavelmente já estavam casadas ao se dirigirem ao Brasil e teriam vindo em companhia dos maridos.

Não deixou, portanto, de ser admirável a presença de duas mulheres lusitanas solteiras buscando habilitação para o casamento no rol de processos de dispensas matrimoniais avaliados neste item. Eram elas: Valentina Rosa da Cruz, nascida na vila de Brigel (baixo Alentejo) e Joana Branca da Silva, natural da cidade do Faro (província do Algarve).[51]

Dois casos que ensejam, consequentemente, reflexões acerca de trajetórias migratórias conjugadas no feminino. Infelizmente, em função das limitações das fontes, foi colocado um ponto final nas considerações antes do que se gostaria. Mesmo assim, trata-se de informações que se crê relevantes num universo ainda pouco devassado.

Valentina Rosa da Cruz e Joana Branca da Silva provinham do sul de Portugal. Logo, não só na questão do gênero essas personagens contrastam do contexto da diáspora lusitana na cronologia aqui recortada. Vinham do Alentejo e do Algarve. Lugares que pouco aparecem quando se investiga, neste período e também noutros, as origens dos emigrantes lusitanos.

Além da coincidência acerca da origem geográfica, outro fator se repetiu em suas histórias: as duas viajaram acompanhadas de parentes mais velhos. Na realidade, isso não é grande surpresa. Tratava-se de uma sociedade que operava em horizontes mentais característicos de Antigo Regime. Nesse ambiente, a questão das condutas femininas não se restringia apenas à individualidade das mulheres. A honra e a sexualidade da mulher, por exemplo, afligiam a reputação

---

51 AMDLS - Valentina Rosa da Cruz, 1783, caixa PGA 06-04-04; AMDLS - Joana Branca da Silva, 1796, caixa PGA 07-01-07.

de toda sua família de origem.⁵² Por isso mesmo, o proceder feminino era constante alvo de vigilância. Daí ser incomum mulheres viajando sozinhas.

Amélia Polónia dedicou preciosas linhas acerca da participação feminina no movimento da expansão ultramarina. Ela inicia suas considerações preocupando-se justamente com as viagens ultramarinas. Única via, afinal, de acesso aos novos espaços de povoamento e colonização. E, nesse sentido, a presença de mulheres nas naus que singravam os mares, em direção ao Atlântico Sul, era uma prática de exceção num universo entendido e vivido como exclusivamente masculino.⁵³

Tal comportamento teria sido resultado da associação da imagem feminina à tentação, nomeadamente de ordem sexual. Cabe, pois, mostrar dois excertos, de autoria de clérigos do século XVI, transcritos por Amélia Polónia, que são bastante denotativos dessa situação:

> 1) logo no primeiro dia procuramos botar fora a peçonha que o diabo costuma introduzir para a perdição dos navegantes, e assim botamos fora duas mulheres sospeitosas.
>
> 2) iam outras três sem arrimo de marido nem de coisa que bons olhos dessem entre as quais uma em hábito de homem... Procurou que se encarcerassem debaixo de chave, fazendo lhes um cerrado de tábuas para esse fim.⁵⁴

Em pleno século XVIII a situação ainda não mudara. Mulheres viajando sozinhas eram indesejáveis nas embarcações. Mulheres, entretanto, que estivessem ligadas por maternidade, casamento ou filiação a qualquer elemento de referência masculino poderiam, ainda que com ressalvas, serem aceitas. Tal vínculo era, portanto, a principal, senão única, via legitimadora da presença feminina no ambiente das embarcações. E foi, justamente, debaixo da

---

52 VAINFAS, Ronaldo. *Op. cit.*
53 POLÓNIA, Amélia. "Mulheres que partem e mulheres que ficam – o protagonismo feminino na expansão ultramarina". In: *Revista o Estudo da História,* n. 4, Associação dos Professores de História, Trofa, Artipol, 2001.
54 Trata-se do relato de dois padres jesuítas. O primeiro – uma carta de 1562 – era do Padre Sebastião José Gonçalves. O segundo do Padre João Batista teria sido feito no caminho para as índias orientais. *Apud. Idem,* p. 80.

tutela de dois homens que as duas moças em questão venceram a rota atlântica. Coincidentemente, os dois homens, eram funcionários régios que atuaram na Paranaguá setecentista.

Valentina, que entrou com o pedido de licença para casar em 1783, deixou seus pais João da Cruz e Maria Francisca, viajando para o Brasil em companhia de dona Lourença de Albuquerque e do doutor ouvidor geral e corregedor Antonio de Matos Barbosa Coutinho. Até onde se pôde levantar, Coutinho não era reinol. Pelo contrário, havia nascido no seio de um importante tronco familiar mineiro da Freguesia de Nossa Senhora da Glória do Caminho Novo.[55] Entretanto, ele estudou em Coimbra[56] e foi, talvez, por ocasião da sua volta que Valentina emigrou para o Brasil.

Ela conta que aportou no Rio de Janeiro aos dezessete anos, logo saindo de lá em direção a Paranaguá. Testemunhou a seu favor, reiterando seu depoimento, o dr. Antonio Vidal Lage de Barbosa, também mineiro, também bacharel em Coimbra, e sobrinho do dito ouvidor. O mesmo disse que havia conhecido a contraente ainda em Portugal. Tanto ele como seu tio "do costume nada disseram" não indicando, portanto, nenhum parentesco com Valentina.

Tal relação só pôde ser recuperada a partir do cruzamento nominativo. A lista de 1778 revela, finalmente, que "Valentina era fâmula" do dito ouvidor.[57] De origem osca, o vocábulo *Famulus* remetia a criado, servo, empregado, servidor de uma família. Também, segundo Morais Silva, o vocábulo poderia significar "moços, estudantes, que servem à mesa, e acompanham em outros serviços nas casas dos Bispos e nos Collegios". Subalternos de religiosos, portanto. De fato, numa lista nominativa referente a São Paulo, para o ano de 1808, se viu constar três fâmulos, todos eles, além de criados, também eclesiásticos.

Desta forma, o caso de Valentina é bastante peculiar, afinal – conforme os exames anteriores em outras listas nominativas – criadas brancas e provenientes

---

55 Cf. FILHO, Anibal Ribeiro. *Op. Cit.*, p. 135.
56 *Ibidem*.
57 AESP. *Listas Nominativas de Habitantes da Vila de N. Sra. do Rosário de Paranaguá.* 1778. Fogo sem numeração. fl. 8.

do reino eram uma ocorrência raríssima, ou mesmo inexistente, no contexto analisado.

Infelizmente, não puderam ser recuperados mais dados acerca da vida de Valentina da Cruz. Os levantamentos nominativos subsequentes (1783 até 1800) estão puídos e a partir do século XIX ela não foi mais encontrada. O que se sabe até o momento é que ela estava tratada para se casar com o carioca José Bernardo Silva. Este, conforme a dispensa, não agregava a seu nome nenhum distintivo social.

A presença de escravos e, lógico, fâmulos indica que o dr. ouvidor Barbosa de Mattos fazia-se tratar à lei da nobreza.[58] Fato que se não evitou talvez tenha mesmo incentivado a antipatia que os poderes locais nutriam por ele. Depois de uma representação local para o governador da capitania de São Paulo onde a Câmara narrava sua insatisfação com Barbosa de Matos, ele acabou por se retirar da vila rumo ao Rio de Janeiro.[59]

Em 1784, sucedendo este último, Francisco Leandro Benites de Toledo Rondon foi nomeado ouvidor régio e, ao final de sua judicatura, assumiria, em 1790, finalmente, o dr. Manoel Lopes Branco e Silva.[60] Foi na companhia dele que a portuguesa Joana Branca da Silva aportou na vila de Paranaguá. A relação entre os dois é logo evidenciada na abertura do processo quando fica indicado que a migrante em questão era filha do dito ouvidor.

Sendo filha do ouvidor, estava prometida para casar com gente da "mesma igualha", a saber o capitão José Francisco Cardoso de Menezes, natural de Santos, filho do capitão Francisco Cardoso de Menezes Sousa e de d. Anna Maria das Neves. Ao que tudo indica, a nubente portuguesa atara relações em condição de prosperidade. Em 1806, em Curitiba, o domicílio do casal foi arrolado na lista nominativa destacando-se pela quantidade de escravos. Mais de 60 cativos! Um número impressionante para os padrões daquela região. Na realidade, o capitão era um grande pecuarista e administrava um complexo de

---

58 Entendido aqui como viver visando "formas de tratamento diferenciadas conforme a camada social, obtenção de cargos, dignidades e mercês, privilégios nas vestimentas e no porte de armas, preocupação com a manutenção da linhagem, reforço do parentesco e cristalização do patriarcalismo". BLAJ, Ilana. *Op. Cit.*, p. 331-332.
59 FILHO, Anibal Ribeiro. *Op. cit.*, p. 138.
60 *Ibidem.*

fazendas de gado conhecido como o "Vínculo de Nossa Senhora das Neves", localizado na freguesia de Palmeira nos Campos Gerais, na época segunda companhia da vila de Curitiba.

Em 1830 se tem nova notícia do casal. Dona Maria Joana Branca da Silva havia se tornado viúva e inventariante dos bens que ficaram pelo falecimento de seu marido.[61] A análise do testamento revela um patrimônio extenso que chegava até as proximidades de São Paulo. Tal espólio concentrava bens de raiz (sobretudo casas de fazendas, capelas) e também semoventes: gado *vacum*, cavalar, porcos, e, por fim, escravos. O monte-mor fora calculado em 12$917.700 contos de réis. Após o desconto dos passivos, restou líquido 6$141.810 contos de réis.

O patrimônio não estava restrito aos Campos Gerais. Havia também bens nos arrabaldes de São Paulo, no caso, a vila de Santana de Parnaíba. Foi nesta vila, circunscrita administrativamente à Itu, que se deu a inventariação dos bens do falecido. Para além dos bens, o inventário traz algumas informações que permitem vislumbrar facetas do que foi o destino daquela portuguesa em terras brasileiras.

Como se esperava das mulheres daquela época, sobretudo as da elite, Joana Branca da Silva gerou descendência. O primogênito foi chamado de Tristão Cardozo. Depois nasceu uma menina: dona Maria Benedita Cardosa. Finalmente, José Thomaz que era "demente" e "desmemoriado" conforme se alega no testamento. Contando trinta e trinta e três anos, respectivamente, esses dois filhos ainda moravam com a mãe. O primogênito morava para as bandas dos Campos Gerais administrando o vínculo.

Entre 1833 e 1840 a reinól foi cabeça do casal. Nesse ínterim não se sabe se ela assumiu aquele protagonismo, um tanto mais agressivo, das Donas que na ausência dos maridos incorporavam as funções que outrora foram deles. Ou se, então, mais passivamente, se colocou sob a guarda do primogênito. O que se sabe com certeza é que em 12 de outubro de 1841 ela faleceu sem ter se casado de novo. A partir daí o primogênito assumiu a direção da família. Conforme estabelecido no testamento cabia-lhe providenciar o necessário para sua irmã seguir assistindo o caçula "desmemoriado". Joana Branca da Silva sabia escrever

---

61 Museu Republicano de Itu. *Inventário*. Maria Joana Branca da Silva, 1829. Cx. 58.

ou, pelo menos, assinar o nome. Mesmo assim, quando faleceu não deixou testamento ou qualquer outro testemunho que pudesse trazer mais luzes à sua experiência migratória.

Guardadas as proporções, ao fim e ao cabo, os casos destas imigrantes, repetem um pouco a tendência descrita para os homens lusitanos imigrantes. Também para elas o futuro na terra de destino sofreu influências do que havia sido o passado de cada uma. Mesmo num lugar, e num período, que era rara a oferta de mulheres portuguesas no mercado matrimonial, a fâmula Valentina Rosa da Cruz não chegou a se casar com algum importante personagem local. Casou-se com um indivíduo que não trazia insígnia nenhuma acompanhando seu nome. Joana Branca da Silva, por sua vez, já veio Dona de Portugal e, no Brasil, seguiu sendo Dona ao se casar com um próspero capitão. Assim como as pessoas, as hierarquias também se transferiam do polo de saída para o polo de destino.

Vidas pregressas e condições de arraigamento: alguns contrastes

Em função da especificidade de suas pesquisas, diversos autores ocupados da elite e do comércio se depararam com trajetórias de adventícios portugueses bem-sucedidos. E no caso desse trabalho não foi diferente. Já foi demonstrado recorrentemente o quanto e como estes controlavam o comércio por grosso, a distribuição das terras, os cargos administrativos. Mas, como se tem insistido, eles não foram os únicos.

Ao que parece, a cor branca associada à origem reinol, elementos inegavelmente valorizados no contexto colonial, não representava por si só garantia de sucesso material ou simbólico. Portanto, é inevitável indagar: o que separava o considerável contingente de portugueses bem-sucedidos dos seus conterrâneos menos afortunados? Sorte e acaso são fatores de difícil apreensão evidentemente. Mas, para além disso, o que definiu o "sucesso" de uns a contrastar com "fracasso" de outros?

Tendo como foco a sociedade escravista dos Campos dos Goitacazes, Sheila de Castro Faria certa vez observou que o homem colonial bem-sucedido seja ele de qualquer origem étnica, move-se pouco. Em contrapartida, o homem pobre permanece por muito pouco tempo em um mesmo lugar, sua característica marcante é a extrema mobilidade.[62]

Ora, todos os portugueses do universo desta pesquisa tiveram suas trajetórias vincadas indelevelmente pela mobilidade. Como não poderia deixar de ser, todos saíram de suas freguesias, vilas e aldeias e, partindo de Lisboa ou do Porto, enfrentaram a travessia do Atlântico. Porém, aparentemente os que se integravam ao grupo dos bem colocados moveram-se menos. Ao que parece, já havia para eles uma diretiva traçada no contexto de uma dinâmica rede de interesses e solidariedades que unia espaços metropolitanos e coloniais. Tomando emprestada uma figura de linguagem muito frequente no vernáculo desses homens, pode se dizer que eles já vinham "arrumados".

De outro lado, os pequenos fragmentos reunidos das narrativas dos autos de casamento daqueles que não tiveram acesso à tão sonhada "árvore das patacas", revelam uma intensa mobilidade. Verdadeiros "andarilhos da sobrevivência",[63] saíram de suas pátrias por sua conta e risco ainda meninos pagando a viagem, muito provavelmente, com seus serviços. Alheios aos liames que enredavam – de Portugal ao Brasil – tios, sobrinhos, sogros, e genros comerciantes, estes últimos indivíduos parecem ter peregrinado bastante em busca de colocação. Quando finalmente buscaram a fixação, excluídos que estavam da trama, não parecem ter tido acesso pela via do casamento às filhas das elites locais e, muito menos, ao cabedal político e material monopolizado pelo grupo proeminente.

Ao mesmo tempo, a posse escrava, as patentes milicianas, signos indeléveis de sucesso na sociedade colonial poderiam disfarçar algumas nuances. Mesmo no topo da pirâmide social conformadas pelos portugueses estabelecidos em Paranaguá havia diferenciações, entre estes havia os mais e os menos proeminentes. E numa sociedade hierarquicamente organizada, estes últimos viam-se muitas vezes em relação de subordinação aos primeiros. Em suma entre os membros da alta hierarquia havia outra hierarquia. É o que a trajetória de Antonio Vieira dos Santos retomada à minúcia permitirá entrever.

---

62 FARIA, Sheila de Castro. *Op. cit.*, p. 102.
63 Tomando-se aqui de empréstimo a expressão utilizada por Sheila de Castro Faria. FARIA, Sheila de Castro. *Op. cit.*

Capítulo V
ANTONIO VIEIRA DOS SANTOS: AS REMINISCÊNCIAS DE UM REINOL

> Em pleno regime colonial, precisamente no ano de 1797, vinha para o Brasil, um portuguesinho de treze anos chamado Antonio Vieira dos Santos. No jovem lusitano haveria certamente muita viveza e espírito muito inquieto. Aspectos comuns aos portugueses que atravessavam o oceano para ganhar a vida do lado de cá. Era pouco mais que uma criança que como tantos patrícios seus aqui chegados por esse tempo, sonhava com o ofício da mercancia, ser senhor do comércio, quando aportou no Rio de Janeiro onde se empregou em conceituada casa comercial que lhe ministrou bons conhecimentos para e prática na laboriosa carreira comercial... Depois se transferiu para Paranaguá.[1]

Um portuense que como tantos outros imigrou cedo para o Brasil e que, após breve residência no Rio de Janeiro, estabeleceu-se na vila de Paranaguá como comerciante, tendo sido também alferes, tesoureiro de irmandade e funcionário da municipalidade. Casado com a filha do ilhéu João Ferreira de Oliveira. Transferido depois, em 1814 para a freguesia dos Morretes, adstrita à vila de Antonina. Autor de duas obras de cunho memorialístico acerca de

---

1 TOURINHO, Luiz Carlos Pereira. "O pai da História Paranaense: Antonio Vieira dos Santos". In: *Boletim do Instituto Histórico, Geográfico e Etnográfico Paranaense*. vol. XLI, p. 6.

Paranaguá (1850) e Morretes (1851) considerado, por isso, o "Pae da Historia paranaense [...] emérito e consciencioso historiador e investigador sem par".[2]

Nessa chave linearizada é que a trajetória biográfica de Antonio Vieira dos Santos foi tradicionalmente apreendida, por boa parte dos historiógrafos paranaenses até meados da década de 1950: um comerciante que ao escrever cronologias inaugurou, com seu diletantismo, o campo da escrita histórica no Paraná.

No contexto da produção intelectual de Antonio Vieira dos Santos, foram, sem dúvida, as obras de cunho histórico que ganharam maior repercussão. Tendo escrito, sob contrato com as câmaras municipais de Paranaguá e Morretes, respectivamente, a *Memoria Historica, Chronologica, Topographica e Descriptiva da Çidade de Paranaguá e seu Municipio* (1850) e a *Memoria Historica, Chronologica, Topographica e Descriptiva da Villa de Morretes e do Porto Real Vulgarmente Porto de Çima* (1851), Antonio Vieira dos Santos ficou então conhecido na esfera regional. Estas chegaram a ser transcritas, publicadas (1922, 1951) e republicadas (2001), tendo considerável difusão.[3] Assim, desde o início do século XX ao início do século XXI privilegiou-se a leitura destas obras enquanto fontes secundárias.

Isto se deu tanto no âmbito de uma produção mais tradicional (centralizada pelos Institutos Históricos e Geográficos do Paraná e Paranaguá),[4] quanto

---

2 NEGRÃO, Francisco. *Genealogia Paranaense*. v. I. Curitiba: Empresa Graphica Paranaense, 1926, p. 1.

3 A memória histórica de Paranaguá teve sua primeira publicação patrocinada pela Prefeitura Municipal de Paranaguá, sendo impressa pela Livraria Mundial, de Curitiba, em 1922. Em 1951, o Governo do Estado do Paraná, a partir do trabalho de transcrição dos manuscritos, coordenado pelo Museu Paranaense, financiou a segunda edição desta memória histórica. A última edição saiu em 2001. O Instituto Histórico e Geográfico de Paranaguá financiou esta última publicação que foi impressa em Curitiba pela Gráfica Vicentina. Já a memória histórica sobre Morretes, possui apenas uma edição, realizada em 1951, a expensas do Governo do Paraná, e cujo trabalho de transcrição dos manuscritos ficou a cargo de funcionários do Museu Paranaense.

4 Cf. FILHO, Aníbal Ribeiro. *Paranaguá na História de Portugal: suas relações com a monarquia portuguesa*. Curitiba: IHGB,1967; COSTA, Samuel Guimarães. *O último Capitão-mor (1782-1857)*. Curitiba: UFPR, 1988; LEÃO, Ermelino Agostinho de. *Diccionário Histórico e Geográfico do Paraná* (1926). vol. I. Curitiba: Instituto Histórico e Geográfico do Estado do Paraná, 1994; MAACK, Reinhard. *Geografia física do*

em trabalhos de cunho acadêmico (realizados em programas de graduação e pós-graduação).[5] De certa maneira, nos dois casos, a obra se sobrepôs ao homem: as informações históricas por ele legadas têm sido privilegiadas, em detrimento de seu percurso social nas sociedades que historiou. Deixada ao segundo plano, a trajetória de vida do autor das *Memórias Históricas de Paranaguá e da Villa de Morretes...* tem sido, habitualmente, vista de forma simplificada.

Reflete esta situação o fato de que as reminiscências de Vieira dos Santos ficaram obscurecidas tanto do ponto de vista editorial – sequer foram publicadas – quanto do ponto de vista analítico, de modo que praticamente inexistem trabalhos que tomaram esta interessante documentação como fonte primária.[6]

O esforço memorialístico de Vieira dos Santos (com relação a Paranaguá e Morretes) foi, inegavelmente, de suma pertinência para o trabalho que aqui se desenvolve. Possibilitou como já se reconheceu antes, ultrapassar as lacunas ocasionadas pelo descuido com que foi tratada a documentação (civil, paroquial, judiciária) referente ao litoral paranaense. Portanto, tal como ocorreu em outros estudos aqui já mencionados, a produção mais difundida de Vieira dos Santos

---

Estado do Paraná. Curitiba: Secretaria de Cultura e do Esporte do Governo do Estado do Paraná, 1981; MARTINS, Romário. *História do Paraná*. Curitiba: Travessa dos Editores, 1995; NEGRÃO, Francisco. *Op. cit.*; entre outros.

5   Cf. MEQUELUSSE, Jair. *Op.cit.;* WESTPHALEN, Cecília Maria. *Op. cit., 1998;* WESTPHALEN, Cecília Maria; CARDOSO, Jayme Antônio. *Op. cit.*; entre outros.

6   Nessa direção cabe indicar que recentemente se obteve a aprovação pelo conselho editorial da Editora da Universidade Federal do Paraná para a publicação da transcrição das reminiscências de Antonio Vieira dos Santos. Para além das transcrições, os dois volumes contarão com capítulos introdutórios contextualizando a fonte e seu autor. Esse projeto foi levado a cabo por mim e pelo historiador mestre Sandro Aramis Gomes que recentemente defendeu, na UFPR, uma dissertação acerca das Memórias Históricas de Morretes e Paranaguá, intitulada: *Descentralização e pragmatismo: condições sociais de produção das memórias históricas de Antonio Vieira dos Santos (Morretes e Paranaguá, décadas de 1840-1850)*. Esta colaboração intelectual, que já está redundando em alguns trabalhos escritos conjuntamente, tem sido bastante profícua no sentido de aprofundar o entendimento acerca do sujeito histórico Antonio Vieira dos Santos. As linhas que se seguem incorporaram algumas considerações interpretativas e, também, extrapolaram outras que fizemos juntos ao redigir o capítulo analítico e introdutório dos volumes das memórias pessoais de Antonio Vieira dos Santos.

também foi incorporada neste trabalho como fonte secundária. Contudo, salienta-se que a partir de agora se quer trabalhar o homem por trás da obra. Especialmente em sua faceta de emigrante, e, depois, imigrante imbricando-se no tecido social de Paranaguá, acordando com a ideia de que

> A história vai variando seus ângulos de visão e operando como um zoom de objectivas múltiplas, operando, com vários diafragmas e velocidades, com películas ora a Côres ora a branco e preto e de grãos diferentes, num processo dinâmico de integrações simultâneas e progressivas que nunca para.[7]

Fazendo-se uma incursão nas reminiscências legadas por Vieira dos Santos: *Breve resumo das memórias mais notáveis acontecidas desde o Ano 1797 ate 1823* (Tomo I); *Memorias dos sucessos mais notáveis acontecidos desde o Ano de 1838* (Tomo II);[8] pretende-se, nesta seção, abordar Antonio Vieira dos Santos como ator de suas narrativas. Busca-se assim reconstruir seu percurso, as aprendizagens que lhe possibilitaram a inserção na sociedade de destino; as lógicas dos relacionamentos que ele pôde estabelecer; as maneiras pelas quais ele buscou auferir o sustento material; o status social a que chegou; enfim, se quer reconstruir o processo de socialização protagonizado por este indivíduo.[9]

Desta feita, a ênfase desta seção não está nos quantitativos globais acerca do processo de imigração e inserção portuguesa em Paranaguá. O que não impede que questionamentos gerais continuem a ser feitos... Contudo, no ímpeto

---

[7] GODINHO, Vitorino de Magalhães. Na mudança a História – uma história sempre nova. In *Revista de História Econômica e Social*. vol. I, jan-jun 1978, Lisboa, Sá da Costa, p. 4.

[8] SANTOS, Antonio Vieira dos. *Breve resumo das memórias mais notáveis acontecidas desde o Ano 1797 ate 1823*. Originais pertencentes ao arquivo do Círculo de Estudos Bandeirantes/Pontifícia Universidade Católica do Paraná; SANTOS, Antonio Vieira dos. *Memorias dos sucessos mais notáveis acontecidos desde o Ano de 1838 a Antonio Vieira dos Santos portuense depois que sahio da cidade do porto sua pátria. Tomo 2. Ano 1838*. Originais pertencentes ao arquivo do Círculo de Estudos Bandeirantes/Pontifícia Universidade Católica do Paraná.

[9] Como já havia sido indicado, esta abordagem dialoga com o estudo de Cacilda Machado. Cf. MACHADO, Cacilda. *Op.cit.*, 1998.

de respondê-los, as objetivas ajustam-se agora numa trajetória individual. Trata-se, como ensina Giovanni Levi, de levantar perguntas gerais para um caso específico, na convicção de que o foco microscópico revelará aspectos e significados até então não observáveis no âmbito macro.[10]

Ao redigir suas reminiscências Antonio Vieira dos Santos não o fez de forma caótica. A narrativa, em boa parte dos volumes, é ordenada de forma cronológica. O mesmo método "cronológico", conforme já se indicou anteriormente, seria utilizado pelo autor na redação das memórias de Paranaguá e Morretes. A cada assento corresponde, portanto, uma indicação de dia, mês e ano. Segundo informa o próprio autor, as anotações referentes ao primeiro volume teriam se iniciado em 1823. Assim, os registros referentes aos seus primeiros anos de vida são necessariamente reminiscências. Ao passo que os posteriores a 1823 podem ter sido anotados no calor dos acontecimentos. Contudo, neste último caso, fica muito difícil recuperar com precisão o ritmo da escritura do autor. Cabe lembrar que tais anotações seriam um resumo de outras mais detalhadas dispostas em outro códice (que infelizmente não foi encontrado), conforme se depreende do excerto abaixo:

> [anotações] Que forão extrahidas do 1º livro das memórias de minha vida pelo motivo de estar resolvido a hir para outro qualquer lugar procurar arranjo devido e por isso levar este em mª Compª q' guardo em caza o principal que as continha.[11]

O segundo volume recupera os acontecimentos ocorridos a partir de 1838. Deste ano em diante pode se entrever o cotidiano de Vieira dos Santos em seu caminhar rumo à velhice. Os registros diários seguem até julho de 1851 sendo que este volume teve extraviadas as páginas correspondentes ao intervalo 1839-1846.[12] Apesar da orientação cronológica, os volumes são permeados por descontinuidades temáticas ou mesmo textuais.

---

10 Cf. LEVI, Giovanni. *Op.cit.*, 2000; *Idem, Op.cit.*, 1992.
11 SANTOS, Antonio Vieira dos. *Breve resumo das memórias mais notáveis...* fl. 1.
12 A parte destinada estritamente às reminiscências ocupa 66 folhas do primeiro volume e 70 do segundo. Completa o primeiro volume a *Genealogia da Família Vieira dos Santos, Correspondência Familiar e Registros Comerciais*, e, por fim, *Títulos da biblioteca*

Para enfrentar esse problema heurístico, ajudou muito a proposta de Maria Beatriz Nizza da Silva quando a autora se defrontou com dificuldade semelhante. Diante das descontinuidades da escritura do *Caderno de Assentos Particulares do Coronel Francisco Xavier da Costa Aguiar*, a autora procedeu a uma leitura "seriada, seguindo-se até o fim cada uma das séries de informações constitutivas do documento".[13] Operando-se nesta mesma chave, as reminiscências de Antonio Vieira dos Santos foram em primeiro lugar ordenadas por eixos temáticos. A partir desta ordenação se buscou uma racionalização analítica. Racionalização analítica que, deve-se salientar, não é a única possível. Todavia, foi a que pareceu mais coerente aos nossos objetivos, quais sejam, entender as nuances dos mecanismos de inserção e enraizamento de reinóis em Paranaguá. Com efeito, a trajetória social de Vieira dos Santos foi ao longo do capítulo apreendida em quatro etapas.

A primeira concentra-se nele, ainda jovem, deslocando-se do Reino ao Brasil, iniciando-se no ramo mercantil como caixeiro. A partir das reminiscências foi possível traçar considerações contextuais acerca do fluxo de emigração ultramarina no qual Vieira dos Santos esteve imerso. Tal contextualização ganhou densidade a partir da reconstituição da própria origem social desse indivíduo. Isso porque foi possível recuperar aspectos acerca da posição social de seus familiares – sobretudo de seu pai – na cidade do Porto. O prelúdio migratório pôde ser reconstituído no intento de recuperar relações entre a itinerância e o ciclo de vida familiar; e, de maneira geral, o repertório de possibilidades dos Vieira dos Santos quando se tratava de sobreviver ou de ascender na escala social.

Ainda nesta mesma etapa será possível, finalmente, acompanhar a chegada de Antonio Vieira dos Santos ao Brasil. A partir daí, deixando-se que o percurso do imigrante de data fresca oriente as análises, serão repisados alguns dos aspectos atinentes aos processos de recrutamento de jovens reinóis para o exercício de funções comerciais no Brasil, entre fins do século XVIII e o início do século XIX.

---

pessoal de Vieira dos Santos. O segundo volume é complementado pelas poesias elegíacas, *Diário do Tratamento e Moléstia, Genealogia da Família Vieira dos Santos, Biografia de Agostinho José Pereira de Lima, Biografia e diário da enfermidade de Maria Ferreira de Oliveira, Biografia de José Lopes Ferreira, Biografia de Antônio Lopes Ferreira*. Vide anexo.

13 SILVA, Maria Beatriz Nizza da. *Cultura no Brasil Colônia*. Petrópolis: Vozes,1981 p. 7-61.

O segundo estágio consistiu na análise das atividades de Vieira dos Santos como caixeiro, já estabelecido na vila Paranaguá. Nesta seção se buscou retomar os variados aspectos do início do processo de socialização protagonizado por ele. As relações de dependência e subordinação com relação aos membros do grupo mercantil no qual Vieira dos Santos buscou travar interações, o estabelecimento de relações matrimoniais articuladas à busca da sua autonomia enquanto comerciante foram enfatizados. A análise sobre as formas de dependência social em face das quais Vieira dos Santos esteve em posições de subalternidade – a partir de endividamentos e reveses econômicos – também ganhará atenção.

O terceiro estágio de análise comportou a abordagem acerca da inserção de Vieira dos Santos na vida político-administrativa de Paranaguá. Para o desenvolvimento desta análise, foi enfatizada a sua atuação em cargos da Câmara Municipal. Nesse âmbito, buscou-se demonstrar a consolidação do processo de enraizamento de Vieira dos Santos naquela localidade mediante a sua ascensão aos postos da municipalidade parnanguara.

Já na última fase de seu ciclo de vida Vieira dos Santos foi impelido, em função de outros reveses, a uma nova viragem em sua trajetória de vida. Tal viragem o levou em definitivo para a Freguesia dos Morretes, onde ele veio a falecer aos 69 anos em julho de 1854.[14] Adstrita à Vila de Antonina, esta freguesia ficava ao pé da serra nas proximidades de Paranaguá e, como indicado ainda no primeiro capítulo, vivia um momento de incremento em função da expansão ervateira. Assim, foram retomadas as condições a partir das quais ele pôde se inserir no grupo mercantil e nas instituições administrativas morretenses. Do mesmo modo, foram enfatizados os rearranjos de suas interações com os negociantes de Paranaguá. No estudo desses rearranjos, receberam especial atenção as formas de dependência de Vieira dos Santos derivadas, sobretudo, de novos endividamentos.

Mesmo que a organização analítica procedida ao escolher seguir o ciclo de vida de Antonio Vieira dos Santos (da juventude até sua maturidade) traga certa impressão de linearidade, sempre se procurou evitar o vício teleológico ou, no limite, atenuá-lo.

---

14 Paróquia Nossa Senhora do Porto dos Morretes. – Livro IV (óbitos), *fl.* 54.

Entendendo que toda "ação social pode ser tomada como resultado de constantes negociações, manipulações, escolhas e decisões do indivíduo em face de uma realidade normativa que, embora abrangente, oferece, no entanto, múltiplas possibilidades a condutas e interpretações individuais",[15] o que se quis foi, justamente, apontar para o caráter multifacetado da trajetória de Vieira dos Santos, diante de uma realidade imprevisível ou, pelo menos, pouco previsível que, por isso mesmo, cobrou-lhe uma série de reposicionamentos, readequações, e reordenamentos de conduta ao longo de seu percurso de socialização.

Ao mesmo tempo, numa via que vai por duas mãos, a recuperação da trajetória multifacetada de Vieira dos Santos também permitiu delinear os contornos do horizonte de possibilidades e, mesmo, de consciência que o circundava. Com efeito, ainda que de forma inevitavelmente brumosa, se fez possível uma concepção acerca da "jaula flexível e invisível", para utilizar a expressão de Carlo Ginzburg, dentro da qual Antonio Vieira dos Santos "exercitou a sua liberdade condicionada".[16]

Ou seja, o percurso de Vieira dos Santos permitiu que se apreendesse o próprio cenário em que ele se move. Movimentação que se dará numa sociedade também movimentada: pela instalação da corte no Rio de Janeiro, pela abertura dos portos; pela eclosão da economia ervateira; pela emancipação brasileira; e daí por diante. Trata-se, portanto, de se proceder a um rol de análises qualitativas que mesmo únicas, inevitavelmente parte, possa, iluminar a apreensão o do todo.

Às vésperas da saída: aspectos de um prelúdio emigratório

Se comerciantes dos períodos colonial e joanino, nas mais diversas áreas do Brasil, fossem, por ventura, retomar suas trajetórias é muito provável que a maioria partiria de um mesmo princípio: jovens, vivendo permanentemente em

---

15 LEVI, Giovanni. *Op. cit., 1992*, p. 98.
16 GINZBURG, Carlo. *O Queijo e os Vermes: o cotidiano e as ideias de um moleiro perseguido pela inquisição*. São Paulo: Companhia das Letras, 1987, p. 27.

casa do patrão, dormindo em sótãos, cubículos ou mesmo nos armazéns, não conhecendo férias nem descanso semanal, iniciando a vida como auxiliares de comércio ou, na expressão mais consagrada, caixeiros.[17] Ao verificar-se a historiografia sobre o tema não faltarão nomes para confirmar esta impressão.

Investigando os mecanismos de integração dos negociantes na elite dirigente fluminense, em inícios do século XIX, Riva Gorenstein recompôs trajetórias semelhantes à de Brás Carneiro de Leão. Iniciando-se como caixeiro de um conterrâneo, montou a mais próspera casa de comércio do Rio de Janeiro, importando manufaturados de Portugal e escravos da África, que revendia por atacado no Rio de Janeiro e nas praças de São Paulo, Minas Gerais, Mato Grosso e Goiás.[18] Ainda no Rio de Janeiro as pesquisas de Manolo Florentino e João Fragoso apontaram nesta mesma direção. Preocupada com os mecanismos de recrutamento dos maiores negociantes em atividade na praça do Rio Grande de São Pedro, Helen Osório observaria que, entre fins do século XVIII e inícios do século XIX, a maioria havia se iniciado a partir da atividade de caixeiro.[19] Concentrando-se em São Paulo, ainda que num recorte um pouco

---

[17] Lembre-se que o universo dos auxiliares de comércio, generalizados sob o termo caixeiro, também tinha gradações. As atribuições eram bastante variadas nas lojas e trapiches sendo hierarquizadas a partir de suas especificidades. Havia por exemplo o caixeiro de balcão – encarregado, pelos comerciantes a retalho, de efetuar as vendas nos balcões –; o caixeiro de fora (ou de porta-fora) – encarregado das cobranças e das vendas fora do estabelecimento, geralmente acompanhado de um escravo –; caixeiro de escritório – encarregado do expediente e de todo o trabalho de escritório, como cópias de cartas, faturas de letras, ou das compras de vendas em grosso; guarda-livros ou primeiro caixeiro – fazia a escrituração dos negociantes, cuidando da caixa, além da correspondência. Se o guarda-livros ocupava, no mais das vezes, o topo da hierarquia, na base da mesma ordenação estavam os aprendizes, ou então marçanos como eram mais comumente chamados em Portugal. Estes serviam sob os cuidados de outro caixeiro (quase sempre o mais antigo na loja). Todavia, apesar desta hierarquização o que se via ocorrer com mais frequência, principalmente nos estabelecimentos mais modestos, era o acúmulo de funções por parte de um único caixeiro. Cf. MARTINHO, Lenira; GORENSTEIN, Riva. *Op. cit.*
[18] *Ibidem*, p. 198.
[19] OSÓRIO, Helen. *Op. cit.*, p. 111.

mais recuado, Maria Aparecida de Menezes Borrego observaria que vários dos comerciantes ali radicados iniciavam-se como caixeiros na casa dos patrões.[20]

Interessante notar que este padrão de recrutamento não se reduzia ao universo da América Portuguesa. Debruçado sobre os perfis dos homens de negócio da praça de Lisboa, entre 1755 e 1822, Jorge Pedreira observaria que iniciar a vida como caixeiro de um grande homem de negócio, português ou estrangeiro, era a forma mais auspiciosa de encetar uma carreira.[21] Mudando-se ainda mais o contexto, encontra-se um quadro semelhante. Na Buenos Aires da mesma época estudada por Suzan Sokolow o caixeiro poderia ascender na carreira transformando-se em comerciante beneficiando-se da sua relação com seu empregador.[22]

Uma certa natureza empírica do aprendizado comercial tende a justificar a recorrência deste padrão em contextos tão diversos. Não se ignore aqui, o processo de institucionalização de uma "ciência" mercantil, concretizado na difusão de manuais, apostilas diversas e, lógico, na criação de aulas de comércio, visto um pouco por toda a Europa, sobretudo, a partir do setecentos.[23] No entanto, tais instrumentos nem sempre estavam acessíveis a todos, principalmente, aos menos abonados. Assim, mor das vezes, era mesmo na lide diária, junto dos mais velhos, que os meninos ainda inexperientes adquiriam os rudimentos da educação mínima exigida por tal atividade. Tratava-se, portanto, de um verdadeiro rito de iniciação:

---

20 BORREGO, Maria Aparecida de Menezes. *Op. cit.*
21 O mesmo autor explica que, no contexto analisado, os caixeiros podiam participar nos tráficos da casa ou fazer alguns em seu próprio nome e, como se tornavam conhecidos na praça, ficavam habilitados a prosseguir suas especulações em circunstâncias favoráveis. PEDREIRA, Jorge Miguel de Mello. *Os homens de negócio da praça de Lisboa de pombal ao vintismo (1755-18222): diferenciação, reprodução e identificação de um grupo social.* Tese (doutorado) – Faculdade de Ciências Sociais e Humanas, Lisboa, universidade Nova de Lisboa, 1995, p. 209.
22 Cf. SOKOLOW, Susan. *Los mercadores del Buenos Aires virreinal: família y comercio.* Buenos Aires: Ediciones de la Flor, 1991.
23 Cf. CHAVES, Cláudia Maria das Graças. "Cultura mercantil por meio das aulas de comércio: a produção dos manuais didáticos manuscritos e impressos" In: FONSECA, Thaís Nívia de Lima Fonseca (org.). *As Reformas Pombalinas no Brasil.* Belo Horizonte: Mazza Edições, 2011, p. 223-240.

> [...] o caixeiro, era então um criado para todo tipo de serviço, dependendo até dos colegas mais velhos. Só depois e mais tarde, dependendo das capacidades demonstradas, dos estudos de base e da benevolência do patrão, um ou outro passaria a escriturário ou guarda livros, ou então, à realização por conta própria estabelecendo-se.[24]

Não ocorreria de forma diferente com Antonio Vieira dos Santos e, também, com outros de seus conterrâneos radicados em Paranaguá.[25] Contudo, houve uma espécie de prelúdio antes que ele, finalmente, experimentasse o seu rito de iniciação. E, ao contrário do que ocorreu no caso de outros imigrantes lusitanos radicados em Paranaguá, tal prelúdio pôde ser recuperado de forma mais detalhada.

A partir da leitura do item *Memórias respectivas a Antonio Vieira dos Santos*,[26] no qual o autor retoma informações biográficas sobre sua infância, ficamos sabendo que, antes de se transferir para o Brasil, ele frequentou escolas de primeiras letras, a saber: "Escola José Teixeira da Rua Chã", "Escola de São Lázaro do MestreAntonio", e, finalmente, a "Escola do menino Órfão chamado Francisco Jose em a qual andei três anos ate 15 ou 20 de Maio de 1797, da qual sahi pª vir pª o Brasil".[27] Segundo as próprias contas, o autor teria aprendido durante cinco anos até sair para o Brasil. Logo após discriminar as escolas que frequentou, Vieira dos Santos registra:

> Cartas de Recomendação q' truce da Cidade do Porto
>
> 1 Carta pª Antonio Perª Cardoso de Araújo
>
> 1 Cª pª o Capᵐ Caetano Jose de Almeida e Silva
>
> 1 Cª pª Antonio Jose Ferreira Carmo
>
> 1 Cª pª o Antonio d'Alves Ferreira.[28]

---

24 ALVES, Jorge Fernandes. *Os Brasileiros: emigração e retorno no Porto oitocentista*, Gráficos Reunidos, Porto: 1995. p. 38.
25 Como já fora exposto no terceiro capítulo.
26 SANTOS, Antonio Vieira dos. *Breve Rezumo das Memorias mais Notáveis...* fl. 60.
27 *Idem*, fl. 61.
28 *Ibidem*.

A frequência às escolas, onde, provavelmente, teve a oportunidade de se iniciar nos rudimentos da escrita e do cálculo, acrescida das cartas de recomendação mencionadas logo em seguida, denotam que certa precaução antecedeu o intento migratório de Antonio Vieira dos Santos. Fato que, aliás, não está em desacordo com a historiografia.[29] Migrar nem sempre era uma atitude tomada a esmo num projeto única e exclusivamente individual. Conforme aponta José Jorge Alves, "a emigração pelo menos na sua componente mais tradicional não se fazia ao acaso".[30]

Se as letras ou, pelo menos, seus rudimentos consistiam num significativo marcador social no ambiente para o qual Vieira dos Santos se dirigia, não menos importantes eram as cartas de recomendação no processo de inserção por ele protagonizado. A historiografia tem demonstrado que, muito visadas, tais cartas assumiam no imaginário da imigração um caráter quase mágico. Significavam, *a priori*, a proteção de algum influente na escalada social. A alguns mais experimentados era possível, por exemplo, conseguir o aval de um grande negociante do Porto ou de Lisboa direcionando-os diretamente a um consignatário estabelecido no Brasil.[31] Em outros casos, as cartas de recomendação poderiam ser

---

29 Cf. capítulo II; RODRIGUES, Henrique. *Op. cit.;* NIZZA DA SILVA, Maria Beatriz. *Vida privada e quotidiano no Brasil na época de D. Maria e D. João V.* Lisboa: Editorial Estampa, 1993.

30 ALVES, Jorge Fernandes. *Op. cit.,* p. 34.

31 Jorge Fernandes Alves chegou a levantar no Arquivo Geral do Hospital de Santo Antônio, localizado na cidade do Porto, algumas destas cartas de recomendação escritas ainda no século XIX. Tais cartas foram vertidas por Joaquim Ferreira dos Santos, português retornado do Brasil, que possuía um estabelecimento de portas abertas na Rua das Flores. Indivíduo que pela sua própria trajetória possuía vínculos comerciais nos dois lados do Atlântico e, por isso mesmo, deveria ser bastante visado pelos caixeiros em busca de colocação. A título de curiosidade, apresenta-se um excerto dessas cartas: "Antônio Teixeira Pinto de Carvalho, portador desta dirige-se aí promover os seus interesses, o qual espero acolha como se fosse eu próprio, pois que disso se fez digno pela sua boa conduta, de que deu evidentes provas durante o tempo que serviu de guarda livros e mais empregos desta casa. Portanto se ele quiser servir-se da sua casa para morar, comer, etc..., pode franquear--lhe com maior satisfação, por ser como dito o levo muito honrado; O meu recomendado Manuel Vilaça de Araújo Veiga que foi de passagem no Anibal para a casa de Jose Antônio da Costa precisando de algum dinheiro para compra de fato, ou outras bagatelas, VM.

obtidas pelos futuros emigrantes da mão de "brasileiros" que, caso não tivessem deixado consignatários no Brasil, tinham lá, certamente, conhecidos.[32] No mais das vezes, contudo, as cartas dirigiam-se a familiares, amigos e compadres já há mais tempo vivendo na sociedade de destino.

Em todo caso, a precaução antecedendo a partida de Antonio Vieira dos Santos evoca as circunstâncias socio econômicas do núcleo familiar do qual ele provinha. Circunstâncias que as reminiscências permitem retomar com um pouco mais de minúcia. Circunstâncias que, ao serem revistas, permitem trespassar o âmbito das configurações macroeconômicas, políticas e sociais, na direção das singularidades que teriam interferido no movimento imigratório protagonizado pelo memorialista.

O higienista português Ricardo Jorge atentou para o magnetismo que a cidade do Porto exerceria durante muito tempo às populações limítrofes e, também, às mais distantes atraindo gente:

---

lho prestará bem como concorrerá no cazo de inda não estar arrumado para que seja arranjado em hua boa Caza de Negócio, de que muito se faz digno pelo seu adiantamento e boa conducta ate o presente". *Idem*, p. 94.

32 Em primeiro lugar cabe explicar a expressão "Brasileiro" e sua acepção em Portugal, sobretudo, na Portugal oitocentista. Para tanto, tome-se uma nota de época da pena de Alexandre Herculano: "a designação de brasileiro adquiriu para nós significação singular e desconhecida para o resto do mundo. Em Portugal, a primeira ideia, talvez, que suscita este vocábulo é a de um indivíduo cujas carcaterísticas principais e quase exclusivas são viver com maior larguesa e não ter nascido no Brasil; ser um homem que saiu de Portugal na puerícia ou na mocidade mais ou menos pobre e que, anos depois, voltou mais ou menos rico". HERCULANO, Alexandre. "A Emigração". In: CUSTÓDIO, Jorge; GARCIA, José Manuel (org.). *Opúsculos de Alexandre Herculano (1873-1875)*. Vol. 2. Lisboa: Editorial Presença, 1983. Contemporâneo de Alexandre Herculano, Camilo Castelo Branco deu corpo a diversas histórias de brasileiros que, se não eram estritamente reais, bem poderiam ser verossímeis. Nestas histórias, Castelo Branco, por vezes, oferece um contraponto a Herculano indicando que o epíteto "brasileiro" também poderia ser "um epigrama popular com que a gentalha costuma alcunhar os patrícios que voltam pobres do Brasil". CASTELO BRANCO, Camilo. *Vinte horas de Liteira*. Porto: Typographia do Comercio, 1864, p. 23. Pobres ou ricos resta claro que a acepção "brasileiro" designava, portanto, os emigrantes retornados a Portugal.

> [...] de todo o norte, forasteiros que vem buscar ao Porto colocação e fortuna. Imigram na máxima parte do Minho, Traz os Montes, e Beira Alta; o Porto é para essas terras como que um Brasil chegado. De lá vem creados e creadas, aprendizes d'officio, assim como caixeiros a tentar a carreira mercantil e formar a grande maioria da classe comercial.[33]

Portanto, se, inegavelmente, o Porto era o espaço de escoamento de um dos mais importantes contingentes migratórios em direção ao Brasil, a sede deste distrito, ao se tornar, a partir de inícios do século XVIII, o grande centro lucrativo do comércio com o Brasil, passou a se configurar também num centro polarizador de efetivos populacionais oriundos, sobretudo, do noroeste português.[34]

O pai de Antonio Vieira dos Santos, Jerônimo Vieira dos Santos, bem poderia ser classificado como um dos forasteiros a que Ricardo Jorge fez referencia. Assim como ocorreria mais tarde com seus filhos, ele tinha a sua trajetória de vida marcada pela itinerância. Diz-se os filhos porque, conforme será indicado adiante, o secundogênito João Vieira dos Santos também emigrou para o Brasil alguns anos depois de seu irmão mais velho.[35]

Ou seja, a movimentação como uma estratégia de modificação social não era um caso isolado ou inusitado na família de origem de Vieira dos Santos. Pelo contrário esta estratégia fazia parte do repertório de possibilidades a ponto,

---

33 JORGE, Ricardo. *Demographia e Hygiene da Cidade do Porto*. Porto: Repartição de Hygiene da Camara Municipal do Porto, 1899, p. 155.

34 Cf. ALVES, Jorge Fernandes. *Op. cit.;* RENÓ, Igor José Machado. "O 'brasileiro de torna viagens': e o lugar do Brasil em Portugal" *Revista Estudos Históricos*, vol. I, n. 35, 2005, Rio de Janeiro, CPDOC/FGV.

35 Do matrimônio entre Jerônimo e Ana Joaquim, foram gerados os seguintes filhos: Antônio, João, José e Maria. José e Maria faleceram na infância, em idades não especificadas por Vieira dos Santos. Dentre esses descendentes, Antônio emigrou para o Brasil. Em 1792, Jerônimo, já na condição de viúvo, contraiu núpcias com Leonarda Batista de Moura Vilela. Geraram os seguintes filhos: Antônio, Eugênia, Francisco, José, Leonarda (nascida em 1810) e Maria. Dentre esses descendentes, José seguiu a profissão de cirurgião na cidade do Porto. Cf. SANTOS, Antonio Vieira dos. *Breve Rezumo...*, fls. 68 e 88.

inclusive, de ser repetida, posteriormente, numa escala maior. Colocando a questão de outra forma: a migração regional protagonizada por Jerônimo Vieira dos Santos não seria um "ensaio" para a migração transoceânica protagonizada, *a posteriori*, por seus filhos?[36]

Sabe-se que Jerônimo provinha de um arrabalde rural não muito distante da cidade do Porto: a Freguesia de São Salvador de Fânzeres. Em inícios da década de 1770, migrou solteiro para a cidade do Porto, casando-se, em 1780, com Anna Joaquina, mãe de Vieira dos Santos.[37] Tão logo chegou à cidade, iniciou-se como aprendiz no ofício de lavrante (artista escultor e gravador de ouro ou prata).[38]

Os lavrantes de prata ou de ouro tinham reconhecimento social no Porto sete e oitocentista. Na realidade, os profissionais deste ramo eram considerados, mesmo, como pertencentes a um estado intermédio entre a nobreza e a plebe. Não podiam ser rigorosamente tidos por mecânicos visto que a arte a que se dedicavam era muito

---

36 Levanta-se esta questão a partir de algumas teorizações acerca dos fenômenos de deslocamentos populacionais que alegam que migrações regionais são, de maneira geral, ensaios para as migrações atlânticas visto que acabam criando uma espécie de cultura migratória. Segundo estes mesmos teóricos algumas das regiões europeias que mais forneceram imigrantes atlânticos, ao longo do século XIX, já contavam com uma larga experiência de deslocamentos menores no interior do próprio continente europeu, normalmente para regiões vizinhas, onde o emprego era mais fácil ou os proventos eram maiores. MASSEY, Douglas *et al*. "Theories of international migration: a review and appraisal." *Population and Development Review*, vol. 19, nº 3, 1993 p. 431-466. Vale a ressalva que estas teorizações têm por objeto os fenômenos das grandes migrações de massa, sobretudo, a partir de 1850. Mesmo assim, não parece arriscado, sobretudo para o caso de Portugal, aventar para a existência de uma "cultura migratória" que, reproduzindo-se no microcosmo constituído pela família Vieira dos Santos, teria interferido na opção pela mobilidade transoceânica.

37 A trajetória de Jerônimo Vieira dos Santos é retomada pelo seu filho no item *Notícias Respectivas a meu Pay = Jeronimo Vieira dos Santos* constante da seção Genealogia da Família Vieira dos Santos. Cf. SANTOS, Antonio Vieira dos. *Breve Rezumo das memórias mais notáveis ...*, fls. 58-59.

38 "Lavrante:o que lavra em prata ou oiro, apurando, e polindo as feições, que as peças trazem da fundição." SILVA, Antônio Moraes. *Dicionário da língua portuguesa* - recompilado dos vocabulários impressos até agora, e nesta segunda edição novamente emendado e muito acrescentado. vol. 2. Lisboa: Empreza Litteraria Fluminense, 1798.

estimada. Gozavam de uma "quase nobreza" tendo privilégios e isenções. Mas para serem considerados era preciso, contudo, que mantivessem um estilo de vida "à lei da nobreza" fazendo-se servir de criados e montaria. Ao mesmo tempo, de certo, havia gradações no interior deste grupo e o aprendiz certamente integrava a base, enquanto o topo era ocupado pelo proprietário da oficina.[39]

Por motivos não justificados, Jerônimo Vieira dos Santos não logrou o êxito necessário para chegar a esta última condição. Conforme as indicações transcritas nas reminiscências, ele "não quis mais usar deste ofício em 1795". A partir daí, se dedicou a outras ocupações citadinas, tendo sido, por exemplo, "fiel de forno de bolacha". Posteriormente, estabeleceu, por cerca de ano e meio, um pequeno "armazém de vender vinhos".[40]

Infelizmente as reminiscências não especificam em que ocupação Jerônimo Vieira dos Santos se manteve em definitivo. Contudo, ressaltam a opção definitiva pela fixação urbana. Até pelo menos a terceira década do oitocentos, por exemplo, Jerônimo seguia mantendo relações com compadres ourives e comerciantes estabelecidos nas ruas das Flores e do Loureiro que, aliás, era o espaço, por excelência, da aglutinação do comércio portuense.[41] Além disso, estando na cidade do Porto, participou, inclusive, da resistência às invasões francesas.[42]

Apesar da opção pela cidade, consta que ele teria algumas terras acima do Douro. Estas foram vendidas cerca de três anos antes da partida de seu primeiro filho para o Brasil. E, nessa direção, talvez não seja descabido imaginar que algum pecúlio resultante desta venda tenha sido investido no processo de transferência de Antonio Vieira dos Santos para o Brasil. Não se sabe as extensões e o valor destas terras. Talvez fossem boas parcelas; mas também poderiam ser, como diria Basílio Teles, "pequenas hortas ou quintalejos, cuja a significação é principalmente moral, porque se limitam a dar a ilusão de proprietários a seus donos".[43] Num

---

39 Cf. VASCONCELOS E SOUSA, Gonçalo Mesquita da Silveira de. *A arte da Prata no Porto 1750-1810*. Dissertação doutorado – Departamento de Ciências e Técnicas do Patrimônio, Faculdade de Letras da Universidade do Porto, Porto, 2002, p. 206.
40 SANTOS, Antonio Vieira dos. *Breve Rezumo das memórias mais notáveis...*, fls. 58-59.
41 SANTOS, Candido. *A população do Porto de 1700 a 1820*. p. 291. Disponível em: <http://ler.letras.up.pt/uploads/ficheiros/6308.pdf>. Acesso em: dez. 2012.
42 SANTOS, Antonio Vieira dos. *Breve Rezumo das memórias mais notáveis...*, fls. 58-59.
43 TELLES, Bazilio. *Carestia da Vida nos Campos*. Porto: Chardon, 1904, p. 187.

caso ou noutro, interessa frisar que Jerônimo não era despossuído. Mas, também, há indícios de que ele não parecia ser um homem de avultada fortuna.

Isso porque as reminiscências indicam um forte ritmo de mudanças de morada ao longo de sua vida na cidade. Até onde consta ele teria se mudado em pelo menos quatorze ocasiões em intervalos que, na maioria das vezes, não chegavam a ultrapassar um ano.[44] Este ritmo de mobilidade não era algo que lhe era exclusivo. Pelo contrário, esta dinâmica é consoante a um importante surto de urbanização ocorrido no Porto a partir de 1800. Tal processo teria implicado numa forte variação da renda cobrada pelo uso dos imóveis. Tais alterações no preço dos aluguéis, para baixo ou para cima, encorajavam os inquilinos a juntarem seus trastes mudando-se de habitação com acentuada frequência. Dado este que leva a crer que Jerônimo dos Santos não possuía propriedades na cidade.

Ao fim e ao cabo, Jerônimo Vieira dos Santos parecia ser não mais do que remediado. O próprio êxodo protagonizado por seus filhos é um indicativo de certas fragilidades econômicas, circunstanciais ou mesmo estruturais, que lhe poderiam estar afligindo. Se Jerônimo conseguiu patrocinar o intento migratório dos filhos, capacitando-os minimamente, faltaram-lhe, todavia, os meios para conservá-los junto de si, garantindo a eles a "colocação" na cidade do Porto.

Assim, esses filhos foram impulsionados a um caminho mais longo ainda do que aquele que seu pai havia trilhado. Não se tratava apenas de trocar o agro pelo urbano ou, de outra forma, de uma migração. Tratava-se de deixar o torrão natal, enfrentar o Atlântico, considerando a possibilidade de não mais voltar ao sítio de onde haviam partido. O que de fato ocorreu, mas que, ao mesmo tempo, não significou uma ruptura definitiva dos laços entre pai e filhos e da própria família como um todo, visto que as reminiscências indicam um considerável fluxo de correspondências trocadas entre Antonio Vieira dos Santos e seus familiares reinóis.[45] Mais uma vez fica evidente, portanto, que no contexto da emigração o Atlântico menos do que uma barreira limitadora era, pelo contrário, um elo de ligação entre os egressos de aquém e d'além mar.

---

44 SANTOS, Antonio Vieira dos. *Breve Rezumo das memórias...*, fls. 58-59.
45 As reminiscências são permeadas, de maneira geral, pelas indicações de correspondências trocadas entre Vieira dos Santos e seus familiares. Contudo, no item *Das cartas que recebi e remeti para m^a família* o fluxo destas correspondências aparece disposto de forma ordenada. SANTOS, Antonio Vieira dos. *Breve Rezumo das memórias...*, *Op. cit.* fl 171.

Ainda que o intento dos filhos fosse mais audacioso do que o do pai, eles deviam ter em mente objetivos não muito diferentes daqueles que impeliram o seu progenitor a se transferir para o Porto. A miragem da fortuna, do estabelecimento com o próprio negócio, da distinção social. Eram as aspirações que povoavam o imaginário de milhares de portugueses em diáspora.

Ao mesmo tempo, tendo já sido criados na cidade, convivendo com gente do comércio, relacionados, talvez, com brasileiros de torna viagem, alfabetizados e, por fim, recomendados, já levavam um trunfo a distingui-los na massa dos exilados voluntários que se transferiram para o Brasil.[46]

---

46 A presença massiva dos brasileiros no Porto e, de maneira geral, no norte e noroeste português, inspirou não só testemunhos literários, como também, historiografia acerca da temática. Nesta direção, concorda-se com Igor Renó Machado quando, neste universo historiográfico, ele qualificou a obra de Jorge Fernandes Alves (*Os Brasileiros: emigração e retorno no Porto oitocentista*) como a de maior fôlego e criticidade acerca do tema. Um interessante balanço acerca da temática dos Brasileiros pode ser recuperado na obra *Os "brasileiros" da emigração* organizada pelo mesmo Jorge Alves. ALVES, Jorge Fernandes (coord.). *Os "brasileiros" da emigração*. Vila Nova de Famalicão: Edições Imparciais, 1998. Se de fato era intensa a presença de brasileiros no Porto, nas reminiscências de Vieira dos Santos vê-se, inclusive, que pelo menos um deles orbitava a volta da família. Tal situação pode ser confirmada, de passagem, quando ele indica que seu pai, em "1793 se foi morar na rua de N. Snr^a do Terço de fronte da Igr^a mais p^{a}baixo na caza de hum Brasileiro". Retomando-se as narrativas de Castelo Branco vê-se a influência que estes brasileiros de torna viagem exercem no imaginário dos aspirantes à emigração. Veja-se o caso de Manuel da Mó (ou "Manuel Brasileiro"). Este campesino ao granjear alegremente suas terras, viu chegar a sua freguesia (localizada em Amarante) dois patrícios que, antes despossuídos, voltaram riquíssimos do Brasil. Sonhando em obter a mesma riqueza o lavrador remediado decide-se pela emigração. A partir daí recorre a estes brasileiros pedindo-lhes cartas de recomendação e informações para melhor se estabelecer no Brasil. Mesmo sendo desencorajado pelos patrícios brasileiros, se lança, aos vinte anos, ao Atlântico. Chega ao Brasil tentando se estabelecer, lógico, como caixeiro. Depois de diversas tentativas falhas é entrevistado por um comerciante, veja-se o teor da entrevista: "—Escreva aí o seu nome...; —Faça aí uma operação de quebrados...; —Você sabe a regra de três? Sabe as quatro operações aritméticas?" Manoel da Mó, campesino e analfabeto, não sabia escrever seu nome e tão pouco efetuar as operações solicitadas. O intento de enriquecer no Brasil falha. Depois de ser consumido pelo arrependimento por ter deixado sua vida remediada em Portugal,

Infelizmente, Antonio Vieira dos Santos não chegou a transcrever as cartas de recomendação de que era portador. Assim, não se pôde recuperar o tipo de relacionamento que ele mantinha com os sujeitos que o recomendaram e, tão pouco, com aqueles a quem ia recomendado. Na realidade, foi possível reunir elementos para apenas dois destinatários. Um deles, Caetano José de Almeida e Silva era, provavelmente, um comerciante estabelecido na cidade do Rio de Janeiro.[47] O outro, primeiro da lista, capitão Antonio Per^a Cardoso de Araújo também era um comerciante estabelecido na praça carioca, mais especificamente, na Rua dos Pescadores um tradicional reduto de concentração de lojas de varejo.[48]

---

consegue, num golpe de sorte, retornar para Portugal mais pobre do que quando saíra de lá. CASTELO BRANCO, Camilo. *Op. cit.*, p. 34. Por aí se vê a importância dos trunfos (sobretudo, letramento) que os irmãos Vieira dos Santos traziam consigo ao chegarem ao Brasil.

47 Na altura da Invasão Francesa e da transferência da Corte para o Brasil, Caetano José de Almeida e Silva, teria contribuído com 100$000 na subscrição voluntária dos principais comerciantes da praça do Rio de Janeiro em socorro à Sua Alteza Real e ao Reino de Portugal. Não era uma contribuição muito avultada denunciando, talvez, que Caetano José não fosse um comerciante dos mais proeminentes. Na realidade, essa quantia estava bem distante das maiores doações que beiravam 1000$000, como foi o caso de Francisco Carneiro de Leão, já mencionado anteriormente, que ofereceu 800$000. "Subscrição Voluntária" In: MELLO MORAES. *Corographia, histórica, cronographica, genealógica, nobiliárquica e política do Império do Brasil*. Rio de Janeiro: Typographia Brasileira, 1863.

48 O capitão Antônio Pereira Cardoso de Araújo, que foi quem de fato recebeu Antonio Vieira dos Santos, também aparece arrolado como contribuinte da subscrição em socorro ao Rei e ao Reino de Portugal. O valor ofertado não ultrapassou 64$000. Tomando-se como verdade o fato de que ele era um agente mercantil que vendia a varejo, como tantos outros estabelecidos na Rua dos Pescadores, associado à sua modesta contribuição pecuniária, tem-se que Antonio Vieira dos Santos foi dar na casa de um comerciante, provavelmente, de média ou baixa envergadura. Fato que também permite relativizar os dados da epígrafe deste capítulo entendendo a imponente expressão "conceituada casa comercial" como uma licença poética tomada por seu autor. Sobre a concentração de lojas de varejo na Rua dos Pescadores. Cf. PIÑEIRO, Teo L. *A construção da autonomia: o corpo de comércio do Rio de Janeiro*. Disponível

E foi de fato este último quem recebeu Antonio Vieira dos Santos. Mas apenas quatro dias depois de ali se estabelecer ele indicaria nova mudança: "Em 28 de 8^{bro} de 1797 Sabado me arrumei em caza de André Fran^{co} Barbosa loge de vidros na rua do Ouvidor N°=11= indo p^a cima ao lado direito".[49]

Acompanhando o processo de inserção de caixeiros no Rio de Janeiro, Lenira Martinho reuniu indícios que a fizeram suspeitar de que poderia haver certo grau de especialização na receptação e realocação de rapazes recém-chegados de Portugal. Nesse sentido, a autora menciona, por exemplo, o caso de Antônio Dias da Costa que teria recebido de uma só vez cinco imigrantes para depois (re)encaminhá-los.[50] Esta situação poderia explicar a fugacidade da passagem de Antonio Vieira dos Santos pela casa de seu primeiro contato no Rio de Janeiro.

Contudo, ela não explica totalmente já que, depois de estar "quatro meses e doze dias sem ganhar nada" na casa de André Francisco Barbosa, Vieira dos Santos retornou à companhia de Antônio Pereira Cardoso de Araújo onde permaneceria mais oito meses, "sem ter arrumação".[51] É possível inferir ainda que até 1806 algum vínculo se manteve entre eles. A partir do exame do item *Das cartas que recebi e remeti para minha família*, vê-se que Vieira dos Santos dependia dos favores de seu anfitrião quando se tratava de enviar ou receber correspondências já que, antes de chegar ou sair de Paranaguá, as cartas sempre passavam pelo Rio de Janeiro. Porém, infelizmente, nada se sabe acerca do conteúdo deste correio. Fato que torna difícil qualificar com precisão os vínculos entre o comerciante anfitrião e os Vieira dos Santos.

Se é pouco provável que Antônio Pereira Cardoso de Araújo fosse um angariador de caixeiros especializado, também não parecia ser um dos negociantes principais da capital.[52] Provavelmente, fosse um conhecido da família com alguma influência disposto a arranjar uma colocação para Vieira dos Santos,

---

em: <http://econpapers.repec.org/paper/abphe2003/094.htm>. Acesso em: jan. 2010. MARTINHO, Lenira; GORENSTEIN, Riva. *Op. cit.* p. 71.
49 SANTOS, Antonio Vieira dos. *Breve Rezumo das memórias...*, *Op. cit.*, fl.4.
50 MARTINHO, Lenira; GORENSTEIN, Riva. *Op. cit.*, p. 80
51 SANTOS, Antonio Vieira dos. *Breve Rezumo das memórias...*, *Op. cit.*, fl.4.
52 Vide nota anterior acerca do socorro prestado pelos comerciantes cariocas ao Reino de Portugal.

mas sem condições ou, talvez, intenções, de mantê-lo junto de si em definitivo. O proprietário da loja de vidros, por sua vez, não será mais mencionado ao longo das memórias. Tanto numa casa quanto noutra, é provável que Vieira dos Santos tenha atuado como um simples marçano trabalhando em troca de comida, cama, um prego para pendurar a roupa, até que, não conseguindo "arrumação", em cinco de novembro de 1798 se embarcou na Sumaca Francezinha, em companhia do capitão Francisco José Ribeiro, baldeando-se até Paranaguá.[53]

Do Reino alé os reinóis: inícios do processo de enraizamento de Antonio Vieira dos Santos na Baía de Paranaguá

Nascido no conselho de Serpa, termo da Vila Real, arcebispado de Braga, Francisco José Ribeiro já teve sua trajetória historiada em outro momento deste trabalho. Em resumo, sabe-se que, antes de se estabelecer em Paranaguá, passara dois anos no Rio de Janeiro, iniciando-se como caixeiro de um dos mais prósperos comerciantes cariocas à segunda metade do século XVIII: seu tio Manoel da Costa Cardoso. Na altura em que travou contato com Antonio Vieira dos Santos, Francisco José Ribeiro estava diversificando suas atividades formando um engenho (de socar arroz), dispondo de 19 escravos. Contudo, mantinha-se ativo no comércio contando, inclusive, com um caixeiro que estava "ausente para o Rio de Janeiro".

Essas informações ajudam a explicar a presença de Francisco José Ribeiro no Rio de Janeiro abrindo o ensejo para seu encontro com Antonio Vieira dos Santos. À época, esta praça já detinha a primazia no fornecimento de créditos e mercadorias num circuito relativamente amplo que englobava Paranaguá. Concentrados na praça carioca, os homens de grosso trato ocupavam o topo da pirâmide hierárquica. Por meio de uma cadeia de adiantamentos de produtos e numerário faziam satelizar à sua volta uma constelação de pequenos e médios mercadores especializados regionalmente.

---

53 SANTOS, Antonio Vieira dos. *Breve Rezumo das memórias…*, Op. cit., fl.5.

A estes últimos, abria-se a possibilidade de implementar relações de consignação com os seus parceiros de grosso trato. O comércio de cabotagem era, assim, uma via de negócio acessível não só aos grandes negociantes, como também, aos mercadores de menor porte estabelecidos em outras áreas litorâneas. Estes últimos poderiam obter algum lucro ao atravessarem as produções regionais em troca de mercadorias importadas a serem revendidas em suas áreas de atuação. Ao que tudo indica, Francisco José Ribeiro estava envolvido neste processo de atravessamento pela via da cabotagem, tendo, inclusive, a julgar pela quantidade de escravos de que dispunha, obtido algum sucesso nesta empresa.

Possivelmente, o vislumbre de um futuro semelhante tenha motivado Antonio Vieira dos Santos a tentar "arrumar-se" em Paranaguá. Como já foi lembrado anteriormente não era incomum que conterrâneos portugueses em diáspora travassem contato entre si. Socializavam, assim, suas experiências nos mais variados espaços de convívio, fossem nos portos de embarque e desembarque, nas próprias naus e embarcações menores onde viajavam, nos estabelecimentos de comércio, e daí por diante. Integrante da rede mercantil parnanguara, Francisco Ribeiro deveria estar ciente das demandas locais: entre elas, talvez, a necessidade de um rapaz novo, letrado, proveniente do reino, disposto a atuar como caixeiro de algum comerciante local.

E foi assim que Antonio Vieira dos Santos, não contando mais do que 14 anos,[54] saltou "em terra na vila de Paranaguá e [foi] para Caixeiro do aju-

---

[54] A idade de Antonio Vieira dos Santos nesta altura pôde ser recuperada a partir da transcrição do registro de seu batismo que o mesmo encomendou de Portugal como se vê: "Joaquim Joze da Costa Nunes Offecial Maior dos Livros findos nesta Cidade do Porto, certifico em como revendo os livros da Freguesia da Sé desta Cidade em hum delles a folhas quarenta e huma se achava sento seguinte: Antônio filho legitimo de Jeronimo Vieira dos Santos, e Anna Joaquina da rua de Santo Antônio do Penedo. Nasceo aos doze de Dezembro de mil e setecentos e oitenta e quatro; foi baptizado pelo Reverendo emcomendado aos dezenove deste méz, netto paterno de Gonsalo dos Santos; e sua me^r Maria Vieira da Freguezia de São Salvador de Fanzeres, materno de Dom^{os} Pereira, e Anna Joaquina da Freg^a de Santo Ildefonso: Forão padr^{os} Jose Antônio da S^a Verlla e Maria Josefa ambos da Rua do Loureiro; de que fis este asento que asignei com as testemunhas abaixo, dia era ut supra – Appolinario Jose Ferr^a de Sz^{a}". SANTOS, Antonio Vieira dos. *Breve rezumo das memórias… Op. cit.*, fl. 99. O registro original encontra-se ainda preservado no Arquivo Distrital do Porto, endossando a cópia absolutamente fiel

dante Francisco Ferreira de Oliveira na rua do collegio casas N°s 4 e 5 ou 52 e 53 adonde esteve 5 annos 8 mezes e 22 dias ate o dia 15 de Agosto de 1804.[55]

Se no Rio de Janeiro Antonio Vieira dos Santos veio a se estabelecer num logradouro especializado em abrigar casas comerciais, quando chegou a Paranaguá seu destino não foi diferente. Localizada na zona central da vila de Paranaguá, a casa do anfitrião de Vieira dos Santos confinava com as casas de outros comerciantes.

Na realidade, a Rua do Colégio, assim chamada por abrigar o antigo Colégio dos Jesuítas, a mais imponente edificação da Paranaguá setecentista, conformava o trecho inicial da Rua do Terço. Talvez pela sua disposição estratégica, em paralelo à Rua da Praia que margeava o fluxo do Taguaré, esta rua concentrava os principais sobrados e lojas da localidade. Logo a frente deste logradouro estava a Rua da Praia, espaço de aglutinação dos armazéns e estaleiros. Estes dois espaços configuravam-se no microcomplexo preferido dos comerciantes locais. Concentravam, além disso, as moradas dos principais milicianos e funcionários camarários da localidade.[56] Vieira dos Santos inseriu-se, assim, em uma configuração urbana estratégica e privilegiada que comportava a conjunção entre os poderes econômicos e políticos daquela sociedade.

Durante os sete anos em que Vieira dos Santos esteve junto de seu amo Francisco Ferreira de Oliveira, é que se deu efetivamente o começo de seu processo de socialização. A partir de seus relatos, é possível acompanhar o desenrolar inicial de seu treinamento mercantil, na condição de caixeiro e, também, como face reversa da mesma moeda, o processo de sua inserção nos circuitos das sociabilidades locais.

Quanto ao treinamento mercantil, convém indicar logo de início que ele se deu, também, em companhia de um conterrâneo: Francisco Ferreira de Oliveira. A trajetória deste indivíduo, já destacada anteriormente, é bastante análoga ao que se tem narrado até agora. Imigrou para o Brasil aos dezesseis anos de idade chegando, primeiramente, ao Rio de Janeiro. Depois de passar

---

que consta nas reminiscências. Arquivo Distrital do Porto. Prq/pprt14 – *Registros de Baptismos* 1784-02-29/1786-12-13– Paróquia da Sé.
55 SANTOS, Antonio Vieira dos. *Breve Rezumo das memórias...*, *Op. cit*, fl. 4.
56 KATO, Allan Thomas T. *Op. cit.*

um período iniciando-se naquela praça, foi para Paranaguá em companhia de seu irmão mais velho João Ferreira de Oliveira. Como já se sabe, tanto um quanto outro eram comerciantes. Obtiveram patentes milicianas, eram senhores de escravos, participavam das esferas administrativas e devocionais sendo, por isso, reconhecidos como homens de destaque naquela sociedade. Na realidade, e este dado novo ainda não havia sido adiantado, eram reconhecidos socialmente não só em Paranaguá, como também, na Freguesia dos Morretes, onde mantinham propriedades.

Aliás, fato que salta aos olhos na leitura das reminiscências é a intensa e recorrente interação que havia entre Paranaguá (a vila principal do complexo estuário da Baía de Paranaguá) e outros povoados vizinhos tais como Freguesia dos Morretes incorporada, até 1841, à circunscrição administrativa da Vila de Nossa Senhora do Pilar de Antonina.[57]

Retomando-se, contudo, as semelhanças entre as trajetórias dos comerciantes portugueses estabelecidos em Paranaguá, pode-se estar diante de umforte indicativo de que o primeiro quartel do século XIX via reproduzir-se em Paranaguá e arredores, ainda que guardadas as devidas proporções, o mesmo *modus operandi* em vigor no contexto mercantil carioca. Assim como no Rio de Janeiro, o mundo da mercancia em Paranaguá apresentava-se como um domínio quase que exclusivamente lusíada.[58] Domínio ciosamente defendido, num

---

[57] Tendo em vista esta constante interação já se teve o cuidado de sondar, também, qual era a situação geral dos portugueses em confronto com a globalidade da população da Vila de Nossa Senhora do Pilar de Antonina entre os anos de 1800 e 1830. Os resultados apontaram que nesta vila os portugueses se viam em condições parelhas ao que ocorria em Paranaguá. Ocupavam os postos milicianos de maior prestígio e eram, entre os senhores de escravos, aqueles que detinham os maiores plantéis. Cf. CAVAZZANI, André Luiz M. "Adventícios portugueses: notas acerca da situação dos lusitanos radicados na Baía de Paranaguá a partir das listas nominativas de habitantes". In: SALIS, André Ulisses de *et al. Conjunção de saberes: pesquisa e ensino de História*. Campinas: Pontes, 2012.

[58] Não só em Paranaguá, não só no Rio de Janeiro... "De facto era impressionante o peso dos reinóis nas comunidades mercantis das principais praças brasileiras. Apesar do desenvolvimento ocorrido ao longo do século XVIII, na Baía, por exemplo, em vésperas da suspensão do regime colonial e da abertura dos portos à navegação estrangeira, os homens de negócio naturais do Brasil eram menos da quarta parte". PEDREIRA,

sistema circular de autodefesa, radicado na tradição de empregar caixeiros portugueses e, boa parte deles, com uma breve passagem pelo Rio de Janeiro.[59]

E a repetição de tal *modus operandi* não se resumia à absorção da caixeiragem lusitana. Como se procurou demonstrar anteriormente, em Paranaguá, as principais práticas econômicas dos negociantes mais abastados, não diferiam daquelas descritas para seus congêneres cariocas. A participação no tráfico de escravos, o controle do crédito mercantil, o investimento em imóveis urbanos, os quais exercem a função de bem de capital, estiveram bastante presentes nas práticas mercantis de negociantes como o capitão-mor Manoel Antônio Pereira e, também, seu patrício Manoel Francisco Correia. A confluência dessas práticas econômicas compunha, de maneira geral, a base dos processos de diferenciação e reprodução social das elites mercantis brasileiras.[60]

Jorge M. "Brasil, fronteira de Portugal, negócio, emigração e mobilidade social (Século XVII e XVIII)". In: CUNHA, Mafalda Soares da (coord.). *Do Brasil à Metrópole: efeitos sociais (século XVII- XVIII)*. Separata da Revista Anais da Universidade de Évora, n°s 8 e 9, dez. 1998/1999, p. 59.

59 Deve-se reconhecer que o Rio de Janeiro era a principal porta de entrada dos emigrantes escoados de Portugal. Portanto, a passagem pelo Rio de Janeiro era quase que necessária. Caixeiros ou não, os jovens imigrantes aportavam no Rio de Janeiro. Contudo, e isso já foi indicado no CAPÍTULO III, para alguns portugueses – tal qual ocorreu com Antonio Vieira dos Santos mas, também, com seus patrícios Manoel Francisco Correia e Manoel Antônio Pereira – a passagem no Rio de Janeiro tinha uma importância que ultrapassava o mero desembarque.

60 Sobre a atuação econômica dos negociantes abastados do Rio de Janeiro nas três primeiras décadas do século XIX, ver: FRAGOSO, João Luís Ribeiro. *Homens de grossa aventura: acumulação e hierarquia na praça mercantil do Rio de Janeiro (1790-1830)*. Rio de Janeiro: Civilização Brasileira, 1998. A respeito da regulamentação estatal sobre as atividades mercantis no início do século XIX, bem como acerca das ideias econômicas propostas pelos funcionários da administração régia, ver: LOPES, Walter de Mattos. *Op. cit.* Para uma síntese acerca das implicações sociais da estrutura econômica da qual os negociantes eram os membros mais abastados, João Fragoso e Manolo Florentino trazem uma sínteses bastante pertinente: "De tudo isso resultou uma economia de natureza atlântica, cujos lineamentos não capitalistas lhe permitia desfrutar de certa autonomia frente às pulsações do mercado internacional, além de sedimentar setores de acumulação a ela endógenos. Pari Passu, rastreamos uma dinâmica na qual o mercado continuamente forjava uma hierarquia excludente de caráter arcaico. De

Já colocado como caixeiro, Antonio Vieira dos Santos iniciaria então seu processo de treinamento. Desta feita, deslocou-se para a distante Bahia:

> Em 6 de Agosto de 1803 de tarde saltei na V^a de Antonina voltei p^a bordo no dia 9 tornando p^a terra no dia 10 tornando p^a bordo no mesmo dia fui p^a terra no dia 11 Quinta f^a donde estive ate o dia 16
>
> Em 17 de Agosto de 1803 fui de Antonina p^a a V^a de Paranagua.
>
> Em 13 de 7^{bro} de 1803 Terça f^a me embarquei a bordo da Su^{mca} Bella Flor p^a hir nella a Bahia e se esteve na barra ate o dia 25 de 7^{bro} saltando varias vezes na Ilha do Mel. E no dia 21 fui ver a Fortaleza da barra.
>
> Em 26 de 7^{bro} de 1803 Segunda f^a sahi p^{la} barra fora da Vila de Paranagua.
>
> Em 29 de 7^{bro} apanhemos hum grande temporal de vento Oeste q' durou desde este dia ate sábado 1º de 8^{bro} perto do meio dia.
>
> Levando 23 dias de viagem se foi entrar na barra da cidade da Bahia em 18 de Outubro de tarde.

---

fato, os negociantes de grosso trato da Colônia monopolizavam as atividades mais rentáveis (em especial aquelas ligadas ao comércio atlântico), em um movimento que implicava no direcionamento dos outros agentes econômicos para atividades menos lucrativas – leia-se, sobretudo, a agricultura. Esse quadro sugere, em tese, um perfil de crescente enriquecimento da elite mercantil, e de contínua pauperização das camadas subalternas livres. [...] A elite mercantil, por sua vez, viu-se sempre marcada por aquilo que chamaria ideal aristocrático, que consistia em transformar a acumulação gerada na circulação de bens em terras, homens e sobrados. Constituía-se assim, uma economia colonial tardia, arcaica por estar fundada na contínua reconstrução da hierarquia excludente. Nas condições específicas da Colônia, a ausência deste movimento inviabilizaria o grande cenário que por séculos articulou senhores e escravos". FRAGOSO, João Luís Ribeiro; FLORENTINO, Manolo. *O Arcaísmo como Projeto: Mercado Atlântico, Sociedade Agrária e Elite Mercantil no Rio de Janeiro (c. 1790-c. 1840)*. Rio de Janeiro: Sette Letras, 1996, p. 13-14.

> Em 19 de Outubro de 1803 Quarta f ª de tarde saltei em terra na Ci^{de} da Bahia e fui morar nas Cazas Nº 284 de André Avelino Barbosa.
>
> No dia Terça f ª 1º de 9^{bro} fui a barra ao Convento da Graça e no dia 2 tornei a ver o descobrim^{to} da Bahia e fui ao Bomfim e Tapogipe; estando na Ci^{de} 2 meses 13 dias desde o dia da entrada ao da sahida.
>
> 1804
>
> Em 1º de Janr° de 1804 Dom° de noite fui p ª bordo da Sum^{ca} Bella Flor voltando a terra no dia 2 e tornando p ª bordo.
>
> Em 2 de Ja^{nro} de 1804 Se^{gda} f ª 8 horas da noite se sahio p ª barra fora da Bahia e com 13 dias de viagem se entrou na barra da V ª de Paran ª em 15 de Ja^{nro} Dom° depois da meia noite.
>
> Em 16 de Janr° de 1804 Se^{gda} f ª de tarde saltei em terra na Villa de Paranagua e em 25 de Janeiro me falou o Ten^e João Ferr ª p ª eu vender as fazendas da Sociedade o que aceitei p ª as dispor.[61]

Infelizmente, como se vê, as anotações são bastante pontuais e fica difícil precisar o desempenho de Vieira dos Santos nos "2 meses e 13 dias" em que ele esteve na Bahia. Mesmo assim, tal movimentação (de Paranaguá até a Bahia) parecia estar bastante de acordo com as dinâmicas mercantis na qual ele se iniciava. Em primeiro lugar cabe situar esta praça como outro centro importante do comércio colonial. Sheila de Castro Faria se deparou, por exemplo, com menções à esta localidade como lugar de compra de mercadorias, escravos. Lembre-se que ela estudou comerciantes de São Salvador dos Campos dos Goytacazes. Ainda que mais próximo geograficamente do Rio de Janeiro, o grupo avaliado pela autora não se furtou a manter relações, mesmo que fossem um tanto eventuais, com o mercado de Salvador.[62] Fato que atesta a importância

---

61 *Idem*, fl. 5.
62 Cf. FARIA, Sheila de Castro. *Op. cit.*, p. 186.

desse último porto que, como se vê, também exerceu seu magnetismo aos agentes de comércio parnanguaras.

Para operacionalizar o tráfico de cabotagem, se fazia necessária a organização de um sistema de informações que permitisse a troca de correspondência entre os agentes mercantis nas diferentes praças. Operando como o elo entre as longínquas praças e seus respectivos comerciantes, os caixeiros desempenhavam papel fundamental.

Eram eles que se responsabilizavam pelas mercadorias, cuidavam de seu embarque, acompanhavam-nas até o seu destino. Muitas vezes, representavam seus empregadores no processo de compra e venda dos gêneros procurando o melhor preço. Além disso, "*os derivativos intelectuais puramente casuísticos* [inerentes às práticas de caixeiragem], *não podem fazer esquecer que a força muscular era o ponto de partida*".[63] Os jovens marçanos em treinamento assumiam, portanto, no lugar dos patrões, o trabalho mecânico que despertava tantas resistências naquela sociedade. Em casos extremos, arriscavam a vida trafegando em embarcações sujeitas às intempéries climáticas, como parece ter ocorrido com Antonio Vieira dos Santos em 29 de setembro de 1803. Em todo caso, a experiência adquirida neste processo de treinamento, bem como as possibilidades de estabelecer contatos importantes, poderiam ser elementos motivadores para os caixeiros, sequiosos de se estabelecer futuramente como negociantes autônomos.

Ao final do excerto, Antonio Vieira dos Santos indica que, logo após ter retornado, cumprindo ordens do tenente João Ferreira de Oliveira, vendeu as fazendas da "Sociedade". Embora Antonio Vieira dos Santos não o tenha especificado, ao que parece, as fazendas provinham da Bahia e tal "Sociedade" – ocasional ou duradoura – reunia os irmãos Ferreira de Oliveira. Cruzando as informações provenientes das reminiscências com levantamentos populacionais realizados para o período, vê-se que de fato Vieira dos Santos estava alocado na casa de Francisco Ferreira de Oliveira como caixeiro. Contudo, conforme fica evidente, ele também respondia às ordens de João Ferreira de Oliveira, talvez, justamente, porque os irmãos fossem sócios.[64]

---

63 ALVES, Jorge Fernandes. *Op. cit.*, p. 92.
64 Arquivo público de São Paulo. *Listas Nominativas de Habitantes da Vila de N. Sra. do Rosário de Paranaguá 1801. Primeira Companhia*. Fogo: 70.

Com este último AntonioVieira dos Santos irá estreitar ainda mais os laços:

> Em 25 de Julho de 1804 Quarta f⁴ de tarde me falarão meu Amo e o Ten͏ᵉ João Ferrᵃ para eu me casar com Mᵃ Ferrᵃ de Olivᵃ e dei a resposta de sim no dia Quinta 26.
>
> Forão o 1º pregão Domº 29 de Julho 5 Agosto Domº e 10 de Agosto Sesta f⁴ e no dia 8 fis a Justificação de meu estado Livre.
>
> Em 15 de Agosto de 1804 Quarta f⁴ de manhã fui de Paranᵃ em Compᵃ de meu Amo pᵃos Morretes adonde cheguemos de tarde. E morei nas casas Nº 39 donde estive ate o dia 19. Em 20 de Agosto de 1804 Segunda f⁴ de manhã pˡᵃˢ8 pᵃ as 9 horas me casei na Igreja dos Morretes com Maria Ferrᵃ de Olivᵃ. Forão testemunhas da mᵃ parte o Capᵐ Francᵒ Ferrᵃ de Olivᵃ e sua mulher Eufrozina da Sᵃ Freire e de mᵃ mᵉʳ o Capᵐ Antonio Ferrᵃ de Olivᵃ e sua Avó Eufrozina da Sᵃ Freire ficando morando nas casas Nº = 52 = Estive feito Caixrᵒ do Capᵐ Francᵒ Ferrᵃ de Olivᵃ 5 annos 8 meses e 22 dias.⁶⁵

Como a historiografia tem demonstrado, o estabelecimento de alianças matrimoniais com as filhas das famílias destacadas foi um mecanismo utilizado em larga escala e, em diversos contextos, por agentes mercantis em busca de prestígio e de ascensão social. Maria Beatriz Nizza da Silva lembra que, da parte de quem entregava as filhas em casamento, uniões desiguais do ponto de vista social: "eram mal vistas. A escolha dos cônjuges era norteada, pelo princípio da igualdade no que se refere à idade, condição, fortuna e saúde, e também por aquilo que poderíamos denominar princípio da racionalidade, que evidentemente marginalizava a paixão ou a atração física".⁶⁶

Num horizonte de consciência pautado pelas hierarquias do Antigo Regime, o matrimônio era um acordo e o excerto supracitado ilustra bem a dimensão de tal arranjo sendo capitaneado pelo futuro sogro de Antonio Vieira

---

65 SANTOS, Antonio Vieira dos. *Breve Rezumo das memórias...*, Op. cit, fl.6.
66 SILVA, Maria Beatriz Nizza da (coord.). *Sexualidade, família e religião na colonização do Brasil*. Lisboa: Livros Horizonte, 2001. p.185.

dos Santos e, também, pelo seu "Amo". Português, minimamente alfabetizado, ajustando-se ao mesmo tipo de negócio desenvolvido pelos Ferreira de Oliveira, Vieira dos Santos era "gente da mesma igualha", tendo vocação, inclusive, para, em caso de necessidade, assumir o lugar deles não só na condução dos negócios como, também, caso faltassem, a posição de autoridade patriarcal. Situação que, como se verá, chegou mesmo a ocorrer.[67]

Interessante notar que tão logo encerra a descrição de seu casamento, Antonio Vieira dos Santos contabiliza os dias que estivera, até o casamento, junto à Francisco Ferreira de Oliveira. Esta contagem serve de baliza para indicar que cessava, portanto, naquele momento, a condição de subalternidade, por meio da agregação ao domicílio do "Amo", em que ele havia vivido desde o início de seu treinamento como caixeiro. O que se vê nas reminiscências, doravante, são mais alguns passos de Antonio Vieira dos Santos na busca da consolidação de sua autonomia.

Decorridos alguns meses após o casamento, ele indica ter se embarcado na Sumaca Pensamento em direitura ao Rio de Janeiro. Lá permaneceu pelo menos um mês. A exemplo do que ocorreu anteriormente, ele não chegou a indicar com precisão o móbil de sua visita à praça carioca. Todavia, apenas quatro dias depois de retornar a Paranaguá, Antonio Vieira dos Santos indica: "em o dia 7 de fevereiro de 1805 abri minha loja de farinha e armazém de molhados".[68] Esse dado autoriza supor que a viagem ao Rio de Janeiro tenha sido motivada pela busca de mercadorias (azeite doce, vinho, aguardente, sal)[69] para serem revendidas no pequeno estabelecimento de molhados que ele indica ter montado. É plausível que também se vendessem na loja algumas ferragens,

---

[67] Acerca da tendência dos sogros arregimentarem genros que se ajustassem ao seu tipo de negócio, verificar: NAZZARI, Muriel. *O desaparecimento do dote: mulheres, famílias e mudança social em São Paulo, Brasil, 1600-1900*. São Paulo: Companhia das Letras, 2001. Analisando este tipo de prática de estabelecimento de aliança social, Charles Boxer observaria que no caso dos caixeiros não era incomum que estes se tornassem os sucessores de seus sogros, no que tange ao exercício do comércio, em detrimento, inclusive, de seus cunhados. Ver: BOXER, Charles. *Idade de Ouro do Brasil: dores do crescimento de uma sociedade colonial*. São Paulo: Companhia Editora Nacional, 1969.

[68] SANTOS, Antonio Vieira dos. *Breve Rezumo das memórias...*, Op. cit, fl.6.

[69] Vide listas de importação no capítulo I.

louças e fazendas visto que no levantamento nominativo de 1805, referente a Paranaguá, ele foi arrolado como comerciante de secos e molhados.[70]

Com quais recursos Vieira dos Santos, recém-egresso da condição de caixeiro, pôde obter as mercadorias no Rio de Janeiro? Novamente, as reminiscências não autorizam uma resposta fechada; mas trazem indicadores que permitem especular a respeito. Antes que se avance, cabe assinalar a possibilidade de estes gêneros terem sido consignados a Vieira dos Santos no esquema de adiantamentos e endividamentos corrente na praça carioca. Mas cabe ainda outra hipótese com maior grau de plausibilidade.

Se o casamento era celebrado à imagem de um contrato, o dote integrava parte sensível dos ajustes em torno do acordo nupcial. Diz Vieira dos Santos que seu sogro lhe falara algo a respeito em 28 de agosto de 1804. Contudo, várias páginas depois, à medida que se prossegue na leitura das reminiscências, vê-se em detalhes a descrição das componentes do dote. Ouro, prata, miudezas, algum dinheiro para aquisição de dois escravos (um "moleque" – 131$830; uma negra de nome Izabel de 14 anos – 70$000;) e cerca de 400$000 de "contado" (dinheiro em espécie) integravam o patrimônio doado pelo sogro.[71] Considerando o curto período de tempo decorrido entre a dotação e a viagem de Vieira dos Santos, não parece absurdo inferir que alguma parte deste patrimônio – em especial, o dinheiro "de contado" – tenha viabilizado a compra das mercadorias a serem revendidas no primeiro empreendimento autônomo desse imigrante.

Isso à parte, uma coisa é certa: o fato de ter sido escolhido para desposar Maria Ferreira de Oliveira, e com ela se casar, também significou, para o autor das reminiscências, um passo decisivo rumo ao seu processo de integração na sociedade local. Tratava-se, contudo, apenas do primeiro passo. A ele se seguiriam: a obtenção de honrarias milicianas, a ocupação de cargos camarários, a filiação às irmandades religiosas, e daí por diante. Porém, antes que se adentre nesta esfera, valem ainda alguns últimos parênteses.

Cerca de um mês após abrir seu estabelecimento, Antonio Vieira dos Santos incorporou seu irmão João Vieira dos Santos (nascido em 1786) ao seu

---

70 Arquivo Público de São Paulo. *Listas Nominativas de Habitantes da Vila de N. Sra. do Rosário de Paranaguá 1801. Primeira Companhia.* Fogo: 116.
71 SANTOS, Antonio Vieira dos. *Breve Rezumo das memórias...*, Op. cit, fl. 73.

domicílio e ao seu comércio. Este último tivera uma trajetória análoga à de seu irmão. Saído de Portugal em 19 de março de 1800, também trazia consigo uma carta de recomendação endereçada a um comerciante carioca. Estabeleceu-se na Rua dos Pescadores já frequentada anteriormente por seu irmão. Seis meses depois, talvez por influência de Antonio, transferiu-se para Paranaguá. Para lá foi conduzido na mesma Sumaca Francesinha que antes levara seu irmão mais velho. Outras semelhanças também puderam ser recuperadas na trajetória dos irmãos: iniciação como caixeiro, casamento com uma integrante de família de relevo local e exercício de cargos na administração municipal.⁷²

Tais recorrências não se restringem apenas aos irmãos imigrantes. Em Paranaguá, como já descrito, havia mais oriundos de Portugal que, chegados antes, receberam depois parentes ou, sendo irmãos, imigraram juntos. Francisco e João Ferreira de Oliveira são um exemplo mais próximo, mas não foram os únicos. Tais repetições não devem ser elaboradas na chave da simples coincidência. Na realidade convidam a refletir sobre um processo mais amplo em curso na época que se estendia muito além destes próprios indivíduos.

O mecanismo em referência envolvia fluxos de informação, corporificadas numa trama social na qual se destacavam o papel ativo dos emigrados na sociedade de origem, influenciando o comportamento de novos migrantes potenciais, estimulando ou refreando projetos, expectativas e investimentos futuros. As palavras de Jorge Pedreira explicitam bem a dimensão destas redes, aludindo ainda a uma situação – destacada no excerto – da qual os casos de Antonio e João Vieira dos Santos parecem um escorço:

> uma vez instaladas, estas redes, que não tinham um suporte exclusivamente familiar, pois mobilizavam também compadres, amigos e outros conhecidos, serviam para encaminhar também, àqueles que como os filhos dos oficiais mecânicos, *saíam não porque fossem excluídos da exploração da terra – da qual grande parte de seus pais, que eram eles mesmos filhos de lavradores ou camponeses, já haviam sido privados –* mas

---

72 A trajetória de João Vieira dos Santos pode ser recuperada no item: *Memórias Respectivas a meu Manno João Vieira dos Santos*. SANTOS, Antonio Vieira dos. *Breve Rezumo das memórias…, Op. cit.,* fl. 72.

> *simplesmente porque encontravam na expatriação uma oportunidade para melhorar suas condições de vida.*[73]

Com efeito, tal processo de absorção de imigrantes portugueses alicerçado em redes que atavam indivíduos nos dois lados do Atlântico certamente não se resumia ao microcosmo parnanguara. No entanto, a historiografia o autoriza, pode ser generalizado à outras regiões da América Portuguesa receptoras de reinóis. Assentado em iniciativas individuais, a revelia de processos orquestrados pelo estado ou de maneira compulsória, este fluxo ultramarino, endossado pelas trajetórias individuais de portugueses como João e Antonio Vieira dos Santos, faz valer a expressão do teórico das migrações, Charles Tilly: "não são os indivíduos que emigram, mas sim a rede".[74]

Além disso, faz atentar para o caráter paradoxal da inserção dos imigrantes portugueses no arco temporal que engloba este trabalho. Isso porque a condição de adventícios não criava necessariamente um campo de alteridade – como tende a ocorrer com outros grupos estrangeiros chegados ao Brasil na fase das grandes migrações. Ainda que "estrangeiros", esses indivíduos circulavam num espaço lusófono, travavam relações com conterrâneos já estabelecidos e, ao buscarem a inserção social, movimentavam-se em ambientes que partilhavam da mesma matriz político-cultural de seu lugar de origem.

Ao mesmo tempo, não se deve deixar de comentar que os processos de inserção, ou melhor, socialização, protagonizados pelos portugueses em Paranaguá encontram, de certo modo, variantes análogas àqueles vivenciados por outros grupos étnicos que se inseriram posteriormente no Brasil. Ao analisar a inserção

---

73 PEDREIRA, Jorge Miguel de Mello. *Op. cit.,* p. 58.
74 TILLY, Charles. "Transplanted Networks". In: YANS-MCLAUGHLIN, Virginia (org.). *Immigration reconsidered: history, sociology and politics.* Oxford: Oxford University Press, 1990. Em complemento cabe atentar, também, para as considerações de Jorge Fernandes Alves que vão nesta mesma direção: "Para lá dos factores de atracção/repulsão que convergem numa dada conjuntura a desencadear o fluxo migratório, surge sempre um pano de fundo histórico nas relações entre os dois pólos, uma teia de relações que se configura num determinado 'modelo de informação', sobre o qual se tomam as decisões pessoais/familiares e se estruturam as representações e comportamentos colectivos. Matriz histórico-social que aponta caminhos, marca destinos pessoais e geográficos." ALVES, Jorge Fernandes. *Op. cit.,* p. 406.

dos alemães na Curitiba oitocentista, por exemplo, Cacilda Machado assinalou que o estabelecimento de relações matrimoniais e o desempenho de uma ocupação profissional influíam de maneira determinante nas oportunidades de socialização do imigrante.[75]

Atenuando tantas semelhanças em relação a percurso do irmão e de outros reinóis, uma variação na trajetória de João Vieira dos Santos é que, em seu caso, não fora o casamento que lhe abrira o ensejo para deixar a posição subalterna de caixeiro. Nesse último caso pesou a sociedade oferecida por seu irmão: "Em 10 de Fev^{ro} de 1805 Dom^o veio meu Manno João Vieira dos S^{tos} para minha Comp^a de que me dei interesse no meu Armazém tendo p^a isso falado com seu Amo o Cap^m Ricardo de S^{za} Pinto p^a ele sahir de sua Casa".[76]

Agregando o irmão como sócio, na condição de proprietário de um pequeno estabelecimento é que Vieira dos Santos, finalmente, afirmará: "Em 15 de Fevr^o de 1805 Sesta f^a fiquei desde este dia em diante Senhor Absoluto de mim".[77] Tomada em conjunto com a expressão "Amo" tão utilizada nos trechos em que o memorialista retomava relações entre caixeiros e patrões, esta exclamação denuncia o quanto a mentalidade coeva estava profundamente imbuída das relações hierárquicas típicas do patriarcalismo tradicional acentuadas pelo contexto escravocrata.

Meio este em que persistia uma indefinição das fronteiras entre as funções particulares e públicas, de maneira que as relações afetivas, familiares, o prestígio e as ligações com a administração tinham um peso considerável na realização dos negócios.[78]

E é justamente nessa última direção que a expressão "Senhor Absoluto de Mim" deve ser balanceada, relativizando-se a ênfase de Vieira dos Santos. Ainda que tenha deixado a condição subalterna de caixeiro, o que se verá, de agora em diante, é a trajetória de um indivíduo que nem sempre viveu, ao menos na plenitude, o senhorio de si.

---

75 MACHADO, Cacilda. *De uma família imigrante: sociabilidades e laços de parentesco*. Curitiba: Aos Quatro Ventos, 1998.
76 SANTOS, Antonio Vieira dos. *Breve Rezumo das memórias...*, Op. cit., fl. 6.
77 *Idem*, fl. 7.
78 VENANCIO, Renato P.; Furtado, Júnia F. "Comerciantes, tratantes e mascates". In: DEL PRIORE, Mary (org.). *Revisão do Paraíso: os brasileiros e o Estado em 500 anos de história*. Rio de Janeiro: Campus, 2000. p. 95.

A leitura das reminiscências permitirá entrever o quanto seu autor estava enredado numa trama de dependência e dominação, que envolvia economia, política e parentesco. Integrado neste contexto, Vieira dos Santos ora ocupará posições de mando, ora de subalternidade, ora será credor, mor das vezes devedor. E nesse último caso não se furtou a narrar os infortúnios e reveses que sobre ele se abateram. Acrescente-se, ainda nesta mesma direção, que os processos de mobilidade geográfica protagonizados por Vieira dos Santos também não cessariam e estavam intimamente ligados aos recursos de sobrevivência que ele precisou acionar. Assim, será possível acompanhar toda a movimentação e estratégias por ele empregadas diante do inesperado. Movimentação que dá cor e tensão a uma trajetória que, longe de ser linear, foi marcada pelas ambivalências, pelo difuso, pelo inesperado.

Senhor absoluto de mim? Caminhos oscilantes entre a ascensão social e o endividamento.

De acordo com Maria Beatriz Nizza da Silva na América Portuguesa os processos de nobilitação, num primeiro momento, surgiriam atrelados aos exercícios de feitos militares, quer se tratasse da apropriação do território, quer se vinculasse à expulsão dos estrangeiros do litoral brasileiro.[79]

---

79 SILVA, Maria Beatriz Nizza da. *Ser nobre na colônia*. São Paulo: Editora da UNESP, 2005, p. 7. Antonio Vieira dos Santos, nas *Memórias de Paranaguá*, se viu impelido a justificar a ausência de mercês honoríficas na Paranaguá colonial: "Antes da vinda Del-Rei D. João VI, não consta que os paranagüenses pudesse e obtivesse uma só condecoração ou mercê honorífica que em seus peitos fizesse brilhar o patriotismo de seus relevantes serviços e serem distinguidos entre os mais cidadãos e de que muitos seriam merecedores, mas a mãe pátria estava em distância de mais de mil e duzentas léguas da Europa, e não era possível chegar a voz da razão aos pés do trono; e nem a real verdade porque invejosos, aduladores que sempre cercam o Monarca sufocavam estas vozes, a fim de que ele não pudesse espargir graças a tão longes climas, ambicionando tudo por si e por isso estes filhos bastardos sempre eram olhados com indiferença, mas a sábia Providência trouxe ao sólio brasileiro o primeiro Monarca e conhecendo então de mais perto os méritos destes seus filhos queridos principiou a liberalizar suas graças

No entanto, ainda segundo a mesma autora, a malha larga da rede administrativa inicial foi se especializando. Com um maior número de câmaras e de funcionários régios, com a organização das ordenanças e demais tropas auxiliares, com o aumento daqueles que exerciam os ofícios de justiça ou fazenda, ou ocupavam cargos camarários, as nobilitações e as distinções sociais inerentes vinham pelo simples exercício destas funções.

Se as formas mais visíveis da nobreza colonial ligavam-se à concessão das ordens de Cristo, Santiago, Avis, à inserção no grupo dos familiares do Santo Ofício, na *Vila de Nossa Senhora do Rosário de Paranaguá*, tais dignificações foram raras ou raríssimas. O reinól Manoel Francisco Correia, por exemplo, foi o segundo morador de Paranaguá a receber grau de *Cavalheiro da Ordem de Christo*. Contudo, isso teria se dado já após a chegada da família real. Processo este que, conforme consenso historiográfico dinamizou a concessão das mercês régias.[80] Também já se via em curso o processo de complexificação das relações comerciais de Paranaguá que possibilitou o enriquecimento e a projeção de alguns comerciantes locais, como Manoel Francisco Correia, facultando lhes o acesso à honrarias de tal monta.[81]

Portanto, em inícios do século XIX, as possibilidades de distinção mais presentes em Paranaguá estavam ligadas, justamente, à ocupação de postos nas milícias e à pertença ao grupo dos cidadãos, ou seja, dos eleitores e dos elegíveis para os cargos municipais. Estes últimos não só reconheciam a nobreza das cidades e vilas, distinguindo seus ocupantes, como também asseguravam privilégios que poderiam resultar em proventos.[82]

Contudo, na sociedade do Antigo Regime, aqueles que aspiravam à distinção social não deveriam se contentar apenas com uma única fonte

---

aos fiéis e honrados paranagüenses". SANTOS, Antonio Vieira dos. *Memória Histórica de Paranaguá (1850)*. Tomo II. Curitiba: Gráfica Vicentina, 2001, p. 39.

80 Cf. SILVA, Maria Beatriz Nizza da. *Op. cit., 2005.*

81 Antonio Vieira dos Santos faz, inclusive, uma menção ao fato: "Em 7 de Dez[bro] hua' Terça escrevi a prima Joaq[na] não poder hir asistir com a m[a] família a prossisão do Major Mel Fran[co] Corr[a] em Paran[a] do habito de Christo". SANTOS, Antonio Vieira dos. *Breve resumo das memórias...*, fl. 50. Manoel Antônio Pereira também teria sido agraciado com a mesma honraria. Cf. SANTOS, Antonio Vieira dos. *Op. cit.,* 2005, p. 40.

82 SILVA, Maria Beatriz Nizza da. *Op. cit.,* 2005, p.10.

honorífica. Várias mercês, reforçadas pelas outras, acentuavam a imponência naquela sociedade. Transitar entre os mais nobres mantendo relações consolidadas, de preferência, pela agnação religiosa; atuar na benemerência leiga associando-se às irmandades locais; eram comportamentos que também se impunham quando se tratava de galgar os degraus do reconhecimento social.[83] Ao que tudo indica, Antonio Vieira dos Santos conhecia bem as pedras deste xadrez. O que se vê, doravante, é a sua movimentação no tabuleiro conformado pela sociedade que o recebeu.

Nas linhas que seguem, será demonstrada, portanto, a participação de Vieira dos Santos na vida político-administrativa e na vida devocional de Paranaguá. Em paralelo, confere-se atenção ao seu percurso de constituição de relações de compadrio, buscando-se visualizar as estratégias executadas por ele na direção do aprofundamento das suas interações com membros da elite parnanguara.

Ao mesmo tempo em que se dá a integração do memorialista nas esferas administrativas e devocionais, é possível acompanhar a evolução do desempenho de Vieira dos Santos, já integrado no cotidiano dos Ferreira de Oliveira, ocupando um novo status para além de caixeiro e agregado. Contudo, se os aspectos narrados acima indicam uma trajetória ascendente protagonizada por Vieira dos Santos, cerca de sete anos após ter se estabelecido como comerciante, ele conhecerá as dificuldades decorrentes da falência de seu empreendimento. De maneira que a última parte deste item concentra-se nos reveses que o atingiram. Reveses que impeliram tanto ele quanto seu irmão mais jovem, novamente, para a mobilidade espacial mediante a realização de migrações.

Já em 1805, mesmo ano de seu casamento, Vieira dos Santos principiou sua atuação em instituições da administração municipal, assim como em instituições devocionais de Paranaguá. Há um excerto em que a dinâmica de sua participação nestas esferas fica evidenciada:

> Em principio do mês de Julho tomei na Camara posse de Juiz Almotacé com o Ajud^e M^{el} Gomes Per^a que servi os meses de Julho Agosto e parte de Setembro. Em 29 de 7^{bro} de 1805 Dom^o me asentei p^a Irmão da Irmandade do SS^{mo}

---

83 *Ibidem.*

> SSacram^to da V^a de Paran^a no 1º da mesma a f. 77 o velho e no novo a f.10 e tenho pago os annuaes dos annos de 1806 = 1807 – 1808 de J^z de meza – 1809 – 1810 – 1811 Thesoureiro – 1812 – 1813 – 1814 – 1815 – 1816 – 1817 – 1818 – 1819 – 1820 – 1821 – 1822 – 1823 Jz. de Meza – 1824 – 1825 – 1826 – 1827 – 1828 – 1829 – 1830 – 1831 – 1832 – 1833 – 1834 – 1835 – 1836 Escrivão 1837 – 1838 – 1839 = 1840 = Provedor. Em 7 de Outubro de 1805 Sesta f^a me asentei p^a Irmão da Irmandade de Nossa Senhora do Rosário da villa de Paranagua no livro a f. 87 e no livro novo a f. 23 e dei de entrada 32 nº = e tenho pago os annuaes do annos seguintes = 1806 – 1807 – 1808 – 1809 Thesoureiro – 1810 – 1811 – 1812 – 1813 – 1814 – 1815 – 1816 – 1817 – 1818 – 1819 – 1820 – 1821 = 1822 Escr^am = 1823 – 1824 – 1825 – 1826 – 1827 – 1828 – 1829 – 1830 Juiz – 1831 – 1832 – 1833 – 1834 – 1835 – 1836.[84]

Como se vê, ao mesmo tempo em que foi designado para o cargo de Almotacé pela Câmara Municipal, Vieira dos Santos iniciou sua participação em irmandades católicas da vila.[85] Inicia-se a análise focalizando a adesão de Vieira dos Santos a esta última esfera.

---

84 SANTOS, Antonio Vieira dos. *Breve Rezumo das memórias...*, Op. cit., fls. 6-7.
85 Caroline Brettel num estudo de caso pôde retomar a importância que tais confrarias ainda preservam, em pleno século XX, nas aldeias portuguesas. Preparando seus argumentos a autora lembra que os documentos que descrevem a maioria destas confrarias remontam ao século XVIII. Em seguida explica que a cadeia administrativa destas instituições guarda continuidades com o que ocorria em tempos pretéritos: "a filiação nestas confrarias implica o pagamento anual numa quota e, para alguns indivíduos, trabalhar na direção (mesa) de confraria. Ser membro de confraria da aos paroquianos a garantia de que depois de morrerem serão rezadas missas por si." E, finalmente, mostra um certo grau pressão social para a adesão a estas confrarias: "um informador referiu que há sempre um certo grau de pressão para pertencer a uma confraria pelo menos. Se não for vista a bandeira de nehuma confraria num funeral, as pessoas hão de tagarelar e criticar, dizendo que o defunto 'não era muito católico'". BRETTEL, Caroline B. "Emigração, a Igreja, a festa religiosa do norte de Portugal: um estudo de caso". In: AZEVEDO, Joaquim (dir.). *Studium Generale: Estudos Contemporâneos*. n. 5. Porto: Imprensa Nacional, 1983, p. 181.

Tendo como referência o século XVIII, Russel-Wood notaria a amplitude do associativismo leigo. Dizia ele que para cada pessoa – livre, escrava, negra, branca ou mulata – sempre existia uma irmandade na qual poderia encontrar seus iguais.[86] Traço este que pode ser estendido até pelo menos princípios do século XIX quando se deu o ingresso de Vieira dos Santos na esfera devocional.

As irmandades às quais Vieira dos Santos foi ao encontro de seus iguais não tiveram, infelizmente, seus livros de compromissos (originais) e documentação coeva preservada. Contudo, pelo próprio esforço memorialístico de Vieira dos Santos, se fica sabendo, que a Irmandade do Santíssimo Sacramento era a mais rica dentre todas as outras em Paranaguá; ao passo que a de Nossa Senhora do Rosário dos Brancos, datando do século XVII, e que foi depois suplantada em importância pela do Santíssimo Sacramento, era a mais tradicional.[87] Quando tratou de se irmanar aos seus iguais, Antonio Vieira dos Santos o fez, portanto, junto ao escol da sociedade local.

Além de proverem o acompanhamento aos enterros, aos ofícios de corpo presente, o sepultamento em lugar condigno e demais funções visando assegurar a salvação das almas dos sodalícios, tais associações participavam de festejos – Páscoa, Corpus Christi, Nossa Senhora do Rosário, São Sebastião, para citar alguns e promoviam solenidades tais como as "Domingueiras" (missas cantadas realizadas ao primeiro domingo de cada mês em favor das almas dos defuntos e dos irmãos vivos) das quais, ao final, saía-se em procissão.[88] Tais ocasiões eram oportunidades para um jogo de figuração social que demarcava as diferenças locais. Tal diferenciação era assinalada pelas posições ocupadas nas procissões solenes, nos assentos durante as celebrações litúrgicas, e daí por diante. Ou seja, neste contexto, a hierarquia social era reiterada e cristalizada. Desta feita, não bastando apenas se irmanar, no microcosmo configurado pelo

---

86 RUSSEL-WOOD, Anthony John R. *Escravos e Libertos no Brasil colonial*. São Paulo: Civilização Brasileira, 2005, p. 199.

87 SANTOS, Antonio Vieira dos. *Memória Histórica, Cronológica...*, *Op. cit.* Tal acepção acerca destas duas irmandades foi reiterada por: WESTPHALEN, Cecília Maria & BALHANA, Altiva P.; "Irmandades Religiosas de Paranaguá no século XVIII". *Círculo de estudos bandeirantes*, n. 10, Curitiba, 1996, p. 46.

88 Cf. BALHANA, Altiva Pillati; WESTPHALEN, Cecília Maria. "Lazeres e Festas de Outrora". *Sociedade Brasileira de Pesquisa Histórica*, Curitiba, 1983.

associativismo leigo, distinguiam-se aqueles que ocupavam os postos diretivos de tais associações.[89]

Nesse sentido, a participação de Antonio Vieira dos Santos foi, sem dúvida, bastante consistente. Não reduzindo sua ação à função de simples irmão, ocupou as posições de juiz de mesa, tesoureiro, escrivão, e, finalmente, seguiu contribuindo com anuidades. A hierarquia que ordenava os sodalícios no interior das irmandades poderia variar sutilmente de uma corporação para outra. Todavia, é possível aferir com segurança que "provedor, escrivão, tesoureiro" eram ocupações desempenhadas pelos "irmãos de maior condição".[90]

Se Antonio Vieira dos Santos ocupou cargos na esfera devocional, as reminiscências também evidenciam a participação do reinól no âmbito da governança. O excerto transcrito há pouco indica que Vieira dos Santos foi investido almotacé pela Câmara Municipal em julho de 1805, tendo findado o exercício desse cargo em setembro do mesmo ano. Contudo, ele não foi eleito para esse posto apenas uma vez. Do seguinte modo ele se referiu aos dois períodos subsequentes nos quais exerceu a função de almotacé:

> Em 2 de 7^{bro} de 1810 de tarde fui a Camara tomar posse de Juiz Almotacé com Bento Ant° da Costa cujos Cargos servi os meses de 7^{bro} e 8^{bro}. [...] Em 20 de Março de 1812 Sábado fui a Câmara tomar posse de Almotacé com Manoel de Ar° França para servir os mezes de M^{ço} e Abril.[91]

Não se tratava de uma incumbência qualquer. Uma das mais antigas e duradouras instituições, herdadas do período de ocupação islâmica da península ibérica, a almotaçaria estava presente no ordenamento administrativo dos municípios de origem portuguesa desde o século XIII. Na América Portuguesa os almotacés passaram a atuar tão logo se organizaram as Câmaras Municipais das vilas coloniais. Uma vez nomeados em pleitos realizados nestas instituições,

---

89 Cf. BOSCHI, Caio. *Os leigos e o poder.* São Paulo: Ática, 1986.
90 A esse respeito, por exemplo, verifique-se o organograma delineado por Renato Pinto Venâncio em: VENANCIO, Renato P. *Famílias abandonadas: assistência a criança de camadas populares no Rio de Janeiro e em Salvador séculos XVIII e XIX.* Campinas: Papirus, 1999. p. 30
91 SANTOS, Antonio Vieira dos. *Breve Rezumo das memórias...*, Op. cit., fls. 13-17.

tinham um mandato de, no máximo, dois meses. Fato que fica, aliás, reforçado pela descrição do memorialista.

As funções do almotacé eram bastante amplas. Era incumbência deste funcionário fiscalizar o abastecimento de víveres, cobrar penas pecuniárias impostas pela câmara aos moradores; fiscalizar os açougues; aferir mensalmente os pesos e medidas; cuidava para que fossem guardadas as determinações concelhias acerca da limpeza da vila ou da cidade. Tal função era, portanto, estratégica, sobretudo ao se lembrar do vínculo de Vieira dos Santos com o comércio. Acrescente-se o fato defendido pela historiografia recente de que, já ao tempo em que o reinól exercera a almotaçaria, estes funcionários faziam as vezes de "agente de polícia" ou mesmo, de juiz de "pequenas causas" distribuindo a justiça relacionada, como se disse, ao mercado, aos aspectos construtivos e sanitários.[92]

Além de exercer a almotaçaria, Vieira dos Santos também foi eleito para Procurador da Câmara Municipal. Convém assinalar que a sua primeira eleição para esse cargo data de 1805. Todavia, por motivos não justificados, recusou-se a tomar posse: "Em 6 de Dezembro de 1805. Sesta f^a fui p^a os Morretes a fim de livrarme de Procurador da Câmara da V^a de Paranaguá".[93]

Em 1809 ele tornou a ser eleito para essa função, mas não a exerceu novamente: "Em 22 de Abril de 1810 Dom^o sahi eleito a votos do povo p^a Procurador da Camara mas fui Juiz de Almotacé".[94] Finalmente, já às vésperas de deixar Paranaguá, Vieira dos Santos aceitou o exercício do cargo para um ano depois isentar-se do mesmo: "Em 12 de Fev^{ro} de 1812 Quarta f^a de manhã fui a Camara tomar posse de Procurador da mesma. [...] Em 17 de Março de 1813 Quarta f^a de manhã tomou posse a nova Camara e fiquei izento de Procurador".[95]

Se na segunda vez em que foi eleito procurador Antonio Vieira dos Santos, ao que parece, acabou não assumindo a procuradoria para atuar novamente

---

92 PEREIRA, Magnus Roberto de Mello. "Almuthasib – considerações sobre o direito de almotaçaria nas cidades de Portugal e suas colônias". *Revista Brasileira De História*. São Paulo, v. 21, n. 42, 2001.
93 SANTOS, Antonio Vieira dos. *Breve Rezumo das memórias...*, *Op. cit.*, fl. 8.
94 *Ibidem*, fl. 13.
95 *Ibidem*, fls. 15-17.

como almotacé, faltam elementos para analisar a primeira negativa de Vieira dos Santos em assumir a incumbência para a qual fora eleito. Porém, tal recusa permite uma visão menos congelada da dinâmica da ocupação destes cargos. Parece claro que eles eram muito visados no período em tela. Ao mesmo tempo, as obrigações inerentes aos mesmos poderiam contrastar dos interesses imediatos de seus incumbidos a ponto, inclusive (como ocorreu da primeira vez) de ocasionar uma fuga. E mais... Tal recusa não parecia ser um caso isolado.

O capitão-mor e negociante Francisco Xavier da Costa Aguiar, foco do estudo de Maria Beatriz Nizza da Silva, deixou expressa em suas reminiscências suas negativas em assumir o cargo de tesoureiro da Real Fazenda. Dizia ele que estava extenuado pelo exercício das obrigações de capitão-mor somadas às práticas mercantis que lhe proviam a sobrevivência.[96] Em outra de suas obras, depois de mencionar uma série de casos de pedidos de dispensas dos cargos da república, a autora observaria que "as escusas em relação aos cargos camarários, mantiveram-se até os fins do período colonial, com as alegações mais variadas, desde enfermidades e parentesco até atividades econômicas absorventes, não deixando tempo livre".[97]

Entrementes, para os objetivos da presente análise, importa salientar que (assumindo ou não os cargos) os membros da alta hierarquia da municipalidade (vereadores, juízes ordinários, procuradores) eram escolhidos pelos eleitores do município, recrutados entre os membros da elite local. Nesse sentido, as três ocasiões nas quais Vieira dos Santos foi eleito para o cargo de procurador evidenciam, enfim, que o antigo caixeiro chegara a uma posição destacada na sociedade parnanguara.

Outro estágio no processo de nobilitação correspondia ao serviço nas tropas auxiliares. Não se trata de retomar a importância desta agremiação ao longo do regime colonial, uma vez que isso já foi feito em capítulo anterior, mas perceber a movimentação de Antonio Vieira dos Santos no interior dela.

Em 1805, Vieira dos Santos foi incorporado ao Regimento de Milícias, conforme se apreende do seguinte excerto: "Em 26 de Dezembro de 1805 sentei

---

96 SILVA, Maria Beatriz Nizza da. *Op. cit., 1981* p. 50.
97 SILVA, Maria Beatriz Nizza da. (org.). *História de São Paulo Colonial*. São Paulo: Unesp, 2009, p. 240.

praça de Soldado na 1ª Companhia do Regimento de Milícias de qᵉ era Capᵐ Thomaz de Sᶻᵃ e Sᵃ e se pode ver no livro Mestre a f. 23".⁹⁸ Soldados eram oficiais inferiores formando a base das ordenanças, contudo, mesmo para essa função, procuravam-se "homens distintos com maiores possibilidades para poder se fardar, concorrendo a circunstancias de serem hábeis para o Real serviço".⁹⁹ Não obstante, a historiografia a respeito indica que, já a época do alistamento de Vieira dos Santos, o posto havia se vulgarizado em função da constante demanda por homens para os processos de conquistas e dissenções nas áreas de fronteira ainda no setecentos.¹⁰⁰

Contudo, somente um ano depois, em 1806, Vieira dos Santos ascenderia na hierarquia, integrando o rol dos oficiais de patente, assinalando: "Em 8 de 8ᵇʳᵒ de 1806 pasei de Soldº da 1ª Compª ao posto de 1º Sargᵗᵒ".¹⁰¹ Fato que denota, portanto, a crescente projeção social de Antonio Vieira dos Santos no primeiro decênio do século XIX.

Em 1809, ele foi novamente promovido na hierarquia do Regimento de Milícias, conforme se verifica no seguinte extrato: "Em 13 de Abril Sesta fª me deu noticia o Sargtº Mor Fernando Gomes Perª da Sª de eu estar feito Alferes". Alferes foi o posto mais alto a que Vieira dos Santos chegou na esfera miliciana. Não se tratava, evidentemente, de uma posição da envergadura de um capitão-mor ou sargento-mor, postos aos quais, diga-se de passagem, chegaram seus conterrâneos Manoel Antônio Pereira (capitão-mor) e Manoel Francisco Correia (sargento-mor). Entretanto, localizado na hierarquia miliciana dois graus antes do posto de capitão de companhia, a patente de alferes não era ignorável.¹⁰²

Se estes cargos traziam honorabilidade e distinção social, também traziam incumbências. Ao cargo dos capitães mores, por exemplo, ficava a produção das contagens de população, mapas econômicos, coordenação das recrutas, eleições

---

98 SANTOS, Antonio Vieira dos. *Breve Rezumo das memórias...*, *Op. cit.*, fl. 8.
99 Documentos interessantes para a história e costumes de São Paulo. Ofícios do General Martim Lopes Lobo de Saldanha (Governador da Capitania) 1779-1780. v. 82. São Paulo: Departamento do Arquivo do Estado, 1956, p. 135.
100 GOMES, José Eudes. *As milícias d'el rey: tropas militares e poder no Ceará Setecentista*. Rio de Janeiro: Editora da FGV, 2010.
101 SANTOS, Antonio Vieira dos. *Breve Rezumo das memórias...*, *Op. cit.*, fl. 8.
102 GOMES, José Eudes. *Op. cit.*

dos candidatos às patentes de ordenança. Contudo, Antonio Vieira dos Santos registra a memória de uma atribuição menos relacionada a assuntos bélicos ou administrativos, que demonstrava a amplitude das atribuições milicianas:

> Em 14 ou 21 de maio Sábado me incumbio o Ten^e Cor^{el} Fran^{co} G^{ls} Cord^{ro} p^a ser o Inspector de huá comedia q^e deverião fazer os Alf^{es} Interiores do Regim^{to} [...]. Em 19 de Junho de 1808 Domingo se apresentou na V^a de Parana a Comedia de Porfiar Errando = e alguns Entre meses de q^e fui o Inspector tendose prinncipiado a ensaiar desde o dia 26 de Maio.[103]

Lembre-se que efemérides monárquicas eram uma das principais motivações para tais eventos. Em inícios de 1808, como se sabe, se daria a instalação da corte portuguesa no Rio de Janeiro. Talvez tenha havido uma relação entre os teatros e este último acontecimento.[104] Além disso, a participação na organização destes eventos era também uma oportunidade de distinção a quem os coordenava. Na ocasião da realização de um entremez para a festa do nascimento do príncipe e da princesa da beira, em 1797, o tenente coronel Antônio José Vaz, do regimento paulista, foi distinguido como alguém que "muito serviu a sua majestade com diversas composições dramáticas que se representaram no anfiteatro, e outras que ele mesmo recitou".[105] Antonio Vieira dos Santos, a pro-

---

103 SANTOS, Antonio Vieira dos. *Breve Rezumo das memórias…*, Op. cit., fl. 10.
104 Cf. BUDASZ, Rogério. *Teatro e Música na América Portuguesa: ópera e teatro musical no Brasil (convenções, repertório, raça, gênero e poder)*. Curitiba: Editora da UFPR, 2008.
105 POLASTRE, Claudia Aparecida. *A música na cidade de São Paulo, 1765-1822*. Tese doutorado. Programa de pós-graduação em história social. Universidade de São Paulo, 2008, p. 84. Segundo a mesma autora, os entremeses (de *intermezzo*) consistiam em encenações de curta duração de um só ato que eram apresentadas como interlúdio de peças com maior duração tal qual as comedias ou dramas. Eram bastante apreciados porque tinham, em geral, um acento jocoso. Tais encenações eram, em geral, finalizadas com um número musical. Apesar do tom jocoso tais apresentações tinham sempre em seu bojo um ensinamento de ordem moral. Em geral repercutindo valores metropolitanos na colônia. Daí o fato destas peças serem foco de dignificação e valorizadas pela Coroa. Cláudia Aparecida Polastre que se dedicou ao tema, na São Paulo setecentista, relata a organização de entremezes. Embora a encenação de entremezes fosse algo corriqueiro, a composição deles parecia ser algo mais raro. Segundo ela, o

pósito, esteve sempre envolvido em atividades culturais. Com relação à música, por exemplo, registrou em suas memórias que, ainda no primeiro decênio do século XIX, principiara a tocar saltério.[106]

Ainda no que compete à participação de Antonio Vieira dos Santos nos corpos de ordenança cabe, por fim, indicar que esta não foi linear. Na realidade, ao migrar, em 1813, para a vila de Nossa Senhora da Luz dos Pinhais de Curitiba,[107] Vieira dos Santos teve que se desincumbir, por exemplo, de suas obrigações relativas à milícia parnanguara.

Para tanto, ele contatou um compadre seu que atuava como sargento-mor das milícias na vila de Curitiba. Tratava-se do negociante Inácio Francisco de Sá Souto Maior.[108] A partir da intervenção desse compadre, Vieira dos Santos pôde oficializar o seu desligamento do Regimento de Milícias de Paranaguá. Contudo, o fez mediante o uso de documentação irregular:

---

entremez composto em 1796 pelo tenente miliciano paulista: o tenente coronel José Vás de Carvalho, foi a única referência de composição local encontrada para São Paulo. A autora indica também que a participação dos milicianos em atos culturais, sobretudo dos músicos, teria sido algo bastante comum.

106 Em 16 de Maio de 1805 Quinta fª principiei a aprender a tocar Saltério com Manoel Francisco Morato. SANTOS, Antonio Vieira dos. *Breve Rezumo das memórias...*, Op. cit., fl. 6. O interesse de Vieira dos Santos pelo saltério o levou a compilar uma porção de cifras para este instrumento. Esta compilação consiste na mais antiga fonte musical encontrada no estado do Paraná. Além disso, trata-se da maior e mais variada coleção de música brasileira laica anterior ao segundo império. Cláudia Polastre argumenta, aliás, a grande importância, que adquiriam na circulação do produto artístico laico em São Paulo partituras produzidas por copistas ou mesmo, como era o caso de Vieira dos Santos, por músicos diletantes. POLASTRE, Cláudia. *Op. cit.* p. 221. Um fac. símile da fonte original foi recentemente publicado por BUDASZ, Rogério. *Cifras de música para saltério, música de salão em Paranaguá e Morretes no início do século XIX*. Curitiba: UFPR, 2002. A interpretação de um dos lundus transcritos no livro de cifras pode ser ouvida em: www.youtube.com/watch?v=o1cBcI7Ghco&playnext=1&list=PLFCB116 B01C8876FA&feature=results_main. Acesso em: jul. 2012.

107 A passagem de Vieira dos Santos por Curitiba será trabalhada um pouco mais a frente.

108 SANTOS, Antonio Vieira dos. *Breve Rezumo das memórias... Op. Cit.*, fl. 18. Acerca da atuação econômica e administrativa de Souto Maior no município de Curitiba, ver: CARNEIRO, David. *História da História do Paraná*. Curitiba: Escola Técnica de Curitiba, 1952.

> Em 17 de Julho Dom° chegou de S. Paulo o Sarg^{to} Mor Ignc° de Sá Souto Maior e me deu nota de não ter podido arumar em S Paulo a m^a baixa das Milícias [...]. Em 23 de Agosto Terça f^a arrumei com o Sarg^{to} Mor Ig^{co} de Sá vários officios fingidos sobre a m^a baixa para o Go^v de Paran^a Jose Victorino Rocha.[109]

Assim como ocorreu com as funções da municipalidade, as patentes milicianas eram fonte de honraria. Ao mesmo tempo, as reminiscências permitem perceber que elas também poderiam ser fontes de entraves. E diante da necessidade de se desincumbir da corporação, ao que tudo indica, os trâmites pareciam ser complicados. Complicados a ponto de Vieira dos Santos ter se valido da falsificação de documentos para obter a baixa.

Outro recurso utilizado para tanto correspondeu aos favores prestados pelo seu compadre Souto Maior. Na realidade, a relação de compadrio estabelecida entre Vieira dos Santos e Souto Maior não se deu pela via mais usual, por assim dizer. Veja-se o trecho em que Vieira dos Santos esclarece a situação: "Em 21 de 7^{bro} de 1813 Terça f^a se crismou na Igr^a da V^a da Cor^a meu f°Jose e minha filha Ana sendo padrinho o Sarg^{to} Mor Ign^{co} de Sá Souto Maior". Tratava-se portanto de um compadre adquirido não por meio do batismo mas, justamente, pelo sacramento de sua confirmação, por meio da unção com o crisma.

Com relação à importância do compadrio chancelado a partir da crisma Francisco José de Oliveira Viana o equiparou àquele resultante do batismo. Segundo o autor, eram mesmo análogas as oportunidades sociais advindas das relações de compadrio firmadas a partir destes dois sacramentos, sendo, o compadrio, para o autor,

> talvez mais do que a consanguinidade, a fonte mais fecunda de solidariedade familiar no interior. Constitui uma espécie de parentesco ideológico e espiritual, porque de natureza religiosa; mas – pela força dos preconceitos dominantes nas nossas populações da hinterlândia– cria laços de afinidade interpessoal tão fortes como os do próprio sangue, gerando um código de deveres morais iguais

---

109 SANTOS, Antonio Vieira dos. *Breve Rezumo das memórias...* Op. cit., fls. 19-20.

aos de pai e filho, de irmão e irmã – e até mesmo tabus matrimoniais.[110]

Tendo o compadrio tamanha importância, era estratégico, pois, a ampliação do círculo de compadres. E nesse sentido o sacramento da crisma era uma ótima oportunidade visto que, de acordo com a regulamentação eclesiástica, os padrinhos de crisma não precisavam ser, necessariamente, os mesmos que haviam batizado a criança.[111]

A postura de Antonio Vieira dos Santos, nessa direção, parece ter sido bastante oportuna. No mesmo ano em que chegou a Curitiba estabeleceu relações, chanceladas pela unção do crisma, com alguém de inegável projeção social que, depois, pôde lhe ajudar numa demanda surgida.

Tal estratégia não foi só empregada na passagem de Vieira dos Santos por Curitiba. Em Paranaguá ele estabeleceu o mesmo tipo de relação, entregando suas filhas para serem crismadas por ninguém menos do que seus conterrâneos mais poderosos: o capitão-mor Manoel Antônio Pereira e o sargento-mor Manoel Francisco Correia. Em 1809, Correia crismou Maria Cândida, e, em 1811, Pereira crismou Anna. Outro compadre importante, este adquirido à beira da pia batismal, foi seu conterrâneo Antônio José de Araújo padrinho do filho José. Além de serem portugueses, comerciantes, padrinhos dos filhos de Vieira dos Santos, estes homens tem em comum o fato de terem socorrido Antonio Vieira dos Santos, quando da derrocada de seus negócios, tornando-se assim credores do mesmo.[112]

Ao fim e ao cabo, se tem até o momento que Antonio Vieira dos Santos protagonizara um movimento bem-sucedido de ascensão na escala da sociedade que o acolheu. Parece inegável o papel do matrimônio neste percurso

---

110 VIANA, Francisco José de Oliveira. *Instituições Políticas Brasileiras*. 1º vol. Brasília: Senado Federal, 1999, p. 243-244.
111 Sobre a regulamentação eclesiástica concernente ao sacramento da crisma, ver: HAMEISTER, Martha Daisson. *Registros de Confirmação de Batismo: testando possibilidades e limites de uma fonte*. Estreito, Continente do Rio Grande de São Pedro, 1770. Anais do 4º Encontro Escravidão e Liberdade no Brasil Meridional, Curitiba, 2009, p. 1-18.
112 Cf. SANTOS, Antonio Vieira dos. *Breve Rezumo das memórias... Op. cit.*, fls. 11-14-17.

de socialização. A partir deste marco – em 1805 – o antigo caixeiro abre seu estabelecimento, entra para a Câmara, para as milícias, atingindo o status de honorabilidade e distinção que talvez almejasse e passa, inclusive, como se havia anunciado anteriormente, a assumir uma posição de autoridade na configuração familiar dos Ferreira de Oliveira.

Em setembro de 1809 iniciava-se a agonia de João Ferreira de Oliveira atacado pela "terrível moléstia dos vômitos pretos". Com a piora do quadro em 26 de novembro do mesmo ano, o sogro de Vieira dos Santos faria sua penúltima confissão junto ao vigário Joaquim Júlio da Ressureição Leal. Em 27 de novembro teria sido ungido (provavelmente a extrema unção) e,

> Em 28 de 9vembro terça f^a de madrugada me chamou meu sogro e mais Domitilia (filha mais nova de João) e nos fes huá fala sendo este momt^o hum dos mais funestos q^e tenho passado assim como também me chamou na manha da Quarta f^a Em 30 de 9vembro de 1809; Quinta f^a de madrugada se tornou a confessar com o Vigr^o Joaqm Julio. Em 2 de Dezembro de 1809 deu o Cirurgião Ramalho o dezengano de que meu Sogro morria.[113]

Falecendo João Ferreira de Oliveira, Antonio Vieira dos Santos foi investido da autoridade de inventariante e testamenteiro do sogro. Talvez este tenha sido inclusive, um dos assuntos do diálogo derradeiro que Vieira dos Santos teve com o sogro à beira da morte.

Naquele universo os testamenteiros eram personagens centrais no sistema de garantias acionado pelo testador. A eles cabia a responsabilidade de, com correção e lisura, levar a termo as disposições testamentárias. A escolha do testamenteiro exigia, portanto, uma boa dose de confiança na pessoa escolhida investida desta função pelo testador.[114] Tal confiança é que consolava o testador, ao fim da vida, fazendo-lhe crer que, após sua morte: seus bens seriam passados para quem lhe conviesse; de que suas dívidas ativas e passivas seriam devidamente administradas; e que as solicitações devocionais seriam cumpridas

---

113 *Ibidem*. fl 11.
114 Cf. FURTADO, Júnia F. "Testamentos e Inventários: a morte como testemunho de vida". In: PINSKY, Carla Bassanezi; LUCA, Tania Regina de (org.). *O Historiador e suas Fontes*. São Paulo: Contexto, 2009.

a contento. Nessa direção, é que se pode perspectivar as nuances da nova posição a que Vieira dos Santos havia sido alçado na rotina dos Ferreira de Oliveira.

E, de fato, após o falecimento de João Ferreira de Oliveira, Vieira dos Santos dá conta de algumas disposições que tivera de tomar representando as vontades do sogro:

> Em 15 Segunda, 16 Terça, Quarta 17 e Quinta 18 de Janr^o de 1810 se esteve fazendo nos Morretes o Inventario do falescido meu Sogro e tive p^r estes duas huas grande iflammação nos olhos. Em 8 de Jan^{ro} de 1810 Segunda f^a tive huas razões com o Cap^m Joze Ferr^a Guima^{es} pr cauza de hua divida q' devia ao meu Sogro.[115]

A autoridade que Vieira dos Santos pôde exercer, após a morte do sogro, também aparece delimitada em outro evento narrado por ele. Somavam-se cerca de duas semanas desde o falecimento de João Ferreira de Oliveira, quando Vieira dos Santos foi consultado pela viúva deste, Anna Gonçalves Cordeiro, a respeito da perspectiva de Domitila, filha de Anna e do falecido João Ferreira de Oliveira, casar-se com o caixeiro português Antônio José de Araújo. Ao que parece, portanto, a opinião de Vieira dos Santos passara a ter peso (equiparável a de seu falecido sogro) naquela configuração familiar. Acerca desse episódio, o memorialista observou:

> Em 10 de Dezembro de 1809 de noite falou minha Sogra e eu também com Antonio Joze de Araújo Caix^{ro} do Cap^m Fran^{co} Ferr^a de Oliv^a para se cazar com minha cunhada Domitila da S^a França. Em 12 de Dezembro de 1809 Terça f^a de manhã fui falar com o Cap^m Fran^{co} Ferr^a de Oliv^a para que lhe dese a faculdade delle poder cazar dando no dia Quarta f^a 13 meu cunhado a resposta do sim. Em 23 de Dezembro de 1809 pl^{as} 2 horas da madrugada se casou na Igr^a Matriz minha Cunhada Domitila da S^a França com Antonio José de Ar^o de que forão testemunhas Eu o Cap^m Fran^{co} Ferr^a de Oliv^a e sua mulher Eufrozina da S^a Freire.[116]

---

115 SANTOS, Antonio Vieira dos. *Breve Rezumo das memórias... Op. cit.*, fls. 12
116 *Ibidem*, fl. 12.

Para além de evidenciar que a autoridade familiar de Vieira dos Santos elevara-se a um novo patamar em decorrência da morte do sogro, é interessante notar a recorrência das estratégias matrimoniais perpetuadas pelos Ferreira de Oliveira. Novamente um caixeiro de Francisco Ferreira de Oliveira desposava uma das filhas de seu irmão. E, a dar crédito à história contada por Vieira dos Santos, novamente se repete o trajeto imigratório do norte português até Paranaguá:

> Antonio Joze de Ar⁰f⁰ leg⁰ de Joze de Aro e de Mª Roza nasceo em 20 de M^{ço} de 1791 na Freg^a de S. Paio de Seide districto de V^a Nova Famelição conto de ladiem Julgado de Bermogino Com^{ção} de Barcellos e Arcebispado de Braga. Sahio p^{la} barra fora do Porto em 20 de Junho de 1804 no Navio Luzitania e trazendo 72 dias de viagem entrou na Cid^e do Rio de Jan° em 30 de Agosto do m^{mo} anno. Em Jan° de 1805 veio de Rio de Jan° na Sumaca Francesinha para a Villa de Paran^a ficou por caix^{ro} do Cap^m Fran^{co} Ferr^a de Oliv^a adonde esteve até 1809.[117]

O envolvimento de Vieira dos Santos nas lógicas de incorporação de reinóis em Paranaguá remete a uma indagação acerca da coesão entre os reinóis que se instalavam em Paranaguá. Os testemunhos que se tem trazido até o momento tendem a encorajar uma resposta afirmativa a esta questão... Contudo, resta saber se tal coesão era uma idiossincrasia dos comerciantes reinóis ou estendia-se aos imigrantes portugueses (de Paranaguá) como um todo. Se o caixeiro Antônio José de Araújo entrara para a família sob a chancela de Antonio Vieira dos Santos e por isso, de certa forma, numa condição inferior a de seu concunhado, nos anos seguintes houve, entre ambos, uma inversão destes papéis. Tal inversão foi derivada do aprofundamento dos reveses econômicos que tornaram Vieira dos Santos economicamente dependente, por meio de dívidas, do próprio Araújo e de sua sogra. Tal processo, que contrasta da inserção social bem-sucedida de Vieira dos Santos, parece ter se iniciado a partir da falência comercial que ele e seu irmão João protagonizaram.

---

117 *Ibidem*, fl. 90.

Em 1812, em decorrência de pendências econômicas para com a Câmara de Paranaguá, João Vieira dos Santos fora preso. No excerto abaixo é evidenciada tal ocorrência:

> Em 25 de Janr° Sábado – 26 Dom° – 27 Segd^a fes a Justiça da m^{ma} V^a Seqüestro nos bens de meu Irmão p^r elle se achar devendo certo p^a a Camera. Em 31 de Janr° de 1812 Sesta f^a de noite chegou meu Manno João vindo da Villa de Iguape e indo se apresentar ao Go^v o mandou prender dispoticamente no tronco dos quarteis da Villa e no 1° de Fev^{ro} Sabado o mandou pasar p^a a Cadeia prezo a ordem do Gen^{al}. Em 5 de Fev^{ro} Quarta e Sábado 8 houve praça nos bens de meu irmão. Em 8 de Fevereiro de 1812 Sabado mandou o Go^v a meu Irmão escoltado p^a a Cid^e de S Paulo para 4 soldos e 1 cabo adonde chegou com 13 dias de viagem em 21 do m^{mo} mês esteve 1 dia na ponta do pasto – 1 na Ararapira dia e meio em Iguape 1 dia em Santos e 6 dias na Salla livre da Cadeia de S Paulo.[118]

Além de contrair dívidas com a Câmara, João Vieira dos Santos também esteve envolvido em contendas com o governador-militar de Paranaguá José Vitorino da Rocha. Este último, em um ritual ocorrido na Igreja de Nossa Senhora do Rosário, recebeu do vigário Joaquim Júlio da Ressurreição Leal os ductos de incenso antes do que os membros da Câmara Municipal. Em 1811, a Câmara local interpôs graves protestos ao que havia ocorrido. Aspecto sensível dos valores sociais do Antigo Regime era, pois, como já observado, a demarcação ritual das posições e do espaço ocupado pelos membros das elites. A preferência dada ao governador militar (que era uma autoridade externa recém-chegada nomeada pelo governo da capitania de São Paulo) gerou grande descontentamento entre os membros da câmara parnanguara. Buscando, portanto, reafirmar as prerrogativas da elite local em contraposição à autoridade de Victorino da Rocha, João Vieira dos Santos, que era então vereador, destacou-se capitaneando os protestos contra o ocorrido. Como represália, ao se endividar, recebeu do próprio governador militar a ordem de prisão.[119]

---

118 *Ibidem*, fl. 15.
119 Nas *Memórias de Paranaguá* Antonio Vieira dos Santos transcreveu com riqueza de detalhes a tramitação do processo acerca dos ductos de incenso que se inicia quando

A falência, mas também, ao que tudo indica, seu enfraquecimento político em função do desacordo com Vitorino da Rocha, levou ao afastamento de João Vieira dos Santos da sociedade de Paranaguá. Impelido novamente à mobilidade, após sair da prisão, seu irmão mais velho indica que ele voltaria a exercer a ocupação de caixeiro no continente do Rio Grande. Lá tentou a sorte nas charqueadas. Os irmãos seguiriam se correspondendo até o ano de 1815 quando se encerra o correio sem revelar se João havia logrado algum êxito no lugar para onde se transferiu. Nesse ínterim, Joaquina Maria Ferreira (esposa de João) foi incorporada como agregada ao domicílio de Antonio Vieira dos Santos.[120]

No início de 1813, ano seguinte à prisão do irmão, Antonio Vieira dos Santos, em decorrência dos crescentes déficits de seu armazém, encerrou sua atividade comercial em Paranaguá. Tal como o irmão, foi impelido novamente ao movimento, indo se estabelecer serra acima, em Curitiba. Em suas reminiscências, Vieira dos Santos incluiu um quadro de contas de entradas e saídas anuais que permite dimensionar as dificuldades enfrentadas por ele em sua atuação comercial.

---

em: "1811 - 596 -Vereança de 9 de dezembro. A Câmara representou a S. Alteza Real, queixa das ofensas feitas à Câmara pelo vigário Joaquim Júlio da Ressurreição Leal, sobre os dutos de incenso que ele dava (nas festas solenes em que a Câmara se achava reunida com o real estandarte) em primeiro lugar ao Governador José Vitorino da Rocha do que aquela corporação, que há muitos anos estava no gozo dessas honras". Para a sequência do processo, cf. SANTOS, Antonio Vieira dos. *Op. cit.,* p.2 04; 224;
120 SANTOS, Antonio Vieira dos. *Breve resumo das memórias...* fl. 16-17-18.

Tabela XIII: Dados transcritos ipsis litteris do registro de lucros e despesas anuais dos negócios de Antonio Vieira dos Santos

Lucros em cada anno		Dispeza em cada anno	
Lucro de 1805	402$650	Dispeza de 1805	329$245
Dito de 1806	366$084	Dito de 1806	501$706
Dito de 1807	268$575	Dito de 1807	424$907
Dito de 1808	274$020	Dito de 1808	179$475
Dito de 1809	103$540	Dito de 1809	254$087
Dito de 1810	112$772	Dito de 1810	261$572
Dito de 1811	71$280	Dito de 1811	291$965
Dito de 1812	63$746	Dito de 1812	303$765
Dito de 1813	158$597	Dito de 1813	358$425
Dito de 1814	40$496	Dito de 1814	215$440
Dito de 1815	56$749	Dito de 1815	238$085
Dito de 1816	55$454	Dito de 1816	227$620
Dito de 1817	48$585	Dito de 1817	273$505
Dito de 1818	29$296	Dito de 1818	255$220
Total	2:51$835	Total	4:155$107

Fonte: SANTOS, Antonio Vieira dos. *Breve Rezumo das memórias...*, Op. cit., fl. 243.

Do quadro apresentado acima, ressalta-se a condição deficitária a que ele se viu empurrado. Com exceção do ano de 1808, quando o armazém registrou um saldo positivo, o período que abarca os anos de 1805 a 1813 foi marcado pelo aumento progressivo dos saldos negativos. Além disso, em 1812, justamente no ano da prisão de João Vieira dos Santos, vê-se que a contabilidade do armazém registrou o maior prejuízo. Atente-se, ainda, ao fato de que os anos transcorridos a partir de 1816, quando Vieira dos Santos já estava em Morretes, foram também marcados por crescentes déficits.

Em considerações sobre minha vida: o falhanço econômico e as tentativas de reabilitação

Como já foi observado de relance, após a sua falência comercial em Paranaguá, Antonio Vieira dos Santos se transferiu para Curitiba. Conforme as anotações que chegaram ao presente, ele teria tomado esta resolução numa noite de terça-feira em 30 de março de 1813. Durante uma semana se organizou para tanto, enfardando e medindo as fazendas que levou consigo e "Em 12 de Abril de 1813 Segd^a f^a subimos a Serra da Coritiba e cahio p^a hum roçados 1 mula com 2 caixoens de ferrage indo pouza no curral falso. Em 13 de Abril de 1813 Terça f^a sahindo de pouso entrei na Vila de Coritiba pelas 3 horas da tarde".[121]

Ao que tudo indica, depois de se arriscar no caminho da serra, Vieira dos Santos entrou sozinho na vila de Curitiba. As memórias dão conta de que sua esposa e filhos chegariam cerca de três meses depois. Estando em Curitiba, Vieira dos Santos indica ter se relacionado com membros da elite local destacando-se, entre eles, o seu compadre e sargento-mor Inácio Francisco de Sá Souto Maior e o capitão miliciano Luciano José de Chaves, dono de um sítio que Vieira dos Santos visitou com frequência.[122]

Infelizmente as reminiscências não vão muito além destas informações. Fica assim um tanto obscura sua passagem por Curitiba. No entanto, uma coisa é certa: a permanência de Vieira dos Santos naquela vila não foi suficiente para que ele se reabilitasse como comerciante. Ainda que ele tenha se relacionado com membros da elite local e estabelecido alianças de compadrio, não chegou a fixar residência ou negócios na cidade.

---

121 SANTOS, Antonio Vieira dos. *Breve Rezumo das Memórias...*, Op. cit., fl. 17.
122 Acerca da trajetória de Luciano José de Chaves que fora enjeitado ao nascer e ascendeu ao posto de capitão miliciano, proprietário de terras e escravos cf.CAVAZZANI, André Luiz M. "Sem se descobrir impedimento algum: expostos, enjeitados e estratégias matrimoniais na Vila de Nossa Senhora da Luz dos Pinhais de Curitiba (segunda metade do século XVIII)". VENANCIO, Renato Pinto (org.). *De Portugal ao Brasil: uma história social do abandono de crianças, séculos XVIII-XX*. Belo Horizonte/São Paulo: PUCMinas Alameda, 2009.

Com efeito, no ano de 1814, em nova movimentação, Antonio Vieira dos Santos decide transferir-se da vila de Curitiba para a freguesia dos Morretes...

> Em 26 de Setembro Segunda f ª de tarde sahi da Vª de Corª com toda a mª família pª vir aos Morretes e pouzei no Citio de Franco de Lara no Rocio. Em 27 de Setembro Terça fª de manha sahimos do citio de Lara e viemos pouzar no lugar do Piramerim no meio da Serra. Em 28 de Setembro Quarta fª sahimos do Piramerim. Das 3 pª as 4 horas da tarde chegamos a Fregª dos Morretes e fui morar na Caza de mª Sogra de Nº=52=[123]

Ele dá a entender, também, que nessa ocasião possuía algumas fazendas, provenientes talvez de Curitiba: "Em 6 de 8bro de 1814 Quinta fª arrumei a mª fazenda em hum quarto na caza de mª Sogra Nº = 52 =".[124] Na sequência destes eventos, o concunhado e compadre Antônio José de Araújo intervém oferecendo auxílio à Vieira dos Santos: "Em 8 de Abril de 1816 Segunda fª me falou meu cunhado Antonio Joze de Arº pª eu por hua venda nos Morretes pois elle me ajudaria".[125]

Desta forma ficariam descritos, portanto, os auxílios que Vieira dos Santos recebeu dos familiares de sua esposa quando da fixação em Morretes. Se sua sogra lhe acudiu com o espaço, o concunhado pôde lhe socorrer, posteriormente, financiando sua nova empreitada comercial. Gradualmente, porém, Vieira dos Santos se veria empurrado para uma relação de dependência econômica com Antônio José de Araújo que, já a esse tempo, parecia ter logrado maior êxito nos negócios.

Iniciava-se assim um processo de inversão no posicionamento entre os dois: Vieira dos Santos cada vez menos "senhor de si" tendo seu concunhado como credor. Como se verá em breve esta inversão chegaria ao paroxismo quando Antonio Vieira dos Santos se viu impelido a atuar como guarda-livros do concunhado. Outro dado que denota tal inversão refere-se ao fato de que quando faleceu Ana Cordeiro Gonçalves em 1824 – sogra de Vieira dos Santos e de Antônio José de Araújo – este último é que foi escolhido para testamenteiro.

---

123 SANTOS, Antonio Vieira dos. *Breve Rezumo das memórias...*, *Op. cit.*, fl. 20.
124 *Idem*. fl. 20.
125 *Ibidem*.

Ao mesmo tempo em que obteve ajuda Vieira dos Santos conheceu, também, os limites dos auxílios materiais que os seus familiares lhe prestavam. Assim, quando da cobrança de uma dívida que Vieira dos Santos contraíra com um negociante, o seu concunhado Antônio José de Araújo escusou-se de auxiliar a quitação: "Em 24 de 9^{bro} Quinta f^a de tarde chegou o T. J. A. da Costa e me dice meu Cunhado que não me podia arrumar de q^e andei bem triste".[126]

Nessa direção, a dependência de Vieira dos Santos por auxílios econômicos familiares foi caracterizada por uma complexa dinâmica de manifestações de interdito e de solidariedade. Se há pouco se fez menção a um caso de interdito, cabe destacar que, quando se viu em necessidade de obter créditos junto a um comerciante da praça carioca, Vieira dos Santos obteve, novamente, apoio do seu concunhado e de sua sogra, deixando registrado que no ano de 1816: "Em 25 de 9^{bro} Sesta f^a pasei um credito ao Mesq^{ta} de q^e lhe devia p^r tempo de 6 annos de q^e m^a Sogra e meu Cunhado forão fiadores".[127]

Mesmo que estivesse numa condição economicamente desfavorável, Antonio Vieira dos Santos demonstrava fôlego para conservar o posicionamento social característico dos membros do grupo em que se inseriu. Em 1816 ainda mantinha escravos (pelo menos oito) e, ao abrir finalmente, seu pequeno estabelecimento, chegou a incorporar caixeiros, referindo-se assim a tal episódio: "Em 13 de Abril de 1816 Sabado abri neste dia nos Morretes hua venda nas Cazas da m^a Sogra de N^o = 42 = e foi Caix^{ro} della M^{el} Barruel hespanhol".[128]

Trata-se de um excerto bastante interessante. Em primeiro lugar mostra que Vieira dos Santos, mesmo endividado, pôde incorporar a seu serviço indivíduos em condição de subalternidade. Em segundo lugar, ao agregar um espanhol em sua venda, Antonio Vieira dos Santos mostra uma singularidade na dinâmica de integração de caixeiros que se veio narrando até agora. Acrescente-se, a raríssima presença de espanhóis na região que, ao longo das três primeiras décadas do século XIX, não ultrapassou três indivíduos, tornando a situação ainda mais peculiar.[129]

---

126 *Ibidem*, fl. 21.
127 *Ibidem*.
128 *Ibidem*, fl. 24.
129 Nos levantamentos nominativos de Paranaguá, que incluem Morretes como 5ª companhia, feitos entre 1801 e 1830, foram localizados apenas três espanhóis. Destes apenas um dizia viver de seu negócio e os outros estavam ligados a ocupações marítimas.

Ao mesmo tempo, sob outra perspectiva, o caso não é de todo surpreendente. O norte português notabilizou-se pela incorporação de levas migratórias provenientes da Espanha. Assim, era comum encontrar no Porto, onde se criou Vieira dos Santos, espanhóis, galegos em sua esmagadora maioria, incorporados em condição de subalternidade nas ocupações de pouco prestígio. Assim, pode se sugerir que Vieira dos Santos agiu inspirado, talvez, por uma situação que já havia presenciado do outro lado do Atlântico.

Mesmo assim, ao que parece, o caso não passou de uma curiosa e transitória exceção. Por motivos não esmiuçados, cerca de quatro meses depois de ter incorporado o espanhol ao seu comércio, Vieira dos Santos registraria rudemente: "Em 2 de 8^{bro} de 1816 Quarta f^a de tarde botei fora da venda o Caix^{ro} Manoel Barruel hespanhol". Depois disso, ao ter que substituir, enfim, o caixeiro dispensado, Vieira dos Santos optou pelo mais usual: "Em 10 de 9^{bro} de 1816 Sesta f^a tornei a por huá venda nos Morretes em q^e entrou de Caix^{ro} Aniceto Francisco f^o de Portugal o qual chegou neste dia".[130]

Ainda buscando explicitar as ambivalências da situação social de Vieira dos Santos, deve-se lembrar que – apesar de devedor – ele foi, também, um credor. A esse respeito, leia-se a seguinte anotação referente ao ano de 1822: *"Em 11 de Maio Sabado soube a noticia por meu Cunhado Aro q^e o meu devedor Antonio de Oliv^a Roza tinha tido p^a Continente do Sul com 342$ mil e tantos reis que me ficou devendo de cuja noticia andei bem triste"*.[131] Ou seja, embora se esteja demonstrando o processo de endividamento de Vieira dos Santos, não se trata apenas de reduzi-lo à condição de comerciante fracassado. Sua posição era mais complexa, oscilante, e, apesar da situação econômica negativa em que se encontrava, encontrou meios para manter-se ativo no jogo social inerente ao grupo em que estava inserido.

Desta feita, assim como a integração nas irmandades de Paranaguá foi útil a ele na busca pela distinção social, da mesma forma, os anos iniciais vividos em Morretes foram marcados por tentativas de agregação em espaços com este perfil. Com relação à sua entrada na esfera devocional morretense, ele observou: "Em 7 de 9^{bro} Quinta f^a me asentei e mais m^a m^{er} p^a Irmãos da Terra Santa de

---

130 *Idem*, fl. 25.
131 *Idem*, fl. 38.

Jerusalem asignando-nos p^a isso em huá Carta e Bulla impressa e pagando cada anno de annuaes a 160 r^s e tenho pago os seg^es annos = 1816 = 1817 = 1818 = 1819 = 1820 = 1821 = 1822".[132]

Além de incorporar-se nas associações leigas, seguiu o caminho – já antes percorrido – de incorporação nas milícias locais. Em 1820 ele se tornaria alferes do 5º Regimento da Companhia de Ordenanças da vila de Antonina que, equivalia, justamente, à freguesia de Morretes adstrita a Antonina até fins da primeira metade do século XIX.[133]

Ainda nesta mesma direção ele também pôde se mostrar bastante participativo e integrado nas práticas políticas locais. Cabe, neste sentido, destacar a sua participação no evento destinado ao Juramento das Bases da Constituição Portuguesa, em 1821. Vieira dos Santos foi investido, pela Câmara de Antonina, da autoridade de elaborar o ritual no qual se realizaria esse juramento em Morretes: "Em 21 de Julho Sabado de manhã apresentei hum Projecto feito p^r mim a Camara p^a a celebracão do Juram^to das Bazes q^e foi adoptado e posto em execução. Na tarde deste dia se fez o Acto do Juramento das bazes da Constituição Portuguesa".[134] Essa interlocução estabelecida com os camaristas antoninenses ilustra, portanto, a consolidação da legitimidade do trânsito de Vieira dos Santos por esferas administrativas locais.

Ao mesmo tempo se faziam sentir as mudanças nos ares daquele tempo. E quando se dá a emancipação brasileira, o mesmo Antonio Vieira dos Santos que apresentara um projeto para o juramento das bases da constituição metropolitana, em 1822, apresenta um plano para a aclamação de D.Pedro I:

> o Deos da natureza fez a America para ser independente e livre. O Deos da natureza conservou no Brasil o Principe Regente para ser aquele que frimaçe a independência deste vasto continente. Que tardamos a época he esta, Portugal os insulta ... America nos convida... A europa nos contempla... o Principe nos defende... Cidadãos soltai o grito

---

132 *Idem*, fl. 25.
133 Cf. SANTOS, Antonio Vieira dos. *Breve Rezumo das memórias...*, *Op. cit.*, fl. 35.
134 *Ibidem*.

festivo... Viva o Imperador Constitucional do Brazil o Senhor D. Pedro primeiro.[135]

Tendo aderido a causa, portanto, Vieira dos Santos se reinventava, de certa forma, como cidadão brasileiro "filho adotivo há 51 anos". Ele não seria único nesta condição. Como se indicou ainda no primeiro capítulo, quando caiu o regime das ordenanças, o capitão-mor Manoel Antônio Pereira passou a prefeito da vila de Paranaguá. Manoel Francisco Correia também teria seu status preservado no pós-independência ocupando, entre outros cargos de relevo, o Juizado de Órfãos e a tesouraria da Alfândega-recém criada em Paranaguá.

Na condição de filho adotivo, portanto, Vieira dos Santos seguiu articulado e envolvido nas práticas políticas locais mostrando-se ativo, por exemplo, quando se iniciaram as movimentações em favor da emancipação da freguesia de Morretes em relação à vila de Antonina, ocorrida em 1841. Sobre o seu envolvimento na elaboração dessa demanda política ele deixou o seguinte testemunho: "Em 18 de Janeiro Dom° houve Junta Parochial nos Morretes em que tive 21 votos, fizerão se asignaturas pª se requerer Villa".[136] Esta última solicitação se dera, entre outros fatores, em função da evolução econômica que a mencionada freguesia sofrera.

Adentrando-se ao século XIX, na companhia de Antonio Vieira dos Santos, se vai vislumbrando, portanto, as transformações vividas regionalmente, suscitadas pelo processo de emancipação que se afigurou a partir da instalação da corte no Rio de Janeiro. Como se delineou ao longo do primeiro capítulo, a abertura dos portos, entre outros fatores, abrira o ensejo para o desenvolvimento e amplificação das relações portuárias de Paranaguá. Tais relações, como já comentado, ganharam um impulso vertiginoso quando as regiões platinas passaram a demandar a *yerba mate* brasileira.

Provida de córregos, a freguesia dos Morretes foi ganhando uma importância cada vez maior ao ver, pululando em seus limites, engenhos de beneficiamento da erva (trituração, secagem, acondicionamento) acionados hidraulicamente. Uma vez tratada, a erva, como já indicado, era embarcada a partir

---

135 *Ibidem*.
136 *Ibidem* fl. 45.

de Paranaguá. Os engenhos, apesar de rústicos, demandavam investimentos de certo porte, acessíveis apenas aos mais abastados da localidade.

Não ficando alheio a esta nova oportunidade de enriquecimento, em 1825, em consórcio com Antônio José de Araújo, Antonio Vieira dos Santos ingressou, com um pequeno engenho, nas práticas do beneficiamento da congonha. Contudo, ao que parece, menos do que riqueza, tal experiência com a produção ervateira ensejou contínuos desentendimentos entre ele e o seu concunhado:

> Em 13 [de abril de 1825] Quarta de t. me deu meu cunhado a conta do que me pertencia do trabalho dos Terços de que fiquei fumegando por me dar só interesse no soque e não na venda dos Terços; e estive sismando toda a noite...
>
> Em 9 [de maio de 1825] Sabado se acabou este dia o Ensurriamento dos 260 Terços de Erva que fis Em 13 Quarta de m. [manhã] pezei todos os Terços que havia feito e indo dar a conta a meu cunhado, este me dice q^e eu fizese a conta a 180 @ qdo. tinha justo comigo q 200 pr [por] cujo motivo fiquei bem arrenegado com elle.[137]

Cabe convir que a participação de Vieira dos Santos e de outro de seus patrícios na produção ervateira, acentua o perfil de diversificação profissional característico da época e da configuração social em que ele se inseriu. Uma das características comuns entre os negociantes mais bem-sucedidos da região era a sua integração em diversas fontes de divisas. Dado que faz lembrar a expressão de Fernand Braudel: "se o grande comerciante muda com tanta frequência de atividade é porque o grande lucro muda incessantemente de setor".[138] Contudo, no outro extremo do contexto em análise, a integração em atividades de subsistência também se dava de forma conjectural e multifacetada. Conforme se observou em capítulos anteriores, modestos pescadores eram também roceiros conjunturais e daí por diante.

Dotado de vários talentos, Antonio Vieira dos Santos, que não chegou à condição de grande negociante, buscou capitalizá-los na hora de obter sua

---

137 *Idem*, fl. 53.
138 BRAUDEL, Fernand. *Op. cit.*, p. 24.

sobrevivência e a de sua família. Há de se mencionar, nesta direção, que, em paralelo ao comércio e ao beneficiamento de mate, ele também exerceu ofícios ligados a alfaiataria, mantendo uma rede de clientes que abarcava os municípios de Antonina, Curitiba, Morretes e Paranaguá.[139] Ao mesmo tempo, se ele se via às voltas com trabalhos mecânicos para complementar suas rendas, é porque até mesmo o envolvimento com o beneficiamento da congonha que, segundo ele próprio, consistia numa das atividades mais lucrativas do período, não permitiu desvencilhar-se das dívidas contraídas. Dizia ele:

> Em 17 Dom° de madrugada [1825] me embarquei na V^aAntonina e vim amanhecer no Citio do Moreira e ali estive até as 9 horas do dia e embarcando-me cheguei aos Morretes pelas 3 horas da tarde. Recebeo neste dia meu cunhado hua' carta de A. F. Alves do Rio de Janeiro resp^{to} a m^a divida.[140]

Embora estivesse estabelecido em Morretes, as reminiscências permitem inferir que Antonio Vieira dos Santos jamais perdeu o contato com o círculo de comerciantes atuantes em Paranaguá. E foi, justamente, acionando dois dos mais importantes integrantes daquele círculo, o sargento-mor Manoel Francisco Correia e o capitão mor Manoel Antônio Pereira, que Vieira dos Santos, um pouco antes de se envolver no beneficiamento do mate, tentara se reerguer, ingressando numa rede de crédito envolvendo comerciantes estabelecidos no Rio de Janeiro: "Em 20 de Julho Terça de manhã expus a m^a vida ao Sarg^{to} Mor Manoel Franco Corr^a e me offereceo quatrocentos mil reis sem premio p^a empréstimo e consultei com o Cap. Mor Per^a. Em 4 de 7^{bro} de 1819 Sabado me emprestou meu Cunhado Ar° os 400$ mil r^s q^e me tinha prometido".[141]

Verifica-se, portanto, a relação de Vieira dos Santos, já numa condição de inferioridade em comparação aos seus compadres que, diga-se de passagem, haviam iniciado suas vidas mercantis, praticamente no mesmo período em que ele iniciara a sua.

---

139 *Ibidem*, fls. 302-303.
140 *Ibidem*, fl. 28.
141 *Ibidem*, fl. 29.

Numa passagem, inclusive, Vieira dos Santos chegou a ouvir de seu concunhado a proposta para que ele se fizesse caixeiro de um comerciante estabelecido no Rio de Janeiro.[142] Tal fato, que deve ter ferido seu orgulho, não era uma situação inusitada no campo das possibilidades em seu horizonte.

Lenira Martinho e Riva Gorenstein, ao estudarem as dinâmicas comerciais do Rio de Janeiro coevo, se depararam com vários casos em que comerciantes mal-sucedidos retornavam a condição de caixeiros de seus colegas que haviam tido mais sorte.[143] Certa feita, o próprio Vieira dos Santos, havia considerado esta possibilidade: Em 5 de 8^{bro} Dom^o andei bem triste em considerações sobre a m^a vida dandome vontade de ir embora p^a o Rio ainda q^e como Caix^{ro}.[144]

Antônio José de Araújo, de sua parte, seguia sugerindo possibilidades para a "arrumação" de Vieira dos Santos. Em tom enfastiado, Vieira dos Santos deixou registrado – em 1818 – que o concunhado lhe viera com a "novidade" de querer mandá-lo comprar trigos em Curitiba.[145] Outra sugestão era a de que Vieira dos Santos aderisse (exercendo praticamente a mesma função de caixeiro) em "carregações para a Ilha de Santa Catarina ou de qualquer outra parte". Em 1818 o concunhado, finalmente, acenou com uma possibilidade que pareceu aprazível a Vieira dos Santos:

> Em 3 de Julho Sabado andei bem triste com as considerações sobre a m^a vida. Em 13 de Julho Terça de noite me falou meu Cunhado Ar^o se eu queria hir com elle p^a o Rio de Janeiro q' me emprestaria quatrocentos mil r^s e nada gastaria em comestiveis mostrando-me 1 carta q' escreveo ao Mesq^{ta} a meu respeito.[146]

Em 1820 Antonio Vieira dos Santos e Antônio José de Araújo foram, finalmente, aportar no Rio de Janeiro. Estando na sede da corte Vieira dos Santos pôde vivenciar a vida cultural que tanto lhe parecia interessar:

---

142 "Em 22 de Abril Sabado me falou meu Cunhado p. eu ser Caixro do Mesquita". SANTOS, Antonio Vieira dos. *Breve resumo das Memorias... Op.cit.,* fl. 31.
143 MARTINHO, Lenira; GORENSTEIN, Riva. *Op. cit.*
144 SANTOS, Antonio Vieira dos. *Breve resumo das Memorias... Op. cit.*, fl. 23.
145 *Ibidem*, fl. 27.
146 *Ibidem*, fl. 28.

> Em 23 de Abril Dom° andei vendo varias Igrejas como a Capela Real – Carmo – Cruz – Candelaria – S. Bento – Sta. Rita... Fui ao curral ver os Cavalinhos Italianos de Mr. Southby. Em 24 de Abril Segunda me dise meu cunhado eu fizese o apontamento das fazendas que queria. Em 27 de Abril Quinta f ª de noite fui a Opera ver a Comedia Italiana o Vestal = e a danca Acis e Galoteia. Em 30 de Abril Dom° de noite fui a Opera no Rio de Jan ro intitulada o Novo Desertor Francês; e a dança o Rey de Argel.

Novamente, é importante retomar que não se tratava apenas de um prazer estético, mas, também, de uma vivência imbricada nas figurações do jogo social em pauta. Havia mesmo, uma certa dinâmica socio-teatral que hierarquizava as pessoas na plateia. Mesmo que seja para um período posterior à presença de Vieira dos Santos no teatro, cerca de 10 anos depois, se faz pertinente considerar aqui as análises de Jaime Cardoso. O autor dá conta da presença de nobres disputando camarotes, valendo-se do teatro para ostentar as insígnias de seu prestígio, mas também por comerciantes de grosso trato que buscavam ascender socialmente e que se destacavam, entre os demais estratos sociais, não apenas como frequentadores e subscritores, mas efetivamente como mecenas e acionistas.[147]

Mas, para além do teatro, ao longo de sua estadia no Rio de Janeiro, Vieira dos Santos, teve outras oportunidades para conviver com os negociantes locais cabendo ter em consideração o seguinte extrato:

> Em 7 de Maio Domingo fui no Rio de Janr° embarcado ate Mattaporcos a xacra de Antonio Ferr ª A ls adonde houve hum banquete em q e assistirão varios negociantes. Em 15 de Junho Quinta f ª de manhã fui a bordo do Bergantim de tarde falei com o Mesq ta junto com meu cunhado. De

---

147 CARDOSO, Lino de Almeida. *O som e o soberano: uma história da depressão musical carioca pós-Abdicação (1831-1843) e seus antecedentes*. Tese (doutorado em História Social) – Faculdade de Filosofia, Letras e Ciências Humanas, Universidade de São Paulo, 2006. Guardadas as proporções Vieira dos Santos, já ao final de sua vida, seguia como promotor ou, ao menos, promovendo atividades culturais em Morretes: "Em 30 de Junho [1848] Sesta houve Directoria geral no Theatro [Filarmônico de Morretes] e sahi eleito Secretario adjunto". Breve resumo dos sucessos mais notáveis..., fl. 110.

noite depois das 8 horas nos embarcamos na Cid^e do Rio de Janeiro para bordo do Berga^m S. M^el Imperador.[148]

Não se sabe o nome dos negociantes com os quais Vieira dos Santos dividiu a mesa no banquete. Contudo, foi possível levantar elementos para dois deles, a saber, Francisco José Pereira de Mesquita, natural da capitania de Minas Gerais, e o filho deste, José Francisco de Mesquita – Conde do Bonfim que foram justamente os comerciantes aos quais Vieira dos Santos acorreu em busca de crédito.

A respeito de Francisco José, sabe-se que, no momento em que Vieira dos Santos solicitou-lhe crédito, ele exercia o cargo de sargento-mor do município do Rio de Janeiro. De José Francisco sabe-se que era envolvido no comércio de escravos.[149]

Eram esses indivíduos os principais interlocutores dos compadres de Vieira dos Santos, indivíduos que compunham uma cadeia de relações que comportava negociantes detentores de diferentes níveis de capitalização, bem como detentores de diferentes potenciais de endividamento. Mediante a análise do quadro de credores elaborado por Vieira dos Santos vê-se que Francisco Pereira José de Mesquita era, ao menos até 1823, o seu principal credor.

---

148 *Ibidem*, fl. 33.
149 Fábio Wilson do Amaral Pinheiro parece ter aprendido a atuação de Mesquita no tráfico de escravos. Segundo ele, Francisco José de Mesquita era bastante influente no tráfico de escravos para Minas Gerais no início do século XIX, atuando intensamente – ou como abonador, vendedor ou despachante. As remessas de sua parte giravam acima de 20 cativos. Nessa direção, o mesmo autor indica que Mesquita figurava como um dos mais importantes negociantes de grosso trato da praça mercantil carioca. Uma espécie de "empresário", envolvido em diferentes ramos do comércio. PINHEIRO, Fábio Wilson do Amaral. "Aspectos do tráfico de escravos para Minas Gerais (1809-1830)". In: FLORENTINO, Manolo (org.). *Impérios Ibéricos em Comarcas Americanas: estúdios regionales de historia colonial brasileira e riograndina*. Bogotá: Editorial Universidad de del Rosario, 2008, p. 376-377.

Tabela XIV: Dados transcritos *ipsis litteris* do registro de capitais e fazendas aplicados no giro de negócio e lojas de armazém de Antonio Vieira dos Santos

	Do total de todos os capitaes das fazendas	
	Total de todos os capitaes de fazendas que tenho metido no giro do meu negocio da loja a armazem desde o anno de 1805 ate o fim de 1823 segundo está lançado no livro de correntes a saber	
1	Cap^m Franco Per^a de Mesquita	3:702$532
2	Cap^m Fernando de Oliv^a Guim^es	1:755$425
3	Cap^m Antonio Joze de Ar^o	1:169$419
4	Cap^m Antonio da Cunha	1:281$440
5	Cap^m Joze Marques Per^a	556$882
6	Lour^co Joze de Azevedo	414$710
7	João Manoel da Costa	163$440
8	Cap. Mor Manoel Antonio Pereira	2:253$262
9	Joze Antonio Pinheiro	167$440
10	Sar^to M^or M^el Franco Corr^a	1:570$107
11	Vicente de Souza Barreiros	249$100
12	Cor^el Ricardo Carnr^o do S^tos	207$358
13	Cap^m Franco Ferr^a de Oliv^a	455$625
14	Ten^e João Ferr^a de Oliv^a	1:408$804
15	Ten^e Antonio J^e de Ar^o	2:251$582
16	Joze Antonio Mor^a	90$190

Fonte: SANTOS, Antonio Vieira dos. *Breve Rezumo das memórias...*, Op. cit., fl. 245.

Tal quadro dimensiona a extensão do grupo de credores de Vieira dos Santos e também o impressionante montante de sua dívida. Atente-se, nesta direção, de que – depois do negociante carioca – eram os compadres de Antonio Vieira dos Santos os maiores credores. O sogro de Vieira dos Santos também consta da lista fazendo crer que, para além do dote concedido na época de seu casamento socorreu Vieira dos Santos financeiramente outras vezes.

Nos anos 1820 Vieira dos Santos foi, de modo persistente, cobrado a respeito das dívidas que possuía, na praça carioca, como também, a respeito das dívidas que possuía com seus maiores credores em Paranaguá. Acerca de um episódio referente a tais cobranças, ele observou: "Em 23 de Fevr^o Dom^o r^ce cartas do Cap^m Mor M^el Ant^o Per^a em data de 19 pedindo-me a divida q' estava devendo ao Mesq^ta e respondi em 24 a m^ma e andei todo este dia bem triste em consideracõens sobre a m^a vida".[150]

O trecho acima é uma pequena amostra das intervenções do capitão-mor Manoel Antônio Pereira e, também, do sargento-mor Manoel Francisco Correia quando se tratava de cobrar as dívidas contraídas pelo memorialista. Ao que tudo indica, tais intervenções não se justificavam apenas pela interlocução destes comerciantes na praça carioca ou pelo fato, deles mesmos, serem também credores. Num ambiente em que a concessão de crédito era um expediente bastante descentralizado, era comum que credores recorressem a autoridades de relevo (estabelecidas no local de domicílio dos devedores) na hora de cobrarem suas dívidas. Assim como o capitão-mor cobrou dívidas de Vieira dos Santos é provável que ele tenha feito o mesmo com relação a outros endividados.

Se as cobranças de dívida são recorrentes ao longo das reminiscências, em resposta a estas, a expressão "bem triste em considerações sobre minha vida" é também bastante recorrente. Ao longo das reminiscências, sobretudo após o processo de falência protagonizado por Vieira dos Santos, ela aparece a cada entrada de embarcação proveniente do Rio de Janeiro (que no bojo destinado às correspondências traziam citações a Vieira dos Santos); Aparece também em momentos de tensões conjugais, advindas, da situação de endividamento:

> Em 6 de Dezbr° d° de manhã estava a mulher ralhando muito sobre não o não se vender nada não se ganhar e só gastando e q^e não sabia as coisas como ela pensava de q^e fiquei bem triste em considerações sobre minha vida entrou neste dia um barco do Rio.[151]

Ainda que seja uma hipótese um tanto apressada, tal excerto faz pensar se existia demanda para os víveres comercializados por Vieira dos Santos. Até que ponto os víveres pereciam antes de encontrarem compradores? Até que ponto circulava numerário em quantidade suficiente nos locais onde Vieira dos Santos atuou, para que ele conseguisse obter a liquidez necessária para saldar suas dívidas com o resultado das vendas? São questões por ora sem resposta mas que, quando respondidas, podem trazer indicadores sobre a viabilidade

---

150 SANTOS, Antonio Vieira dos. *Breve Resumo das Memórias... Op. cit.*, fl. 49.
151 SANTOS, Antonio Vieira dos. *Breve Resumo das Memórias...*, fl. 32.

do comércio que então se fazia. Em todo caso, resta clara a posição de Vieira dos Santos como um sujeito integrado e atado nas cadeias de adiantamento e endividamento derivadas da concentração de créditos pelos comerciantes mais abastados que, a propósito, foram características da economia brasileira desde o período colonial.[152]

Contudo, ao que indicam as reminiscências, deve-se ressaltar de novo o fator de ambivalência que tanto marca a trajetória deste indivíduo. Mesmo na condição de devedor, se verá doravante, ele seguiu participando da política local e, antes de falecer, possibilitou, num processo de reprodução social, que sua descendência mantivesse condições de vida semelhantes à sua.

Estas contradições, na verdade, remetem às considerações de Karl Polanyi no sentido da compreensão das características das sociedades que não operavam, estritamente, sob uma lógica de mercado (oferta e procura). Sociedades em que a economia estava enraizada no conjunto das relações sociais e políticas e não se constituindo em uma esfera autônoma. As formas de organização da economia se pautavam por fundamentos não econômicos, baseados em princípios de reciprocidade, redistribuição e domesticidade.

Portanto, ao mesmo tempo em que o processo de endividamento de Vieira dos Santos, fora marcado por episódios de tensões entre as partes do contrato de crédito, neste mesmo processo consolidava-se a sua inserção em um circuito de sociabilidades formado por frações de elites locais. É que, como lembra Polanyi, as relações sociais dos homens englobam a economia e nesse contexto: "el hombre actúa, no tanto para mantener su interés individual denposeer bienes materiales, cuanto para garantizar su posición social, sus derechos

---

152 Para uma análise sobre a função e a preponderância das cadeias de adiantamento e endividamento na economia brasileira entre os séculos XVIII e XIX, ver: FRAGOSO, João; FLORENTINO. *O Arcaísmo como Projeto: mercado atlântico, sociedade agrária e elite mercantil em uma economia colonial tardia*. Rio de Janeiro: Civilização Brasileira, 2001. Sobre a vigência dessas cadeias na dinâmica econômica da cidade de Curitiba durante o século XVIII, ver: BORGES, Joacir Navarro; PEREIRA, Magnus Roberto de Mello. "Tudo consiste em dívidas, em créditos e em contas: Relações de crédito no Brasil colônia; Curitiba na primeira metade do século XVIII". *Revista de História*, n. 162, 1º sem. de 2010, p. 106-129.

sociales, sus conquistas sociales. No concede valor a los bienes materiales más que en la medida em que sirven a este fin".[153]

Ao chegar ao período final de sua existência, Vieira dos Santos conseguira permanecer na vida política, manter a posse escrava, sem deixar de mencionar a continuidade das formas de dependência e domínio que foram características dos anos iniciais da sua atuação como comerciante varejista. Ao constituir as alianças matrimoniais de seus filhos, ao que tudo indica, a conservação de sua posição social, no âmbito dos aspectos há pouco mencionados, parece ter interferido positivamente naquele mesmo processo.

A partir de agora serão explorados, portanto, elementos presentes no segundo volume das lembranças de Vieira dos Santos intitulado *Memorias dos sucessos mais notáveis acontecidos desde o Ano de 1838 a Antonio Vieira dos Santos portuense depois que sahio da cidade do Porto sua pátria*. De fato, conforme informa o título, as anotações iniciam em 1838 sendo que, no primeiro volume, encerram em 1827. Além deste lapso temporal há também uma lacuna referente aos anos entre 1839 e 1845.

Da constelação de temas presentes ao longo do segundo volume, interessa salientar aqui as referências que permitem visualizar a inversão de posições entre os concunhados e compadres, Antonio Vieira dos Santos e Antônio José de Araújo, em seu ponto máximo. Endividado, Antonio Vieira dos Santos, na década de 1840, se viu na condição de prestador de serviços ao concunhado. Embora o fato não esteja completamente explícito na passagem em que fica sugerida tal situação, ao que parece, Vieira dos Santos havia sido relegado a guarda-livros do concunhado. Sem esconder a amargura Vieira dos Santos anotou:

> Em 4 [de fevereiro de 1847] Quinta f^{ra} de manhã tive grande desgosto do Ar° mandar me fazer hua conta de premios que eu lhe estou devendo. De conta singela de fazendas com premios tornando este a vencer premios e ao m^{mo} tempo anunciando-me que de principio de Fev^{ro} em diante eu só ganharia o Salário annual de 300$000 = tendo nos anos antecedentes ganho a 400$000 = cazo raro no Commercio Mercantil pois que os Escripturarios e Caixeiros sempre

---

153 POLANYI, Karl. *La gran transformación: critica del liberalismo económico*. Madri: Ediciones de La Piqueta, 1989, p. 88.

> se lhes acrescentão os seus salarios ou gratificacoens mas a mysantropia deste cavalheiresco p^{la} sua mesquinhez e a mais avarenta cobiça servindo-se da occazião da m^a extrema precizão nessecidade p^r não ter eu outro modo de vida me obriga a impor-me huã lei a seu arbítrio. Más Deos me compensara algum dia tais grandes generosidades.[154]

Em maio deste mesmo ano Vieira dos Santos indica ter entregue as chaves de seu armazém a Antônio José de Araújo "que principiou a servir-se dele". Contudo, ao que tudo indica, em nova ambivalência com relação a sua trajetória, não parece ter perdido a condição de senhor de escravos. Em 1848 e 1850, são anotadas passagens que se constituem em indícios de que ele ainda mantinha os escravos Felipenho, Candido e Vicente.

Além disso, Antonio Vieira dos Santos seguia participativo na esfera administrativa local que, afinal, passara por reestruturações em suas competências políticas. A sua interlocução com o governo provincial que se estruturava já vinha desde os anos de 1820, quando exerceu o cargo de tesoureiro da caixa de contribuições para as estradas do Arraial e de Curitiba, que ligavam – a partir de Morretes – o litoral e o planalto. Em 1835, Vieira dos Santos seria indicado pela prefeitura de Antonina como subprefeito de Morretes. A indicação foi aceita e Vieira dos Santos permaneceu nesta função até 1836. Dado que demonstra, aliás, que Vieira dos Santos já estava articulado à esfera administrativa de Morretes antes da elevação desta freguesia à vila.

Em 1844, elegeu-se vereador da recém-emancipada vila de Morretes. Em 1850, foi nomeado 3º suplente subdelegado de Morretes, além disso, exercera função de juiz de paz.[155] Acerca do modo de escolha de Juízes Municipais, há que se ressaltar o seu aspecto misto. De 1832 a 1841, as Câmaras Municipais eram incumbidas de realizar as eleições de Juiz Municipal, eleições a partir das quais eram formadas as listas tríplices de candidatos ao cargo. Por conseguinte, os presidentes de província escolhiam um dos indivíduos constantes nessas listas. Tais funções não estavam no topo do organograma da hierarquia administrativa provincial, mas, mesmo assim, como se verá, facultaram-lhe o envolvimento em políticas de nomeações provinciais.

---

154 *Idem*, fl. 92.
155 SANTOS, Antonio Vieira dos. *Memorias dos Sucessos mais notáveis ...*, Op. cit., fl. 122.

As relações de Vieira dos Santos com membros das elites administrativas de Antonina, Morretes e Paranaguá se fizeram sentir ainda, quando, afinal, ele ofereceu à estas instituições, entre os anos de 1849 e 1851, as obras que lhe deram o epíteto de "pae da historiografia Paranaense". As Câmaras de Morretes e Paranaguá aceitaram a proposta, recompensando o memorialista, respectivamente, com as quantias – bastante módicas, diga-se de passagem – de 200 mil e 400 mil réis.

Ao mesmo tempo em que permaneceu preso em obrigações econômicas que lhe impeliram ao falhanço econômico, Vieira dos Santos seguiu integrado ainda às esferas administrativas, portanto, mostrando capacidade de trânsito entre as elites locais, mantendo condições de facultar a seus filhos o ingresso no circuito de sociabilidades dessas elites.

Do casamento entre Antonio Vieira dos Santos e Maria Ferreira de Oliveira nasceriam cinco filhos. Um deles – chamado José – faleceu, ao que tudo indica, do mal de sete dias. O restante da prole eram Antonio Júnior (1805-1864), Maria Cândida (1807), Anna (1811) e José (1813-1850). Dentre esses descendentes, Antônio Júnior, Anna e José contraíram matrimônios.

Embora não se saiba com exatidão a data de casamento de Antônio Junior sabe-se que ele contraiu núpcias com Maria Rita do Rosário. Assim como ocorrera com seu pai, este consórcio nupcial fora celebrado, ao que tudo indica, entre gente da mesma igualha. A noiva era filha do alferes Polidoro José dos Santos, natural de Paranaguá, e de Maria Rita do Rosário natural de Paranaguá.[156]

As reminiscências dão conta de que, tal qual o pai, Antonio Júnior conseguira chegar à situação de proprietário de escravos. Em 1838, seu pai assinalou que ele partira no "Domingo 27 com sua me^r e m^a Nora; e seus Escr^{os} p^a a Freg^a de S. Joze Dos Pinhaes nos Campos de Coritiba levando algua fazenda e gêneros que tinha p^a la vender; e demorou alguns meses".[157] Não só a posse escrava e o casamento celebrado no interior da elite, mas, também, a mobilidade e a relação com o comércio aproximam a trajetória de Antonio Júnior a de seu pai.

---

156 *Ibidem*, fls. 330-331.
157 SANTOS, Antonio Vieira dos. *Memorias dos Sucessos mais notáveis... Op. cit.*, fl. 5.

Mas não só esses fatores. Após a passagem pelo planalto, Antônio Junior retornaria a Morretes para em 1841, logo ao início da emancipação da vila, na primeira sessão ordinária da Câmara Municipal ser nomeado como segundo promotor público.[158] Se em 1841, na primeira sessão ordinária da Câmara Municipal, Antonio Júnior foi nomeado 2º promotor público, em 1842, ele foi indicado por seu pai, à época ocupante do cargo Juiz de Paz em Morretes, para exercer a função de inspetor do 5º Quarteirão desse município.[159] Esta última função não correspondia ao topo das hierarquias políticas conformadas ao longo do período provincial. Pelo contrário, conforme observa José Murilo de Carvalho, os inspetores de quarteirão ocupavam a base do funcionalismo estatal.[160]

Mesmo assim, o envolvimento de Antônio Júnior em tal processo político demonstra que seu pai ainda possuía legitimidade de atuação no âmbito do poder local, a ponto de inserir seu primogênito logo ao início da rotina administrativa da Vila de Morretes.

O matrimônio do filho caçula, José Vieira dos Santos, se deu em 1845 com Emília Sofia Morocini Borba. Novamente se trata de uma união entre filhos de homens que ostentavam posições milicianas. Ela era filha de Vicente Antonio Rodrigues Borba, capitão de milícias na vila de Curitiba, e Joana Hilária Morocini Borba, natural de Montevidéu.[161] Nas Memórias Históricas da Vila de Morretes produzidas por Antonio vieira dos Santos, Vicente Antonio Rodrigues Borba é citado numa contenda que surgia entre Morretes e Antonina. Como já se indicou boa parte da erva mate, escoada a partir de Paranaguá, era beneficiada em Morretes que abundava em força hidráulica para a mobilização dos soques. À medida que a interlocução entre Morretes e Paranaguá estreitava-se, começavam a surgir conflitos de interesses e disputas econômicas entre as elites litorâneas. No calor destas disputas os comerciantes de Antonina enviaram ofício ao presidente da província de São Paulo com o intuito de demonstrar que a atuação de Rodrigues Borba na tesouraria da estrada do arraial

---

158 Cf. SANTOS, Antonio Vieira dos. *Memoria Histórica da Villa de Morretes...* Op. cit., p. 362.
159 *Ibidem*, p. 376.
160 Cf. CARVALHO, José Murilo de. *A Construção da Ordem: a elite política imperial*. Rio de Janeiro: Civilização Brasileira, 2007, p. 153.
161 Cf. SANTOS, Antonio Vieira dos. *Memorias dos Sucessos mais notáveis...*, Op. cit., fl. 315.

estaria direcionada ao atendimento das demandas dos comerciantes morretenses.[162] Concentrando-se o foco, contudo, na questão da aliança matrimonial, o casamento de José e Sofia ilustra as interações passíveis de ocorrer entre os negociantes que conseguiram ser incorporados como funcionários no âmbito das políticas provinciais.[163]

Uma vez casados, José e Sofia também subiram ao planalto residindo na região de Curitiba, onde José dedicou-se à produção ervateira. Contudo, também retornaram a Morretes em 1849. Nessa vila, José, assim como o seu irmão Antonio Júnior, dedicou-se ao comércio varejista e à negociação do mate. Os filhos homens de Vieira dos Santos tiveram as suas trajetórias marcadas, portanto, pela preservação das ocupações econômicas exercidas pelo seu pai e, também, pela inserção em esquemas matrimonias cuja lógica de funcionamento já estava consolidada ao tempo do estabelecimento de Vieira dos Santos no litoral sul paulista. Destaque-se também a reincidência de padrões de mobilidade geográfica (ainda que internos) afetando a família Vieira dos Santos

Se a relação entre casamento e migração interna foi um aspecto característico das trajetórias dos filhos homens de Antonio Vieira dos Santos, no caso das estratégias matrimoniais de Anna Vieira dos Santos predominou a lógica da escolha de genros portugueses relacionados ao comércio.

Anna Vieira dos Santos contraiu dois matrimônios. Em 1831, ela casou-se com José Lopes Ferreira (1797-1837), natural da freguesia portuguesa de São Salvador da Portella. Ele passara pela cidade do Rio de Janeiro nos anos 1820, período no qual se dedicou ao tráfico de escravos. Não chegando a posição de grande traficante, transferiu-se para Morretes em 1831. Ali exerceu as ocupações de comerciante varejista e negociante de animais até o ano de 1837 quando faleceu.[164] Em 1843, Anna contraiu novo matrimônio com Agostinho José Pereira de Lima (1816), natural da freguesia portuguesa de São Pedro Maximiliano. Ele estabeleceu-se como comerciante em Morretes, mantendo

---

162 Cf. SANTOS, Antonio Vieira dos. *Memoria Histórica da Villa de Morretes...*, Op. cit., p. 286-287.
163 Sobre a participação de Vieira dos Santos e Rodrigues Borba na administração da Estrada de Curitiba, ver: *Ibidem*
164 *Ibidem* fl. 407.

sociedade com Manoel Francisco Correia Júnior, filho do já bastante mencionado Manoel Francisco Correia, compadre e credor de Vieira dos Santos.[165]

A partir da análise dos perfis sociais dos mencionados cônjuges, verifica-se então que os filhos de Vieira dos Santos permaneceram, a exemplo do pai, inseridos em alianças com frações das elites locais.

21/11/1798: o dia em que a Sumaca Francesinha fundeou em Paranaguá

Dizia Vieira dos Santos em um curioso trecho de suas reminiscências que "O dia 21 de Novembro tem sido para mim aziago! Pela coincidência de vários acontecimentos sinistros que no mesmo houverão". Utilizando-se do método cronológico que lhe era tão caro, Vieira dos Santos listou os tais "sinistros acontecimentos". E assim se fica sabendo que neste agourento dia: rebentou lhe no colo um frasco de água fervente com a qual ele estava tentando produzir tinta (21/11/1846); faleceu lhe um escravo (21/11/1847); recebeu a carta de último adeus de seu neto Antônio às vésperas de falecer (21/11/1849); seu filho José manifestou os primeiros sinais da "terrível moléstia de Ipylepsia" da qual viria a morrer (21/11/1825); ocorreu lhe "certa fraqueza!", talvez da carne (21/11/1809); entre outras dezesseis curiosas ocorrências.

Não se sabe em que fase da vida Vieira dos Santos produziu esta pequena crônica de infortúnios. Contudo, sabe-se que o último registro ocorreu em 1849. Deste ano em diante lhe restariam apenas mais quatro até a sua morte aos 69 anos de idade. Portanto, ao desenhar o quadro em pauta, ele já reunira experiência suficiente para avaliar o seu passado desde que aportara em Paranaguá; e, talvez, desilusão suficiente para, em função de sua realidade, desmontar as miragens que trouxera consigo de Portugal.

É importante mencionar isto para que se faça a remissão ao excerto que, aos olhos desta pesquisa, mais chama a atenção no interior do balanço de infortúnios arrolados por Vieira dos Santos. Trata-se, justamente, daquele que inaugura o desditoso rol: "Em 21 de 9bro [de 1798] fundiou a Sumaca Francezinha

---

165 *Idem*, fl. 337.

vinda do Rio de Janeiro no porto de Paranaguá na qual eu ia". Este último trecho mereceu destaque porque, mesmo que de soslaio, toca num ponto sensível da investigação aqui procedida, qual seja, o da integração e socialização de Vieira dos Santos na área em que se estabeleceu. Revela, nesta direção, os tons com os quais o próprio Antonio Vieira dos Santos avaliou sua experiência imigratória. E, pelo visto, tal avaliação vem imbuída de negatividade. Afinal, ele julgou desafortunado justamente o dia em que aportou na região onde viveu a maior parte de sua vida além mar.

O legado constituído pelas reminiscências de Vieira dos Santos é sob este aspecto, sem desconsiderar outros mais, um marco testemunhal bastante precioso no corpo de estudos que se preocupam com trajetórias imigratórias e processos de arraigamento de portugueses no Brasil.

Estudiosa do assunto, Ana Sílvia Volpi Scott chamou a atenção, em um de seus trabalhos, para a necessidade de se "virar do avesso" o processo emigratório para além dos testemunhos jubilosos "cantados em verso e prosa pelos que voltam ricos à terra natal ou, então, pelos que se fixaram de maneira bem sucedida em sua nova terra". Nessa direção, o testemunho de Vieira dos Santos é um contraponto que mostra um lado bem menos edulcorado dos bastidores da e/imigração.[166]

De fato, num balanço final, ao dar no Brasil Vieira dos Santos não pôde fruir da "árvore das patacas" que tanto magnetismo exerceu ao impressionante fluxo demográfico que corria de Portugal ao Brasil. Contudo, no interior do processo interpretativo que aqui se procurou desenvolver, foram reunidos elementos que apontam para a direção de uma leitura menos fechada de sua trajetória que vai além da ideia de falhanço total. Se é certo que Vieira dos Santos conviveu com uma situação constante de déficits financeiros, lembre-se que:

> Na sociedade brasileira do inicio do século XIX [e talvez seja possível levar este mesmo juízo até 1850], o lugar do negociante não era determinado exclusivamente pelo critério de fortuna e extensão de seus negócios... O seu prestígio pessoal era definido pelos títulos e honrarias recebidos

---

166 Cf. SCOTT, Ana Sílvia V. *As duas faces da imigração portuguesa para o Brasil: décadas de.1820 -1930*. Disponível em: <http://www.unizar.es/eueezz/cahe/ volpiscott.pdf>.

e pela ocupação de altos postos na administração, nos corpos de milícia e nas irmandades religiosas.[167]

Embora não tenha chegado aos principais postos de chefia miliciana, sua participação nas ordenanças foi sempre constante e reiterada. A assiduidade da adesão do memorialista nas instâncias devocionais também foi demonstrada ao longo das linhas que aqui se traçaram. Quanto à participação nas instâncias político-administrativas pôde se observar desde cedo sua atuação neste contexto e mais... Num período de importantes transformações nos quadros institucionais, observou-se a capacidade de Vieira dos Santos em se *(re)inventar* para, assim, seguir transitando nas esferas do poder local.

Neste processo, sem dúvida, as relações familiares constituídas foram um dos elementos basilares que lhe garantiram a integração e, depois, a consolidação de seu pertencimento à sociedade receptora. Pertencimento que – apesar das oscilações – se deu sempre muito mais ao nível das elites locais do que o contrário. Durante boa parte de sua vida, Vieira dos Santos conseguiu manter-se em acordo com o ideal aristocratizante daquela sociedade, expresso pelo controle de homens (cativos), pela posse de engenho e, finalmente, pela participação nas esferas administrativas.

A preservação dessa condição pôde, de certo, interferir favoravelmente nas oportunidades sociais dos seus filhos. Se Vieira dos Santos, ao falecer, não chegou a deixar aos filhos "a fortuna de mais de 300 contos de reis"[168] tal como

---

167 MARTINHO, Lenira; GORENSTEIN, Riva. *Op. cit.*, p. 60.
168 O valor da herança legada por Antônio José de Araújo é informado pelo genealogista Ermelino Agostinho de Leão que disse ainda: "foi medida adoptada pelo governo do Paraná mandar reforçar o destacamento policial de Morretes para melhor garantir os bens dos órfãos". Infelizmente não foi encontrado o testamento de Antônio José de Araújo para se aferir a consistência da informação (sobretudo, o valor total da herança) de Ermelino de Leão. No mesmo título o autor comete algumas imprecisões errando, por exemplo, a data do casamento de Antônio José de Araújo com Domitila França. Em outro título, procurando se desculpar por certas imprecisões, o autor observa que fizera: "ligeiros apontamentos de memória, visto não termos encontrado, no momento, quer os nossos dados, quer os de Francisco Negrão...". Fato, portanto, que faz desconfiar do valor informado por Ermelino de Leão. Como se aludiu anteriormente um dos cinco sujeitos mais ricos da região foi o capitão-mor Manoel Antônio Pereira.

teria ocorrido com seu concunhado, encontrou meios para articular as alianças sociais de seus descendentes, sem descer a um nível inferior do que ele mesmo havia chegado. Tais alianças, nomeadamente as matrimoniais, foram, com efeito, firmadas ou com comerciantes de algumas posses ou com descendentes de oficiais milicianos.

Se antes foi possível alcançar os extremos da experiência imigratória lusitana em Paranaguá, buscando apreender lógicas que opunham os bem-sucedidos daqueles relegados às sobras do arranjo social, aqui também pôde se tocar no assunto das diferenciações internas entre os portugueses. Contudo, isso foi feito de uma maneira mais sensível, mostrando diferenciações dentro de um mesmo grupo, qual seja, o dos comerciantes. Além disso, se antes pôde se vislumbrar certa coesão entre os imigrantes portugueses, no caso desta seção as trajetórias cruzadas de portugueses que foram incorporados a Paranaguá, num complexo sistema de alianças por agnação, socorro mútuo e, não menos importante, créditos e endividamentos, tende a encorajar tal ideia de coesão entre os patrícios lusitanos.

Finalmente, diante de uma fonte testemunhal tão rara e da necessidade premente de seguir seu fluxo de informações – autobiográficas – buscou-se sempre que possível considerar os alertas de Roger Chartier, tentando-se, ao máximo, evitar aquilo que o autor chamou de dupla ilusão biográfica: "da singularidade das pessoas frente às experiências compartilhadas ou a ilusão da coerência perfeita numa trajetória de vida".[169] Nessa direção, os contornos da experiência de Vieira dos Santos foram, sempre que possível bordejados a partir de seus aspectos multifacetados, enfatizando-se os infortúnios, as causalidades, as oportunidades, que são, aliás, o apanágio de qualquer trajetória de vida. Ao mesmo tempo, buscando-se cruzar histórias de outros patrícios com a do pró-

---

O monte-mor bruto do inventário de sua esposa, que faleceu depois dele, somava 227 contos, 884 mil e 155 réis. Tomando este valor como referência, talvez tenha havido algum exagero da parte de Ermelino de Leão com relação ao espólio de Antônio José de Araújo. Exagero ou não, resta claro que este último faleceu em melhores condições financeiras do que seu concunhado Vieira dos Santos. p. 86; p. 118.

169 CHARTIER, Roger. *Conversa com Roger Chartier*. Disponível em: <http://www.casaruibarbosa.gov.br/dados/DOC/artigos/kn/FCRB_IsabelLustosa_Conversa_RogerChatier.pdf>. Acesso em: maio de 2012.

prio Vieira dos Santos procurou-se delimitar o que lhe foi singular e os fenômenos mais gerais do tecido social de onde ele provinha e, também, daquele no qual se imbricou.

Conclusão

Porto calmo de abrigo
De um futuro maior
Inda não está perdido
No presente temor

Não faz muito sentido
Já não esperar o melhor
Vem da névoa saindo
A promessa anterior

Quando avistei
Ao longe o mar
Ali fiquei
Parado a olhar

Sim, eu canto a vontade
Canto o teu despertar
E abraçando a saudade
Canto o tempo a passar

Quando avistei
Ao longe o mar
Ali fiquei
Parado a olhar

Pedro Ayres Magalhães

A emigração de portugueses para países exteriores à União Europeia mais do que triplicou entre 2010 e 2011. Eis o que diz o relatório da Organização Internacional para a Cooperação e Desenvolvimento Econômico (OCDE) sediada em Paris.[1]

Os homens se movimentam e tal movimento transforma-se por vezes em e/imigração. E no caso dos portugueses, como lembra Ana Sílvia Scott, já se vão mais de seis séculos de experiência portuguesa, de viver em outros países, ter contato com outras culturas, ser bem ou mal sucedido fora do torrão natal.[2] *Drama de hoje drama de ontem*[3] eis o que afirmou Joel Serrão na década de 1970. *A quando é que remontam as suas raízes históricas?* Eis o que perguntou o mesmo autor na mesma época. Não há evidentemente uma única resposta para esta pergunta. Há, na realidade, várias respostas e o trabalho que se apresentou buscou ser uma entre elas.

Olhou-se para um passado não tão distante e buscou-se compreender os mecanismos de repulsão e inserção de portugueses num período que, acreditava-se ter sido ainda pouco explorado pela historiografia. Um período em que o estatuto desses indivíduos não estava claramente definido: Colonizadores? Colonos? Imigrantes? enfim. E diante disso coube logo perguntar, tendo como pano de fundo a *Vila de Nossa Senhora do Rosário de Paranaguá,* qual era o lugar dos reinóis na hierarquia conformada naquela vila que, situada na costa, recebia as influências dos ares daquele tempo... De instalação da Família Real no Rio de Janeiro, de Abertura dos Portos, e, alguns anos depois, de Emancipação Brasileira.

E diante dos resultados que sobrevieram coube logo reformular a questão. Não se tratava mais de entender *Qual era o lugar,* mas, *Quais eram* os lugares dos adventícios lusos na hierarquia que se conformava naquela vila. E, como se viu, eles foram diversos.

Observando de perto esses homens e, algumas poucas mulheres, surgiram os contrastes. Uma reduzida elite mercantil contrastava com um grupo mais robusto de pequenos vendeiros de molhados, taberneiros; uma reduzida

---

[1] Disponível em: <http://noticias.sapo.pt/pais/2013/06/13/emigracao-portuguesa-para-fora-da-ue-mais-do-que-triplicou-em-2011>. Acesso em: jul. 2013.
[2] SCOTT, Ana Sìlvia V. *Os portugueses.* São Paulo: Contexto, 2010.
[3] Serrão, Joel. *Op.cit.* 1977.

elite agrária (que não raro confundia-se com a mercantil) contrastava com os roceiros e lavradores de subsistência lutando para o seu sustento. E no meio disso os remediados. E todos eram portugueses, ingressados num lugar e época onde ser branco, livre, e oriundo do reino eram, inegavelmente, características de distinção. Mas para muitos estas características não foram suficientes.

E ao se prosseguir com as análises pareceu evidente que havia algo do passado destes indivíduos que persistia teimosamente interferindo, para melhor ou pior, em seus processos de arraigamento. Mais do que ser português era necessário pertencer a uma rede, pertencer a um grupo já estabelecido, ter algumas aptidões. Um investimento inicial (na alfabetização, no manejo com a aritmética) pode ter feito uma diferença crucial nas oportunidades de inserção destes indivíduos no outro lado do atlântico. Eis o que poderia diferenciar os caixeiros chegados no Rio de Janeiro que, depois, em Paranaguá, tornaram se comerciantes bem sucedidos; daqueles outros marujos pobres que singraram exaustivamente os mares para, finalmente, de forma um tanto aleatória buscar a fixação em terra.

Em todo caso, também se viu que a faina itinerante dos adventícios portugueses não cessava de imediato. E nisso eles estavam bem de acordo com o contexto onde se inseriram, afinal...

> O homem colonial era essencialmente migrante. O fluxo intenso de gente, a transitoriedade da residência, da ocupação de fortuna, a aventura, a possibilidade de enriquecimento, a abertura de novas áreas de exploração, as lutas cotidianas e a rapidez das transformações eram as fortes características da sociedade colonial brasileira.[4]

E no caso da mobilidade parece certo que a saída, de um lugar para outro, representava, em geral, um signo de insucesso. O caso de Antonio Vieira dos Santos parece sintomático, a cada falência protagonizada por ele sobrevinha um processo de mobilidade. Mobilidade inter-regional, por espaços não muito distantes entre si, mas ainda sim mobilidade.

Antonio Vieira dos Santos. Um comerciante que não deu certo. Um imigrante que, pelo menos em seu próprio juízo, teria falhado em seu projeto

---

4   FARIA, Sheila de Castro. *Op.cit.*, p. 91.

imigratório. E ele tinha as habilidades, tinha as competências... Mas elas não lhe foram suficientes. Suficientes, ao menos, para alcançar estatuto e cabedal ao nível de outros patrícios (mais bem sucedidos) que ingressaram em Paranaguá no período coevo. Eis, portanto, outro caso que desencoraja qualquer acepção engessada para os processos de fixação lusitana em Paranaguá.

Aliás, foi uma preocupação constante, durante a redação das linhas que precederam esta conclusão, a tentativa de valorizar o multifacetado em detrimento do monocromático. A busca desta perspectiva de análise não esteve imune à influência dos encaminhamentos historiográficos recentes, no cenário nacional, que com cada vez mais ênfase tem insistido em interpretações menos unívocas ou binárias de nosso passado colonial.

Na investigação acerca das variadas facetas da inserção reinól em Paranaguá tentou-se conjugar sempre a análise qualitativa com a quantitativa. E nesse sentido, muitos testemunhos ajudaram a humanizar, por assim dizer, os números que foram sendo apresentados ao longo deste livro. E diante do testemunho legado por Antonio Vieira dos Santos, buscou-se elevar ao paroxismo essa humanização (na melhor acepção do verbo) dos números.

Nesse processo a busca de distanciamento – entre pesquisador e objeto – foi sempre uma constante. Mas em uma série de ocasiões acabei me vendo envolvido, identificado, com as histórias que se iam descortinando sob meus olhos. Escolher encerrar este trabalho com uma poesia contemporânea, de um grupo contemporâneo, com uma narrativa extemporânea, foi a forma que encontrei de confessar a minha vinculação com o passado que busquei historiar, ainda assim, de forma isenta.

Fontes

Arquivo da Biblioteca da Câmara Municipal de Curitiba. *Livro de Lançamento de dízimo de Paranaguá (1808-1857)*.

Arquivo Metropolitano Dom Leopoldo e Silva, da Mitra Arquidiocesana de São Paulo. *Processos Gerais Antigos – Séries Dispensas e Processos Matrimoniais*. Manoel Francisco Correia. PGA 07-02-02, 1799.

_____. *Processos Gerais Antigos – Séries Dispensas e Processos Matrimoniais. Francisco Ferreira de Oliveira.* PGA 07-02-09 1789.

_____. *Processos Gerais Antigos – Séries Dispensas e Processos Matrimoniais*. Manoel Antônio da Costa. 1784;

Arquivo Nacional da Torre do Tombo. TSO Tribunal do Santo Ofício (1536-1821). PT/TT/TSO-IL/028/04368- 1788-09-02 a 1789-10-24.

Arquivo público do Estado de São Paulo. Manuscritos t.c. Ordenanças de Paranaguá: capitão-mor e outros oficiais subalternos. 1721-1822. Cx-64. Ordem 304, 1794

_____. *Quartel do governo militar da vila de Paranaguá: Manufaturas de destilar, de cal, de pilar arroz e café, de preparar erva mate.* 1826. Fotocópia do acervo do Centro de Documentação e Pesquisa dos Domínios Portugueses no Brasil, Universidade Federal do Paraná.

_____. *Mapa comparativo da exportação dos produtos da Paroquia de Paranaguá;* Anos de 1815-1830.

BÍBLIA, A.T. Gên. Português. *Bíblia Sagrada.* trad. Centro Bíblico Católico. 34.ed. rev. São Paulo: Ave Maria.

CONSTITUIÇÃO POLÍTICA DO IMPÉRIO DO BRAZIL (De 25 de março de 1824). Disponível em: <http://www.planalto.gov.br/ccivil_03/Constituicao/Constitui%C3%A7ao24.htm>. Acesso em: nov. 2012.

DOCUMENTOS INTERESSANTES PARA A HISTÓRIA E COSTUMES DE SÃO PAULO. Ofícios do General Bernardo José de Lorena a diversos funcionários da capitania, 1788-195. Vol. 46. São Paulo: Duprat e Cia, 1924.

_____. Ofícios do Capitão General Antônio Manoel de Melo Castro e Mendonça (Governador da Capitania). Vol. 87. 1797-1801. São Paulo: Departamento de Arquivo do Estado, 1963.

_____. Diversos 1766-1816. Vol.25. São Paulo: Escola Typographica Salesiana, 1904.

_____. Correspondência do Capitão-General Antônio Manoel de Mello Castro e Mendonça 1797-1800. Vol. 29. Typographia do Diário Oficial, 1899.

_____. Diversos 1766-1816. Vol. 25. São Paulo: Escola Typographica Salesiana, 1904.

_____. Ofícios do general Bernardo José de Lorena a diversos funcionários da capitania, 1788-1797. Vol. 46. São Paulo: Duprat e Cia, 1924.

_____. Correspondência recebida e expedida pelo General Bernardo José de Lorena, Governador da Capitania de São Paulo, durante seu governo. 1788-1797. Vol. 45. São Paulo: Duprat e Cia, 1924.

_____. Ofícios do general Bernardo José de Lorena a diversos funcionários da capitania, 1788-1797. Vol. 46. São Paulo: Duprat e Cia, 1924.

_____. Correspondência do governador e capitão-general, Antônio Manoel de Melo Castro e Mendonça. 1797-1802. v. 89. São Paulo: Departamento do Arquivo do Estado, 1967.

_____. Ofícios do General Martim Lopes Lobo de Saldanha (Governador da Capitania) 1779-1780. Vol. 82. São Paulo: Departamento do Arquivo do Estado, 1956.

_____. Ofícios do General Martim Lopes Lobo de Saldanha (Governador da Capitania) 1779-1780. Vol. 82. São Paulo: Departamento do Arquivo do Estado, 1956.

_____. Ofícios do Capitão General Antônio da França e Horta 1802-1811.

INSTITUTO HISTÓRICO GEOGRÁFICO PARANAENSE. Carta de Rodrigues Cesar de Menezes a Ayres de Saldanha, 15/031724. Doc. 517 – Cópia Fotoestática do Arquivo Histórico Ultramarino.

_____. Instrução por escrito do Estado atual desta capitania e dos principais negócios que vossa excelência deve ter notícia. Bernardo José de Lorena. Documentos Históricos: transliterações do Arquivo Histórico Ultramarino. Doc. 800.

_____. Representação do Ouvidor – Carta do governador França e Horta dando seu parecer sobre a conta dos oficiais de Paranaguá. Documentos Históricos: transliterações do Arquivo Histórico Ultramarino. Doc. 1231.

_____. Representação do Ouvidor – Geral Joaquim Procópio P. Salgado (1804). Documentos Históricos: transliterações do Arquivo Histórico Ultramarino. Doc. 732.

LEÃO, Ermelino Agostinho de. *Antonina factos e homens: da edadearcheolithica à elevação da cidade.* Antonina: Officinas de Francisco Gonçalves, 1918.

_____. *Contribuições Históricas e Geographicas para o Diccionario do Paraná.* Vol. 3. Empreza Graphica Paranense: Curityba, 1929.

_____. *Diccionário Histórico e Geográfico do Paraná (1926).* Vol. I. Curitiba: Instituto Histórico e Geográfico do Estado do Paraná, 1994.

Museu Republicano de Itu. *Inventário. Maria Joana Branca da Silva, 1829*. Cx. 58.

Negrão, Francisco de P. *Memoria Histórica Paranaense: as minas da capitania de Paranaguá* (separata). Curitiba: Impressora Paranaense, 1934.

_____. *Genealogia Paranaense*. Curitiba: Fac símile Imprensa Oficial do Estado do Paraná, 1926 (em seis volumes de 1926-1950).

Projeto Resgate de Documentação Histórica. Carta do Governador França e Horta dando seu parecer sobre a conta dos oficiais de Paranaguá... 15/12/1806. Doc. 1281.

_____. Representação dos Oficiais da Câmara da Vila de Paranaguá ao (Príncipe Regente D. João), expondo as dificuldades que tinham para desenvolver seu comércio. Cx.57; Doc. 4296.

Relatório do Marques de Lavradio em 1 de junho de 1779. *Apud*: Costa, Samuel Guimarães. *O último Capitão-mor (1782-1857)*. Curitiba: UFPR, 1988. Disponível em: <http://www.historiacolonial.arquivonacional.gov.br/cgi/cgilua.exe/sys/start.htm?infoid=235&sid=35&tpl=printerview>. Acesso em: jun. 2010.

Relatório do presidente da provincial do Paraná, o conselheiro Zacarias de Góes e Vasconcelos na abertura da assembleia provincial em 15 de junho de 1854. Tipografia Paranaense: Curitiba, 1854.

Saint-Hilaire, August de. *Viagem a Curitiba e Província de Santa Catarina, 1824*. São Paulo: Editora da Universidade de São Paulo, 1978.

Santos, Antonio Vieira dos. *Memória Histórica, Cronológica, Topográfica, da Vila de Morretes Porto Real vulgarmente chamado Porto de Cima*. Museu Paranaense, Curitiba, 1940.

_____. *Memória histórica, cronológica, topográfica e descritiva da cidade de Paranaguá e seu município* [1850]. Curitiba: Vicentina, 2001. (em 2 vol.)

_____. *Memória Histórica, Cronológica, Topográfica e Descritiva da Cidade de Paranaguá e seu município*. Vol. I. Curitiba: Vicentina, 2001.

_____. *Breve resumo das memórias mais notáveis aconteçidas desde o Ano 1797 ate 1823*. Originais pertencentes ao arquivo do Círculo de Estudos Bandeirantes/Pontifícia Universidade Católica do Paraná.

_____. *Memorias dos sucessos mais notáveis acontecidos desde o Ano de 1838 a Antonio Vieira dos Santos portuense depois que sahio da cidade do porto sua pátria Tomo 2 Ano 1838*. Originais pertencentes ao arquivo do Círculo de Estudos Bandeirantes/Pontifícia Universidade Católica do Paraná.

Silva, Antônio Moraes. *Dicionário da língua portuguesa* – recompilado dos vocabulários impressos até agora, e nesta segunda edição novamente emendado e muito acrescentado. Vol. 2. Lisboa: Empreza Litteraria Fluminense, 1798

Testamentos, Inventários, Autos de Conta. Originais pertencentes ao Arquivo Público do Paraná (APP) e ao Museu do Tribunal de Justiça do Estado do Paraná (Museu da Justiça).

BIBLIOGRAFIA

ABREU, Eduardo de. "A Physicatura-Mor e o Cigurgião-Mor dos Exércitos do Reino de Portugal e Estados do Brazil". *Revista do IHGB*, 1900, parte I, p. 154-306.

ALMEIDA, Carla Maria de. "*Trajetórias Imperiais: imigração e sistema de casamento entre a elite mineira setecentista*". In: ALMEIDA, Carla Maria de; OLIVEIRA, Mônica R. de (orgs.). Nomes e números: alternativas metodológicas para a história econômica e social. Juiz de Fora: Editora UFJF, 2006, p. 223-281.

ALVES, Jorge Fernandes. *Os Brasileiros: emigração e retorno no Porto oitocentista*. Porto: Gráficos Reunidos, 1995.

_____. (coord.) *Os "brasileiros" da emigração*. Vila Nova de Famalicão: Edições Imparciais, 1998.

_____. "Terra de Esperanças – o Brasil na emigração portuguesa". *Portugal e Brasil – Encontros, desencontros, reencontros*. Cascais: Câmara Municipal, VII Cursos Internacionais, 2001.

ANDRADE, Marcos Ferreira. *Indicações sobre a produção e o comércio do fumo sul-mineiro: análise do livro de notas do negociante Antônio José Ribeiro de Carvalho*. Disponível em: <http://www.cedeplar.ufmg.br/seminarios/seminario_diamantina/2008/D08A014.pdf>. Acesso em: maio 2013.

ANDREAZZA, Maria Luiza. "Dominium: terras e vassalagem na América Portuguesa". In: DORÉ, Andrea; LIMA, Luiz Felipe S.; SILVA, Luiz Geraldo. *Facetas do Império na história: conceitos e métodos*. São Paulo: Hucitec, 2008, p. 271-285.

_____. "Cultura familiar e registros paroquiais". In: BASSANEZI, Maria Silvia C. B.; BOTELHO, Tarcísio (org.). *Linhas e entrelinhas: as diferentes leituras das atas paroquiais dos setecentos e oitocentos*. Belo Horizonte: Veredas e Cenários, 2009, p. 137-157, p. 139.

_____. *Uma herança camponesa: moradia e transmissão patrimonial entre imigrantes ucranianos (Brasil, 1895-1995)*. Disponível em: <http://nuevomundo.revues.org/20822#text>. Acesso em: mar. 2011.

_____. *Olhares para a Ordem social na Freguesia de Santo Antônio da Lapa, 1763-1798*. Disponível em: <http://www.abep.nepo.unicamp.br/docs/anais/pdf/2002/GT_His_ST12_Andreazza_texto.pdf>. Acesso em: jul. 2013.

_____; BOSCHILIA, Roseli (org.). *Portuguesas na Diáspora: histórias e sensibilidades*. Curitiba: Editora UFPR, 2011.

_____; NADALIN, Sérgio Odilon. *Imigrantes no Brasil: colonos e povoadores*. Curitiba: Nova Didática, 2000.

_____; TRINDADE, Etelvina. *Cultura e Educação no Paraná*. Seed: Curitiba, 2001.

ANTONIL, André João. "Da abunpdancia de mantimentos, e de todo o usual que hoje há nas Minas, e do pouco caso que se faz dos preços extraordinariamente altos". In: ANTONIL, André João. *Cultura e Opulência do Brasil*. 3ª ed. Belo Horizonte: Itatiaia/Edusp, 1982.

ARAÚJO, Maria Lúcia Viveiros. *Os caminhos da riqueza dos paulistanos na primeira metade do oitocentos*. São Paulo: Fapesp/Hucitec, 2006.

ARAÚJO, Maria Marta Lobo de. "Balanços de Vidas, medo da morte e esperança na salvação: os testamentos dos emigrantes portugueses para o Brasil (séculos XVII e XVIII)". *Cadernos de História*, Belo Horizonte, v. 8, n. 9, 2006, p. 29-48.

ARROTEIA, Jorge Carvalho. *A emigração portuguesa: suas origens e distribuição.* Lisboa: Bertrand, 1983.

ARRUDA, Alzira Campos Lobo. *Casamento e família em São Paulo colonial.* São Paulo: Paz e Terra, 2003.

ARRUDA, José Jobson de. *O Brasil no comércio colonial.* São Paulo: Editora Ática, 1980.

_____; FONSECA, Luis Adão da. "Brasil-Portugal: História, agenda para o milênio". In: LESSA, Carlos; MATOS, Maria Izilda; SOUZA, Fernando de; HECKER, Alexandre (org.). *Deslocamentos e história: os portugueses.* Bauru: Edusc, 2008.

BACELLAR, Carlos de Almeida Prado. *Arrolando os habitantes no passado as listas nominativas sob um olhar crítico.* Disponível em: <http://www.ufjf.br/locus/files/2010/02/55.pdf>. Acesso em: jan. 2011.

_____. "Uso e mau uso dos arquivos". In: PINSKY, Carla Bassanezi. *Fontes históricas.* São Paulo: Contexto, 2006.

_____. "Os Reinóis na população paulista às vésperas da Independência". *Anais do XII Encontro Nacional de Estudos Populacionais*, Caxambu, 2000.

_____. *Viver e sobreviver em uma vila colonial: Sorocaba séculos XVIII e XIX.* São Paulo: Fapesp/Annablume, 2001.

_____; BASSANEZI, Maria Sílvia B. *Levantamentos de população publicados na Província de São Paulo no século XIX.* Disponível em: <http://www.abep.nepo.unicamp.br/docs/rev_inf/vol19_n1_2002/vol19_n1_2002_6artigo_113_129.pdf>. Acesso em: fev. 2011.

BALHANA, Altiva P.; WESTPHALEN, Cecília M. "Portugueses no Paraná". In: SZESZ, Christiane Marques *et al. Cultura e Poder: Portugal-Brasil no século XX.* Curitiba: Juruá, 2006.

_____. *Lazeres e Festas de Outrora*. Sociedade Brasileira de Pesquisa Histórica: Curitiba, 1983.

BARBOSA, Mara Fabiana. T*erra de Negócio: o comércio e ao artesanato em Curitiba na segunda metade do século XVIII*. Dissertação (mestrado) – UFPR, Curitiba, 2003.

BARBOSA, Rosana. *Immigration and xenophobia: portuguese immigration nearly 19th century Rio de Janeiro*. Toronto: University Press of America, 2008.

BARROSO, Daniel Souza ; JUNIOR, Antônio Otaviano Vieira. "Histórias de 'movimentos': embarcações e populações portuguesas na Amazônia joanina. *Revista Brasileira de Estudos Populacionais*. Rio de Janeiro, vol. 27, n. 1, jan.-jun. 2010, p. 193-210.

BELLOTTO, Heloísa L. *Autoridade e conflito no Brasil colonial*. 2ª ed. São Paulo: Alameda, 2007.

BESSONE, Tânia. "Lusofobia". In: VAINFAS, Ronaldo (org.). *Dicionário do Brasil Imperial (1822 -1889)*. Rio de Janeiro: Objetiva, 2008.

BICALHO, Maria Fernanda Batista. "As câmaras ultramarinas e o governo do império". In: FRAGOSO, João; BICALHO, Maria Fernanda Batista; GOUVÊA, Maria de Fátima (orgs.). *O Antigo regime nos trópicos e a dinâmica imperial portuguesa (séculos XVI e XVIII)*. Rio de Janeiro: Civilização Brasileira, 2001, p. 220-221.

BLAJ, Ilana. *A Trama das tensões: o processo de mercantilização de São Paulo colonial (1681-1721)*. São Paulo: Humanitas/ Fapesp, 2002.

BLOCH, Marc. *Apologia da História*. Rio de Janeiro: Jorge Zahar, 2002.

BOGUSZEWSKI, José Humberto. *Uma história cultural da erva-mate:o alimento e suas representações*. Dissertação (mestrado de História) – UFPR, Curitiba, 2007.

BORGES, Joacir Navarro; PEREIRA, Magnus Roberto de Mello. "Tudo consiste em dívidas, em créditos e em contas: relações de crédito no Brasil colônia". *Revista de História*, n. 162, p. 106-129, 2010.

BORREGO, Maria Aparecida de Menezes. *A teia mercantil: negócios e poderes em São Paulo colonial*. São Paulo: Alameda, 2009.

BOSCHI, Caio. *Os leigos e o poder*. São Paulo: Ática, 1986.

BOTELHO, Tarcísio. *População e nação no Brasil do século XIX*. Tese (doutorado) – Universidade de São Paulo, São Paulo, 1998.

_____; PAIVA, Clotilde Andrade; CASTRO, José Flávio. "Políticas de população no Período Joanino". In: SCOTT, Ana Sílvia V. ; FLECK, Eliane Cristina Deckman. *A corte no Brasil: população e sociedade no Brasil e em Portugal no início do século XIX*. São Leopoldo: Oikos, 2008, p. 59-89.

BOURDIEU, Pierre. "A ilusão biográfica". In: FERREIRA, Marieta de Moraes; AMADO, Janaina (org.). *Usos e abusos da história oral*. Rio de Janeiro: Editora da FGV, 1996.

BOXER, Charles R. *A Idade do Ouro no Brasil: dores de crescimento de uma sociedade colonial*. Rio de Janeiro: Nova Fronteira, 2000.

_____. *O império marítimo português (1415-1825)*. São Paulo: Companhia das Letras, 2002.

BRAUDEL, Fernand. *A dinâmica do capitalismo*. Rio de Janeiro: Rocco, 1987.

BRETTEL, Caroline B. *Homens que partem, mulheres que esperam*. Lisboa: Dom Quixote, 2001.

_____. "Emigração, a Igreja, a festa religiosa do norte de Portugal: um estudo de caso". In: AZEVEDO, Joaquim (dir.). *Studium Generale: Estudos Contemporâneos*. n. 5. Porto: Imprensa Nacional, 1983.

BUDASZ, Rogério. *Cifras de música para saltério música de salão em Paranaguá e Morretes no início do século XIX*. Curitiba: UFPR, 2002.

_____. *Teatro e Música na América Portuguesa: ópera e teatro musical no Brasil - convenções, repertório, raça, gênero e poder*. Curitiba: Editora da UFPR, 2008.

BURMESTER, Ana Maria de Oliveira. "Estado e População: o século XVIII em questão". *Revista da Faculdade de Letras da Universidade de Coimbra.* Coimbra: 1999, p. 113-151.

CARDOSO, Lino de Almeida. *O som e o soberano: uma história da depressão musical carioca pós-Abdicação (1831-1843) e seus antecedentes.* Tese (doutorado em História Social) – Faculdade de Filosofia, Letras e Ciências Humanas-FFLCH, São Paulo, 2006.

CARNEIRO, David. *História da História do Paraná.* Curitiba: Escola Técnica de Curitiba, 1952.

CARVALHO, José Murilo de. *A Construção da Ordem*: a elite política imperial. Rio de Janeiro: Civilização Brasileira, 2007.

CASTELO BRANCO, Camilo. *Vinte horas de Liteira.* Porto: Typographia do Comercio, 1864.

CASTRO, Hebe Maria M. de. *Das cores o silêncio: os significados da liberdade no sudeste escravista.* Rio de Janeiro: Arquivo Nacional, 1995.

CAVAZZANI, André Luiz M. "Adventícios portugueses: notas acerca da situação dos lusitanos radicados na Baía de Paranaguá a partir das listas nominativas de habitantes". In: SALIS, André Ulisses de et al. *Conjunção de saberes: pesquisa e ensino de História.* Campinas: Pontes, 2012.

_____. "Sem se descobrir impedimento algum: expostos, enjeitados e estratégias matrimoniais na Vila de Nossa Senhora da Luz dos Pinhais de Curitiba (segunda metade do século XVIII)". In: VENANCIO, Renato Pinto (org.). *De Portugal ao Brasil: uma história social do abandono de crianças, séculos XVIII-XX.* Belo Horizonte/PUCMinas/São Paulo: Alameda, 2009.

CHARTIER, Roger. *Conversa com Roger Chartier.* Disponível em: <http://www.casaruibarbosa.gov.br/dados/DOC/artigos/kn/FCRB_IsabelLustosa_Conversa_RogerChatier.pdf>. Acesso em: nov. 2012.

CHAVES, Cláudia Maria das Graças. "Cultura mercantil por meio das aulas de comércio: a produção dos manuais didáticos manuscritos e impressos". In: FONSECA, Thaís Nívia de Lima Fonseca (org.). *As Reformas Pombalinas no Brasil*. Belo Horizonte: Mazza Edições, 2011.

COSTA, Samuel Guimarães. *O último Capitão-mor (1782-1857)*. Curitiba: UFPR, 1988.

DAUMARD, Adeline; BALHANA, Altiva P.; GRAF, Márcia Elisa de C. *História Social do Brasil Teoria e Metodologia*. Curitiba: Editora da UFPR, 1984.

DEBRET, Jean-Baptiste. *Viagem pitoresca e histórica ao Brasil v.2*. São Paulo: Martins Fontes, 1989, p. 73.

DI CARLO, Ricardo Felipe. *Exportar e abastecer: população e comércio em Santos, 1775-1836*. Dissertação (mestrado de História Social) – USP, São Paulo, 2011.

DIAS, Maria Odila L. da Silva. *A interiorização da Metrópole e outros estudos*. São Paulo: Alameda, 2005.

_____. "*A Interiorização da Metrópole*". In: MOTA, Carlos Guilherme (org.). *1822: Dimensões*. São Paulo: Perspectiva, 1978.

DORATIOTO, Francisco. *Maldita Guerra: nova história da Guerra do Paraguai*. São Paulo: Companhia das Letras, 2007.

EVANGELISTA, Helio de Araújo. *Rio de Janeiro uma cidade portuguesa com certeza*. Rio de Janeiro: E-papers, 2008.

FALCON, Francisco C. *A época pombalina*. São Paulo: Ática, 1982.

FAORO, Raymundo. *Os donos do poder: formação do patronato político brasileiro*. 3ª ed. São Paulo: Globo, 2001.

FARIA, Sheila de Castro. *A colônia em movimento: fortuna e família no cotidiano colonial*. Rio de Janeiro: Nova Fronteira, 1998.

FERNÁNDEZ, Ramón V. Garcia. "*Os Lavradores de Cana em São Sebastião*". *Revista do Instituto de Estudos Brasileiros*, São Paulo, n. 40, 1996, p.173-190.

FERNANDEZ, Ramon Vicente Garcia. *Transformações econômicas no litoral norte paulista (1778-1836)*. Tese (doutorado de Economia) – Fea/USP, São Paulo, 1992.

SOUZA, Fernando de. *História da Estatística em Portugal*. Lisboa: Instituto Nacional da Estatística, 1995.

FIAMONCINI, Celina. *Em defesa da saúde e do amparo: imigrantes portugueses em Curitiba (1898-1930)*. Dissertação (mestrado Programa de pós-graduação) – UFPR, Curitiba, 2011.

FILHO, Anibal Ribeiro. *Paranaguá na história de Portugal: suas relações com a monarquia portuguesa. 1648-1822*. Paranaguá: IHGP, 1967.

FLORENTINO, Manolo; MACHADO, Cacilda. "Imigração portuguesa e miscigenação no Brasil século XIX-XX". In: LESSA, C. (org.). *Os Lusíadas na aventura do Rio moderno*. Rio de Janeiro: Record, 2002.

FOUCAULT, Michel. *Microfísica do poder*. Rio de Janeiro: Graal, 1979.

FRAGOSO, João Luís. "Economia brasileira no século XIX: mais do que uma plantation escravista exportadora". In: Maria Yedda Linhares (org.). *História Geral do Brasil*, Rio de Janeiro: Campus, 1999.

_____. *Homens de Grossa Ventura: acumulação e hierarquia na Praça Mercantil do Rio de Janeiro (1790-1830)*. Rio de Janeiro: Civilização Brasileira, 1998, p. 261.

_____; FLORENTINO, Manolo. *O Arcaísmo como Projeto: Mercado Atlântico, Sociedade Agrária e Elite Mercantil no Rio de Janeiro (c. 1790-c. 1840)*. Rio de Janeiro: Sette Letras, 1996, p. 13-14.

_____. "*Os homens de negócios do Rio de Janeiro e sua atuação nos quadros do Império Português*". In: FRAGOSO, João Luis Ribeiro, BICALHO, Maria

Fernanda; GOUVÊA, Maria de Fátima. *O Antigo Regime nos Trópicos: a dinâmica imperial portuguesa (séculos XVI-XVIII)*. Rio de Janeiro: Civilização Brasileira, 2001.

FRAGOSO, Myriam Xavier. *O Ensino Régio na Capitania de São Paulo (1759-1801)*. Tese (doutorado) – Faculdade de Educação da Universidade de São Paulo, São Paulo, 1972.

FREYRE, Gilberto. *Casa-grande & Senzala: as origens da família patriarcal brasileira*. Rio de Janeiro: Editora José Olympio, 1987.

FURTADO, Celso. *Formação econômica do Brasil*. São Paulo: Companhia Editora Nacional, 1971.

FURTADO, Júnia Ferreira. "Testamentos e Inventários: a morte como testemunho de vida". In: PINSKY, Carla Bassanezi; LUCA, Tania Regina de (org.). *O Historiador e suas Fontes*. São Paulo: Contexto, 2009.

_____ (org.). *Diálogos oceânicos: Minas Gerais e as novas abordagens para uma história do Império Ultramarino Português*. Belo Horizonte: UFMG, 2001.

_____. "As elites no Império português". In: ALMEIDA, Carla Maria de; OLIVEIRA, Mônica R. de (org.). *Nomes e números: alternativas metodológicas para a história econômica e social*. Juiz de Fora: Editora UFJF, 2006, p. 121-131.

GIL, Tiago Luís. *Coisas do Caminho: tropeiros e seus negócios do Viamão à Sorocaba (1780-1810)*. Tese (doutorado em História) – UFRJ, Rio de Janeiro, 2009.

GINZBURG, Carlo. *O Queijo e os Vermes: o cotidiano e as ideias de um moleiro perseguido pela inquisição*. São Paulo: Companhia das Letras, 1987.

GODINHO, Vitorino de Magalhães. "Na mudança a História – uma história sempre nova". *Revista de História Econômica e Social*. Vol. I, jan.-jun. de 1978, Lisboa, Sá da Costa.

_____. *Estrutura da Antiga Sociedade Portuguesa*. Lisboa: Arcádia, 1971.

GOMES, José Eudes. *As milícias d'el rey: tropas militares e poder no Ceará Setecentista*. Rio de Janeiro: Editora da FGV, 2010.

GUEDES, Carlos Roberto. "Sociedade escravista e mudança de cor. Porto Feliz, São Paulo, século XIX". In: FRAGOSO, João; Florentino, Manolo; SAMPAIO, Carlos Jucá; CAMPOS, Adriana (org.). *Nas rotas do império: eixos mercantis, tráfico e relações sociais no mundo português*. Ilha de Vitória: Edufes, 2006.

GHIRARDI, Monica; LOPEZ, Antonio I. *El matrimonio, el Concílio de Trento e Hispanoamerica*. Disponível em: <http://revistadeindias.revistas.csic.es/index.php/revistadeindias/article/viewArticle/686>. Acesso em: nov. 2010.

GUTIÉRREZ, Horácio. "Donos de terras e escravos no Paraná: padrões e hierarquias nas primeiras décadas do século XIX". *Revista História*, vol. 25, São Paulo, 2006.

HAMEISTER, Martha Daisson. "Registros de Confirmação de Batismo: testando possibilidades e limites de uma fonte. Estreito, Continente do Rio Grande de São Pedro, 1770". *Anais do 4º Encontro Escravidão e Liberdade no Brasil Meridional*, Curitiba, 2009.

HERCULANO, Alexandre. "A Emigração". In: CUSTÓDIO, Jorge; GARCIA, José Manuel (org.). *Opúsculos de Alexandre Herculano (1873-1875)*. Vol. 2. Lisboa: Editorial Presença, 1983.

HOLANDA, Sérgio B. *Raízes do Brasil*. São Paulo: Companhia das letras, 1995.

_____. *História Geral da Civilização Brasileira: a época colonial*. 10ª ed. São Paulo: Record, 2003.

JANCSÓ, István; PIMENTA, João Paulo G. "Peças de um mosaico (ou apontamentos para o estudo da emergência da identidade nacional brasileira)". In: MOTA, Carlos Guilherme (org.). *Viagem incompleta: a experiência brasileira (1500-2000)*. São Paulo: Senac, 2000, p. 129-173.

JORGE, Ricardo. *Demographia e Hygiene da Cidade do Porto*. Porto: Repartição de Hygiene da Camara Municipal do Porto, 1899.

Kato, Allan Thomas T. *Retrato urbano: estudo da organização socioespacial de Paranaguá, Antonina e Curitiba no início do século XIX*. Dissertação (mestrado de História) – Universidade Federal do Paraná, Curitiba, 2011.

Klein, Herbert. "A integração social e econômica dos imigrantes portugueses no Brasil dos finais do século XIX e no século XX". *Análise Social*, Lisboa, vol. 28, 1993, p. 235-265.

Kushnir, Beatriz. "Traços da imigração portuguesa no acervo do arquivo geral da cidade do Rio de Janeiro". *Revista População e Sociedade*; A emigração portuguesa para o Brasil, Porto, n. 14 e 15, parte I, 2007.

Leandro, José Augusto. "A roda, a prensa, o forno, o tacho: cultura material e farinha de mandioca no litoral do Paraná". Revista Brasileira de História, São Paulo, vol. 27, n. 54, 2007, p. 261-278.

Leão, Ermelino Agostinho de. *Dicionário Histórico e Geográfico do Paraná*. Vol. 6. Curitiba: Empresa Graphica Paranaense, 1994.

_____. *Diccionário Histórico e Geográfico do Paraná (1926)*. Vol. I. Curitiba: Instituto Histórico e Geográfico do Estado do Paraná

_____. *Antonina factos e homens: da edade archeolithica à elevação da cidade*. Antonina: Officinas de Francisco Gonçalves, 1918.

Lessa, Carlos. "Rio uma cidade portuguesa?". In: Lessa, Carlos (org.) *Os Lusíadas na aventura do Rio Moderno*. Rio de Janeiro: Record, 2002.

Levi, Giovanni. *A herança imaterial: trajetória de um exorcista no Piemonte do século XVII*. Rio de Janeiro: Civilização Brasileira, 2000.

_____. "Sobre a micro história". In: Burke, Peter (org.). *A escrita da história: novas perspectivas*. São Paulo: Editora Unesp, 1992.

Lima, Carlos Alberto Medeiros. *Artífices do Rio de Janeiro (1790-1808)*. Rio de Janeiro: Apicuri, 2008.

_____. "Sobre migrações para a América Portuguesa: o caso do Rio de Janeiro, com especial referência aos açorianos (1786 – 1844)". *Estudos Ibero-americanos*. PUC-RS, vol. XXVI, n. 2, dez. 2000, p. 113.

LINHARES, Temístocles de. *História econômica do mate*. Rio de janeiro: José Olimpio, 1969.

LOBO, Eulália Maria Lahmeyer. *Imigração portuguesa no Brasil*. São Paulo: Hucitec, 2001.

LORIGA, Sabina. "A biografia como problema". In: REVEL, Jacques (org.). *Jogos de escalas: a experiência da microanálise*. Rio de Janeiro: Editora da FGV, 1998.

LUIZETTO, Maria Cristina; PRADO, Maria Lígia. "Contribuições para o estudo do comércio de cabotagem no Brasil, 1808-1822". *Anais do Museu Paulista*. Tomo 30, São Paulo, 1980-1.

LUNA, Francisco Vidal; KLEIN, Herbert S. "Nota a respeito de medidas de grãos utilizadas no período colonial e as dificuldades para a conversão ao sistema métrico". *Boletim de História Demográfica*, ano VIII, n. 21, mar. 2001. Disponível em: <http://historia_demografica.tripod.com/bhds/bhd21/bhd21.htm>. Acesso em: out. 2011.

MAACK, Reinhard. *Geografia física do Estado do Paraná*. Curitiba: Secretaria de Cultura e do Esporte do governo do Estado do Paraná, 1981.

MACHADO, Brasil Pinheiro. "Problemática da cidade colonial brasileira". *História questões e debates*, ano 6, n. 10, jun. 1985.

MACHADO, Cacilda. *De uma família imigrante: sociabilidades e laços de parentesco*. Curitiba: Aos Quatro Ventos, 1998.

_____. *A trama das vontades: negros, pardos e brancos na construção da hierarquia social no Brasil escravista*. Rio de Janeiro: Apicuri, 2008.

MARCHI, Euclides *et. al*. "*Trinta anos de historiografia*: um exercício de avaliação". *Revista Brasileira de História*, v. 13, n 25/26, set. 1992/ago. 1993, p. 133-141.

MARCÍLIO, Maria Luiza. *Crescimento demográfico e evolução agrária paulista: 1700-1836*. São Paulo: Hucitec, 2000.

_____. *La ville de São Paulo: peuplement et population, d'aprés les registres paroissiaux et les recensements anciens 1750-1850*. Paris: Presses Universitaires de France, 1973.

MARTINHO, Lenira Menezes; GORENSTEIN, Riva. *Negociantes e Caixeiros na Sociedade da Independência*. Rio de Janeiro: Secretaria da Cultura, 1993.

MARTINS, Romário. *História do Paraná*. Curitiba: Travessa dos Editores, 1995.

MARTINS, Wilson. *Um Brasil diferente: ensaio sobre fenômenos de aculturação no Paraná*. São Paulo: T.A. Queiroz, 1989.

MASSEY, Douglas et al. "Theories of international migration: a review and appraisal". *Population and Development Review*, vol. 19, n. 3, 1993.

MATTOS, Renato de. *Política, Administração e Negócios: a capitania de São Paulo e sua inserção nas relações mercantis do Império Português (1788-1808)*. Dissertação (mestrado de História Social) – USP, São Paulo, 2009.

MATTOSO, Kátia Queiroz de. *Bahia século XIX uma província no Império*. Rio de Janeiro: Nova Fronteira, 1992.

MAURO, Fréderic (coord.). *Nova História da Expansão Portuguesa: o Império Luso-Brasileiro 1620-1750*. vol. VII. Lisboa: Editorial Estampa, 1991.

MAXWELL, Keneth. *Marquês de Pombal: paradoxo do iluminismo*. Rio de Janeiro: Paz e Terra,1996.

MEDICCI, Ana Paula. *Administrando conflitos: o exercício de poder e os interesses mercantis na capitania/província de São Paulo (1765-1822)*. Tese (doutorado de História Social) – USP, São Paulo, 2010.

MELLO MORAES. *Corographia, histórica, cronographica, genealógica, nobiliárquica e política do Império do Brasil*. Rio de Janeiro: Typographia Brasileira, 1863.

MELLO, Alexandre; MELLO, Nilva R. *O Brasil e a Bacia do Prata*. São Paulo: IHGSP, 1980.

MENDES, José Sachetta Ramos. *Laços de Sangue: privilégios e intolerância à emigração portuguesa no Brasil* (1822-1945). Porto: Fronteira do Caos/Cepese, 2010.

MENZ, Maximiliano Mac. "Comércio e navegação no Rio Grande: sazonalidades coloniais". In: MOURA, Esmeralda Blanco de; FERLINI, Vera Lúcia Amaral. *História econômica: agricultura, indústria e populações*. São Paulo: Alameda, 2006a.

_____. *Entre dois Impérios: formação do Rio Grande na crise do Antigo Sistema Colonial (1777-1822)*. Tese (doutorado de História Econômica) – USP, São Paulo, 2006b.

MEQUELUSSE, Jair. *A população de Paranaguá no final do século XVIII*. Dissertação (mestrado) – DEHIS-UFPR, Curitiba, 1975.

MONTEIRO, John Manuel. *Sal, justiça social e autoridade régia: São Paulo no início do século XVIII*. Disponível em: <http://www.historia.uff.br/tempo/artigos_dossie/artg8-2.pdf>. Acesso em: abr. 2010.

MONTEIRO, Nuno Gonçalo. *A circulação das elites no Império dos Bragança (1640-1808): algumas notas*. Disponível em: <http://www.scielo.br/pdf/tem/v14n27/a05v14275.pdf>. Acesso em: jan. 2011.

MOREIRA, Julio Estrela. *Caminhos das comarcas de Curitiba e Paranaguá (até a emancipação da Província do Paraná)*. Vol.1. Curitiba: Imprensa Oficial, 1975.

MORGENSTERN, Algacyr. *Porto de Paranaguá: contribuição à história (1648-1935)*. Paranaguá: Administração dos portos de Paranaguá e Antonina, 1985.

MORSE, Richard M. *Formação histórica de São Paulo: de comunidade a metrópole*. São Paulo: Difusão Europeia do Livro, 1970.

Mota, Carlos Guilhereme. *São Paulo no século XIX(1822-1889): esboço de interpretação.* Disponível em: <http://www.mackenzie.br/dhtm/seer/index.php/cpgau/article/viewFile/136/41>. Acesso em: março 2011.

_____; Lopez, Adriana. *História do Brasil: uma interpretação.* São Paulo: Editora Senac, 2008.

Motta, Jose Flavio. *Corpos Escravos, vontades livres: posse de cativos e familia escrava em Bananal (1801-1829).* São Paulo: Annablume/Fapesp, 1999.

Moura, Denise Aparecida Soares de. "*Subsistemas de Comércio Costeiros e internalização de interesses na dissolução do Império colonial português* (Santos, 1788-1822)". *Revista Brasileira de História,* São Paulo, vol. 30, n. 59, p. 215-235, 2010.

_____. *Comércio na Costa do Brasil no temerário ano de 1817. Histórica – Revista Eletrônica do Arquivo Público do Estado de São Paulo,* n. 41, abr. 2010.

Nadalin, Sérgio O. *A população no passado colonial brasileiro: mobilidade versus estabilidade.* Disponível em: <http://www.revistatopoi.org/numeros_anteriores/Topoi%2007/topoi7a2.pdf>. Acesso em: set. 2010.

_____. *Paraná ocupação do território: população e migrações.* Curitiba: Seed, 2002.

_____. *História e Demografia elementos para um diálogo.* Demographicas vol. I. Campinas: Associação Brasileira de estudos Populacionais, 2004.

_____. *A demografia numa perspectiva histórica.* Belo Horizonte: ABEP, 1994.

Nava, Pedro da Silva. *Capítulos da História da Medicina no Brasil.* Cotia/Londrina/São Paulo: Ateliê Editorial Oficina do Livro Rubens Borba de Moraes, 2003.

Nazzari, Muriel. *O desaparecimento do dote: mulheres, famílias e mudança social em São Paulo, Brasil, 1600-1900.* São Paulo: Companhia das Letras, 2001.

Negrão, Francisco de P. *Genealogia Paranaense.* Curitiba: Imprensa Oficial do Estado do Paraná, 1926 (em seis volumes de 1926-1950).

_____. *Genealogia Paranaense*. Vol. I. Curitiba: Empresa Graphica Paranaense, 1926, p. 1.

_____. *Memoria Histórica Paranaense: as minas da capitania de Paranaguá (separata)*. Curitiba: Impressora Paranaense, 1934, p. 51.

NOGUEIRA, Ana Maria de Moura. *Como nossos pais: uma história da memória da Imigração Portuguesa em Niterói*. Dissertação (mestrado) – Universidade Federal Fluminense, Rio de Janeiro, 1998.

OLIVEIRA, Márcio. *Imigração e diferença em um estado do sul do Brasil: o caso do Paraná*. Disponível em: <http://nuevomundo.revues.org/index5287.html#ftn5>. Acesso em: mar. 2011.

OLIVEIRA MARTINS, Joaquim Pedro de. *Fomento Rural e Emigração*. 3 ed. Lisboa: Guimarães Editores, 1994.

OSÓRIO, Helen. "Comerciantes do rio Grande de São Pedro: formação, recrutamento e negócios de um grupo mercantil da América Portuguesa". *Revista Brasileira de História*, vol. 20, n. 39, 2000.

PEDREIRA, Jorge Miguel Viana. *Os homens de negócio da Praça de Lisboa de Pombal ao Vintismo (1755-1822): diferenciação, reprodução e identificação de um grupo social*. Tese (doutorado) - Universidade Nova de Lisboa, Faculdade de Ciências Sociais e Humanas, Lisboa, 1995.

PEREIRA, Aline Pinto; RIBEIRO, Gladys Sabina. "Imigração". In: NEVES, Lúcia Bastos Pereira; VAINFAS, Ronaldo (org.). *Dicionário do Brasil Joanino -1808-1821*. Rio de Janeiro: Objetiva, 2008.

PEREIRA, Magnus de Mello. *Semeando iras rumo ao progresso*. Curitiba: Editora da UFPR, 1996.

PEREIRA, Magnus Roberto de Mello. "Almuthasib – considerações sobre o direito de almotaçaria nas cidades de Portugal e suas colônias". *Revista Brasileira De História*. São Paulo, v. 21, n. 42, 2001.

_____. "Dos Usos e abusos do mate: sociedade e indústria no Paraná do século XIX". *Revista Cativeiro e Liberdade*, jan./jun. 1997.

PEREIRA, Maria da Conceição Meireles. "Legislação sobre emigração para o Brasil na Monarquia Constitucional". In: MATOS, Maria Izilda; SOUZA, Fernando de; HECKER, Alexandre (org.). *Deslocamentos e história: os portugueses.* Bauru: Edusc, 2008.

PEREIRA, Mirian Halpern. *A Política portuguesa de imigração: 1850-1890.* Lisboa: A Regra do Jogo, 1981.

PETRONE, Maria Thereza Shoerer. *A lavoura canavieira em São Paulo – expansão e declínio* (1765-1851). São Paulo: Difusão Europeia do Livro, 1968.

PICANÇO, Jefferson de Lima. Comentários sobre o artigo "O Paraná na história da mineração no Brasil: séc. XVII". In Boletim Paranaense de Geociências, n. 56. Curitiba: Ed. UFPR, 2004.

PIÑEIRO, Teo L. *A construção da autonomia: o corpo de comércio do Rio de Janeiro.* Disponível em: <http://econpapers.repec.org/paper/abphe2003/094.htm>. Acesso em: out. 2009.

PINHEIRO, Fábio Wilson do Amaral. "Aspectos do tráfico de escravos para Minas Gerais (1809-1830)". In: FLORENTINO, Manolo (orgs.). *Impérios Ibéricos em Comarcas Americanas: estúdios regionales de historia colonial brasileira e riograndina.* Bogotá: Editorial Universidad de del Rosario, 2008, p. 376-377.

POLANYI, Karl. *La gran transformación: critica del liberalismo económico.* Madrid: Ediciones de La Piqueta, 1989.

POLETO, Lizandro. *Pastoreio de almas em terras Brasilis: a igreja católica no "Paraná" até a criação da diocese de Curitiba (XVII –XIX).* Disponível em: <http://dspace.c3sl.ufpr.br/dspace/bitstream/1884/25021/1/LizandroPoletto.pdf>. Acesso em: jan. 2011.

POLÓNIA, Amélia. "Mulheres que partem e mulheres que ficam – o protagonismo feminino na expansão ultramarina". Revista *O Estudo da História,* n. 4, Associação dos Professores de História. Trofa: Artipol, 2001.

PRADO JR, Caio. *Evolução política do Brasil: colônia e Império*. 18ª ed. São Paulo: Brasiliense, 1999.

PRADO JR, Caio. *Formação do Brasil Contemporâneo*. São Paulo: Brasiliense, 1995.

RABELLO, Elizabeth D. *As elites na sociedade paulista na segunda metade do século XVIII*. São Paulo: Safady Ltda, 1980.

RENÓ, Igor José Machado. "O 'brasileiro de torna viagens': e o lugar do Brasil em Portugal. *Revista Estudos Históricos*, vol. I, n. 35, 2005, Rio de Janeiro, CPDOC/FGV.

REVEL, Jaques. "A História aos Rés do Chão". In: LEVI, G. *A herança Imaterial: trajetória de um exorcista no Piemonte do século XVII*. Rio de Janeiro: Civilização Brasileira, 2000.

RIBEIRO, Gladys Sabina. "'Pés-de-chumbo' e 'Garrafeiros': conflitos e tensões nas ruas do Rio de Janeiro no Primeiro Reinado (1822-1831). *Revista Brasileira de História*. São Paulo, Anpuh, Marco Zero, vol. 12, n. 23/24, set. 91/ ago. 92.

_____. *A liberdade em construção: identidade nacional e conflitos antilusitanos no Primeiro Reinado*. Rio de Janeiro: Relume Dumará/FAPERJ, 2002.

RODRIGUES, Henrique. *Emigração e Alfabetização: o Alto-Minho e a miragem do Brasil*. Governo Civil de Viana do Castelo: Viana do Castelo, 1995.

RODRIGUES, Jaime. "Arquitetura Naval: imagens, textos e possibilidades de descrições dos navios negreiros". In: FLORENTINO, Manolo(org.). *Tráfico, cativeiro e liberdade: Rio de Janeiro, século XVII-XIX*. Rio de Janeiro: Civilização Brasileira, 2005.

_____. *Cultura marítima: marinheiros e escravos no tráfico negreiro para o Brasil (Sécs. XVIII e XIX)*. Disponível em: <http://www.scielo.br/scielo.php?script=sci_arttext&pid=S0102-01881999000200002#back7>. Acesso em: fev. 2013.

ROSENTHAL, Paul-Andre. "Construir o macro pelo micro: Frederik Barth e a "micro historia". In: REVEL, Jaques (org.). *Jogos de escala: a experiência da microanálise.* Rio de Janeiro: FGV, 1998.

ROWLAND, Robert. "A cultura brasileira e os portugueses". In: ALMEIDA, Miguel Vale & BASTOS, Cristiana; FELDMAN-BIANCO, Bela (org.). *Trânsitos Coloniais: diálogos críticos luso-brasileiros.* Campinas: UNICAMP, 2007.

RUSSEL-WOOD, Anthony John R. *Escravos e Libertos no Brasil colonial.* São Paulo: Civilização Brasileira, 2005.

SÁ, Isabel do Guimarães. *Misericóridas, portugueses no Brasil e brasileiros.* Disponível em: <http://repositorium.sdum.uminho.pt/bitstream/1822/4341/1/miseric%C3%B3rdias.pdf>. Acesso em: dez. 2011.

PARDINHO, Rafael Pires. "Provimentos do ouvidor Pardinho para Curitiba e Paranaguá (1721)". In: SANTOS, Antônio Cesar de Almeida (org.). *Monumenta,* vol. 3, n. 10. Curitiba: Aos Quatro Ventos, 2000.

SANTOS, Antônio Cesar. "Vadios e Política de Povoamento na América Portuguesa, na segunda metade do século XVIII". *Estudo Ibero-americanos,* PUC-RS, vol. XXVII, n. 3, 2001.

SANTOS, Antonio Vieira dos. *Breve resumo das memórias mais notáveis acontecidas desde o Ano 1797 ate 1823* (Originais pertencentes ao arquivo do Círculo de Estudos Bandeirantes/Pontifícia Universidade Católica do Paraná).

_____. *Memorias dos sucessos mais notáveis acontecidos desde o Ano de 1838 a Antonio Vieira dos Santos portuense depois que sahio da cidade do Porto sua pátria.* Tomo II, Ano 1838 (Originais pertencentes ao arquivo do Círculo de Estudos Bandeirantes/Pontifícia Universidade Católica do Paraná).

_____. *Memória Histórica, Cronológica, Topográfica e Descritiva da Cidade de Paranaguá e seu município.* Vol. I. Curitiba: Vicentina, 2001.

SCOTT, Ana Sílvia V. *As duas faces da imigração portuguesa para o Brasil: décadas de. 1820-1930.* Disponível em: <http://www.unizar.es/eueezz/cahe/volpiscott.pdf>. Acesso em: out. 2009.

_____. *Famílias, formas de união e reprodução social no noroeste português (séculos XVII-XIX)*. Guimarães: NEPS, 1999.

_____. *Os portugueses*. São Paulo: Contexto, 2010.

_____; Petiz, Simei de Sant'ana. "Gentes das Ilhas: migração açoriana para o Rio Grande de São Pedro". Anais do XVIII Encontro da Associação Brasileira de Estudos Populacionais. Disponível em: <http://174.121.79.98/~naotemb/anais/files/ST6[657]ABEP2012.pdf>. Acesso em: jan. 2010.

Serrão, Joel. *Emigração Portuguesa: sondagem histórica*. Lisboa: Livros Horizonte, 1977.

Silva, Álvaro Ferreira da. "A evolução da rede urbana portuguesa (1801-1940)". *Análise social*, vol. XXXII (143-144), 1997, p. 779-814. Disponível em: <http://analisesocial.ics.ul.pt/documentos/1218793663V1tKT7ac7Ow68TZ5.pdf>. Acesso em: abr. 2012.

Silva, Antônio Moraes. *Dicionário da língua portuguesa*. Vol. 2. Lisboa: Empreza Litteraria Fluminense, 1798.

Silva, Maria Beatriz Nizza da. *Vida privada e quotidiano no Brasil na época de D. Maria e D. João V.* Lisboa: Editorial estampa, 1993.

_____ (coord.). Sexualidade, família e religião na colonização do Brasil. Lisboa: Livros Horizonte, 2001

_____ (org.). *História de São Paulo Colonial*. São Paulo: Unesp, 2009

_____. *Documentos para a História da imigração portuguesa no Brasil 1850-1938*. Rio de Janeiro: Editorial Nórdica, 1992.

_____. "Estilo de vida de um negociante". In: SILVA, Maria Beatriz Nizza da. *Cultura no Brasil Colônia*. Petrópolis: Vozes,1981.

_____. *Ser nobre na colônia*. São Paulo: Editora da UNESP, 2005.

_____. *Sistema de Casamento no Brasil colonial*. São Paulo: Edusp, 1984.

_____. "Uma lacuna na historiografia luso-brasileira: a imigração portuguesa no Brasil". *Anais da III Reunião da Sociedade Brasileira de Pesquisa Histórica*, São Paulo, SBPH, jul. 1984.

SILVA, Luiz Geraldo. *A faina, a festa e o rito: uma etnografia histórica sobre as gentes do mar (sécs. XVII ao XIX)*. Campinas: Papirus, 2001.

SIMONSEN, Roberto. *Historia Económica do Brasil (1500-1820)*. São Paulo: Companhia Editora Nacional, 1937.

SLENES, Robert. A.W. *Na senzala, uma flor*. Rio de Janeiro: Nova Fronteira, 1999.

SOKOLOW, Susan. *Los mercadores del Buenos Aires virreinal: família y comercio*. Buenos Aires: Ediciones de la Flor, 1991.

SOUZA, Fernando de. *História da Estatística em Portugal*. Lisboa: Instituto Nacional da Estatística, 1995, p. 7.

STADEN, Hans. *Meu cativeiro entre os selvagens do Brasil*. Coleção Farol do Saber. Curitiba: Fundação Cultural, 1995.

TELLES, Bazilio. *Carestia da Vida nos Campos*. Porto: Chardon, 1904.

TENGARRINHA, José (org.). *História de Portugal*. 2. ed. São Paulo: EDUSC/ Instituto Camões, 2001.

TILLY, Charles. "*Transplanted Networks*". In: YANS-MCLAUGHLIN, Virginia (org.). *Immigration reconsidered: history, sociology and politics*. Oxford: University Press, 1990.

TOURINHO, Luiz Carlos Pereira. "O pai da História Paranaense: Antonio Vieira dos Santos". *Boletim do Instituo Histórico, Geográfico e Etnográfico Paranaense*, vol., XLI.

VAINFAS, Ronaldo (dir.). *Dicionário do Brasil Colonial (1500-1800)*. Rio de Janeiro: Objetiva, 2000, p. 55-57.

_____; NEVES, Lúcia Bastos Pereira (org.). *Dicionário do Brasil Joanino 1808-1821*. Rio de Janeiro: Objetiva, 2008.

_____. *Trópico dos pecados: moral, sexualidade e Inquisição no Brasil*. Rio de Janeiro: Nova Fronteira, 1997, p. 256.

VALENTIM, Agnaldo. *Uma civilização do Arroz: agricultura, comércio e subsistência no Vale do ribeira (1800-1880)*. Tese (doutorado de História Econômica) – USP, São Paulo, 2006.

VASCONCELOS E SOUSA, Gonçalo Mesquita da Silveira de. *A arte da Prata no Porto 1750-1810*. Dissertação (doutorado de Ciências e Técnicas do Patrimônio) – Faculdade de Letras da Universidade do Porto, Porto, 2002.

VENANCIO, Renato Pinto. *Famílias abandonadas: assistência a criança de camadas populares no Rio de Janeiro e em Salvador séculos XVIII e XIX*. Campinas: Papirus, 1999.

_____; Furtado, Júnia F. "Comerciantes, tratantes e mascates". In: DEL PRIORE, Mary (org.). *Revisão do Paraíso: os brasileiros e o Estado em 500 anos de história*. Rio de Janeiro: Campus, 2000.

_____; PRIORE, Mary Del. *Uma História da vida rural no Brasil*. Rio de Janeiro: Ediouro, 2006.

_____; PRIORE, Mary del. *O livro de ouro da história do Brasil*. Rio de Janeiro: Ediouro,2003.

_____. "Presença portuguesa: de colonizadores a imigrantes". In: Ronaldo Vainfas (org.). *Brasil: 500 anos de povoamento*. Rio de Janeiro: IBGE, 2000.

VIANA, Francisco José de Oliveira. *Instituições Políticas Brasileiras*. 1º volume. Brasília: Senado Federal, 1999.

WACHOWICZ, Ruy. *História do Paraná*. Curitiba: Imprensa Oficial do Paraná, 2002.

WAGNER, Ana Paula. *População no Império Português: recenseamentos na África Oriental Portuguesa na segunda metade do século XVIII*. Tese (doutorado) – Universidade Federal do Paraná, Curitiba, 2009.

WESTPHALEN, Cecília Maria; BALHANA, Altiva P. "Irmandades Religiosas de Paranaguá no século XVIII". *Círculo de Estudos Bandeirantes*, n. 10, Curitiba, 1996.

_____; CARDOSO, Jayme Antônio. *Atlas histórico do Paraná*. Curitiba: editora do CHAIN, 1986.

_____. *Porto de Paranaguá: um sedutor*. Curitiba: Secretaria de Estado da Cultura, 1998.

_____. "Comarca de Paranaguá no Comércio Marítimo do século XVIII". Revista de História do Instituto Histórico e Geográfico Brasileiro, n. 336, jul.-set., Rio de Janeiro, 1982.

_____. *Comércio exterior no Brasil Meridional*. Curitiba: CD Encadernações, 1999.

ZEMELLA, Mafalda. *O Abastecimento da Capitania de Minas Gerais no século XVIII*. 2ª ed. São Paulo: Hucitec, 1990.

ANEXOS

Anexo I: Mapa da Baía de Paranaguá com a posição das principais áreas mencionadas nesta pesquisa

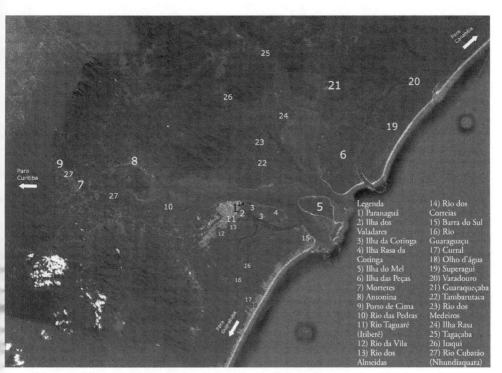

Fonte: Google Maps. Disponível em: <www.maps.google.com>.

Observação: As localidades mais recorrentes na pesquisa foram inseridas no mapa por meio de legendas numeradas. Tal iniciativa foi tomada para diminuir a possível "poluição visual" da imagem resultante. O tamanho das fontes tipográficas utilizadas foi ajustado de acordo com espaço disponível e visam promover uma maior facilidade de observação por parte do leitor. A localização dos topônimos é aproximada. Alguns acidentes geográficos ganharam nova nomenclatura com o passar dos anos. Contudo, por uma questão de coerência e, também, para tornar mais imediata a identificação dos lugares citados, procurou-se manter os nomes correntes na documentação correspondente ao lapso temporal abarcado nesse trabalho.

Anexo II: Reinóis I – Fogos portugueses de 5 em 5 anos

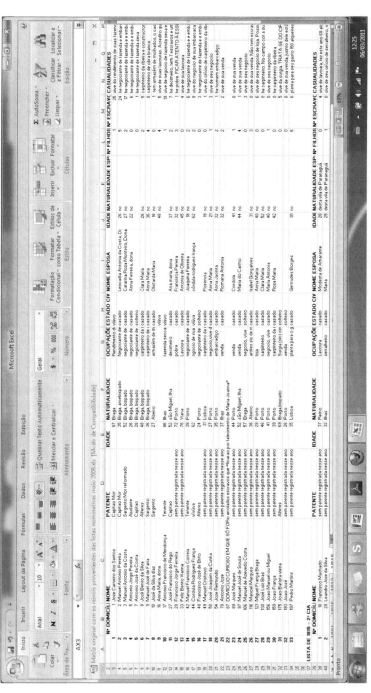

Fonte: ARQUIVO PÚBLICO DO ESTADO DE SÃO PAULO. *Listas Nominativas de Habitantes da Vila de N. Sra. do Rosário de Paranaguá 1801, 1805, 1810,1815, 1830.*

Observação: Esta planilha constitui-se no grau zero do presente estudo. Nesta planilha estão identificados os principais agentes sociais deste trabalho e, por isso mesmo, ela serviu de parâmetro para buscas em outros corpos documentais. Esta base permitiu acompanhar o evolver dos domicílios reinóis no tempo, permitindo uma avaliação do processo de arraigamento dos portugueses tanto pela perspectiva sincrônica quanto pela diacrônica.

Anexo III: SPSS Transcrição literal acrescida de faixas de agregação de dados das Listas nominativas de Habitantes de Paranaguá: 1801-1830

Num_Fogo	Quart_Bai	Rua	Cia	Num_indiv	Num_filhos	Num_es_cr_agreg	Num_cr_agreg	Num_agreg_agreg	Num_no_fogo	Nome	Cod_de_chefe	Sexo	Idade	Intervalos_etarios	Rel_com_chefe	Estadoc_original	Patente	Patente_agreg	Condi_agreg	Qualific_ativo	Cor	Naturalidade	Naturalidade_de_agreg	Ocupação	Ocupação_agreg	Ocupação_agreg_2
1	1a	Nã	N	Ph	21	2	15	11 a 2	2	1 Jozé Carneiro dos Santoz	1	Ma	75	70 até 79	Chefe	Casado	Capitão Mor	Alta	Livre		Branca		Reinol Arcebispad	Vive de Suas F	Atividades Agr	Grande agricultor
2	1a	Nã	N	Ph						2 Maria Gomes	1	Fe	68	60 até 69	Esposa	Casado			Livre	Dona	Branca		Local Paranaguá			
3	1a	Nã	N	Ph						3 Joaquim Carneiro	1	Ma	44	40 até 49	Filho(a)	Solteiro			Livre		Branca Não indi.				Religioso
4	1a	Nã	N	Ph						4 João Carneiro	1	Ma	30	30 até 39	Filho(a)	Relig.			Livre		Branca		Local Curitiba	João liza das S.	Atividades (ou	
5	1a	Nã	N	Ph						5 Jozé Carneiro	1	Ma	8	0 até 9	Neto(a)	Solteiro			Livre		Branca Não indi.					
6	1a	Nã	N	Ph						6 Venancio	1	Ma	1	0 até 9	Exposi.	Solteiro			Livre		Branca Não indi.					
7	1a	Nã	N	Ph						7 Leandro	1	Ma	21	20 até 29	Escravo	Solteiro			Escra		Negra	Crioulo(a) Paranaguá	Ocupão-se este	Mais de uma	Serviços domésticos
8	1a	Nã	N	Ph						8 Vicente	1	Ma	49	40 até 49	Escravo	Viuvo			Escra		Parda	Crioulo(a) Paranaguá	Ocupão-se este	Mais de uma	Serviços domésticos
9	1a	Nã	N	Ph						9 Miguel	1	Ma	37	30 até 39	Escravo	Casado			Escra		Negra	Crioulo(a) Paranaguá	Ocupão-se este	Mais de uma	Serviços domésticos
10	1a	Nã	N	Ph						10 Barbara	1	Fe	33	30 até 39	Escravo	Casado			Escra		Parda	Crioulo(a) Capitania	Ocupão-se este	Mais de uma	Serviços domésticos
11	1a	Nã	N	Ph						11 Miguel	1	Ma	46	40 até 49	Escravo	Solteiro			Escra		Negra	Africano Angola	Ocupão-se este	Mais de uma	Serviços domésticos
12	1a	Nã	N	Ph						12 Malcima	1	Fe	38	30 até 39	Escravo	Casado			Escra		Parda	Crioulo(a) Paranaguá	Ocupão-se este	Mais de uma	Serviços domésticos
13	1a	Nã	N	Ph						13 Maria	1	Fe	61	60 até 69	Escravo	Viuvo			Escra		Negra	Africano Conga	Ocupão-se este	Mais de uma	Serviços domésticos
14	1a	Nã	N	Ph						14 Roza	1	Fe	29	20 até 29	Escravo	Solteiro			Escra		Negra	Crioulo(a) Paranaguá	Ocupão-se este	Mais de uma	Serviços domésticos
15	1a	Nã	N	Ph						15 Clara	1	Fe	13	10 até 19	Escravo	Solteiro			Escra		Negra	Crioulo(a) Paranaguá	Ocupão-se este	Mais de uma	Serviços domésticos
16	1a	Nã	N	Ph						16 Anna	1	Fe	7	0 até 9	Escravo	Solteiro			Escra		Parda	Crioulo(a) Paranaguá	Ocupão-se este	Mais de uma	Serviços domésticos
17	1a	Nã	N	Ph						17 Felicianna	1	Fe	25	20 até 29	Escravo	Solteiro			Escra		Negra	Crioulo(a) Paranaguá	Ocupão-se este	Mais de uma	Serviços domésticos
18	1a	Nã	N	Ph						18 Maria	1	Fe	23	20 até 29	Escravo	Solteiro			Escra		Parda	Crioulo(a) Paranaguá	Ocupão-se este	Mais de uma	Serviços domésticos
19	1a	Nã	N	Ph						19 Maria	1	Fe	19	10 até 19	Escravo	Solteiro			Escra		Negra	Crioulo(a) Paranaguá	Ocupão-se este	Mais de uma	Serviços domésticos
20	1a	Nã	N	Ph						20 Senhorinha	1	Fe	6	0 até 9	Escravo	Solteiro			Escra		Negra	Crioulo(a) Paranaguá			
21	1a	Nã	N	Ph						21 Mathias	1	Ma	0	0 até 9	Escravo	Solteiro			Escra		Parda	Crioulo(a) Paranaguá			
22	2 1a	Nã	N	Ph	7	0	5	5 a 10	0	1 Pedro Rodrigues Nunes	22	Ma	44	40 até 49	Chefe	Casado	Capitão de Or	Alta	Livre		Branca		Reinol Vila Real.	Hé Comerciant.	Atividades Co	Grande negociante
23	2 1a	Nã	N	Ph						2 Michaella Vianna	22	Fe	24	20 até 29	Esposa	Casado			Livre	Dona	Branca		Local Paranaguá			
24	2 1a	Nã	N	Ph						3 Eugenia	22	Fe	46	40 até 49	Escravo	Solteiro			Escra		Negra	Crioulo(a)		Servem todos a.	Atividades Ma	Serviços domésticos
25	2 1a	Nã	N	Ph						4 Sebastianna	22	Fe	25	20 até 29	Escravo	Solteiro			Escra		Negra	Crioulo(a)		Servem todos a.	Atividades Ma	Serviços domésticos
26	2 1a	Nã	N	Ph						5 Marianna	22	Fe	11	10 até 19	Escravo	Solteiro			Escra		Negra	Crioulo(a)		Servem todos a.	Atividades Ma	Serviços domésticos
27	2 1a	Nã	N	Ph						6 Margarida	22	Fe	4	0 até 9	Escravo	Solteiro			Escra		Parda	Crioulo(a)		Servem todos a.	Atividades Ma	Serviços domésticos
28	2 1a	Nã	N	Ph						7 Vicente	22	Ma	6	0 até 9	Escravo	Solteiro			Escra		Parda	Crioulo(a)		Servem todos a.	Atividades Ma	Serviços domésticos
29	3 1a	Nã	N	Ph	5	2	1	1 escr.	0	1 Manoel Teixeira de Carvalho	29	Ma	29	20 até 29	Chefe	Casado	Alferes de Ord	Alta	Livre		Branca		Reinol Amarante	Ocupa-se na agr.	Atividades Co	Pequeno agricultor
30	3 1a	Nã	N	Ph						2 Maria dos Santos	29	Fe	20	20 até 29	Esposa	Casado			Livre		Branca		Local Paranaguá			
31	3 1a	Nã	N	Ph						3 Vicente	29	Fe	4	0 até 9	Filho(a)	Solteiro			Livre		Branca Não indi.					
32	3 1a	Nã	N	Ph						4 Maria	29	Fe	0	0 até 9	Filho(a)	Solteiro			Livre		Branca Não indi.					
33	3 1a	Nã	N	Ph						5 Rufina	29	Fe	19	10 até 19	Escravo	Solteiro			Escra		Parda	Crioulo(a) Paranaguá		Serve no serviç.	Atividades Ma	Serviços domésticos
34	4 1a	Nã	N	Ph	8	3	2	2 escr.	0	1 Bento Jozé Murinhos	34	Ma	31	30 até 39	Chefe	Casado	Sargento de	Alta	Livre		Branca		Local Paranaguá	Hé Oficial de C.	Atividades Ma	Carpinteiro
35	4 1a	Nã	N	Ph						2 Maria Miquelina	34	Fe	29	20 até 29	Esposa	Casado			Livre		Branca		Local Paranaguá			
36	4 1a	Nã	N	Ph						3 Florencio	34	Ma	8	0 até 9	Filho(a)	Solteiro			Livre		Branca Não indi.					

Anexo IV: Sumarização das reminiscências de Antonio Vieira dos Santos

Abaixo se segue a sumarização dos conteúdos presentes nos dois livros de reminiscências de Antonio Vieira dos Santos. Esta sumarização foi produzida em parceria com o pesquisador Sandro Gomes, quando montamos o projeto de publicação das reminiscências de Antonio Vieira dos Santos.[1]

Este tomo de reminiscências é composto por 354 folhas manuscritas encontrando-se nele a seguinte sequência de temas:

- Reminiscências. As reminiscências de Antonio Vieira dos Santos, neste tomo, estão agrupadas em 66 folhas, e os episódios nela descritos abrangem os anos 1797 a 1827. O texto é iniciado, pois, pela reconstituição da transferência de Vieira dos Santos de Portugal para o Brasil, em 1797, e encerra-se com episódios referentes ao período em que ele voltou-se, na então freguesia de Morretes, à comercialização de erva-mate. Estas reminiscências indicam, ainda, a integração

---

1 CAVAZZANI, André Luiz M; GOMES, Sandro R. *Antonio Vieira dos Santos: reminiscências e outros escrtiso*. Curitiba: UFPR, 2014.

de Vieira dos Santos em espaços administrativos, econômicos e religiosos das vilas de Antonina, Curitiba, Morretes e Paranaguá, assim como informam sobre aspectos da vida cultural destes espaços, a exemplo das manifestações teatrais, das quais Vieira dos Santos participara com assiduidade. No conjunto de episódios reconstituídos nestas reminiscências apresentam-se, assim, informações sobre as práticas, regras e hierarquias sociais que caracterizaram aquelas sociedades.

- *Genealogia da Família Vieira dos Santos.* Esta genealogia abarca 58 folhas indicando as alianças matrimoniais e a descendência dessa família no século XVIII, em Portugal, e, a partir do século XIX, no Brasil. A descrição das transformações na composição familiar é também permada por informações biográficas sobre si (que acabam complementando as reminiscências do autor); sobre o seu pai Jerônimo Vieira dos Santos (que permaneceu em Portugal); sobre o seu irmão João Vieira dos Santos, que imigrou para Paranaguá em 1805, e sobre o seu concunhado Antonio José de Araújo, também portugues. Os informes referentes à genealogia e as informações biográficas a ela complementares fornecem, portanto, subsídios para reconhecer os lugares sociais ocupados pelos membros desta família e aspectos das práticas sociais que foram características a tais membros.

- *Correspondência familiar e registros comerciais.* Os registros comerciais e as indicações da correspondência familiar compreendem, ao todo, 159 folhas e constituem-se em informações resumidas das atividades comerciais de Vieira dos Santos e da correspondência que ele manteve, de 1797 a 1827, com os seus familiares em Portugal. Acerca dos registros comerciais, neles se encontram informações, por exemplo, acerca dos indivíduos com os quais Vieira dos Santos possuía dívidas – o que contribui para a verificação sobre aspectos das redes comerciais das sociedades litorâneas nas quais ele enraizou. Através dos registros comerciais é possível, por exemplo, identificar as diversas ocupações econômicas exercidas por Vieira dos Santos, a exemplo do artesanato, bem como mapear o perfil social e a extensão de sua clientela. Acerca da correspondência familiar, têm-se, a partir dela, subsídios para a verificação de um caso do ritmo da comunicação do imigrante com seus conterrâneos.

- *Títulos da biblioteca.* Os títulos da biblioteca de Vieira dos Santos compreendem desde jornais e livros em língua portuguesa aos manuscritos que ele escreveu. Os títulos dos jornais indicam o acesso, por Vieira dos Santos, às publicações da imprensa da Bahia, do Rio de Janeiro, de São Paulo e de Portugal. Os livros indicam, entre outros fatores, a diversidade de assuntos temáticos aos quais o autor teve acesso, abarcando, em sua maioria, assuntos históricos e religiosos. No âmbito dos manuscritos de autoria de Vieira dos Santos, permite-se, da mesma forma, reconhecer a diversidade de sua produção intelectual, a qual não se resumia às *Memórias Históricas* comportando, por exemplo, narrativas biográficas acerca de seus familiares, cifras para saltério, manuscritos de curiosidades em astronomia. A diversidade de materiais literários sob sua guarda, assim como os materiais produzidos por Vieira dos Santos, subsidia, portanto, a identificação de aspectos da produção e circulação de livros em áreas litorâneas do Brasil Meridional da primeira metade do século XIX.

Tomo II: Memoria dos Sucessos mais noláveis aconlecidos desde o anno de 1838

Este tomo de reminiscências é composto por 297 folhas encontrando-se nele a seguinte sequência de temas:

- *Reminiscências*. Compõem-se de 70 folhas contemplando as vicissitudes da trajetória de Vieira dos Santos já na vila de Morretes. Surgem também notas acerca de episódios de suas interações com segmentos das sociedades de Antonina e Paranaguá entre os anos de 1838 e 1851. Entre os anos de 1839 e 1845 apresenta-se um lapso ocasionado, possivelmente pelo extravio das folhas que abarcariam tal conteúdo. No manuscrito, retoma-se a narrativa para o ano 1846 e os episódios aí rememorados estendem-se ao ano de 1851. Das informações presentes neste segundo tomo de reminiscências cabe destacar os reveses da atuação comercial de Vieira dos Santos. O autor realizou, ainda, uma circunstanciada descrição de seus padecimentos físicos e dos percalços de suas atividades comerciais. Cabe também ressaltar que ele manteve, neste manuscrito, atenção às manifestações culturais desenvolvidas na vila de Morretes, tais como o teatro.

- *Elegias*. Compõe-se de dois textos da modalidade poética denominada *elegia*, os quais o autor dedicou à sua filha Anna Vieira dos Santos e ao filho desta, Antonio Lopes Ferreira, por ocasião do falecimento deste, em 1846. Juntos, estes dois textos abarcam 44 folhas. O conteúdo destas elegias expõe argumentos morais e religiosos na busca da compreensão, entendimento e superação em relação ao luto ocasionado por tais eventos. O autor reconstitui, ainda, o percurso de adoecimento de seu neto, aspecto esse que permite verificar: a extensão das interações sociais da família Vieira dos Santos, visto que há referências, nestes textos, a indivíduos que, ainda que não fossem integrantes da família, também acompanharam tal percurso de adoecimento.

- *Diário do Tratamento e Moléstia*. Compõe-se de 12 folhas e nesta parte da narrativa Vieira dos Santos aprofundou a descrição sobre os seus padecimentos físicos, tendo mencionado os tipos de remédios e tratamentos aos quais, dos anos 1840 ao ano de 1851, esteve submetido.

- *Genealogia da Família Vieira dos Santos*. Composta por 12 folhas, esta genealogia complementa a genealogia apresentada no primeiro tomo de reminiscências. Esta genealogia refere-se, pois, às alianças matrimoniais e à descendência dos filhos de Antonio Vieira dos Santos, bem como apresenta informações genealógicas sobre as famílias dos cônjuges de seus filhos.

- *Biografia de Agostinho José Pereira de Lima*. Compõe-se de 15 folhas e trata da trajetória de um imigrante português que se estabeleceu como comerciante na vila de Morretes nos anos 1830 e que fora o segundo esposo da de Antonio Vieira dos Santos, Anna. Este texto biográfico descreve, ainda, as atividades econômicas desenvolvidas por Pereira de Lima, notadamente o comércio varejista.

- *Biografia e diário da enfermidade de Maria Ferreira de Oliveira.* Composta de 55 folhas, esta sequência descreve, inicialmente, o lugar social da família de Maria de Oliveira em Morretes quando esta se casou com Antonio Vieira dos Santos, em 1804. Por conseguinte, o texto descreve de modo circunstanciado os padecimentos físicos da esposa de Vieira dos Santos. O autor enfatizou informações sobre os tratamentos médicos aos quais a sua esposa fora submetida no final dos anos 1830 ao ano de 1840, quando faleceu. Esta parte da narrativa descreve, portanto, aspectos da rotina domiciliar da família Vieira dos Santos na vila de Morretes.

- *Biografia de José Lopes Ferreira.* Composta por 57 folhas, esta biografia é referente ao primeiro esposo de Anna Vieira dos Santos. Vieira dos Santos narrou o processo de transferência de Lopes Ferreira de Portugal para o Brasil, bem como discorreu sobre as atividades econômicas que este seu genro desenvolveu, a exemplo da atuação como tropeiro no planalto do atual estado do Paraná. Ainda, Vieira dos Santos transcreveu, nesta biografia, o testamento de Lopes Ferreira, falecido em 1837.

- *Biografia de Antônio Lopes Ferreira.* Composto por 28 folhas, este texto aprofunda a descrição do percurso de adoecimento e morte deste neto de Vieira dos Santos, que falecera aos nove anos de idade, em 1846. O conjunto de episódios descritos refere-se à vivência de Antônio Lopes Ferreira junto com os seus pais Anna Vieira dos Santos e José Pereira de Lima e com o seu avô Antonio Vieira dos Santos, dado que permitem a análise de particularidades acerca do convívio familiar desses indivíduos.

Advertência

As linhas que seguem correspondem a uma versão ligeiramente modificada de minha tese de doutorado, defendida na primavera de 2013 junto ao programa de pós-graduação em História Social da Universidade de São Paulo. Naquela altura, tive a honra de contar com as arguições dos professores doutores Carlos de Almeida Prado Bacellar (Universidade de São Paulo), Dário Horácio Gutierrez Gallardo (Universidade de São Paulo), Ana Sílvia Volpi Scott (Universidade do Vale do Rio dos Sinos), Sérgio Odilon Nadalin (Universidade Federal do Paraná), Hector Ricardo Cicerchia (Universidade de Buenos Aires). Agradeço imensamente a estes professores pela leitura atenta, pelas pertinentes arguições e sugestões e, por fim, pelas indicações para que a tese fosse publicada em formato de livro. Tais sugestões interferiram seguramente na forma final que adquiriu esta publicação. Agradeço à Fundação de Amparo à Pesquisa do Estado de São Paulo por ter financiado toda a pesquisa bem como a presente publicação e, finalmente, à Editora Alameda pelo tratamento editorial dado a este livro.

Esta obra foi impressa em São Paulo pela Imagem Digital na primavera de 2016. No texto foi utilizada a fonte Adobe Garamond Pro em corpo 11,5 e entrelinha de 16 pontos.